Hans-Joachim Zillmer · Die Evolutionslüge

Hans-Joachim Zillmer

Die Evolutionslüge

Die gefälschte Menschheitsgeschichte

Unterdrückte Fakten • Verbotene Beweise • Erfundene Dogmen

Mit 125 Fotos und 50 Abbildungen

LANGENMÜLLER

Abbildungs- und Fotonachweis: © Archiv Zillmer. Außer: Fotos: mir zugesandt von Patrick Wallise (2008) 6; Nobu Tamura (http://spinops.blogspot.com) 9; dem Autor zugesendet von Wilhelm Reithinger 17; Topografische Karte: NOAA NGDC (15.2.2005) 19; Schaubild verändert nach Scotese, (2019) 20: Abbildung nach Berner/Streif (2004) 23; picture-alliance/dpa/Vidcom 24; Abbildung verändert nach Dansgaard, et al. (1969) und Schönwiese (1995) 25; John Layard (1915) 26; neu Zillmer, aus Mania (1990) nach Woldstedt (1954) 28; Valtellina (1992) 31; Bayer (1927), ergänzt Zillmer 34; Pachur, (2000, S. 84) 35; aus Homet (1958) 36; rechte Bilder: Sereno (2003) 37; Bild oben: CBS News 39; Evgeny Chuvilin 43; Internetlink 7, 45; U. Tarchiani, (1998) 47; Ted Bryant (2001) 48; Nationalmuseum København 54; Dominic Oldershaw, ergänzt Zillmer 57; aus Austin (1996), ergänzt Zillmer 60; aus Austin (1994), bearbeitet Zillmer, 63; Baigent (1998, S. 74) 67; Barras (2015, S. 18) 74; »Biologie heute S II«, (1998, S. 425) 75; aus Homet (1958, S. 202 f.) 756; Marcel Homet (1958) 78; Thorne/Macumber (1972), bearbeitet Zillmer, 79; Wood/Lonergan (2008) 80; United Press International 81; Harun Yahya (2002) 82; Peter Kolosimo (1991) 83; Grundzeichnung aus »Chronik der Menschheit« (1997) 84; Internetlink 13, 85; Internetlink 15, 86; aus Jordan (1966) 88; Bild Mitte: Prof. Holger Preuschoft, rechts: Howell (1969) 90; Vening Meinesz (1943), ergänzt Zillmer 91; nach Dalrymple (1969) 93; Wright (1987) 95; aus Blair (2002), überarbeitet Zillmer 96; aus Dacqué, (1930) 100; Lembersky (2000), ergänzt Zillmer 101; Lembersky (2000), Insert: Zillmer 102-104; aus: Joe Taylor, (1999) 106; nach Junker (2002, S. 26) 105; »Spiegel« (34/2004), ergänzt Zillmer 110; Prof. Karl Dietrich Adam, ergänzt Zillmer 112-113; neu Zillmer nach Leroi-Gourhan (1969) 114; aus Bayer (1927, S. 58) 117; Bild A: Sergey Slobodin (2016), Bild C: Ansgar Walk, 118; Dorling (1994, S. 18) 119; Hublin (2004, S. 58) 120; aus »Harper´s Weekly« (1869) 125; aus Luca und Francesco Cavalli-Sforza (1994) 126; aus Müller (1982) 127; aus Homet (1958) 128-129; aus Sauart (1955), Insert: Zillmer, 130; aus Muck (1976) 131; aus Carling (2002), ergänzt Zillmer, 132; bearbeitet aus Bülow (1952) 135; aus Jacobi (1931), bearbeitet Zillmer, 136; nach Renfrew (2004, S. 29) 137; aus Rakel (1894, S. 725) 139; aus Saurat (1955, Tafel 10) 143; nach Edgar Dacqué (1930, S. 515) 144, Harun Yahya (2002) 147

MIX
Papier | Fördert gute Waldnutzung
FSC® C110508

Umschlaggestaltung: Sabine Schröder
Umschlagmotiv: © Lucia Fox/AdobeStock Images

Satz: VerlagsService Dietmar Schmitz, Erding
Druck und Binden: Westermann Druck Zwickau GmbH, Zwickau
Printed in Germany
ISBN: 978-3-7844-3728-6
www.langenmueller.de

Inhalt

1 Verjüngungskur

»Einige Aspekte der experimentellen Erd- und Lebensgeschichtsschreibung (...) finden in der Öffentlichkeit besondere Aufmerksamkeit. Man könnte sie als Zillmers Verjüngungskur für die Erde und ihr Leben plakatieren. Zillmer verkürzt mit Hinweis auf die vermutete Koexistenz von Dinosauriern und Menschen den Zeithorizont der Evolution des Lebens in spezifischen Ausprägungen erheblich«, schrieb Professor Dr. Bazon Brock (Zillmer, 2001/2008, S. 16 und 2020/2023, S. 13). Diese der Evolutionstheorie widersprechende Koexistenz wurde durch handfeste Funde gestützt, denn der Saurier-Experte Paul C. Sereno fand versteinerte Knochen von Dinosauriern, Schwimmsauriern und riesigen Ur-Krokodilen in der gleichen Oberflächenschicht der Sahara, zusammen mit einem versteinerten Kuhschädel und versteinerten Menschenknochen. Das die Koexistenz von Dinosauriern und Menschen angeblich trennende Zeitalter (Tertiär) stellt schlussfolgernd eine Phantomzeit dar.

Hellseher in Arizona

Während einer Recherche im US-Bundesstaat Arizona wurde ich auf einen ungewöhnlichen Fund aufmerksam, von dem in der Zeitung »Arizona Daily Star« am 23. Dezember 1925 berichtet wurde. Diese nach dem Fundort an der *Silver Bell Road* in der Nähe von Tucson (Arizona) benannten *Silverbell-Artefakte* bestehen aus Blei. Die bei mehreren Ausgrabungen seit der Entdeckung im Jahre 1924 gefundenen mysteriösen Artefakte wurden 1925 in der *Universität von Arizona* in Tucson ausgestellt und auch beschrieben.

Stammen die aus Blei hergestellten und mit lateinischen sowie hebräischen Texten versehenen Silverbell-Artefakte aus der Alten Welt?? Alle bedeutenden Kulturen des Mittelmeerraums und Indiens beherrschten schon früh die Verarbeitung von Blei. In großem Stil wurde im antiken Italien Blei für den Bau von Wasserleitungen, Trinkbechern und Essgeschirr verarbeitet. »Die ältesten iberischen Schriftdenkmäler sind Bleiplatten« (Haarmann, 1998, S. 420), und in einem Wikingergrab fand man eine Platte aus Blei mit einer Würdigung der Taten des Toten. Andere Ausgrabungen brachten mittelalterliche Amulette aus Holz und Blei mit lateinischen Lettern und Runen zu Tage (Düwel, 2001, S. 227–302).

Eine Analyse des Bleis der Silverbell-Artefakte am 24. August 1924 in Tucson ergab, dass die ursprüngliche Bleischmelze aus Erz hergestellt wurde, wie solches im Südwesten der Vereinigten Staaten vorkommt. Die Artefakte scheinen also vor Ort in der Nähe des Fundortes hergestellt und nicht über den Atlantik eingeführt worden zu sein.

Es handelt sich um über dreißig Artefakte: Schwerter und religiöse Kreuze aus Blei, die teilweise Zeichnungen und Inschriften tragen. In dem hier diskutierten Zusammenhang spielt ein auf einem Schwert dargestellter langhalsiger Sauropode (Dinosaurier) eine interessante Rolle. Ein Bericht, der am 23. Dezember 1925 in der »New York Times« erschien, rückte diese Funde in das Rampenlicht des amerikanischen Interesses und entfachte einen Streit unter Experten. Der führende Archäologe der *Universität von Arizona*, Dean Byron Cummings, trat neben anderen Fachleuten für die Echtheit der Funde ein.

Aber ihr weiterer Verbleib war unbekannt. In der Universität waren sie auf Nachfrage anscheinend nicht mehr. Schließlich führte mich ein Hinweis zum Museum der *Arizona Historical Society* in Tucson. Ein erstes Telefonat brachte jedoch kein positives Ergebnis.

Bei meinem anschließenden Besuch im Museum wurde mir dann mitgeteilt, dass die Artefakte im Museumskeller verstaut sind – Besichtigung ausgeschlossen. Mein Hinweis, dass ich Mitglied der *New York Academy of Sciences* und extra aus Deutschland angereist bin, zeigte dann Erfolg. Eine alte Frau führte meine Frau und mich in die unterirdischen Gänge.

Dann stand sie vor uns: eine Holzkiste. Etwas Geheimnisvolles legte sich wie ein Schleier über uns, als ich die Kiste öffnete. Die über 30 Stück zählenden und angeblich aus dem Jahr 800 stammenden *Silverbell-Artefakte* waren fein säuberlich in extra ausgeschnittene Holzformen eingelegt, die sich in mehreren herausnehmbaren Holzschüben befanden.

Mehr als die Hälfte der Funde durfte ich fotografieren (Abb. 1). Die restlichen Schübe blieben mir verschlossen, da ich keinen offiziellen Termin im Voraus über die Museumsleitung beantragt hatte.

Nähere Details über die Fundumstände hoffte ich in der Bibliothek des Museums zu erfahren. In einer Tasche befanden sich tatsächlich Originalfotos von den Ausgrabungen, die über fünf Jahre bis 1928 andauerten und von Wissenschaftlern der *Universität in Tucson* im US-Bundesstaat Arizona vorgenommen wurden. Ausführliche Grabungsberichte nebst Grabungsskizzen, weiteren Fotos und die Beschreibung der gefundenen Artefakte konnte ich dem nie veröffentlichten Bericht von Thomas W. Bent (1964) entnehmen, der an den Ausgrabungen beteiligt war.

Ein Fund fesselte mich besonders, denn auf sensationelle Weise war auf einem der Bleischwerter ein Dinosaurier abgebildet. Falls die Artefakte gefälscht wurden, musste der Fälscher etwas dümmlich gewesen sein, denn Dinosaurier wurden erstmals Mitte des 19. Jahrhunderts rekonstruiert. Zeigen ältere Zeichnungen diese Urtiere, müssen Menschen irgendwann lebende Dinosaurier gesehen haben, oder sie hatten noch ältere Bilder von ihnen, die es aber nicht geben darf, falls unser Weltbild richtig sein soll? Die Abbildung eines Dinosauriers auf einem ins Jahr 800 datierten Artefakt entlarvt den Fund jedenfalls scheinbar als Fälschung. Oder etwa nicht?

Betrachtet man die Zeichnung auf dem Schwert, die vielleicht einen damals im Südwesten Amerikas beheimateten Apatosaurus oder Diplodocus darstellen könnte, dann fällt die *Haltung* dieses Sauropoden auf. Bereits in meinem Buch »Irrtümer der Erdgeschichte« (Zillmer, 2001, S. 89 ff. bzw. 2023, S. 119 ff.) hatte ich dokumentiert, dass Sauropoden entgegen der damaligen Auffassung ihren Hals *waagerecht* hielten und nur geringfügig anheben konnten, da sich sonst die Halswirbelknochen verkeilt hätten. Auch die Schwänze wurden in Verlängerung der Wirbelsäule horizontal gehalten, in der Luft balanciert oder im Wasser schwimmend, da man keine Schwanzschleifspuren zwischen versteinerten Fußabdrücken findet, bis auf eine einzige mir bekannte Ausnahme.

Entsprechend waren bis vor wenigen Jahren in jedem wissenschaftlichen Werk und in den Museen Dinosaurier mit auf dem Boden schleifenden Schwanz und hoch erhobenem Kopf zu sehen, oft in Känguru-Pose. In dieser Haltung aufgebaute Skelette werden derzeit in den Museen weltweit umgebaut.

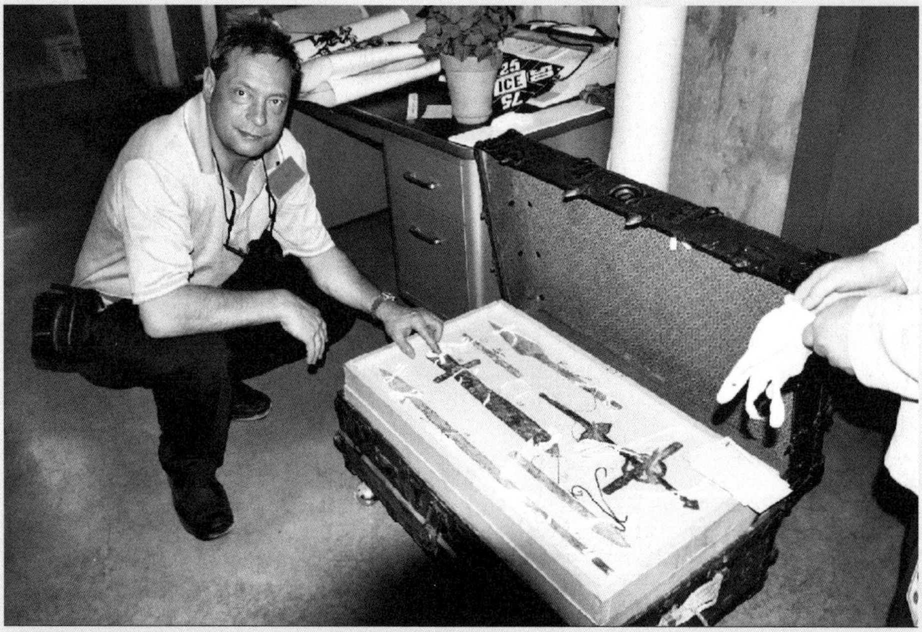

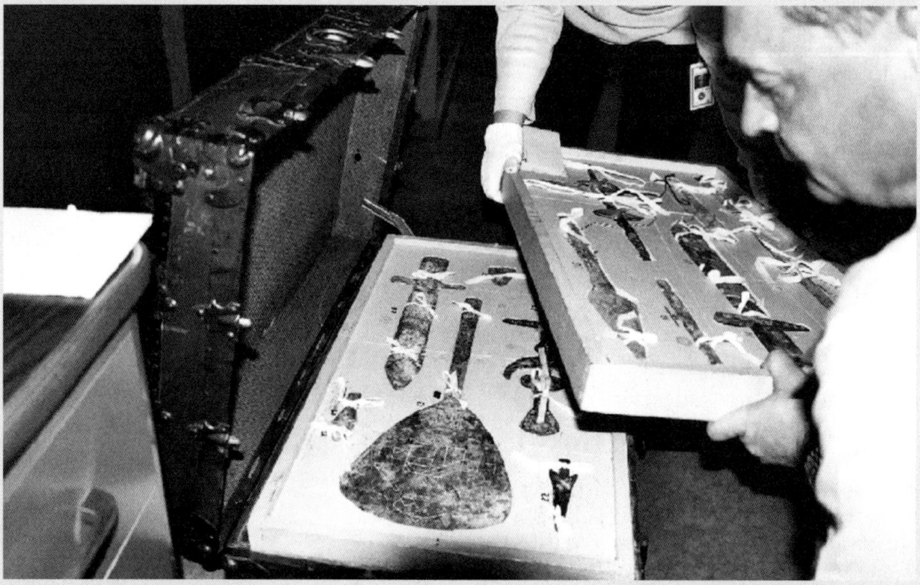

Abb. 1: **UNTER VERSCHLUSS**. Oberes Bild: Im Museumskeller der historischen Gesellschaft *Arizona Historical Society* auf dem Gelände der Universität in Tucson öffnet der Autor die Kiste mit den verpackten Silverbell-Artefakten. Auf einem der 1924 ausgegrabenen Schwerter ist ein Sauropode mit »moderner«, erst seit wenigen Jahren wissenschaftlich anerkannter horizontaler Körperhaltung dargestellt (s. Abb. 4). Unteres Bild: Die einzelnen Lagen der Kiste werden angehoben.

Abb. 2: **ZU ALT**. Dr. Carl E. Baugh (links), der Direktor des *Creation Evidence Museums*, und Hans-Joachim Zillmer im Jahr 2001 bei der Ausstellung »Unsolved Mysteries« in Wien, Österreich, vor dem ausführlich in »Darwins Irrtum« beschriebenen, bei London in Texas entdeckten Hammer aus der Dinosaurier-Zeit, der von *kreidezeitlichem*, während der Dinosaurier-Ära entstandenem Sandstein umhüllt entdeckt wurde. Dieser Hammer besteht zu 96,6 Prozent aus reinem Stahl (= vergütetes Eisen) ohne Kohlenstoffanteile, und der Holzstiel ist versteinert!

Abb. 3: **KONTROVERSE FUNDE**. Michael Cremo (Autor von »Verbotene Archäologie«) und Hans-Joachim Zillmer (rechts) nach ihren Vorträgen anlässlich der Ausstellung »Ancient Mysteries« mit ungelösten wissenschaftlichen Rätseln im Jahr 2001 in Wien. Cremo dokumentierte Funde mit menschlichen Relikten aus Schichten, die geologisch auf ein Alter von 600 Mio. Jahren datiert sind.

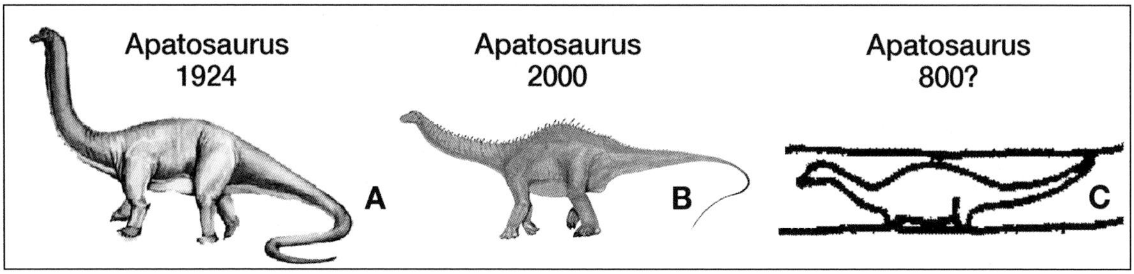

Abb. 4: **HALTUNG**. Anatomisch richtige, modern anmutende Darstellung (B) eines Sauropoden mit gerader Hals- und Schwanzhaltung auf einem 1924 ausgegrabenen, angeblich aus dem Jahr 800 stammenden Schwert in Tucson (C). Gemäß der 1924 herrschenden Lehrmeinung, hätte der Sauropode jedoch mit hochgerecktem Kopf und schleifendem Schwanz dargestellt werden müssen (A), was das Artefakt als Fälschung erwiesen hätte.

Falls die 1924 ausgegrabenen Silverbell-Artefakte gefälscht wurden, wäre einerseits allein die Abbildung eines Dinosauriers grundsätzlich schon ein nicht zu verzeihender Fehler gewesen, denn vor 1800 gab es offiziell keine Rekonstruktionen von Dinosauriern. Des Weiteren würde der damalige Künstler den Saurier so dargestellt haben, wie zu dieser Zeit allgemein *und* auch in wissenschaftlichen Werken postuliert: mit aufgerichtetem Hals und auf dem Boden schleifenden Schwanz. Falls also die Artefakte gefälscht wurden, dann war der damalige Künstler ein Hellseher, da er diesen Sauropoden analog der erst ungefähr 70 Jahre später aufkeimenden wissenschaftlichen Erkenntnis anatomisch richtig darstellte. Oder sind die Artefakte doch authentisch? Wusste man vielleicht vor über 1200 Jahren noch, wie Dinosaurier aussahen, oder gab es damals sogar vereinzelt noch lebende Tiere?

Beweisen die Fundumstände die Echtheit der Funde? Die Fotos von den Ausgrabungen zeigen, dass die umstrittenen Artefakte in einer von den Geologen »Caliche« genannten, betonartigen Schicht fest eingebettet waren. Diese aus Kalziumkarbonat bestehende geologische Schicht kommt in weiten Gebieten im Südwesten der Vereinigten Staaten vor, bildet eine Art Natur-Betonschicht und wird deshalb auch »Desert Cement«, also »Wüstenzement«, genannt. Stephen Williams, Professor für amerikanische Archäologie und Ethnologie an der *Harvard-Universität*, stellt die Silverbell-Artefakte in seinem Buch »Fantastic Archaeology« als Fälschung dar, wundert sich aber gleichzeitig, wie der angebliche Fälscher diese Artefakte in der betonartigen Caliche-Schicht fest einbetten konnte, so dass der »Eindruck«

einer ungestörten Fundstelle entstand, denn die Ausgrabungen wurden ja offiziell von Archäologen der *Universität Tucson* in Arizona vorgenommen (Williams, 2001, S. 242).

Die spezielle *Caliche-Formation* erstreckt sich großflächig entlang der Gebirgskette *Tucson Mountains* und ist damit kein »punktuelles«, eventuell künstliches und mit gleichzeitig eingebetteten Artefakten hergestelltes Vorkommen (Bent, 1964, S. 321). Dean G. M. Butler von der *Hochschule für Bergbau und Ingenieurwesen* an der *Universität von Arizona* bestätigt zusätzlich, dass der *Caliche* ganz langsam erhärtet und »keine Chance besteht, dass die Artefakte nach der Ankunft der Amerikaner in diesem Gebiet in diese Formation hätten eingebettet werden können« (Bent, 1964, S. 323, vgl. S. 177).

Hinsichtlich der Verfestigungsdauer bin ich zwar anderer Ansicht, denn wasserunlösliches Kalziumkarbonat bzw. Kalkstein kann relativ schnell erhärten bzw. abbinden. Beispielsweise im Rahmen des natürlichen Kalkkreislaufs in der Natur und nach Reaktion von Kalzium (Kalk) mit kohlensäurehaltigem Wasser, wobei Kalziumhydrogenkarbonat (auch: Kalziumbikarbonat) unter entsprechender Temperaturerhöhung entsteht. Dennoch stellt die feste Einbettung der Silverbell-Artefakte in die *Caliche-Formation* einen Beleg für die Echtheit der Funde dar. Wobei das gemessene Alter der *Caliche-Formation* in geologischen Zeiträumen relativ jung ist, nämlich höchstens 1200 Jahre alt, und der darüber liegende Wüstenboden wäre noch jünger. Entstand die dortige Wüste etwa auch erst so spät? Sind die geologischen Schichten wesentlich jünger, als von den Geologen angegeben? Stellen geologische Zeugnisse für angeblich lange Zeiträume eine Fehlinterpretation dar? Sind propagierte lange erdgeschichtliche Zeiträume eine Fiktion? Wurden die angeblich langsam Körnchen für Körnchen gebildeten geologischen Formationen durch katastrophische Ereignisse jeweils innerhalb einer sehr kurzen Zeit gebildet?

Beispielsweise verändern Riesenwellen (Tsunamis) oder Überschwemmungen eine Landschaft total und bilden neue geologische Schichten innerhalb von wenigen Stunden, wofür »normale«, langsam ablaufende Szenarien (Sedimentation, Erosion) Jahrhunderttausende, ja sogar bis zu Jahrmillionen benötigen würden.

Sehen wir uns einmal angebliche Zeugnisse für ein hohes Alter der Erdkruste an und stellen uns dann die Frage, ob hier nicht zeitrafferähnliche

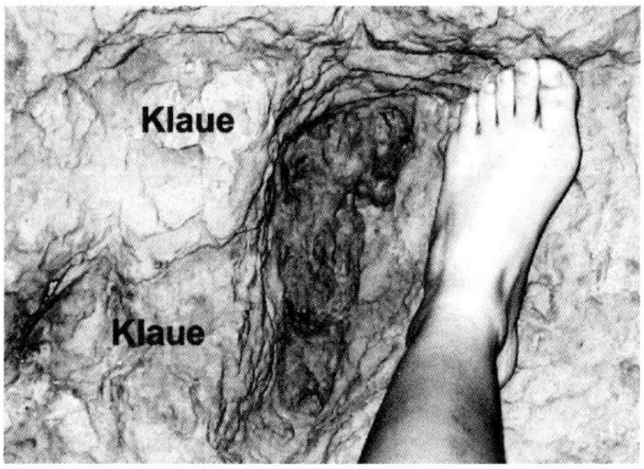

Abb. 5: **KOEXISTENZ**. Ganz oben: Der Autor betrachtet einen stark verwitterten, versteinerten Fußabdruck neben Dinosaurier-Trittsiegeln in einer kreidezeitlichen Kalkschicht im Jahr 1998 am Ufer des Flusses *Paluxy River* in Texas. Nach Beseitigung der rechts vor dem Autor befindlichen felsartigen Kalksteinschicht fand man im Jahre 2000 in der darunter liegenden Schicht einen Pfad von Dinosaurier- sowie drei Menschen-Trittsiegeln als Ergänzung zu den 1998 dokumentierten (Bild links unten). Bild unten rechts: Inmitten eines Trittsiegels von insgesamt drei dreizehigen Trittsiegeln befindet sich ein versteinerter menschlicher Fußabdruck: Größenvergleich mit dem Fuß von Larissa Zillmer, der Tochter des Autors.

Vorgänge für eine drastische Verkürzung langer geologischer Zeiträume vorliegen. Für diesen Fall würde die wissenschaftlich starre Kopplung der geologischen mit der biologischen (evolutiven) Zeitleiter und damit einer angeblich schleichend langsam vollziehenden Evolution als ein Märchen entlarvt, da nicht genügend lange Zeiträume für eine evolutive Makro-Evolution zur Verfügung stünden.

Abb. 6: **VERSCHÜTTET**. Im *Crooked River Provincial Park* in der kanadischen Provinz *British Colombia* befindet sich eine bis zu 25 m hohe Abrisskante an dem Fluss *Crooked River*, der den See *Summit Lake* entwässert. Die unterste Schicht über dem heutigen Flussbett besteht aus einem Konglomerat, die nächste Schicht besteht aus einer turbulent abgelagerten Schlammschicht mit chaotisch abgelagerten, *nicht* versteinerten Baumstämmen. Darüber befindet sich eine etliche Meter mächtige Schicht, entstanden aus angeschwemmtem Schlamm. Diese dokumentierten Schichten wurden katastrophisch abgelagert und repräsentieren jeweils einen nur wenige Stunden andauernden Zeitimpakt in der geologischen Zeitskala.

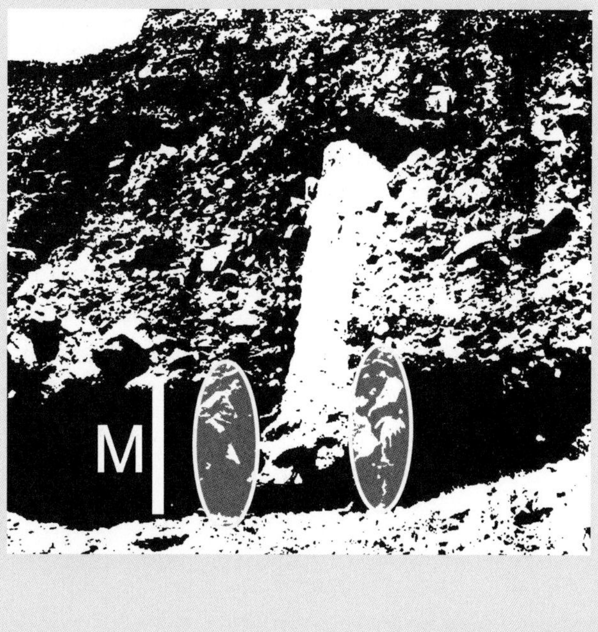

Abb. 7: **VERFRACHTET**. Dieser angeblich etwa 30 Mio. Jahre (Oligozän) alte versteinerte Baum mit Wurzelstock in *Fremont County* (Wyoming) ist hier nicht gewachsen, sondern wurde mit den Schlammmassen einer Flut angespül und in der moränenartigen Ablagerung stehend abgelagert. Dieses Gebiet war nie vergletschert, außerdem setzte die Eiszeit wesentlich später ein. Die Bildung der mehrere Meter dicken Sedimentschicht dauerte nur wenige Stunden. Einerseits sind dicke Gesteinsschichten kein Indiz für lang andauernde Zeiträume, andererseits sind Moränen offenbar kein Beweis für eine Eiszeit. Jedoch sind beide Merkmale Kennzeichen einer katastrophischen Überflutung wie in dem vorliegenden Fall.

Das Dinosaurier-Pompeji

Zum Entsetzen der Evolutionsgläubigen kamen Sudhir Kumar und Blair Hedges von der *Staatlichen Universität von Pennsylvania* nach dem Studium fossiler Erbsubstanzen zu dem Schluss, dass die meisten Säuger-Arten schon vor 100 Mio. Jahren lebten und nicht erst nach dem Aussterben der Dinosaurier vor 65 Mio. Jahren, wie aus einem Bericht im Wissenschaftsmagazin »Nature« (Kumar/Hedges, 1998) hervorgeht.

Große Säugetierarten und Dinosaurier lebten anscheinend gemeinsam. *Jedoch gehört es zum heutigen schulwissenschaftlichen Lehrbuchwissen, dass erst das Aussterben der Dinosaurier am Ende des Erdmittelalters (Mesozoikum) den Weg frei gemacht haben soll für eine explosionsartige Evolution der modernen Säugetiere in der Erdneuzeit (Känozoikum).*

Bisher glaubte man, dass nur ganz primitive, höchstens rattengroße Säuger im Erdmittelalter lebten, die ständig auf der Flucht vor den Dinosauriern waren. Nur nachts, wenn ihre Feinde schliefen, hätten sie sich angeblich herausgetraut, um im Schutz der Dunkelheit ein paar Insekten als bescheidenes Mahl zusammenzuraffen. Nur ja nicht auffallen, hieß ihr Überlebensmotto. Der Siegeszug der Säugetiere soll erst nach dem Aussterben der Saurier begonnen haben, indem sie die frei gewordenen biologischen Nischen besetzten. Dieses fast 150 Jahre lang aufrecht erhaltene Dogma der Evolutionstheorie fällt mit diesem im Fachmagazin »Nature« veröffentlichten Untersuchungsergebnis.

Deshalb wurde eine hitzige Debatte im Internet über diese Untersuchungen geführt und die meisten Fachleute weigerten sich an dem die Evolutionstheorie beherrschenden Dogma über die Alleinherrschaft der Dinosaurier im Erdmittelalter rütteln zu lassen. Diese Weigerung muss selbstredend kategorisch erfolgen, denn ansonsten wäre die neodarwinistische Leitidee »Evolution«, aber auch die geologische Zeitskala grundsätzlich in Frage gestellt. Aber die wissenschaftlichen Beweise für Koexistenz von Großsäugern und Dinosauriern verdichten sich in den letzten Jahren.

In den 1990er-Jahren sammelten mehrere Expeditionen in Asien unter Führung des Amerikanischen Museums Hunderte von Säugetieren, die zeigen, dass die Diversifikation der Säugetiere bereits *während* der Kreidezeit zu Lebzeiten der Dinosaurier und nicht, wie bisher von Evolutionisten dogmatisch propagiert, *danach* stattfand: »Ein außergewöhnlich vollständiges

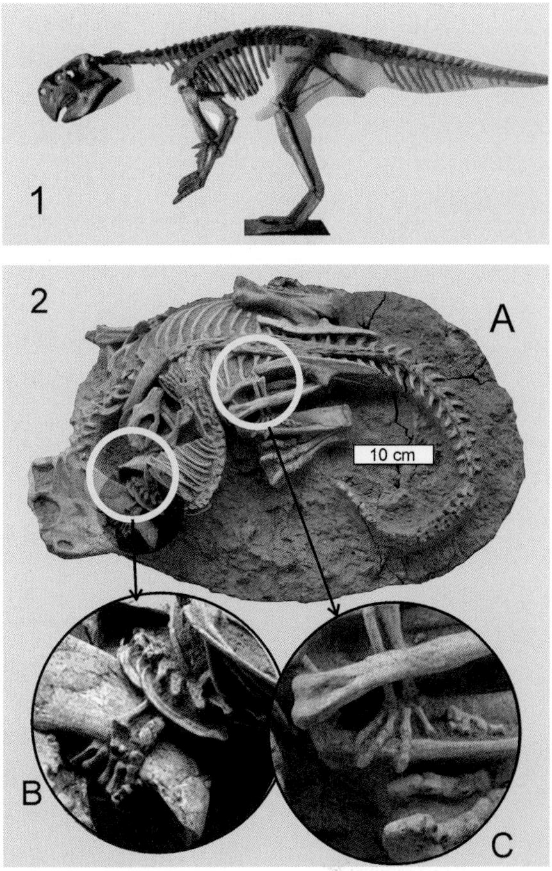

Abb. 8: **IN TÖDLICHER UMARMUNG**. Bild 1: Psittacosaurus, der ein auf vier Füßen laufender Pflanzenfresser war. Bild 2: Das versteinerte Ensemble verkörpert zwei Spezies, die auf zwei unterschiedlichen Ästen des angeblichen Stammbaums des Lebens zu Hause sind (Detail A). Detail B: Die Vorderhand des Repenomamus (Säugetier) ist um den Unterkiefer des Psittacosaurus (Dinosaurier) gewickelt. Detail C: Das Säugetier ergreift ein Wadenbein des – scheinbar im Verrotten begriffenen? – Psittacosaurus.

Skelett, das etwa 140 bis 150 Mio. Jahre alt ist, bietet uns den bisher besten Einblick in die letzten gemeinsamen Vorfahren moderner Säugetiere« (Rowe, 1999, S. 283).

Im wissenschaftlichen Magazin »Nature« wird dokumentiert, dass wahrscheinlich Fleisch fressende Beuteltiere bereits vor 80 Mio. Jahren während der Blütezeit der Dinosaurier in der heutigen Wüste Gobi, Mongolei, und wahrscheinlich auch Nordamerika existierten. Das gefundene jugendliche Exemplar zeigt das Muster eines beuteltierartigen Zahnwechsels auf. Dies gilt als starkes Argument für eine enge Verbindung zu den modernen Beuteltieren, die heutzutage meist in Australien und Südamerika leben (Rougier et al., 1998).

Wahrscheinlich infolge eines Vulkanausbruchs wurden zwei nahezu vollständige Skelette vor angeblich 125 Mio. Jahren in einer als Kampfsituation interpretierten Szene in der Yixian-Formation, China, konserviert. Es handelt sich dabei um einen wahrscheinlich Pflanzen fressenden, etwa 1,20 m großen Psittacosaurier, der von einem etwa 47 cm großen dachsähnlichen Säugetier, einem ausgestorbenen *Repenomamus robustus, angegriffen worden sein soll.* Darauf deuten die Position des Säugers auf dem Dinosaurier sowie die Greif- und Beißaktionen sowie Größe und Beschaffenheit des Gebisses hin (Abb. 8). Es ist angeblich nicht zu vermuten, dass der Säuger an einem bereits toten Dino gefressen hat. Damit würde auch die These infrage gestellt, dass Dinosaurier während der Kreidezeit kaum von Säugetieren bedroht waren: »Die beiden Tiere sind in einen tödlichen Kampf verwickelt« (Han et al., 2023). Oder handelt es hier um ein aktiv jagendes, aber auch aasfressendes Säugetier (Abb. 8, Bild C)?

Somit fristet dieses Tier sein Dasein aber nicht im Verborgenen, sondern konkurrierte mit den Dinosauriern um Beute und Jagdterritorium. Die etablierten Rollen – Säuger als Beute und Saurier als Räuber – sind vertauscht, worauf auch ein anderer Fund hindeutet:

Ein anderes, bereits einige Jahre zuvor entdecktes Exemplar von *Repenomamus robustus* fraß sogar einen Dinosaurier! Bei diesem im Jahr 2000 beschriebenen Fund handelt es sich um eine Sensation, denn bei dem nahezu vollständigen Skelett konnten die Forscher sogar den Mageninhalt analysieren. Enthalten ist ein Dinosaurier, ein junger 14 Zentimeter langer *Psittacosaurus*, der nahezu am Stück verschlungen wurde. Diese Pflanzen fressenden Papageiensaurier wurden bis zu zwei Meter groß.

Eine sicher grundsätzlich interessante Frage: Warum ist dieser Fund so gut erhalten? Ein komplettes Tier mit Mageninhalt bleibt Millionen von Jahren nur versteinert erhalten, wenn es beispielsweise unter katastrophischen Umständen unter Luftabschluss verschüttet wurde, so dass es der Verwesung entzogen wird. In vorliegendem Fall wird vermutet, dass ein Vulkanausbruch zu einem Massensterben von Dinosauriern, Säugetieren und Amphibien führte, die in Tuffschichten eingeschlossen wurden. Intensive Feldforschungen in der frühkreidezeitlichen Jehol-Gruppe im Nordosten Chinas haben »ein außergewöhnlich gut erhaltenes Ökosystem der Unterkreide« mit einer Fülle außergewöhnlich gut erhaltener Fossilien wie gefiederte Theropoden-Dinosaurier und Vögel zutage gefördert, die einige der umstrittensten Debatten in der Paläontologie und Evolutionsbiologie prägen (Zhou et al., 2003).

Abb. 9: **SÄUGETIER-RÄUBER AUF DINO-JAGD.** Darstellung eines *Repenomamus robustus* mit einem jungen Psittacosaurus im Maul.

Diese Formation hat sich schon häufiger als Fundstätte spektakulärer Fossilien herausgestellt. Die dortigen Vögel sind – wie die in der Grube Mes-

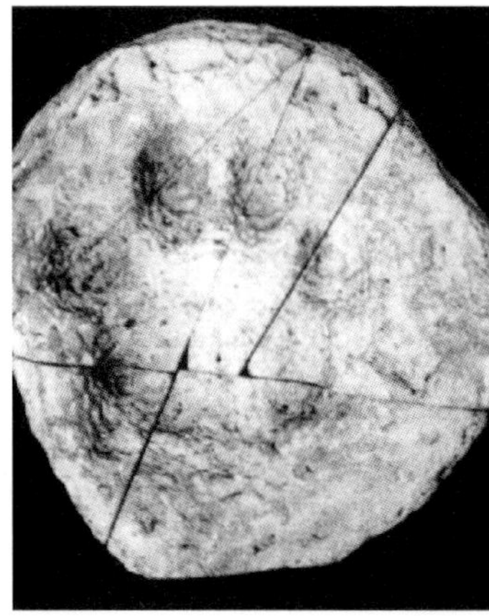

Abb. 10: **ZU ALTE SPUREN.** In mehreren US-Bundesstaaten wurden versteinerte Abdrücke von großen Säugetieren in kreidezeitlichen Schichten dokumentiert, in denen sich auch Trittsiegel von Dinosauriern befinden. Die oberen Bilder zeigen Beispiele vom östlichen Rand des Gebirges *Llano Uplift* in Texas, der an der Westküste des ehemaligen kreidezeitlichen Binnenmeeres in Nordamerika lag. Links: Hundepfote (Bild: aus Cecil N. Dougherty, 1971). Rechts: Großkatze, evtl. Säbelzahntiger. Unteres Bild: Der Autor dokumentierte den versteinerten Abdruck einer menschlichen Hand. Dieser wurde in einer angeblich 140 Mio. Jahre alten kreidezeitlichen Sandsteinschicht am Paluxy River entdeckt, in der sich auch Trittsiegel von Dinosauriern befinden.

sel (bei Darmstadt) erhaltenen – wahrscheinlich durch vulkanisches Gas, vor allem Kohlendioxid und Methan, getötet worden und fielen dann in die kurze Zeit später aushärtende Vulkanasche hinein. Andererseits sind auch Vögel nach der Explosion mit gebrochenen Knochen in den See gestürzt (vgl. »Bild der Wissenschaft«, 8/2002, S. 54–63).

Diese Untersuchungen zeigen aber auch, dass Säugetiere erst *relativ spät* im frühen oder mittleren Jura-Zeitalter zu Lebzeiten von Dinosauriern und *nicht schon vorher* im Trias-Zeitalter, also Erdaltertum (Paläozoikum) und damit vor der durch Massenaussterben gekennzeichneten Trias-Jura-Grenze vor angeblich 201 Mio. Jahren auftauchten, wie noch 1997 in der Fachliteratur ausgeführt wurde (Dingus/Rowe, 1997).

Mit anderen Worten, das Auftauchen der Säugetiere vollzog sich 20 bis 40 Mio. Jahre *später* als bisher angenommen. Also erst zu einer Zeit, als *die Dinosaurier schon voll entwickelt die angebliche Weltherrschaft angetreten hatten*, und nicht schon vorher, wie bisher schulwissenschaftlich proklamiert! Da zusätzlich die Entwicklung höher entwickelter Säugetiere von der Erdneuzeit (Tertiär) in die spätere Dinosaurier-Ära (Kreidezeit) weiter zurück in die Vergangenheit verschoben wurde, verlieren die Dinosaurier somit ihren Weltbeherrscher-Nimbus der angeblich *alle* biologischen Nischen ausfüllenden Spezies im Erdmittelalter.

Das Dogma der Evolutionstheorie von der Alleinherrschaft der Dinosaurier war bereits im Jahr 2005 endgültig mit einer Veröffentlichung in »Nature« unter der Überschrift »Großes Leben in der Kreidezeit« infrage gestellt:

»Entdeckungen großer, Fleisch fressender Säugetiere aus der Kreidezeit stellen die lange Zeit vertretene Ansicht infrage, dass primitive Säugetiere klein und uninteressant waren. Haben Paläontologen die falschen Fragen gestellt?« (Weil, 2005).

Abb. 11: **HAUSTIERE?** Eine große Anzahl Skulpturen mit Saurierdarstellungen aus Ton wurde in Acambaro (Mexiko) u. a. unter einer Polizeistation gefunden. Bei einigen dieser Darstellungen scheinen Menschen kleine Saurier wie Haustiere zu füttern. Es wurden mehrere Skulpturen in verschiedenen Laboratorien untersucht. Die Datierungen ergaben ein Mindestalter von über 2000 Jahren. Offizielle Rekonstruktionen von Sauriern sind jedoch jünger als 200 Jahre.

Abb. 12: **WIE SCHARF GESCHNITTEN.** Die K-P-Grenze bezeichnet eine kalkarme, jedoch durch hohe Konzentration an Iridium und Schockquarzen strukturierte Grenzton-Schicht – entstanden zwischen Erdaltertum, also zu Lebzeiten von Dinosauriern, und Erdneuzeit. Sie wird als Beweis für einen einzigen Impakt infolge eines Einschlags eines großen Asteroiden angesehen. Das Bild zeigt die sehr dünne K-P-Grenze in einem Aufschluss im *Trinidad Lake Nationalpark* im US-Bundesstaat Colorado, der weiße Linienzug (oberes Bild) verläuft entlang der »sehr dünn« ausgeprägten K-P-Grenze. Das untere Bild zeigt eine etwa zwei Zentimeter mächtige K-P-Grenze an der Interstate 25 am *Raton-Pass* im südlichen US-Bundesstaat Colorado in *über* 2000 m Höhe.

Bleiben wir einfach offen für Überlegungen, ohne unser Bewusstsein einschränkende Dogmen zu akzeptieren, und stellen den Aussterbezeitpunkt der Dinosaurier derart infrage, dass dieser durch Streichen mehrerer Nullen in unsere jüngere Vergangenheit rutschen würde:

Denn die Dinosaurier starben infolge örtlicher Naturkatastrophen und Kataklysmen in einem kurzen Zeithorizont aus, angeblich geologisch dokumentiert durch die sehr dünn ausgebildete, seit dem Jahr 2000 neu benannte *Kreide-Paläogen-Grenze* (Abb. 12), auch K-P-Grenze (früher: Kreide-Tertiär-Grenze). Infolge eines weltweiten, zeitlich aufgefächerten Kataklysmus-Wirkens entstehen geologische Schichten schnappschussartig bis hin zu großer Mächtigkeit, für deren geologisches Alter gemäß geologischer Zeittafel sehr lange Zeiträume der Entstehung proklamiert werden.

In der Folge werden Lebewesen und auch Pflanzen oder Bäume in zeitlicher Hinsicht jungfräulich u. a. durch danach erhärtende Schlammfluten eingeschlossen, so dass diese konserviert werden können. Mit anderen Worten, rutscht die Ära der Dinosaurier infolge derartiger Zeitimpakte eventuell in Richtung jüngerer Säugetiere und nicht umgekehrt? Derart würde die sogenannte Kreide-Paläogen-Grenze von vor 66 Mio. Jahren auf einen Zeithorizont von vielleicht nur wenigen tausend Jahren vor heute verrutschen.

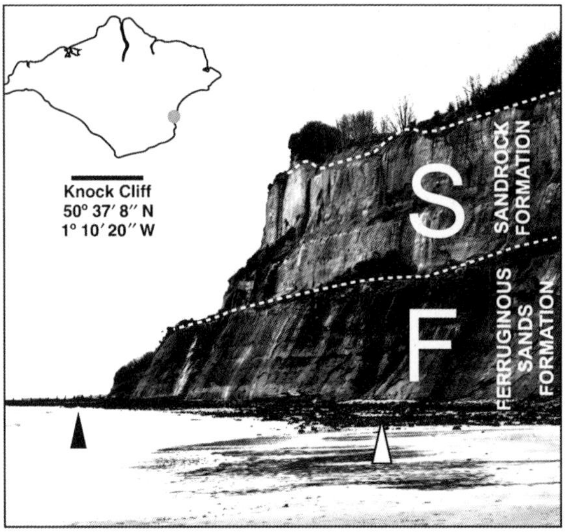

Abb. 13: **FEHLENDE ERDGESCHICHTE**. Auf der englischen Insel *Isle of Wight* wurden am Strand wenige Knochen einer neuen Raubsaurier-Art gefunden. Die Fundorte, markiert durch Pfeile, befinden sich weit unten in der bis zu 161 m mächtigen, u. a. durch Funde von fossilen Haifisch-Zähnen bekannten geologischen Sandformation *Ferruginous Sands-Formation* (F). Diese, ebenso wie die überlagernde, bis zu 70 m mächtige – im Gegensatz zum Kalkstein im *Paluxy River-Gebiet* in Texas – aus Sandstein bestehende *Sandrock Formation* (S) gehört zur Stufe *Aptian* in der oberen Unterkreide, die etwa 125 bis 113 Mio. Jahre alt sein soll und damit in die Dinosaurier-Ära datiert werden muss. Alle jüngeren geologischen Formationen bis hin zur Gegenwart, also 113 Mio. Jahre Erdgeschichte, fehlen komplett, bis auf die dünne, überlagernde und neuzeitliche Bodenbedeckung mit rezenter Vegetation. Die K-P-Grenze ist scharf geschnitten, aber eine durch einen Asteroiden-Einschlag verursachte Iridium-Schicht wurde nicht dokumentiert.

Obwohl diese Grenzton-Schicht der K-P-Grenze weltweit zu finden ist, existiert diese nicht flächendeckend, sondern nur in bestimmten räumlichen Gebieten, in denen auch Beweise für heftige Vulkan- bzw. Super-Vulkanausbrüche in der Vergangenheit gefunden werden konnten. Vielleicht ist tatsächlich ein Asteroid in Mexiko in die Erdkruste eingeschlagen, obwohl es sich um ein äußerst seltenes kosmisches Ereignis handelt, denn Krater sind meistens ein Beweis für Gasausbrüche, verursacht durch Schlamm-, Lava-, Sand- und Gasvulkane. Derartige Explosionskrater weisen *keinen* Zentralberg auf (Abb. 14) und sind sehr häufig zu finden, beispielsweise auch auf dem Mars. Einschlagkrater wie der Barringer-Krater (auch: Meteorkrater) auf dem *Colorado Plateau* östlich von Flagstaff in Arizona sind hingegen eher eine Ausnahme. Bei diesem handelt es sich um den ersten Krater, dessen Ursprung eindeutig auf einen Meteoriteneinschlag zurückgeführt werden konnte (Abb. 15). Zur Problematik von Ausgasungs- oder Meteoritenkratern siehe ausführlich: »Der Energie-Irrtum« (Zillmer, 2009/2023).

Die K-P-Grenze ist verbunden mit einem der am besten untersuchten Massenaussterben, auch Faunenschnitt oder Faunenwechsel genannt, die in einem relativ schmalen geologischen Zeitfenster auftraten (Twitchett, 2006). In der Wissenschaft besteht kein eindeutiger Konsens bei der Definition eines *Massenaussterbens*. Dieser Begriff wird einerseits bei einem Artenverlust von 75 Prozent oder darüber (Barnowsky et al, 2011) und anderer-

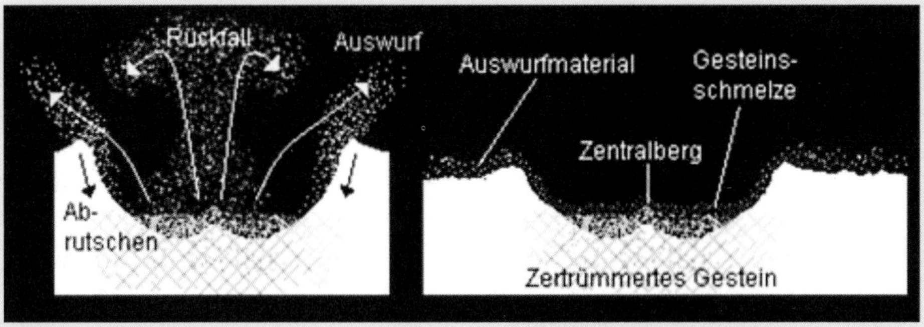

Abb. 14: **KRATER**. Einschlagkrater weisen im Gegensatz zu Ausgasungskratern einen Zentralberg in der Kratermitte auf.

Abb. 15: **SELTENES ZEUGNIS**.
Der Barringer-Krater (auch: Meteorkrater) weist einen Durchmesser von etwa 1200 m bei einer Tiefe von 180 m auf und wird von einem Wall umgeben, der durch den Auswurf des Einschlags entstanden ist und sich etwa 30 m bis 60 m über das umliegende Plateau erhebt. Beim Einschlag des Meteoriten vor angeblich 50 000 Jahren lag die zumeist aus hartem Sandstein bestehende *Moenkopi-Formation* frei, die angeblich etwa 240 Mio. Jahre alt sein soll. In dieser ehemals aus schlammigem, feinkörnigem Lockersediment (*englisch*: Mudstone) bestehenden Geländeoberfläche hinterließen Dinosaurier in weiten Teilen des US-Bundesstaats New Mexiko zum Teil bis heute erhaltene versteinerte, fast frisch wirkende Fußabdrücke, sogenannte Trittsiegel. Solche sind oft als Teil ganzer, teilweise sich kreuzender Trampelpfade in Arizona, Nevada, Kalifornien, Utah und Colorado erhalten geblieben. Jegliche durch geologische Schichten dokumentierte Erdgeschichte während der Dinosaurier-Ära fehlt komplett, bis auf jüngere fluviale Sedimente, die jünger sind als der Barringer-Krater. Vergleiche Abbildung 61, S. 87 (Hopi Lake).

seits häufig auch bei jedem stärkeren Einschnitt in die biologische Vielfalt verwendet (Bambach, 2006).

Das Alter dieser K-P-Grenze wird derzeit auf der Grundlage absoluter Datierungsmethoden auf etwa 66 Mio. Jahren geschätzt. Dieses Massenaussterbe-Ereignis wurde gut untersucht, auch weil es das jüngste von angeblich mindestens fünf ist, die die Natur des Lebens auf der Erde völlig verändert haben. Es ist auch an vielen Orten auf der ganzen Welt gut sichtbar und wurde auch in Kernproben von Tiefseebohrprojekten ausführlich untersucht. Es wird bisher angenommen, dass das K-P-Aussterben durch einen massiven Asteroideneinschlag in der mexikanischen Region Yucatán verursacht wurde (Alvarez et al., 1980).

Aber handelte es sich tatsächlich um ein *einzelnes* Ereignis mit weltweit erzeugten Kataklysmen oder war nicht eher eine über die ganze Erdoberfläche räumlich *verteilte Serie* von derartigen Ereignissen – wie Supervulkanausbrüche – verantwortlich für ein weltweites Massensterben am Ende der Dinosaurier-Ära bzw. der Kreidezeit?

Sehr wahrscheinlich reicht ein einzelnes katastrophales Ereignis nicht aus. So soll nach neuen Untersuchungen an der K-P-Grenze ein Supervulkan ausgebrochen sein, der gleich von zwei Hotspots gespeist worden sein soll, die unter der heutigen Insel Réunion sowie den Komoren liegen. Die katastrophalen Ausbrüche des sogenannten indischen Dekkan-Trapps erzeugten Flutbasalte gigantischen Ausmaßes: Das betroffene Gebiet umfasste eine Fläche von 600 000 km^2. Aschen und ausgestoßene Gase mit über 10 Billionen Tonnen Kohlendioxid und 9 Billionen Tonnen Schwefel sollen in die Atmosphäre gelangt sein, so hat es ein neues Computer-Modell mit über 300 000 Szenarien berechnet. Durch diesen Supervulkan-Ausbruch veränderten sich die Atmosphäre und das Klima so stark, dass dies zu einem Zusammenbruch der Nahrungsketten geführt haben kann. Dagegen konnten die Forscher als Folge des angeblichen Asteroideneinschlags bei der mexikanischen Halbinsel Yucatán keinen sprunghaften Anstieg von Kohlendioxid und Schwefeldioxid finden. Deshalb trug dieses Ereignis nicht maßgeblich zum Aussterben bei (Cox und Keller, 2023).

Forscher aus Belgien sehen gemäß neuen Erkenntnissen aus Sedimentproben des US-Bundesstaats *North Dakota* aufgewirbelten Silikatstaub als den effizientesten Blocker der Photosynthese. Analog wies die Computersimulation aus, dass es zwei Jahre keine Photosynthese gegeben haben soll, da 2000 Milliarden Tonnen des Silikatstaubs das Sonnenlicht blockiert hätten: »Die Erde wurde für ein paar Jahre dunkel und kalt. Der Asteroid tötete nicht alle Dinosaurier auf einmal, aber er war ein heimlicher Mörder, der einen Zermürbungskrieg auslöste, der drei von vier Arten aussterben ließ« (Senel, 2023).

Ergänzend ergab eine andere neue Studie aus Daten von Bohrkernen, dass Dinosaurier nicht durch einen Asteroideneinschlag oder Vulkanismus mit einhergehendem Klimawandel ausstarben, sondern durch Schwefeldioxid und Schwefelaerosole, die in die Atmosphäre freigesetzt wurden. Diese wurden dann als sehr saurer Regen wieder aus der Atmosphäre herausgewaschen. Über Jahrzehnte hinweg fiel schwefelsaurer Regen. Das dürfte der Grund gewesen sein, warum der pH-Wert im Meerwasser plötzlich abfiel. Dunkelheit, Kälte, saurer Regen und saures Meerwasser waren demzufolge die Triebfedern des Massenaussterbens. »Vulkanismus in der späten Kreidezeit verursachte eine Erderwärmung von etwa zwei Grad Celsius, aber kein Massenaussterben«, so Michael Henehan von der *Universität Yale* (Internetlink 1).

Abb. 16: **KATAKLYSMUS-ZEUGNIS**. Eine knapp 50 cm mächtige Schicht (A) stark gestörter Sedimente entspricht dem Massenaussterbe-Horizont, der mit Meeressedimenten verbunden ist, die sich in einer Erosionslandschaft entlang der K-P-Grenze im und um den Badlands-Nationalpark im US-Bundesstaat South Dakota befinden.

Es wird angenommen, dass bei dem K-P-Ereignis mit einem Zusammenbruch des Ökosystems und dem Versagen der Nahrungsketten und -netze sowohl in den Ozeanen als auch an Land alle Dinosaurierarten sowie Meeresreptilien und Ammoniten verschwunden sind. Neue Studien scheinen jedoch zu zeigen, dass die Dinosaurier schon Jahrmillionen vor der Apokalypse den Zenit ihres evolutionären Erfolges überschritten hatten (Sakamoto et al., 2016).

Nachdem die Dinosaurier, angebliche Flugsaurier, große schwimmende Reptilien und andere große existierende Tiere am Ende der Kreidezeit – oder auch erst kurze Zeit später? – ausgestorben waren, vermehrten sich die überlebenden Arten und zogen in leere und neue Nischen, die es ihnen ermöglichten, zu gedeihen und sich zu diversifizieren.

Abb. 17: **UNBEKANNTE SPEZIES?** Der »Taunton Courier« berichtete am 6. Dezember 1810, dass ein im Fischerdorf Fowey in Cornwall angemietetes Boot von einem 12 m langen Monster attackiert wurde. Das ungewöhnliche Tier wurde schließlich zur Untersuchung an Land gebracht. Der Zeitungsartikel wurde dem Autor zugesendet von Wilhelm Reithinger.

Überlebten Dinosaurier oder andere große Urtiere diesen in verschiedenen geographischen unterschiedlich heftig wirkenden Kataklysmus, um erst einige Zeit später an den Folgeereignissen zu sterben oder sogar in Form kleinerer Exemplare noch länger zu überleben? Denn größere Tiere als Elefanten sind heutzutage an Land absolut nicht lebensfähig!

Die K-P-Grenze entstand also rund um den Globus, beginnend vor angeblich 80 Mio. Jahren. Der während der Kreidezeit im Gegensatz zu heute angeblich *170 m höhere Meeresspiegel* sank. Als Folge kühlte sich nicht nur die bis dahin globale, 25 °C betragende Durchschnittstemperatur (10 °C höher als heutzutage sowie 15 °C seit 2000 in Deutschland), sondern auch das mit einer Durchschnittstemperatur von bis zu 35 °C sehr warme Wasser der Ozeane (Abb. 20, S. 33). Dies wird bestätigt in dem Artikel »Treibhausklima – Die Heißzeit der Dinosaurier« (»SpW«, Hintergrund, 10.11.2022) – es gab während der Kreidezeit *kein Eis* an beiden Polen, als dort Dinosaurier lebten.

Ein Grund für die hohen Wassertemperaturen: Das Weltmeer war in der Kreidezeit im Schnitt viel flacher und hatte ein geringeres Fassungsvermögen. Mithilfe eines entwickelten Modells soll auch in die Zukunft geblickt werden können: »Wenn wir unser Modell 80 Mio. Jahre in die Zukunft hochrechnen, können wir voraussagen, dass der Meeresspiegel auf lange Sicht weiter um etwa 120 m fallen wird (...). Selbst wenn das gesamte Eis schmilzt, (...) wäre das Ergebnis in 80 Mio. Jahren unter dem Strich eine 70 m tiefe Absenkung des Meeresspiegels durch die unaufhaltbare Vertiefung des Ozeanbassins« (Müller et al., 2008)

Am Ende der Kreidezeit und im folgenden Känozoikum, als der Wasserspiegel in den Ozeanen wesentlich tiefer lag als heutzutage, kam es weiterhin zu vielen Veränderungen, darunter die Hebung der Rocky-Mountains-Region und der Rückzug und das Verschwinden flacher Binnenmeere und großer Seen, die zuvor die westliche Binnenregion überschwemmt hatten. Die heutzutage im Westen der Vereinigten Statten in etwa 2500 m Höhe oft an der Erdoberfläche zu findenden Dinosaurier lebten definitiv zuvor auf Meeresniveau! Mit der Hebung des Gebirges wurden die Überreste dieser Urgiganten zusammen mit solchen von Krokodilen und anderen Urtieren *zusammengeschwemmt*. Diese Massengräber mit ihrem Knochenwirrwarr haben mich bei meinen Reisen im Westen der USA seit 1987 immer fasziniert (Zillmer, »Irrtümer der Erdgeschichte«, 2001/2023).

Analog finden sich in den bolivianischen Anden in Südamerika in der auf über 3600 m Höhe größten und höchstgelegenen Salzpfanne der Welt, der

Abb. 18: **ZUSAMMENGESCHWEMMTE MASSENGRÄBER**. Bild links: Knochen von 2000 Rhinozerossen, die früher im Grasland von Nebraska lebten und wahrscheinlich gemeinsam starben, sind durch Schlammfluten in einem Massengrab zusammengedrängt worden – wie im Naturkundemuseum in Chicago dargestellt wird. Bild rechts: Ein Block mit einem Wirrwarr von fossilen Knochen aus der kalifornischen Asphalt-Grube »Pit 8« in *La Brea*, Los Angelos, aus dem Jahr 1914.

Salar de Uyuni, versteinerte Korallen auf steinigen »Inseln«, vollkommen erhalten geblieben und ohne Erosionseinflüsse. Wie lange bleiben solche Versteinerungen in ihrem ursprünglichen Erscheinungsbild ohne Schutz erhalten, wenn man allein schon an den ständigen Temperaturwechsel und die sprengende Wirkung von Frost denkt? Diese Frage stellte mir Professor Dr. Karl-Heinz Jacob (*TU Berlin*) in einem persönlichen Gespräch und berichtete von einem gemeinsamen Besuch dieses Gebietes durch mehrere Professorenkollegen, bei dem sie vermuteten, dass die Korallen erst wenige tausend Jahre ungeschützt dem Frost-Tau-Wechsel ausgesetzt sein könnten. Nach seiner Rückkehr aus Südamerika hätten Untersuchungen an der *Technischen Universität Berlin* ergeben, dass die laut geologischer Zeitskala angeblich zig Millionen Jahre alten Korallen den rezenten Korallen gleichen, die heutzutage im Pazifik wachsen.

So verwundert nicht, dass schon Arthur Posnansky (1945) zu dem Schluss kam: »Titicacasee und Poopó, der See und das Salzbett von Coipaga, die Salzlager von Uyuni: Mehrere dieser Seen und Salzlager sind in ihren chemischen Eigenschaften ähnlich wie die des Ozeans.« Außerdem fand man Überreste von Cuvieronius und Toxodon am Südufer des Titicacasee. Diese Elefanten oder Flusspferden ähnlichen Tiere lebten aber nicht in Höhen, die 2000 bis 3000 Meter oder höher über ihrem normalen Lebensraum lagen (Hancock, 1995). Es fanden sich auch charakteristische Weichtiere (Mollusken), »was geologisch gesehen einen relativ modernen Ursprung nachweist« (Posnansky, 1945, S. 23). Die von mir 2016 untersuchten Ruinen der (Megalith-)Festung Tiahuanaco an der Südseite des Titicacasees, unweit der Grenze zwischen Bolivien und Peru, liegen 3810 m hoch und wurden scheinbar vor relativ kurzer Zeit von Meeresniveau in die Höhe geliftet (ausführlich: »Irrtümer der Erdgeschichte, Zillmer, 2002/2023).

Erdachsenkippung?

Als ein auslösendes Ereignis für die gravierenden Umwälzungen der Erdkruste – u. a. Gebirgsauffaltungen, Überflutungen und die Vereisung der Polarzonen – kommt eine abrupte Änderung der Neigung der Erdachse (zur Bahnebene) infrage. Damit beschäftigten sich erstmals die Untersuchungen der Geowissenschaftler William W. Sager und Anthony P. Koppers. Sie ermittelten, dass die Erde vor 86 bis 82 Mio. Jahren *zwei 16 bis 21 Grad voneinander entfernte magnetische Pole besaß*, und bestätigten, »dass mit dem beschriebenen Ereignis eine rasche Änderung der Drehachse im Verhältnis zum Mantel einherging (effektive Polwanderung) und dies mit der globalen Änderung der Plattenbewegung, großen örtlichen Vulkanausbrüchen und einer Änderung der magnetischen Feldpolarität zusammenhing« (Sager/Koppers, 2000).

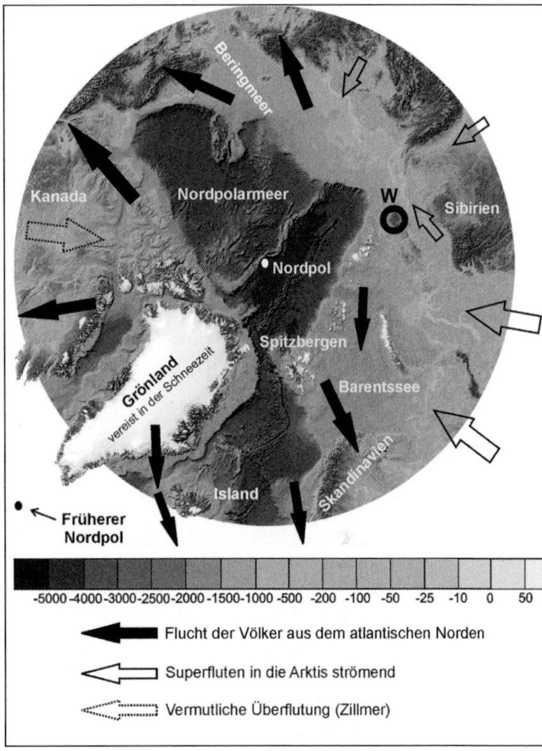

Abb. 19: **LAGEÄNDERUNG**. Der geografische Nordpol lag früher südlich von Grönland. Die heutzutage arktischen Gebiete waren eisfrei. Weite Gebiete im Norden waren besiedelt. Seit der Erhöhung des Meeresspiegels ragen nur noch wenige Landgebiete als Inseln aus dem Wasser heraus, u. a. Spitzbergen. Die heutigen Schelfgebiete wurden durch die einbrechende Kälte und nachfolgende Überflutung unbewohnbar gemacht. Die Völker flohen nach Europa, Ost- und Westsibirien, Beringia und Nordamerika. Grönland vereiste schnell, wie die unter dem Eis schockgefrorene Flora beweist. Auf der heutzutage innerhalb der mittleren sommerlichen Packeisgrenze gelegenen Wrangel-Insel (W) überlebten Mammuts bis vor angeblich 3700 Jahren. Topografische Karte: NOAA NGDC, 15.2.2005.

Überlebten Dinosaurier eine heftige Erdachsenkippung, *den* Supergau für die Erde, um schließlich an den Folgen eines einzigen Asteroideneinschlags auszusterben? Sicher nicht. Legen wir beide Ereignisse in eine Zeitebene vor ca. 66 Mio. Jahren, dann leiteten diese Ereignisse das Ende der Kreidezeit (K-P-Grenze) und das Aussterben der Dinosaurier ein. Unter Berücksichtigung der nach der Kreidezeit folgenden Tertiärzeit als Scheinordnung (= Phantomzeit) rückt dieses Katastrophenszenario Richtung Gegenwart, in eine Phase, als Menschen die schnelle Gebirgsbildung mit eigenen Augen sahen und das Erlebte in ihren Mythen lebendig erhielten.

Die eigentliche Auffaltung der Alpen vollzog sich nach herrschender Lehrmeinung vor ungefähr 30 Mio. Jahren, also nach der Dinosaurier-Ära. Die Hebungsrate der Alpen soll nur 0,8 Millimeter pro Jahr betragen (»Lexikon der Geowissenschaften«). Im Gegensatz zu dieser Vorstellung von schleichend langsam wachsenden Gebirgen, würde eine ruckartige Kippung der

Erdachse ein schnelles Wachsen der Gebirge in einer Art Zeitraffer bewirken. In diesem Fall war – im Gegensatz zu einem langsamen Hebungsprozess – für die Erosionstätigkeit nicht genug Zeit vorhanden: Die steilen Gebirgshänge wirken noch »frisch«. Deshalb bröckelt die Erdkruste gerade in unserer Zeit heftig, weil sie erst vor relativ kurzer Zeit neu gebildet wurde, denn ansonsten müssten die Alpentäler schon lange voll von Gesteinsschutt liegen!

Es ist daher nicht verwunderlich, dass (nicht nur) Englands Küste *rapide bröckelt (erodiert)*, wie dies durch Datenmaterial von Satelliten der *European Space Agency* (ESA) nachgewiesen wurde (»BdW«, 10.8.2001). Sind die Steilküsten in der sich heutzutage darbietenden Form nicht alle relativ jung, höchstens Tausende von Jahren alt? Wurden dem Festland nicht riesige Gebiete durch große Fluten entrissen, augenscheinlich dokumentiert durch rapide bröckelnde Steilküsten?

Diese Ansicht wurde bestätigt. Der Geographieprofessor David Smith (*Universität Coventry*) stellte auf einer Fachtagung in Glasgow (Schottland) seine Untersuchungen vor. Demzufolge wurde Großbritannien *nach* der Eiszeit vor wenigen tausend Jahren *durch hohe Riesenwellen vom europäischen Kontinent getrennt*. Übrig blieb eine Insel (»BdW«, 14.9.2001). Sind die Steilküsten stumme Zeugen dieser vor kurzer Zeit abgelaufenen Geschehnisse?

Würden sich Gebirge wie die Alpen eher ruckartig und nicht unmerklich langsam erhoben haben, reduzierten sich die langen Zeiträume des Tertiär-Erdzeitalters zwischen dem Massenaussterben am Ende der Kreidezeit und dem Beginn des jüngsten Eiszeitalters rafferartig hin in Richtung einer »Nullzeit«.

Wie wurde die Unterteilung im Tertiär in lang andauernde einzelne Serien (Paläozän, Eozän, Oligozän, Miozän, Pliozän) überhaupt begründet? Die Gliederung des Tertiärs beruht auf Auswertung der Anzahl mariner Schalentiere (Mollusken) in einem Vorkommen. Dabei spielte die Höhe des Anteils in einer Serie die entscheidende Rolle. Im 19. Jahrhundert wurde das Tertiär in drei (heute fünf) Serien aufgeteilt, wobei nach Charles Lyell (1865) das Eozän 5 Prozent, das Miozän 17 Prozent und das Pliozän 35 bis 95 Prozent lebende (rezente) Arten enthalten soll: Je geringer der Anteil an Muschelarten, desto älter soll die Schicht sein. Wie zu erwarten, stellte sich schon »frühzeitig heraus, dass die angeführten Prozentzahlen nicht einmal von Frankreich auf England übertragen werden konnten« (Walther, 1908, S. 454).

Man geht bei dieser Methode davon aus, dass die Aussterbe- und Neubildungsrate bei Mollusken (Muscheln) überall auf der Erde gleich ist. Trotz dieser aus der Luft gegriffenen Idee einer Systematik für das Tertiär, hat sich dieses willkürlich diktierte Prinzip der Einteilung und Zeitdauer bis zum heutigen Tag erhalten. Warum ist bisher nur von Meerestieren in tertiären Schichten die Rede, wenn sich im Tertiär doch die Säugetiere entwickelt haben sollen? Warum spielten Fossilien von Landtieren in Bezug auf die Stratigraphie keine Rolle? »Das Material (...) war nur den Spezialisten bekannt und zugänglich (...)« (Thenius, 1959, S. 4). Geheimhaltung ist Pflicht, da tertiäre Schichten isoliert angeordnet liegen, wie Oasen in der Wüste, und anscheinend durch Wassertätigkeit gebildet wurden. An Land lebende Säugetiere müssten deshalb in der Tertiärzeit ertrunken sein.

Stephan J. Gould konnte zeigen, dass jeder Versuch, eine kontinuierliche Höherentwicklung der Säugetiere zu unterstellen, mit dem empirisch vorliegenden Material kollidieren muss (Gould, 1998). Als Paradebeispiel der Evolution gilt der angeblich über 50 Mio. Jahre alte Stammbaum des Pferdes.

Phantomzeitalter Tertiär

Ein Einwand von Fachleuten gegen die Verjüngungskur der Erdkruste ist die Bildung mächtiger fossiler Riffstrukturen. Die Hunderte von Metern mächtigen und sich über viele Kilometer erstreckenden, in der Literatur als fossile Riffe interpretierten Massenkalkzüge des Rheinischen Schiefergebirges beurteilt der kritische Fachmann Julius Spriestersbach anders: In diesen nicht verwitterten Kalken sind »die Schichtfugen meistens wie mit dem Messer geschnitten und die Schichtflächen erscheinen wie glatt gehobelt. Eine Tatsache, die einer Riffbildung widerspricht« (Spriestersbach, 1942, S. 83).

Der von Spriestersbach einzig anerkannte echte Riffkörper lag am Ende der Aggertalsperre bei Bredenbruch unter Wasser und war lange Zeit nicht überprüfbar. Erst nach Ablassen des Wassers ergab eine Untersuchung 1985: Das vermeintliche Riff zeigt keine miteinander verwachsenen Kolonien, sondern im Gegenteil gewaltsam aufeinander gepresste Schichtungen (Dr. Joachim Scheven in: »Leben 4«, 1992). Fazit: Im Rheinischen Schiefergebirge gibt es kein Riff!

Entsprechende auch in Mittelschweden, England oder in den Alpen vorkommende Formationen aus dem Erdaltertum werden als an Ort und Stelle (autochthon) gewachsen angesehen – eine Fehlinterpretation. Für die Bildung dieser Riffe sollen Millionen Jahre benötigt worden sein. In diesen und anderen Fällen handelt es sich jedoch um *anorganisch* entstandenen »Faserkalzit« (Stromatactis), der durchaus optisch einem *biologisch* (organisch) gewachsenen Riffgerüst ähnelt, weil die Kalzitschichten das Gestein durchdringen und im Anbruch vernetzt sind. Die anorganische Bildung dieser angeblichen Korallen und Schichtenkorallen (Stromatoporen) läuft im Gegensatz zur biologischen sehr schnell ab, da das Wasser in den Hohlräumen des Gesteins nur *unter katastrophischen Umständen eingeschlossen werden kann* (ebd., 1992).

Fazit: Diese uralten, angeblich langsam autochthon (am Fundort) gewachsenen Riffe wurden innerhalb sehr kurzer Zeit durch große Wassermassen *unter katastrophischen Umständen anorganisch geschüttet.*

Andererseits enthalten die 400 Mio. Jahre alten Kalksteine aus dem Erdaltertum (Silur und Devon) durchaus echte Korallen, die jedoch *nirgends an Ort und Stelle gewachsen* sind. Diese Ablagerungen stellen kurzfristig geschüttete Fossilgesteine einer Superflut dar, die naturgemäß jene vorsintflutlichen marinen Lebewesen enthalten.

Ein weiteres Argument für eine alte Erdkruste: Die teils noch lebenden Riffe aus dem Tertiär-Zeitalter sollen ein hohes Alter dokumentieren. Bei meinem Besuch des *Great Barrier Riff* im Jahr 1994 an der Ostküste Australiens musste ich feststellen, dass dieses mit fast 345 000 m^2 weltweit größte Riff der Erde auf ein Alter von 20 Mio. Jahren datiert wurde. »Unmöglich«, war mein Urteil, denn das jüngere Tertiär von vor 24 bis 2,6 Mio. Jahren soll durch kälter werdendes Klima charakterisiert sein – aber die Warmwasser-Korallen brauchen eine hohe Durchschnittstemperatur von 20 °C. Ein Widerspruch in der Theorie!

Meine Meinung wurde zum Erstaunen der Fachleute im Jahre 2001 durch eine Veröffentlichung im Fachblatt »Geology« (Bd. 29, Nr. 6, Juni 2001, S. 483–486) prinzipiell bestätigt, denn neue Analysen ergaben für das *Great Barrier Riff* ein »jugendliches« Alter von nur 600 000 Jahren. Weitere Untersuchungen werden bestätigen, dass auch die anderen Korallenriffe weltweit entsprechend jünger sind. Allerdings herrschte zum neu ermittelten Zeitpunkt angeblich das Große Eiszeitalter: Es war noch kälter als vor 20 Mio.

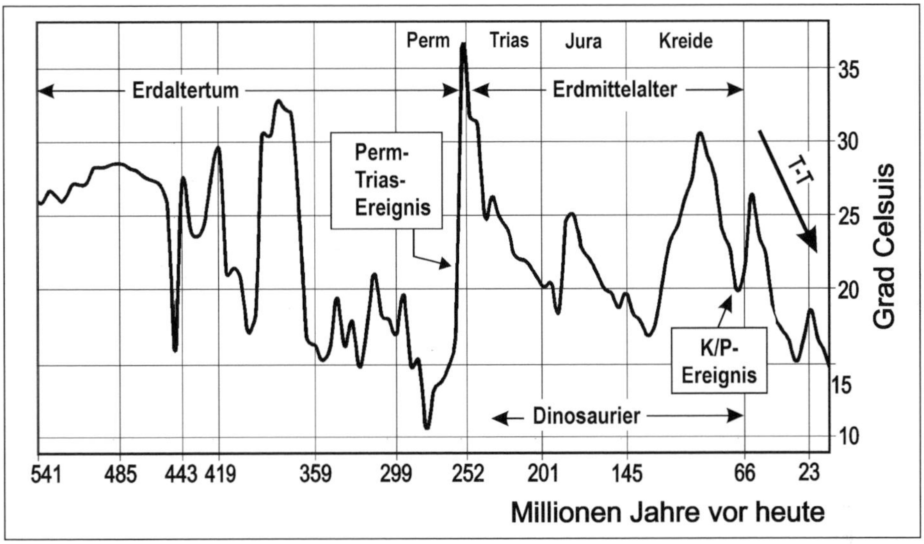

Abb. 20: **ERDKATASTROPHEN UND KLIMAWECHSEL**. Nach Schätzungen von Christopher Scotese (2019) vollzog sich mit dem Perm-Trias-Ereignis eine gravierende Erhöhung der Oberflächentemperaturen, bevor sich Dinosaurier zu Land und zu Wasser entwickelten. Mit dem Kreide-Paläogen-Ereignis (früher: Kreide-Tertiär-Ereignis) starben die Dinosaurier aus, als die Oberflächentemperatur stark zu fallen begannen. Der Temperatur-Trend (T-T) ist seit dieser Erdkatastrophe stark fallend bis zum heutigen Tag – Schaubild verändert nach Scotese, 2019.

Jahren. Reduzieren wir das Alter des Riffs noch weiter und lassen die Korallen vor wenigen tausend Jahren im Vorfeld eines Kataklysmus blütenartig schnell wachsen, als vom Nord- bis zum Südpol globales Treibhausklima auf der Erde herrschte, so wie es wahrscheinlich zur Zeit der Dinosaurier in der Kreidezeit war, mit *nicht vereisten* Polkappen.

Zu Zeiten der Dinosaurier war es in der Kreidezeit auf der Erde von Pol zu Pol bis zu 35 °C warm, mit dem weltweiten Kataklysmus in der Folge fallend bis zur K-P-Grenze auf etwa 20 Grad, um dann im Tertiär bzw. beginnendem Paläogen wieder steil auf mehr als 25 °C anzusteigen (Abb. 20).

Laut einer neueren Studie wuchsen vor etwa 50 Mio. Jahren, also nach der Dinosaurier-Ära, in der damalig tropischen Antarktis Palmen (Pross et. al, 2012): »Je nachdem, wie weit man in der Zeit zurückgeht, gab es in der Antarktis ein Klima, das vom heutigen Patagonien bis hin zu einem eher tropischen Klima reichte.«

Jahrzehntelang lebte ich mit der wissenschaftlich vertretenden Meinung, dass die Vergletscherung der Antarktis zwar nach der Dinosaurier-Ära,

Abb. 21: **EISZEIT-TIERE**. Bild links: Rekonstruktion der Szene auf der Landbrücke Beringia (Alaska/ Sibirien), als das Steppenwisent *Blue Babe* von amerikanischen Löwen angegriffen wird. Bild rechts: Die angeblich *35 000 Jahre* alte Mumie Blue Babe, wie sie im Museum der Universität von Alaska rekonstruiert und ausgestellt ist.

jedoch »erst« vor 45 Mio. Jahren eingesetzt und sich vor ca. 34 Mio. Jahren beschleunigt haben soll (Pegani et al., 2011; vgl. Internetlink 2).

Jedoch, der »Übergang von der nassen zur kalten Vereisung in der Ostantarktis spiegelt einen Rückgang der mittleren Jahrestemperatur um 25 bis 30 °C wieder und geht nachweislich einer oder mehreren großen Episoden der Ausdehnung des Eisschildes in der gesamten Region voraus, von denen die jüngste zwischen vor knapp 14 und 13 Mio. Jahren stattgefunden haben soll. Eine Folgerung ist, dass die Abkühlung der Atmosphäre nach einem relativ *warmen Klimaoptimum* im mittleren Miozän vor ca. 17 bis 15 Mio. Jahren« erfolgte (Lewis et al., 2007).

Bis zur angeblich einsetzen Kaltzeit war es im Verhängnis zur heutigen Zeit äußerst warm, noch lange nach der Dinosaurier-Ära. Die Durchschnittstemperatur wird heutzutage für die gesamte Erde mit nur 14 °C angegeben. In Deutschland beträgt die Jahresmitteltemperatur seit dem Jahr 2000 relativ *konstant* 10 °C, zumeist geringfügig weniger (Zillmer, 2009 bzw. ergänzt in 2023, S. 157).

Das regelrechte Klimaoptimum der Dinosaurier-Ära setze sich also zeitlich nach der K-P-Grenze bis weit in das Trias-Zeitalter fort. Noch vor 24 000 Jahren, als die Kaltzeit angeblich ihren Kälte-Tiefpunkt erreicht haben soll, existierte eine arten- und nährstoffreiche Flora und Fauna (Mammut, Bison, Pferd) in der damals noch trocken daliegenden Region der Landbrücke zwischen Ostsibirien und Alaska, bezeichnet als *Beringia*. Während der vorgeblich damals noch herrschenden Kaltzeit bildete dieses Gebiet eine fruchtbare Graslandschaft (Zazula, 2003). Der Ozeanspiegel stieg erst wesentlich später, denn dieser soll noch vor 20 000 Jahren etwa 120 bis 130 m, vielleicht sogar auch bis zu 150 m tiefer gelegen haben (Blackwelder, 1979).

Das ehemalige Beringia-Gebiet war eine »arktische Steppe« genannte Savannenlandschaft, in der nicht nur Mammute, Auerochsen und Pferde grasten, sondern auch unsere Vorfahren lebten (ausführlichin Zillmer, 2011: »Die Erde im Umbruch«, S. 215 ff.).

Ähnlich den zu dieser Zeit trocken gelegenen Savannengebieten rund um Großbritannien und Irland, den Bereich der heutigen Irischen See sowie den Ärmelkanal. Damals waren Irland, Großbritannien und Europa miteinander als Landmasse verbunden, zu Zeiten unserer keltischen Vorfahren (Abb. 23, Bild oben rechts).

So fanden Fischer immer mal wieder Knochen von inzwischen ausgestorbenen Landtieren wie dem Auerochsen oder gar Mammutzähne in ihren Netzen. 1931 entdeckten Fischer in ihrem Schleppnetz eine 21,6 Zentimeter lange prähistorische Harpune aus Knochen mit kunstvollen Verzierungen, die auf ein Alter von knapp 14 000 Jahren vor heute datiert wurde. 1988 wurde ein steinernes Scheibenbeil aus der Mittleren Steinzeit gebor-

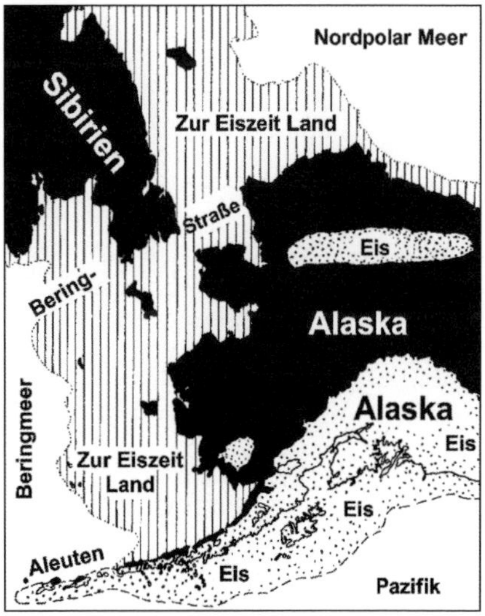

Abb. 22: **LANDBRÜCKE**. Während der maximalen Vereisung waren die sich östlich und westlich neben der Beringstraße erstreckenden Gebiete nicht vereist. Der abgesunkene Ozeanwasserspiegel bewirkte eine Landbrücke im Bereich der heutigen Beringstraße zwischen Sibirien und Alaska, die das Beringia genannte und sich vom sibirischen Fluss Lena bis hin zum kanadischen Fluss Mackenzie River erstreckende Gebiet verband. Über die heutige Beringstraße hinweg wurde ein Faunenaustausch zwischen der Alten Welt und Amerika ermöglicht. Die Abbildung zeigt die während der Kaltzeit bis vor 11 000 Jahren, gemäß geologischer Zeitrechnung, trocken liegende Landfläche, die heutzutage bis zu etwa 120 m unter der Meeresoberfläche liegt. Diese Landbrücke ist auch auf antiken Karten verzeichnet und das gesamte Gebiet von Indien über Sibirien bis zur Ostküste Nordamerikas wurde als Groß-Indien (India Superior) bezeichnet. Kurioserweise hatte aus dieser Sichtweise Kolumbus (Groß)-Indien erreicht (ausführlich: »Kolumbus kam als Letzter«, Zillmer 2004/2012).

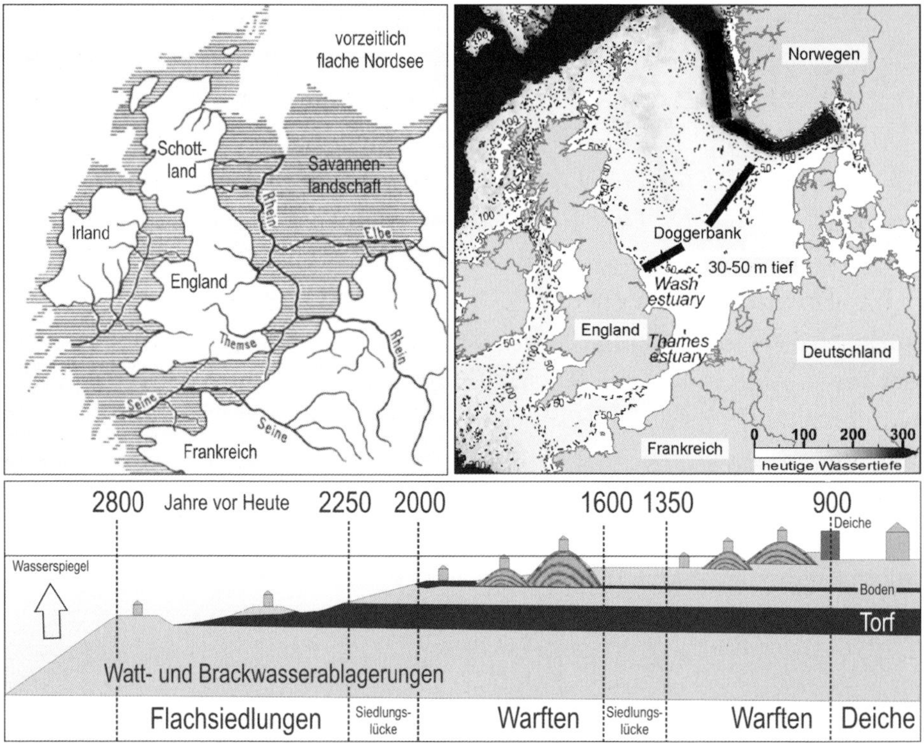

Abb. 23: **TROCKENE NORDSEE.** Bild oben links: Die Themse war ein *Nebenfluss* des Rheins, der ursprünglich bis vor etwa gut 8000 Jahren nördlich von Schottland in den Ur-Atlantik floss, bevor dann Sturmfluten und Tsunamis weite Teile in Schottland und England bis hin zur Doggerbank überfluteten. Nachdem sich aber das Wasser zurückgezogen hatte, blieben teils noch zur Zeit der Megalithiker besiedelte Landflächen (schraffierte Bereiche). Bild nach Bastian, 1959, S. 27. Bild oben rechts: Der Ozeanspiegel stieg dann bis an den Rand der Doggerbank (schwarze Balken), ab der der Nordseeboden nur noch 30 bis 50 m tief liegt. Diese flacheren Gebiete wurden erst danach langsam überflutet. Das Bild unten zeigt den Wasseranstieg über die etwa 25 m hohen und wenige Jahrtausende Jahre alten Wattablagerungen hinweg. Die Abbildung zeigt die Siedlungsgeschichte im niedersächsischen Küstenraum seit dem die Bronzezeit von der Eisenzeit trennenden (inzwischen wissenschaftlich verfemten) *Postglazialen Klimasturz* (vgl. Abb. 25, S. 38) – beginnend vor etwa 2850 Jahren (Hsü, 2000, S. 174) –, bis hin zur Errichtung erster Deiche im 12. Jahrhundert. Damit endete der Bau auf künstlichen Hügeln (Warften). Zu beachten sind die zwei Siedlungslücken. Abbildung nach Berner/Streif, 2004.

gen. Lange aber blieb die große Sandbank, das sagenhafte Doggerland ein Mythos. »In den Sedimentschichten fanden sie das Erbgut von Tieren und Pflanzen, das auf ausgedehnte Mischwälder und weitläufige Hügellandschaften mit wilden Rindern und Schweinen, Rentieren und anderen Säugetieren schließen lässt. Ideale Bedingungen also für die steinzeitlichen Jäger und Sammler« (Internetlink 3).

Die stürmische Nordsee ist aus geologischer Sichtweise ein sehr junges Becken. Vorher floss der Rhein durch dieses Land, dem heutigen Meeresgrund der Nordsee (Abb. 23 oben links), und die Mündung lag in der Nähe von Aberdeen in Schottland (»Basin Research«, 13, 2001, S. 293–312). Die Themse war zu dieser Zeit ein Nebenfluss des Rheins. Noch zur Bronzezeit war die Nordsee eine fruchtbare Steppe und wurde dann überflutet (ausführlich in: »Kolumbus kam als Letzter«, Zillmer, 2004/2012).

Im »Hamburger Echo« vom 15. September 1951 wird von anscheinend kuriosen Funden berichtet: »Das Expeditionsschiff ›Meta‹ konnte (...) bei der Insel Helgoland Funde von unschätzbarem Wert machen. In 30 m Tiefe wurden in einer Schlickbank zwei Hünengräber entdeckt. Außerdem konnten Wohnbaureste, Grabbeilagen, uraltes Handwerksgerät und andere Gebrauchsgegenstände aus der jungen Steinzeit und der Bronzezeit geborgen werden.«

Abb. 24: **WEGGESPÜLT**. Die Felsen von Helgoland sind möglicherweise die letzten Reste vom einstigen Doggerland.

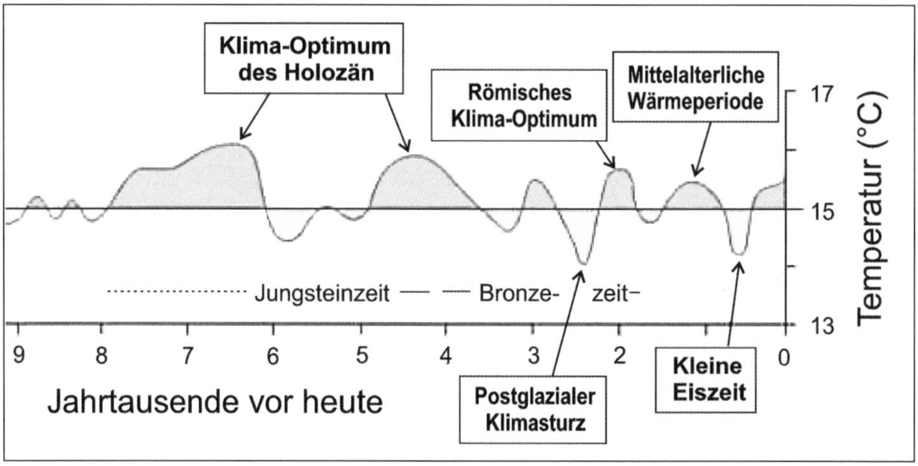

Abb. 25: **BODENNAHE MITTELTEMPERATUREN** in der nördlichen Hemisphäre analog Untersuchungen des bekannten Klimaforschers Dr. Christian-Dietrich Schönwiese, Professor an der Goethe-Universität in Frankfurt am Main. Abbildung verändert nach Dansgaard et al. (1969) und Schönwiese (1995). Jedoch wurde inzwischen festgestellt, dass zum Beispiel im nördlichen Grönland vor 8000 Jahren die Temperatur etwa 2,5 °C höher lag als heute, also noch wesentlich höher als in dieser Abbildung veranschaulicht (Lecavalier et al., 2013 u. 2017, Borzenkova, 2015).

Ein weiterer Fund von zwei jungsteinzeitlichen Großsteingräbern in Heveskes Kloster bei Delfzijl am Dollart liegt mehrere Meter unter der heutigen Marschoberfläche auf dem Geestuntergrund. Diese Gräber sind laut den Untersuchungen des Archäobotanikers Karl-Heinz Behre (1987) etwa 4500 Jahre alt.

Fazit: Die Nordsee entstand spät mit der Erhöhung der Ozeanspiegel und nach der »Eiszeit«. Das Becken der Nordsee war lange Zeit eine Savannenlandschaft, die noch vor wenigen tausend Jahren von Megalithikern bevölkert wurde, deren »Idee« vor etwa 6500 Jahren ihren Anfang genommen haben soll (Osterkamp, 2019). Man zählt heute rund 35 000 über ganz Europa verstreute typische Megalith-Bauwerke. Der Begriff Megalith-Kultur wurde als Synonym für Trichterbecherkultur oder vielmehr deren Nord-, West- und Ostgruppe verwendet, obwohl dieser Begriff umstritten ist, da ein gemeinsamer Ursprung der verschiedenen megalithischen Kulturen vermutet wird, aber nicht bekannt ist (Beinhauer et al., 1999). Jedoch habe ich bei meinen weltweiten Expeditionen Megalith-Bauten fast rund um die Welt dokumentiert, auch auf pazifischen Inseln wie Bora Bora (»Kolumbus kam als Letzter«, Zillmer, 2004/2012).

Abb. 26: **MEGALITH**. John Layard fotografierte 1915 einen Eingeborenen neben einem riesigen Menhir auf der in Melanesien gelegenen in Vanuatu, nordöstlich von Australien.

Zu dieser Zeit, als Megalithiker die Savannen der späteren Nordsee bevölkerten, war es dort wärmer als heutzutage in Mitteleuropa (Abb. 25, S. 38). Klimaforscher und -aktivisten haben behauptet, dass dies nur örtlich begrenzte Klimaphänomene waren. Einerseits hatten wir bereits während der *Mittelalterlichen Wärmeperiode* wesentlich höhere Temperaturen als heutzutage in der nördlichen Hemisphäre. In Grönland, Schottland und Norwegen konnte, im Gegensatz zu heute, Weizen angebaut werden. Andererseits werden immer häufiger menschliche Hinterlassenschaften unter dem angeblich »ewigen« Eis entdeckt, und dies nicht nur in Skandinavien oder den Alpen, sondern beispielsweise auch in Alaska. Forscher um Projektleiter Dr. Rick Knecht von der *Universität von Edinburgh*, Schottland, gruben im *Yukon-Kuskokwim Delta* Überreste einer etwa 500 Jahre alten Siedlung nahe Quinhagak im Südwesten Alaskas aus, die im Zuge einer Eisausbreitung verschüttet wurde. Es wurden u. a. gefunden:

Abb. 27: **STEINKREIS**. Bild links: Ein astronomisch ausgerichteter Steinkreis auf dem Berg *Burnt Hill* in Massachusetts auf Privatgelände. Zu dieser Anlage gehören weitere Monolithe. Bild rechts Colgate Gilbert, der einige Jahren diese Anlage untersuchte, zusammen mit dem Autor.

glänzende Artefakte aus Elfenbein, Spielzeuge, Holz- und Tongefäße, Messer, Figuren und Nähnadeln aus Knochen, zahlreiche Objekte aus dem Alltagsleben und die Reste einer Schule. Viele Fundstücke sind aus Holz gefertigt und verfallen, sobald sie beginnen, an der Luft zu trocknen.

Bereits in den 1960er Jahren schien die Eiszeittheorie nicht mehr haltbar gewesen zu sein. In Kiesschichten im Alpenvorland, die mindestens 20 000 Jahre alt sein sollen und damit während der letzten Kaltzeit entstanden sein müssten, wurden römische Ziegel und *nacheiszeitliche* Baumstämme entdeckt. In einer anderen bis dahin unangetasteten Kiesschicht, die aus der Eiszeit stammen soll, wurde ein verrostetes Fahrradteil gefunden, wie Windsor Chorlton (1983) in seinem Buch »Eiszeiten« ausführt. Dieser Fund hätte den Garaus für die Eiszeiten bedeuten müssen oder sind unsere angeblichen Urahnen damals schon Fahrrad gefahren?

In Skandinavien fand man einen Schuh mit der Größe 39 und das älteste Kleidungsstück Norwegens, die beide ein Wanderer im Jotunheimen-Gebirge Südnorwegens in 2000 Metern Höhe entdeckt hatte. Die Fundstücke wurden zunächst in das Frühmittelalter datiert. Anhand einer Datierung des Leders mit der Radiokarbonmethode soll der Schuh aber rund 3400 Jahre alt sein und würde damit aus der Bronzezeit stammen (vgl. Abb. 25, S. 38).

In Grönland mussten die Wikinger ihre Farmen aufgrund des Klimawandels aufgeben. So lag 600 Jahre lang die Wikingerfarm bei Nipaatsoq in Grönland unter Gletschersand begraben. »Bodenuntersuchungen haben gezeigt, dass die Mitte des 14. Jahrhunderts einsetzende Kleine Eiszeit ein Leben an Grönland nördlicheren Küsten unerträglich machte«, so Charles Schweger, Archäologie-Professor der Universität von Alberta. Wurden die Farmer von diesem Ereignis überrascht? Nein, Ausgrabungen unter Leitung von Jette Arneborg (2012) brachten ungefähr 2000 Artefakte ans Tageslicht, die alle darauf hindeuten, dass die Wikinger in Ruhe zusammengepackt und ihre Siedlung aufgegeben hatten und nicht zurück nach Europa, sondern nach Nordamerika segelten (ausführlich in: »Kolumbus kam als Letzter, Zillmer 2004/2012). Archäologische Analysen sowie Bodenproben und Pollenuntersuchungen ergaben, dass nicht, wie lange vermutet, kriegerische Auseinandersetzungen zu einer Aufgabe der Siedlung geführt hatten, sondern ein Klimawandel.

Nach der *Mittelalterlichen Warmzeit* – als zeitweise Weizen auf Grönland, aber auch in Norwegen und Schottland wuchs – setzte Anfang des 15. Jahrhunderts die *Kleine Eiszeit* ein, von mir Schneezeit genannt, da sich diese vor weniger als 700 Jahren sehr schnell entwickelte. Diese Kaltzeit ist in den Analen sehr gut beschrieben, als beispielsweise 1644 das Eis teilweise in Musketenschuss-Länge, also etwa 120 m pro Tag, vom *Mer de Glace* (zu Deutsch *Eismeer*), dem größten Gletscher Frankreichs, talwärts expandierte, bevor sich das Eis bereits seit etwa 1850 – und *nicht nur in den letzten Jahrzehnten* – wieder zurückzog in höhere Gebirgslagen.

Wie die Geophysiker aus Hannover bestätigten, waren u. a. die Alpen in den letzten 6000 Jahren viermal eisfrei oder nahezu eisfrei (Berner/Streif, 2004). Heutzutage schmelzen die Gletscher, aber während der von 900 bis 1400 nach unserer Zeitrechnung andauernden *Mittelalterlichen Wärmeperiode*, neuerdings als *Mittelalterliche Klimaanomalie* bezeichnet, sowie während der Bronzezeit und davor in der Jungsteinzeit war es wesentlich wärmer als heute (Abb. 25, S. 38) und es gab Eis nur auf hohen Gebirgsspitzen.

Um diese Klimakurve als falsch zu brandmarken, wird von Klimaaktivisten gebetsmühlenartig die Behauptung wiederholt, dass die Temperaturen heutzutage weit höher sind als jemals zuvor im Holozän, auch Nacheiszeitalter genannt. Diese Aussage widerspricht jedoch den nachgewiesenen Fakten. So wurde wissenschaftlich festgestellt, dass zum Beispiel im nördlichen Grönland vor 8000 Jahren die Temperatur etwa 2,5 °C höher lag als heute (Lecavalier et al., 2013 u. 2017, Borzenkova, 2015). Eingehende Untersuchungen an dem sich hauptsächlich in Alaska befindlichen Agassiz-Gletscher ergaben im kanadischen Bereich auf der Ellesmere-Insel, wie direkt zu Anfang der Dokumentation unter »Signifikanz« zu lesen: »Unsere Resultate zeigen, dass die Temperaturen im frühen Holozän diejenigen von heute um ein paar Grad Celsius übersteigen« (Lecavalier, 2017). Und weiter unter »Zusammenfassung«:

»Unsere Rekonstruktion aus der Agassiz-Eisdecke (Ellesmere Island, Kanada) zeigt ein früheres und wärmeres holozänes Temperaturmaximum mit frühen holozänen Temperaturen, die im Vergleich zu einer früheren Rekonstruktion um 4–5 °C wärmer sind und die für einen Zeitraum von 3000 Jahren damals regelmäßig die aktuellen Werte überschreiten. Unsere Ergebnisse zeigen, dass die Lufttemperaturen in dieser Region in den vergangenen 6800 bis 7800 Jahren am wärmsten waren« (ebd., 2017).

In dieser Zeitperiode war es also in Alaska, Kanada, Grönland und Mitteleuropa, in der nördlichen Hemisphäre, wesentlich wärmer als heute. Dies zeigt, dass es zu dieser Zeit einen langanhaltenden Klimawandel bzw. eine erhebliche Temperaturerhöhung der Lufttemperatur auch ohne den Einfluss von Menschen gegeben hat.

Nicht nur in Europa, Grönland und Kanada war es wärmer: Von vor 8000 bis 4000 Jahren (vgl. qualitativ Abb. 25, S. 38) gab es ein Klimaoptimum mit Temperaturen, die auf der Nordhalbkugel, aber auch in Ostasien (China) mehr als zwei Grad Celsius höher waren als heutzutage (Gagan, 1998).

Analoges wird postuliert für die angeblich vor 128 000 bis 117 000 Jahren andauernde Eem-Warmzeit (auch Zwischeneiszeit bezeichnet, die regional unterschiedlich u. a. mit *Riß/Würm-Interglazial* bezeichnet wird). Eine neue Studie belegt, dass große Teile des europäischen Kontinents vor 129 000 bis 116 000 Jahren – angeblich vor der Ankunft moderner Menschen – tatsächlich ohne großen Waldbestand waren und afrikanischen Savannen entsprachen: Hier lebten Elefanten, Nashörner, Hirsche, Rinder, Wildpferde und andere Arten (Pears, 2023), was an die Beschreibung von Beringia vor nur 24 000 Jahren während der letzten Kaltzeit erinnert (s. S. 35). Die damaligen Lufttemperaturen müssen wesentlich höher gewesen sein als heutzutage.

War es analog Abbildung 20 (S. 33) nicht nur in der Kreide- und Dinosaurierzeit von Pol zu Pol warm, sondern auch bis zur angeblich vor 2,6 Mio. Jahren einsetzenden Eiszeit, die ja erst Mitte des 19. Jahrhunderts proklamiert wurde bzw. scheinbar aus dem Nichts erfunden wurde? Stehen die festgestellten Hinweise auf tiefere Temperaturen für sehr lang ausgedehnte geologische Zeiträume oder nur für kurze Phasen als Begleiterscheinungen von Kataklysmen?

Der angeblich vor 66 Mio. Jahren am Ende der Dinosaurier-Ära entstandene Dekkan-Trapp in der Region Dekkan im westlichen Indien gehört zu den größten durch Vulkanismus geprägten Regionen der Erde. Er besteht aus einer treppenartigen Formation (Trapp) aus Flutbasalt und erstreckt sich heute über eine Fläche von mehr als 500 000 Quadratkilometern mit einem geschätzten ursprünglichen Volumen von 1,5 Millionen Quadratkilometern (Sheth, 2007).

Die Basaltschichten sind noch heute teilweise bis zu 2000 m mächtig. Entgegen der verbreiteten Meteoritentheorie zum Dinosauriersterben, macht eine größere werdende Gruppe von Wissenschaftlern die mit der Ablagerung des Dekkan-Trapps verbundene *Klimaänderung* für das große Artensterben an der Kreide-Paläogen-Grenze verantwortlich. Diese Auffassung wird durch die Entdeckung verstärkt, dass die in der fraglichen Zeit an der K-P-Grenze vor etwa 66 Mio. Jahren typischen Iridium-Ablagerungen *nicht nur bei Meteoriteneinschlägen, sondern auch durch Vulkanismus* entstehen können (Podbregar, 2002). Dies würde meine Sichtweise bestätigen, dass die Iridium-Ablagerungen nicht unisono weltweit, sondern nur in unterschiedlichen Regionen auf der Erde vorkommen, eben dort wo Vulkanausbrüche zu verzeichnen waren.

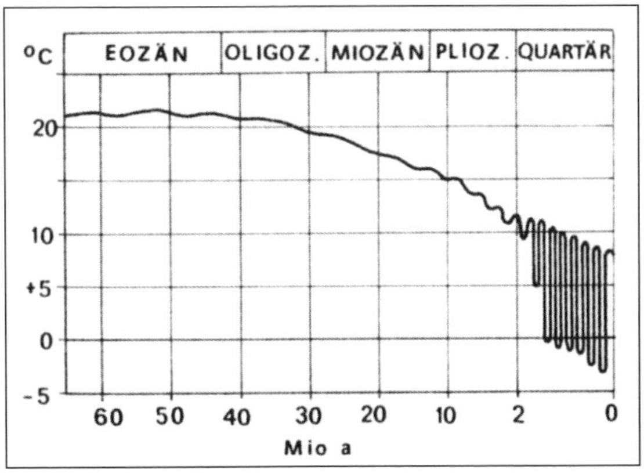

Abb. 28: **SPÄTER TEMPERATURABFALL?** Nicht nur während des Erdmittelalters zu Lebzeiten der Dinosaurier, sondern noch vor knapp 30 Mio. Jahren und hernach war es in mittleren Breiten sehr warm. Ein krasser Temperaturabfall mit stark wechselnden Temperaturen begann gemäß früherer Auffassung, wie in der Abbildung dargestellt, angeblich erst vor knapp 2 Mio. Jahren. Heutzutage werden hierfür knapp 2,6 Mio. Jahre proklamiert. Ein einleuchtendes offizielles Modell gibt es für die dramatische Klimaänderung nicht, da man Erdkatastrophen für die Nach-Dinosaurier-Ära bisher strikt ablehnt. Durch mehrfache Schwankungen der Erdachse wären diese rapiden Temperaturänderungen z. B. jedoch ganz einfach zu erklären. Der schwankende Klimaverlauf könnte sich dann vor nur ein paar tausend Jahren ereignet haben. Zu diesem Zeitpunkt fand dann auch das Massensterben statt, da die »Eiszeit« plötzlich einsetzte und nicht aufhörte, wie das schulwissenschaftliche Weltbild aussagt. Bild: Zillmer, nach Woldstedt (1954).

Ereigneten sich diese Kataklysmen nicht vor 66 Mio. Jahren, sondern erst vor wenigen Jahrtausenden, da die Lufttemperaturen erst vor kurzer Zeit mit der angeblich einsetzenden Kaltzeit stark schwankten und zeitweise drastisch fielen (Abb. 20 S. 33)?

Sehen wir uns Hinterlassenschaften der angeblich landschaftsändernden Eis- bzw. Kaltzeit an. Mächtige Schichten von Sand und Ton überziehen die norddeutsche Tiefebene mit einer Menge großer und kleiner Blöcke. Vor der »Erfindung« der Eiszeit galten diese Schwemmland-Bildungen als Beweis von Wellenbewegungen von Überschwemmungen, da diese nicht durch den Transport und die Ablagerung von Geröll (Kies, Schotter), Sand sowie Ton (Schlick) und Schlamm von Flüssen und Meeren in Form junger (nach-eiszeitlicher) Schwemmböden erklärt werden konnten (Vageler, 1910).

Weltweit wurden großflächige Gebiete überflutet. Der heutige Persische Golf begann erst langsam vor 12 500 Jahren zu entstehen, als die Straße von Hormus, ähnlich wie die Dardanellen und damit das Schwarze Meer, geflutet

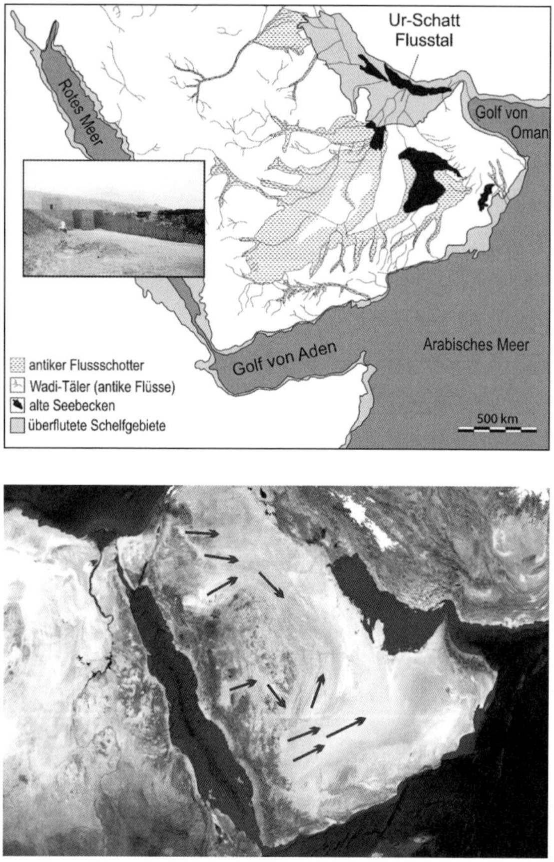

Abb. 29: **FLUSSLANDSCHAFT ARABIEN.** Bild Oben: Die Karte zeigt antike Flusssysteme und Seebecken zu Zeiten, in denen es in der heutigen Wüste der Arabischen Halbinsel reichlich Wasser gab und dort viele Menschen und Tiere lebten, die auch in Afrika beheimatet waren. Den Persischen Golf gab es noch nicht. Insert: Der große 20 m hohe und angeblich 2500 Jahre alte Staudamm von Marib mit modern wirkendem Auslaufbauwerk von bis zu 150 m Länge inmitten der heutzutage ariden Wüste Arabiens. Bild unten: Satellitenaufnahmen zeigen auch auf der anderen Seite des Roten Meers in Afrika deutliche Spuren früherer großer Wasser- bzw. Schlammströme, die aus den Bergen kamen, als sich diese entlang des heutigen Roten Meeres erhoben. Jungsteinzeit-Funde wurden entlang der südlichen Küste des Golfbeckens ausgegraben. Der Persische Golf erreichte die gegenwärtigen Uferlinien erst vor etwa 5000 Jahren.

wurde. Der Persische Golf »erreichte die gegenwärtigen Uferlinien erst vor 6000 Jahren und überstieg das gegenwärtige Niveau um zwei Meter« (Bernier et al., 1995; Lambeck, 1996). Die Überflutungsphase soll dann vor 5000 Jahren geendet haben, als dann das gegenwärtige trockene Klima einsetzte (Parker/Rose, 2008, S. 33).

Findlinge und Moränen gelten als Zeugen der Eiszeit. Riesige, rund geschliffene Felsbrocken, die aus fernen Gegenden stammen, gibt es auf der ganzen Welt. Welche Kraft hat mehrere Kubikmeter große, einige Tonnen schwere Blöcke von Schweden bis zum nördlichen Rand des Riesengebirges, des Erzgebirges und des Thüringer Walds getragen? Sie sollen mit den sich vorwärts bewegenden Eisbergen transportiert worden sein. Charles Lyell lehrte, dass das Land versunken war und darüber schwimmende Eisberge ihre Steinlasten fallen ließen.

Danach tauchte das Land mit den darauf liegenden Steinen wieder auf. Aber an vielen *nie* vergletscherten Orten – wie in den Berkshires (Massachusetts) – sind die Findlinge in langen Ketten angeordnet; eigentlich deutliche Kennzeichen einer Flut. Falls Findlingsketten jedoch blinde Passagiere anscheinend »intelligenter« Eisberge gewesen sein sollen, fragt man sich, warum man auch in Kalifornien, Afrika und Australien Findlinge findet, also in Gebieten, die während der letzten Kaltzeit definitiv nicht vergletschert waren!

In der jüngeren Erdvergangenheit gab es eine Eisbildung nur in der Nähe der Pole. In den restlichen Gebieten gab es Eis nur auf den höheren Gebirgen. In allen anderen Gebieten gab es seit mindestens 200 Mio. Jahren keine Eiszeit, sondern nur eine Absenkung der durchschnittlichen Temperaturen. »Die pleistozäne Vergletscherung in Afrika (am Kilimandscharo und anderen hohen Bergen) und Australien (Mt. Kosciusko, Tasmanien) war räumlich unbedeutend« (Schwarzbach, 1993, S. 238).

Die zur Erklärung der weltweiten Findlinge angeführte notwendige Vereisung der Kontinente soll im Oberproterozoikum (vor 900 bis 590 Mio. Jahren) stattgefunden haben. Die Kontinente sollen damals hin- und hergeschwommen sein, einmal zum Pol und dann wieder zum Äquator. Damit

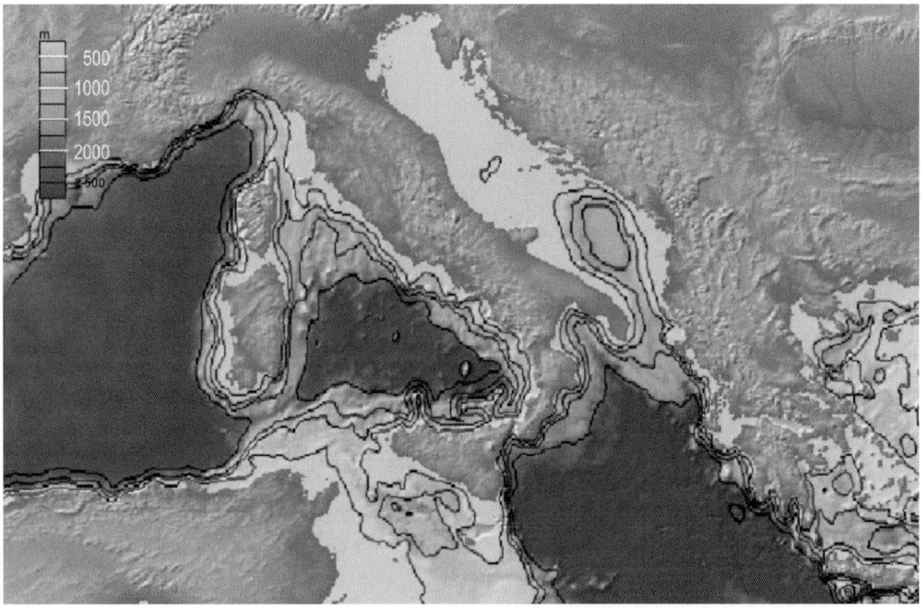

Abb. 30: **LANDBRÜCKE IM MITTELMEER.** Die Karte der Wassertiefen um den italienischen Stiefel herum zeigt, dass bis vor 5000 Jahren, nach Meinung des Autors eventuell nur vor knapp 3000 Jahren, das heutige Adriatische Meer bis nördlich von Bari nicht existierte und die Inseln Korsika und Sardinien mit Italien verbunden waren. Es gab eine Landbrücke über Sizilien sowie Malta bis hin nach Afrika. Unsere Vorgeschichte zur Zeit der Megalithiker bis hin zur Eisenzeit muss anders verlaufen sein, als in Geschichtsbüchern geschrieben steht.

Abb. 31: **GESTEINSSTRÖME**. Linkes Bild: Mit der Chie-penna-Sturzflut 1966 wurden in den italienischen Alpen teils gerundete (granitische), nach Größe sortierte Felsblöcke abgelagert, wie solche gerne als Beweise für das »Eiszeitalter« angeführt werden. Foto: Farganello (1996). Bild rechts: Eine drei Meter mächtige »Moräne«, die 1992 als zusammenhängender, nach Größe moderat sortierter Felsschutt-Gesteinsstrom am *Monte Pelmo* in Italien niederging. Zu beachten ist die – bis auf einzelne vorausrollende Felsblöcke – scharfe Grenze zwischen junger Ablagerung und alter Geländeoberfläche. Foto: Valtellina (1992).

sind die Korallen an den Polen und die Findlinge in den Tropen erklärt. Weitere Erklärungen braucht man aus wissenschaftlicher Sicht nicht, denn irgendwie wird es passiert sein, denn jeder sieht doch die Findlinge und Verschrammungen ...? Aber, bleiben Findlinge in Kalifornien und anderen Warmgebieten mehrere hundert Millionen Jahre nach der angeblichen Vereisung auf der Erdoberfläche jungfräulich liegen, ohne Verwitterungsspuren? Aufgrund der auftretenden Reibungsverluste könnten Kontinentalplatten nur wenige Kilometer verrutschen, ohne komplett zu zerbrechen (ausführlich: »Der Energie-Irrtum«, Zillmer, 2009/2023).

Und die Moränen, die als Beweis für die Eiszeiten herangezogen werden? In dieser Frage merkt Velikovsky (1950/51) an, »neigen wir zu der Ansicht, dass die erratischen Blöcke und der Geschiebelehm nicht vom Eis, sondern von dem Schwall riesenhafter Flutwellen mitgeführt werden, die durch eine Veränderung in der Erdrotation ausgelöst wurden; auf diese Weise fanden wir eine Erklärung für die Moränen, die vom Äquator aus nach höheren Breiten und Höhen (Himalaja) wanderten oder vom Äquator über Afrika hinweg zum Südpol.«

Andererseits drangen die Gletscher der Alpen tief in die Täler hinab. Dies geschah quasi schnappschussartig. So ist es zu erklären, dass ein Bau mit vier Murmeltierskeletten in der Nähe von Graz (Österreich) erhalten blieb.

Weitere Widersprüche in der Eiszeittheorie können nachgelesen werden:

- Arten natürlicher Gesteinsglättungen entstehen ohne glaziale Wirkungen (Böhm, 1917).
- Kritische Studien zu Glazialfragen Deutschlands, u. a. die Entstehung von Schrammen (Kritzen) durch tektonische Bewegungen (Deecke, 1918–1920).
- Der Lehmgehalt in als eiszeitlich angesehenen »Grundmoränen« (Geikie, 1874).
- U-förmige Täler, die *andere* Ursachen als Gletscherströme haben (Hovey, 1920).

Infolge Überflutungen bzw. Schlammfluten sind Zeitimpakte in der geologischen und damit auch evolutiven Zeitskala zu verzeichnen. Die nach der Dinosaurier-Ära aufgefalteten Gebirge werden noch jünger. So wurden Glimmerkörnchen aus dem pakistanischen Vorland des Himalajas auf nur *noch* 36 bis 40 Mio. Jahre datiert (»Nature«, 8.3.2001, Bd. 410, S. 194–197). Nach bis zu diesem Zeitpinkt geltender Auffassung soll die Auffaltung des Himalaja-Gebirges bereits 20 Mio. Jahren früher erfolgt sein, *also eine Verjüngung um ein Drittel.*

Professor J. W. Walther (1908, S. 515 f.) schrieb in seinem Buch »Geschichte der Erde und des Lebens«: »Eine Verschiebung des Nordpols um etwa zehn Grad bis in die Gegend von Spitzbergen würde ein nahezu ausreichender

Abb. 32: **FINDLINGE**. Bild links: Viele große gerundete Findlinge (linkes Bild mit dem Autor) und ganze Felder kleinerer Findlinge findet man häufig in ehemals nicht vergletscherten Gebieten, wie hier im Gebirge des *Yellowstone-Nationalparks*, aber ebenso in anderen Gebieten Kaliforniens. Bild rechts: Auch etliche moränenartige Ablagerungen mit Findlingen liegen außerhalb der Vereisungszonen des Großen Eiszeitalters im Südwesten der USA, zu sehen oft an aufgeschlossen Straßeneinschnitten.

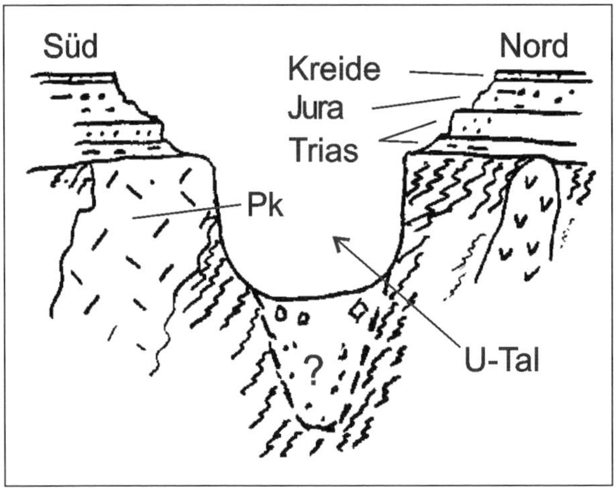

Abb. 33: **FEHLINTERPRETATION**. V-förmige Täler entstehen angeblich durch lange Zeit andauernde Erosion, verursacht durch kleinere Wassermassen. U-förmige Täler gelten deshalb wissenschaftlich als Beweis für den Ausschürfvorgang eines Gletschers. Jedoch erzeugen große Wassermassen auch (oder überhaupt nur?) U-förmige Täler. Die Schnittskizze zeigt den U-förmigen *Unaweep Canyon* in Colorado, der durch große Wassermassen entstand. Hinterlassen wurden zig Tonnen schwere Findlinge. Das Foto zeigt eine kleinere U-förmige Erosionsrinne, geformt durch Schlammfluten, die beim Vulkanausbruch des *Mount St. Helens* 1980 ausgeworfen wurden. Pk = Präkambrium (Erdfrühzeit).

Grund für die Verbreitung der europäischen und nordamerikanischen Eisdecken sein und gleichzeitig befriedigend erklären, weshalb der asiatische Kontinent nicht vereiste. Der Südpol würde sich unter diesen Umständen gegen Neuseeland verschoben haben, das ebenfalls mit Tasmanien und Südaustralien große Gletscher trug. In Neuseeland liegt aber auch ein echter Löss auf den alten Moränen und zeigt uns, dass hier ein entsprechendes interglaziales Klima wie in Europa und Nordamerika herrschte. Das würde beweisen, dass jene Verlagerung der Erdachse vorübergehend nach der entgegengesetzten Seite erfolgte, so dass am Südfuß der Alpen tropische Vergitterungen und in Deutschland ein trockenes Steppenklima herrschen konnten.«

Seit einiger Zeit weisen neue wissenschaftliche Untersuchungen immer wieder Zeitverkürzungen im Tertiär-Zeitalter vor 66 bis vor 2,6 Mio. Jahren nach.

Große Naturkatastrophen bewirken immer einen Zeitsprung (also einen Zeitimpakt) für die betroffenen Gebiete, denn kataklysmische Prozesse laufen in rasantem Tempo ab, quasi als eine Art *Zeitraffer gleichförmig ablaufen-*

der, lang andauernder geologischer Sedimentierungs-Prozesse. Berücksichtigt man den Zeitimpakt nicht, ist die Naturkatastrophe ein kurzzeitiger Statthalter für ansonsten fast unendlich lang erscheinende geologische Zeiträume, die wiederum als Grundlagen geologischer und biologischer Entwicklungen herhalten müssen, denn die Evolution braucht sehr viel Zeit.

Aber es gibt doch dicke Gesteinsschichten, die im Tertiär-Zeitalter entstanden sein sollen? Die Schichtenfolge (Stratigraphie) für die Tertiär- und der folgenden Quartärzeit nach dem Aussterbezeitpunkt der Dinosaurier (K-P-Grenze) charakterisiert der Geologe Professor J. Hsü richtig: »Nirgendwo auf der Erde könnten wir eine durchgehende, kontinuierliche vertikale Sequenz vom heutigen Tag bis zurück zur Dinosaurierzeit finden« (Hsü, 1990, S. 80). Dabei ist zu beachten, dass im Tertiär die *größten Sedimentmengen aller Zeitalter* gebildet wurden.

Bereits der Vordenker moderner Geologen, Charles Lyell (1833, S. 15), erkannte richtig, »dass die tertiären Formationen generell aus alleinstehenden, weithin *isolierten* Massen bestehen, die allseits von primärem und sekundärem umgeben sind. Gegenüber diesen Formationen platzieren sie sich wie kleinere oder größere inländische Seen bzw. Buchten gegenüber den sie tragenden Landmassen. Sie sind, ebenso wie diese Gewässer, oftmals sehr tief, wenn zugleich auch von *begrenztem Ausmaß*«.

In diesem Fall hat Lyell richtig beobachtet, denn tertiäre Schichten sind nicht großflächig verteilt geschichtet, sondern liegen verstreut wie Einzelteile eines Flickenteppichs, etwa so, als ob man Dominosteine (= geologische Schichten) mit einem heftigen Schwung verstreut. Mit anderen Worten: Um eine reine relative Chronologie tertiärer Schichten aufstellen zu können, müssten diese auf eine gewisse nachvollziehbare Weise zueinander gelagert sein, wie übereinander gestapelte Dominosteine. Diese notwendige Voraussetzung *fehlt jedoch gänzlich und grundsätzlich.*

Wenn wir geologische Übersichtskarten von Europa, Nordamerika, Südamerika oder Asien betrachten und die Verteilung der Meeresablagerungen, die nach der Kreidezeit im Tertiär gebildet wurden, dann ergibt sich eine Systematik. Denn eine Anzahl der größten Flüsse entwässern breite oder schmale Becken, deren Ränder aus konzentrischen Bändern schüsselförmig ineinander liegender Formationen bestehen.

Ein schönes Beispiel hierfür ist das Pariser Becken (Seine-Becken), dessen Ränder im Dinosaurier-Zeitalter (Jura und Kreide) gebildet wurden, wäh-

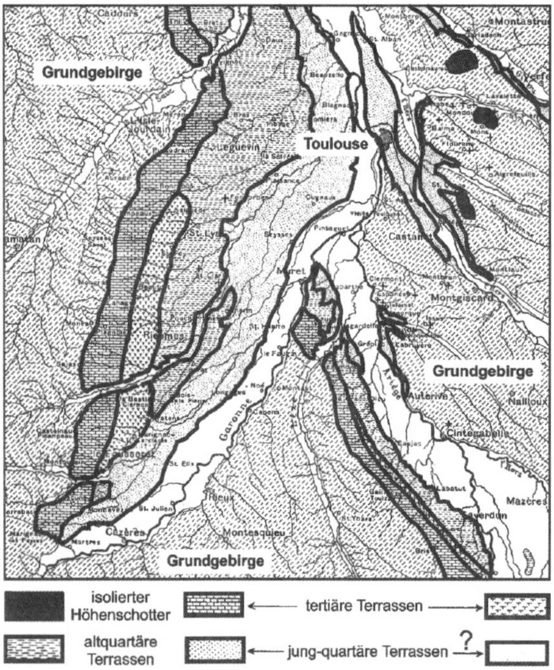

Abb. 34: **GARONNE-TERRASSEN BEI TOULOUSE.** Jüngere, dünnere Streifen aus dem Tertiär- und Quartär-Zeitalter bilden die Ränder der großen europäischen Flüsse entlang der Täler in älteren Grundgebirgen. Es war schon immer strittig, ob die Talebene der Garonne (helle Fläche) jüngeres Quartär (Diluvium, vgl. Bayer, 1927, S. 88) darstellt oder jünger ist: Holozän (= Alluvium, vgl. Obermaier, 1906: zitiert in Bayer, ebd.). Jede Terrasse soll eine Eiszeit repräsentieren. Tatsächlich handelt es sich um Zeugnisse von in kurzen Zeiträumen wirkenden Superfluten. Analog zu den Ausführungen in diesem Buch, kann man unschwer einerseits das Überfluten und anschließende Abfließen riesiger Wassermassen erkennen und andererseits die Entstehung bzw. Auffaltung der Gebirge nach dem Aussterben der Dinosaurier (= Ende der Kreidezeit), wodurch die *großen Ströme* überhaupt erst entstehen konnten, *die es vorher zu Zeiten der Dinosaurier nicht gegeben hat.*

rend die einzelnen (jüngeren) Glieder der Tertiärformationen, immer engere Räume bedeckend und sich als konzentrisch gelagerte Schalen zur Nordküste hin erstreckend, auf- und hintereinander folgen. Ganz ähnlich ist der Aufbau des Themse-Beckens (England). Auch Rhône und Donau fließen aus lang gestreckten tertiären Rinnen, und in Nordamerika ist das untere Mississippi-Tal von Bändern tertiärer Gesteine bedeckt, ebenso die Ostküste von Florida bis Carolina. In Südamerika fließt der Amazonas durch ein weites Becken junger Meeresabsätze, und in Asien entwässern die größten Ströme ehemaligen Meeresgrund. Fazit: »Es lässt sich kaum ein größeres Küstengebiet der heutigen Kontinente namhaft machen, das nicht während der Tertiärzeit (nach der Dinosaurier-Ära, HJZ) Schritt für Schritt vom Meere verlassen wurde« (Walther, 1908, S. 455).

Nach der Dinosaurier-Ära wurde die Erdkruste während der Tertiärzeit weiträumig bewegt und gefaltet. In Europa entstanden die Alpen, die Karpaten, der Apennin, die Pyrenäen und zahlreiche kleinere Bergzüge. In Asien türmten sich gewaltige Gebirgssysteme auf, deren Falten wie die Wogen eines Meeres aus dem Inneren Asiens bis zum Indischen und Pazifischen Ozean vorwärtsdrangen.

Im Westen Nord- und Südamerikas entstanden die großen Gebirgsketten. Durch diesen Vorgang, der Auffaltung der Anden, wurde die Fließrichtung des Amazonas genau umgekehrt, denn vor dieser Zeit entsprang dieser Fluss in der Sahara und floss über das zu dieser Zeit mit Afrika zusammenhängende Südamerika hinweg in den Pazifik und nicht, wie heutzutage, in den Atlantik. Diese von mir in »Irrtümer der Erdgeschichte« (Zillmer, 2001) vorgestellte Hypothese beruht auf Funden von nicht verwitterten Muscheln und Küstenlinien hoch oben in den Anden und auf Überlieferungen der Eingeborenen, die offensichtlich Zeugen der Auffaltung der Anden waren. Untermauert wird diese Hypothese durch die Untersuchungen des Geowissenschaftlers Gero Hilmer (*Universität Hamburg*). Seine Recherchen wurden im Fernsehen unter dem Titel »Der Uramazonas« dokumentiert (»ZDF«, 24.9.2000, 19.30 Uhr).

An der Oberfläche der heutigen Sandwüste Sahara fand dieses Wissenschaftlerteam einerseits (noch immer erhaltene) fossile Skelette von vor angeblich 130 Mio. Jahren ausgestorbenen, im Meer lebenden Mosasauriern, und andererseits in den erhalten gebliebenen kleinen Seen, die den Beduinen als Wasserreservoirs (*Gueltas*) dienen, lebende *Wüsten*-Krokodile. Wie lange überleben kleine Populationen dieser Tiere in diesen winzigen *Gueltas*? Sicher nicht 65 oder 130 Mio. Jahre, denn so alt sollen die Mosasaurier sein. Wie alt ist die Sahara? Wenn Schwimmsaurier noch vor einigen tausend Jahren und vielleicht sogar vereinzelt noch heute in den Ozeanen leben, gibt es kein Problem: Mosasaurier strandeten im sich bildenden Wüstensand, und in kleinen Wasserlöchern überlebten ein paar Krokodile. Entstand die Sahara erst vor wenigen tausend Jahren? Vollzog sich auch hier ein Zeitimpakt?

Der Wandel der Sahara von einer subtropischen Steppe mit Flusspferden, Krokodilen und Elefanten zu einer lebensfeindlichen Sandwüste erfolgte erst vor 5000 bis höchstens 6000 Jahren (nach offizieller Zeitrechnung), wie die Rekonstruktion der klimatischen Bedingungen durch das *Potsdamer Institut für Klimaforschung* im Jahre 1998 ergab. Die abrupten Klimaänderungen sollen auf kleinen periodischen Schwankungen der Erdbahn und der Erdachsenneigung beruhen.

Noch vor 6000 Jahren bedeckte der Tschad-See (Tschad heißt »See«) im Gebiet der Sahara eine Fläche von 330 000 Quadratkilometern. Heutzutage ragen Berge aus Seekreide, sogenannte *Yardangs*, wie im Meer schwimmende Eisberge aus dem Wüstensand, als Zeugen des noch vor 5000 Jahren existierenden größten Süßwassersees im ariden (trockenen) Norden des Sudans. »Die radiometrischen Alter des organisch gebundenen Kohlenstoffs der

Abb. 35: **KLIMAWECHSEL**. Wie Eisberge ragen Berge von Seekreide (Yardangs) aus dem Wüstensand der Sahara in Afrika. Sie bilden Zeugnisse der noch vor 5000 Jahren in der Ostsahara, im heutzutage hyperariden (= sehr trockenen) Norden des Sudan, vorhandenen Wassermassen. Linkes Foto aus: Pachur, 2000, S. 84.

Seesedimente erstrecken sich zwischen 8100 Jahre (...) bis 5200 Jahre vor heute«, so bestätigt Professor Dr. Hans-Joachim Pachur (*Freie Universität Berlin*) einen abrupten Klimawechsel in der Ostsahara (Pachur, 2002, S. 86).

Die geoökologische Rekonstruktion der Umwelt in dem heute lebensfeindlichen Gebiet basiert unter anderem auf etwa 5000 Jahre alten Rinderknochen und gleich alter Keramik. Sie finden in Felszeichnungen (Petroglyphen) aus dem umrahmenden Gebirge eine Bestätigung: Eine Frau melkt ein Rind inmitten einer ruhenden Herde und an »Bäumen oder Pfählen sind Keramik-Krüge aufgehängt, wie es Bath vor 200 Jahren von einer Rinder haltenden Ethnie 800 km südlich am Tschad-See beschrieb« (Pachur, 2002, S. 86). Anscheinend fand seit der Bildung der Sahara keine kulturelle Entwicklung statt. Auf jeden Fall erlebten Menschen die Bildung der Sahara mit.

Große Teile der heutigen Sahara bildeten noch vor relativ kurzer Zeit ein großes Meer. Andererseits war der Tschad-See die Quelle des Amazonas. Zu dieser Zeit bildeten Afrika und Südamerika noch eine Einheit. Zu welchem Zeitpunkt aber brachen diese Kontinente wirklich auseinander? Passierte alles vor nur wenigen tausend Jahren?

Ein Massengrab von Dinosauriern im Niger erstreckt sich über eine Länge von 175 km. Die Knochen ragen noch heutzutage aus dem Wüstensand heraus! In diesem westlichen Nachbarstaat des Tschads liegen Teile des kümmerlichen Restes der vormals ausgedehnten Wasserflächen. Strandeten hier zahlreiche Dinosaurier? Der Tschad-See schrumpft seit Bildung der Sahara ständig. Nach neueren Erkenntnissen war der Tschad-See vor 11 000 Jahren ausgetrocknet, erreichte hernach seine größte Ausdehnung mit 360 000 km^2

vor 6000 bis 4000 Jahren und schrumpfte allein seit 1963 um mehr als 90 Prozent und bedeckt jetzt nur noch höchstens 24 000 km^2.

Deshalb bleichen im *heutigen* Wüstensand Knochen von Dinosauriern (u. a. *Suchomimus*) neben Skeletten riesiger Krokodile, wie *Sarcosuchus*: ein bis zu 15 m langer angeblicher *Vorfahre unserer heutigen Krokodile.* Es gilt der Kernsatz: Keine Krokodile ohne Wasser. Verendeten diese kreidezeitlichen Ur-Krokodile zu einer Zeit, als die Sahara entstand, vor höchstens 6000 Jahren, wie der versteinerte rezente Kuhschädel neben in der Wüstensonne bleichenden Ur-Krokodilen- und Dinosauriern-Skelettresten zu bestätigen scheint? Deshalb (wegen der Versteinerung) kann es sich nicht um eine kürzlich in der heutzutage ariden Wüste verendeten Kuh handeln. Sereno (2003) schreibt selbst: »Was hat der Schädel einer Kuh an einem solchen Ort zu suchen – in einem Gebiet, in dem man eine Menge Dinosaurier findet, die älter als 100 Mio. Jahren sind?« Eine erfrischende Frage!

Wenn man einen versteinerten Kuhschädel findet, dann sollten versteinerte Menschenknochen auch nicht weit entfernt sein. Folgerichtig ent-

Abb. 36: **KLIMAWANDEL.** Im Gebiet der heutigen Sandwüste Sahara zeigen viele Felsbilder Rinderherden, Elefanten, Rhinozerosse und Straußvögel. Das Foto zeigt einen Ausschnitt aus einer 3 m langen Höhlenmalerei, die auf ein Alter von 6000 bis 7000 Jahren geschätzt wird. Zu dieser Zeit war die Wüste Sahara noch fruchtbares Land. Bild: aus Homet (1958).

Abb. 37: **KOEXISTENZ**. Riesige Skelette von Urkrokodilen und Dinosauriern verrotten in der Sandwüste Sahara (linkes Bild: Niger, Afrika). Das Sereno-Team fand in derselben geologischen Oberflächenschicht neben einer *versteinerten* Kuh auch *versteinerte* Überreste von Menschen (rechte Bilder: Sereno, 2003).

deckte das Sereno-Team *versteinerte menschliche* Relikte – in der gleichen geologischen Schicht, in der Dinosaurier, Ur-Krokodile und auch die versteinerte Kuh gefunden wurden. Wurden Kühe und Menschen durch die Gluthitze mit der Wüstenbildung mumifiziert und versteinerten am Rande der zuletzt übrig geblieben Wasserlöcher, während gleichzeitig Ur-Krokodile und Saurier in den austrocknenden Seen strandeten, wo ihre Knochen noch immer gut erhalten im Wüstensand liegen und Krokodile bis heute in kleineren Wasserlöchern überlebten?

Menschen waren anscheinend Zeugen gewaltiger Umwälzungen und Veränderungen der Erdoberfläche. Auch überall entlang des ostafrikanischen Grabensystems, dessen Länge einem Sechstel des Erdumfangs entspricht, bewahren die Eingeborenen Überlieferungen großer Veränderungen in der Struktur des Landes und Bildung des Grabens. Diese Ansicht wird durch geologische Erscheinungen unterstrichen, denn einige »der Grabenböschungen sind so kahl und scharf, dass sie jüngeren Datums sein müssen (...) bis in menschliche Epochen« (Gregory, 1920).

J. W. Gregory (1894), der Erforscher des ostafrikanischen Grabensystems, folgte 1920 der Meinung des prominenten Geologen Professor Eduard Suess (1885/1909), nach der die Entstehung des ostafrikanischen Grabensystems mit der letzten großen Hebung der Faltengebirge in Europa, Asien und auf dem amerikanischen Kontinent in Verbindung stehe! Entstanden die großen Gebirge vor relativ kurzer Zeit?

R. F. Flint (1947, Seite 523) stellt fest, dass gewaltige Umformungen der Erdkruste zu Lebzeiten moderner Menschen erfolgten (Hervorhebung HJZ):

»Die Erde befand sich in Spannung, und ihre Kruste barst entlang eines Meridians über fast die ganze Länge Afrikas (...) Die Gebirgskette auf dem Grund des Atlantiks könnte durch dieselbe Ursache hervorgerufen sein; und die Zeit des Bruches und der Faltung muss mit einer der gebirgsbildenden Perioden in Europa und Asien zusammengefallen sein. *Diese Berge erreichten ihre heutige Höhe zur Zeit des Menschen; das Ostafrikanische Grabensystem (...) wurde größtenteils ebenfalls zur Zeit des Menschen gebildet*, am Ende der Eiszeit«, also vor wenigen tausend Jahren!

Superfluten

Vor 200 Mio. Jahren soll ein Meteoriteneinschlag eine bis zu 1200 m hohe Riesenwelle (Tsunami) ausgelöst haben, die in Mitteleuropa Hunderte von Kilometern tief ins Landesinnere drang. Die Tsunami-Flut erzeugte Gesteinsabfolgen gleichen Alters von Nordirland über Südwales bis Südwestengland mit einer Stärke von bis zu zweieinhalb Metern und hinterließ in Pfrondorf (Deutschland) immerhin noch 20 bis 30 cm dicke Schichten. »Wahrscheinlich war der Meteorit aber nicht der Alleinschuldige für das Massensterben«, sagt der Tübinger Geologe Dr. Michael Montenari, »sondern ein Zusammentreffen aus starker vulkanischer Aktivität und kosmischen Einschlägen« (»Spiegel-online«, 16.9.2004). Es handelt sich um eine realistische Beschreibung einer gewaltigen Naturkatastrophe, aber stimmt auch die Datierung?

Jedoch: Dass ein solch großer Asteroid mit zehn Kilometer Durchmesser einschlagen könnte, ist unwahrscheinlich. Bis zum Juni 2023 wurden insgesamt 853 derart große Asteroiden gesichtet. Eine konkrete Gefahr für die Menschheit scheint von keinem der entdeckten Asteroiden auszugehen. Die Chance, dass Asteroid *Bennu*, der derzeit die gefährlichste Bedrohung für die Erde darstellen soll, mit der Erde kollidiert, beträgt laut NASA nur 1:1750. Gesichtete Himmelskörper, die in die Atmosphäre der Erde eindrangen, erreichten in der überwiegenden Anzahl der Fälle die Erdoberfläche nicht, sondern explodierten vorher in der Atmosphäre (Abb. 39).

Aber auch bei einem Supervulkan-Ausbruch wird so viel Energie freigesetzt wie beim Einschlag eines großen Asteroiden. So hinterließ der Yellowstone-Supervulkan nach einem Ausbruch vor angeblich rund 630 000 Jahren eine 75 km lange und 37 km breite Caldera. Nach solch einem Ausbruch würde sich ein vulkanischer Winter ausbreiten, und das Weltklima um geschätzte fünf Grad Celsius abkühlen.

»Magmatische Großprovinzen können bei ihren Eruptionen mehr als 100 000 km³ Lava und Billionen Tonnen vulkanischer Gase wie Methan, Kohlendioxid und Schwefeldioxid freisetzen. Deshalb stehen einige dieser Supervulkane schon länger im Verdacht, die Auslöser großer Massenaussterben gewesen zu sein. So traf der Ausbruch des Sibirischen Trapps vor rund 252 Mio. Jahren mit dem Massenaussterben am Ende des Perm-Zeitalters zusammen, die Zentralatlantische Magmen-Provinz mit dem Ende der Trias und der Dekkan-Trapp-Ausbruch mit dem Ende der Kreidezeit. Doch könnten auch andere vulkanische Großausbrüche die Ursache von vergangenen Aussterbe-Ereignissen gewesen sein? Sind solche Supervulkane womöglich die Treiber von Faunenschnitten in der Erdgeschichte? Zwar wurde eine zeitliche Korrelation zwischen Flutbasalt-Eruptionen und Aus-

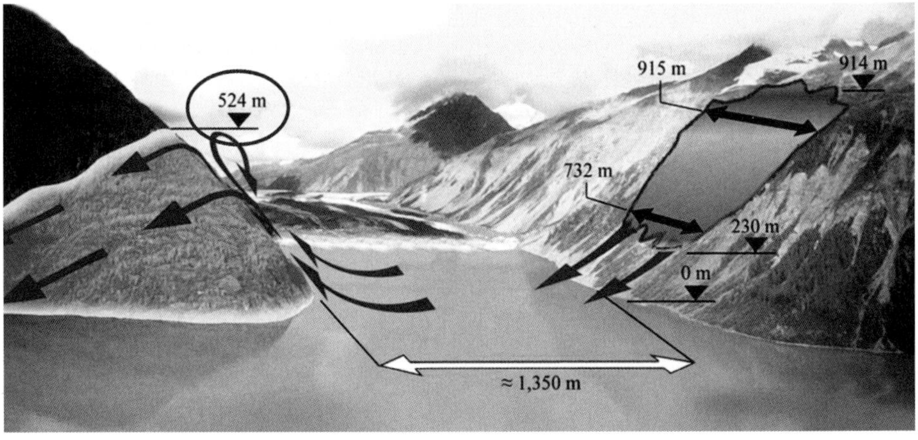

Abb. 38: **MEGA-TSUNAMI**. Am 9. Juli 1958 verursachte ein Erdbeben entlang der *Fairweather Verwerfung* einen Hangrutsch, bei dem 90 Mill. Tonnen Gestein und Eis in die 15 km lange und 3,2 km breite Bucht *Lituya Bay*, Alaska, stürzten. Die erzeugte Riesenwelle zerstörte Waldflächen bis zu einer maximalen Höhe von 524 Metern (mit Kreis markiert) und war die höchste, die je beobachtete wurde.

Abb. 39: **ZERBRECHLICH**. Bild oben: Der geschätzt 12 000 Tonnen schwere Meteor von Tscheljabinsk brach 2013 in einer Höhe von etwa 30 km auseinander und erzeugte dabei einen Lichtschein, der 30fach heller als die Sonne war (Foto: CBS News). Bilder unten: Eine Feuerkugel oder Bolid mit beiden Phasen des Plasmas (s. links), das Stoßfrontplasma und der Plasmaschweif, bevor dieser Meteor in der letzten Sturzphase zerfällt (s. rechts).

sterbe-Ereignissen schon lange qualitativ beobachtet, aber wie wahrscheinlich dieser Zusammenhang gegenüber dem Zufall ist, hat man bisher nie quantitativ untersucht (…) Der Abgleich der bisher bekannten angeblichen Einschläge mit Aussterbe-Ereignissen ergab zwar eine leichte Korrelation. Dies änderte sich jedoch, wenn der Einschlag des Chicxulub-Asteroiden vor 66 Mio. Jahren aus der Analyse ausgeklammert wurde. Ohne diesen Impakt verliert der Zusammenhang von Einschlägen und Aussterben seine statistische Signifikanz (…) Wir finden keine robuste Übereinstimmung zwischen dem radiometrischen Alter großer Einschlagskrater und den Massenaussterben, hingegen jedoch mit Supervulkanausbrüchen«, so die Wissenschaftsjournalistin Nadja Podbregar (2022).

Dass derartige Supervulkan-Ausbrüche mit Massenaussterbe-Ereignissen der Erdgeschichte in Zusammenhang gebracht werden können, ist kein Zufall. Selbst für viele kleinere Aussterbe-Ereignisse gibt es eine klare Korrelation mit der Eruption magmatischer Großprovinzen. Je heftiger die Eruption und Freisetzung vulkanischer Gase, desto schwerwiegender fiel dabei das Massenaussterben aus.

Die in die Luft geschleuderten Gase, inklusive Methan, und die Vulkanaschen verteilen sich dabei in der Atmosphäre, so dass weniger Sonnenlicht zur Erdoberfläche dringt und ein vulkanischer Winter folgt. Als vor 74 000 Jahren der Supervulkan Toba auf Sumatra ausbrach, könnte der sich daran anschließende vulkanische Winter die globalen Durchschnittstemperaturen jahrzehntelang um bis zu zehn Grad Celsius abgesenkt haben. Der Temperatursturz auf der Nordhalbkugel unterlag in der Folge größeren Schwankungen, doch in der Südhemisphäre »wurde es bald wieder wärmer – die globale Abkühlung fiel also kurz aus« (Svensson et al., 2013).

Sehen wir uns die heftigsten Vulkanausbrüche im heutigen *Yellowstone Nationalpark* näher an. Die letzten drei der sehr großen Ausbrüche im Yellowstone-Gebiet im US-Bundesstaat Wyoming waren vor angeblich 2,1 Mio. Jahren, mit einem geschätzten Auswurfvolumen von 2500 km^3 (Huckleberry-Ridge-Ausbruch), vor 1,3 Mio. Jahren mit 280 km^3 (Mesa-Falls-Ausbruch) und vor 640 000 Jahren mit 1000 km^3 (Abb. 40). Neuerdings wird versucht, diese dramatischen Ausbrüche mit großflächigem Fallout in mehrere Zeitebenen aufzufächern (Ellis et al., 2012). So sollen dann immer wieder größere und kleinere Ausbrüche erfolgt sein, wie vor 9400 Jahren am *Turbid Lake*, vor 8050 Jahren am *Elliot's Crater*, vor 5050 Jahren am *Duck Lake* und dem *Evil Twin Crater* sowie zuletzt vor 3350 Jahren am *Indian Pond Crater* (Internetlink 4).

Handelt es sich vielleicht um eine einzige eruptive Phase in einem bestimmten Zeitraum? Diese von mir gestellte provokante Frage wurde für eine andere Ausbruchserie eines Vulkans im Westen Amerikas positiv beantwortet! Zu den am besten untersuchten Überresten eines Supervulkanausbruchs gehören die Bishop-Tuff-Ablagerungen, welche die *Volcanic Tablelands* (Vulkanische Tafelberg-Landschaft) im Osten Kaliforniens südlich des Sees *Mono Lake* und nordwestlich der Stadt Bishop bilden. Diese 2200 km^2 bedeckenden vulkanischen Ablagerungen sind durch pyroklastische Ströme entstanden und bilden heute 150 bis 200 m mächtige Schichten. Die gebil-

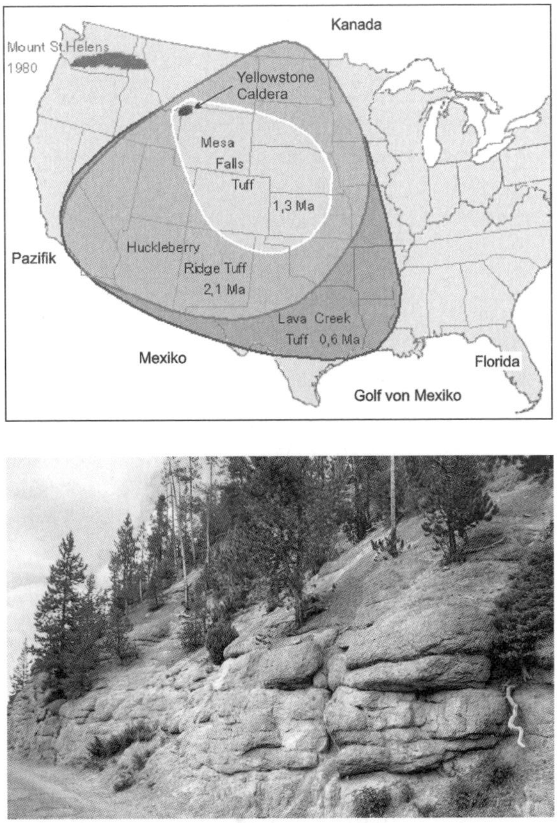

Abb. 40: **YELLOWSTONE-VULKAN.** Bild oben: Die drei großen Vulkanausbrüche erzeugten weitflächige Ablagerungen in Nordamerika. Bild unten: Eine massive Lavaablagerung des *Lava Creek Tuffs* beim Wasserfall *Virginia Cascade* im *Yellowstone Nationalpark*, Wyoming, USA.

dete *Long Valley Caldera* gehört mit einer Länge von 32 km zu den größten Kratern der Erde.

Bis in die 1970er-Jahre hinein hielten viele Geologen den mächtigen Bishop-Tuff für das Ergebnis *einer ganzen Reihe von Eruptionen über Jahrmillionen hinweg*. Mit anderen Worten, in Abständen von Millionen Jahren soll der Vulkan *immer wieder* ausgebrochen sein, und die einzelnen hinterlassenen Ablagerungen bildeten angeblich eine quasi stufenförmige geologische Zeitskala für dieses Gebiet. Dass ein einzelner Ausbruch eine derart mächtige Ablagerung schaffen könnte, schien absolut undenkbar, denn die von mir bereits 2002 (»Irrtümer der Erdgeschichte«, Zillmer, 2002/2023) beschriebene Existenz von Supervulkanen wurde bis vor wenigen Jahren noch energisch bestritten.

Aufgrund akribischer Laboruntersuchungen (Cameron, 1984) und Freilandbeobachtungen sind Geologen inzwischen zu der Überzeugung gelangt, dass nicht nur der Bishop-Tuff (Abb. 41), sondern wahrscheinlich auch die meisten ähnlichen Ablagerungen bei einem einzigen Ausbruch innerhalb von nur zehn bis einhundert Stunden ausgestoßen wurden. Das Ereignis wird jetzt auf ein Alter von etwa 760 000 Jahren datiert. Derartige Datierungen sind jedoch meist völlig falsch, wie Messungen an Vulkangesteinen historischer Eruptionen ergaben. Fachleute behaupten, dass sie die falschen Ergebnisse korrigieren könnten. Das ist einfach, wenn man das Alter aus historischen Quellen kennt. Wie groß der Korrekturfaktor aber bei prähistorischen Ausbrüchen sein soll, weiß niemand. Dementsprechend, wie beim Vulkan *Mount St. Helens* geschehen, ergaben Untersuchungen an verschie-

Abb. 41: **BISHOP TUFF**. Die Karte zeigt die Mächtigkeit – neben Lavaablagerungen – allein von vulkanischer Flugasche erzeugter Ablagerungen, die der Supervulkanausbruch in Kalifornien verursachte. Zusätzlich entstanden mächtige, aus vulkanischen Ablagerungen bestehende Schichten. Innerhalb der *Long Valley Caldera* ist kein *Bishop Tuff* zu sehen, aber Kernbohrungen ergaben, dass 1500 m mächtige Schichten verborgen unter der Oberfläche lagern. Auch heute kommt es im Bereich der *Long Valley Caldera* häufig zu Erdbeben.

denen Mineralien derselben Lava, die vom Ausbruch des Vulkans im Jahr 1980 stammten, ein unterschiedliches Alter im Spektrum von 350 000 und bis zu 2 800 000 Jahren – je nachdem welches Mineral untersucht wurde.

Mit heftigen Vulkanausbrüchen werden Methan und das durch Oxidation dieses Gases entstehende Kohlendioxid in die Erdatmosphäre emittiert. Die Entdeckung eines Fischsaurierfriedhofs in Süddeutschland glich einer paläontologischen Sensation:

»Zahlreiche weitere Skelettreste von Meereskrokodilen oder Haien zeugten ebenso wie Mikrofossilien vom regen Leben im Jura-Meer vor rund 181 Mio. Jahren. Neuere geochemische Analysen von Sedimentproben haben nun gezeigt, dass vermutlich die plötzliche Freisetzung von Methangas am Meeresboden zu dem Massensterben der Fischsaurier geführt hatte« (Internetlink 5).

Die Freisetzung von Methan, auch und gerade durch regelrechte Methanausbrüche, ist sicherlich eine wissenschaftlich äußerst unterschätzte bzw. kaum beachtete Tatsache. Bei einem solchen Ausbruch sterben nicht nur Meerestiere, auch Auftrieb und Navigationssysteme von Schiffen und Flugzeugen werden gestört. Einschlägige Schiffsunglücke wurden u. a. mehrfach dokumentiert im Bermuda-Dreieck – auch Teufelsdreieck genannt –, nördlich der Karibik im Atlantik (»Der Energie-Irrtum«, Zillmer, 2009/2023).

Normalerweise bedeutet das »Verschwinden« eines Flugzeugs, dass es abgestürzt ist. In den USA entdeckte die Küstenwache das Wrack eines am 16. Mai 2017 zuvor im Bermuda-Dreieck vermissten Privatjets. Alle Menschen an Bord waren spurlos verschwunden. Der berüchtigtste Vorfall der letzten Jahre ist die vermisste Boeing 777-200 Malaysia Airlines, die Flug 370 durchführte. Am 8. März 2014 brach bei einem Flug von Kuala Lumpur nach Peking plötzlich der Funkkontakt ab und das Flugzeug verschwand. An Bord befanden sich 239 Personen. Obwohl ein paar wenige Teile des Wracks weit entfernt vom Punkt des Funkkontakt-Abbruchs nach anderthalb Jahren aktiver Suche entdeckt wurden, wurden keine Überreste von Passagieren oder Besatzungsmitgliedern gefunden.

Wie im Magazin »Nature Geoscience« berichtet, entdeckte man an der nordöstlichen Küste der USA zwischen *Cape Hatteras* in North Carolina und *Georges Bank* in Massachusetts völlig unerwartet 570 Methanaustritte innerhalb einer Entfernung von 950 km, dort wo »zuvor nur eine Handvoll in dieser Region gemeldet wurden« (Perkins, 2014).

Weltweit gibt es mindestens 1100 Schlammvulkane mit Durchmessern von einigen Zentimetern bis hin zu acht Kilometern, wie auf der Insel Trinidad. Aus diesen tritt ständig mit dem Schlamm auch Methan aus. Zwar stammt der Schlamm normalerweise aus einem Sediment-Reservoir unter dem Krater, aber der Motor für den teils über längere Zeiträume hinweg anhaltenden Schlamm-Ausbruch bildet das ausströmende Gas und nicht ein angeblicher Überdruck, der sich im Untergrund angestaut haben soll. So ist der Schlammvulkan *Sidoarjo* auf Java seit dem 29. Mai 2006 immer noch aktiv, als damals plötzlich eine 50 m hohe Schlammfontäne mit einer Temperatur von durchschnittlich 100 °C aus dem Boden schoss. Zudem wurden verschiedene Gase – Methan, Schwefelwasserstoff und andere – freigesetzt. Seither wirft dieser »kalte Vulkan« aus einem Krater mit 60 m Durchmesser ununterbrochen jeden Tag zehntausende Kubikmeter Schlamm aus. Umlie-

Abb. 42: **OHNE AUF- UND ANTRIEB**. Bild oben: Ein Flugzeug über einem Methanausbruch ohne Auf- und Antrieb. Bild unten: Der Autor vor einem Denkmal, errichtet zur Erinnerung an den vom *JFK International Flughafen* gestarteten Egypt Air-Flug 990, der am 31. Oktober 1999 nach Kairo in Ägypten führen sollte. Über internationalen Gewässern, ungefähr 100 km südlich der Insel *Nantucket Island*, Massachusetts, riss der Funkkontakt mit der Maschine nach 30 Minuten ab, die Maschine vom Typ Boeing 767-366ER stürzte aus der normalen Flughöhe dramatisch ab und die Turbinen fielen bei ungefähr 20 000 Fuß Restflughöhe aus. Alle 203 Passagiere und 14 Besatzungsmitglieder kamen ums Leben, aber es gab kein Anzeichen für eine Explosion an Bord. Der Rekorder im Cockpit zeichnete auf, dass der Erste Offizier während des Absturzes elf Mal wiederholte: »Ich vertraue auf Gott!« Währenddessen fragte der Flugkapitän mehrfach: »Was ist das?«. Ein plötzlich auftretendes Ereignis muss zum Absturz geführt haben, da die Piloten keine Möglichkeit hatten, einen Funkkontakt herzustellen. Zum Zeitpunkt des Absturzes wurden Gasflammen und Feuerbälle in der Nähe der Küste beobachtet. Der bekannte Astrophysiker Professor Thomas Gold (1999) sieht als Grund für diese Flugzeugabstürze, dass Methan aus dem Untergrund freigesetzt wurde. In dieser Region lagert eine bis zu 500 m mächtige Schicht von Methanhydrat (Methaneis) auf dem Meeresboden, weshalb darüber fliegende Flugzeuge des Öfteren wackeln, wie ich regelmäßig feststellen konnte. Die dies verursachenden »Luftlöcher« bestehen aus Methan …

gende Orte wurden unter einer teilweise 40 m dicken Schicht begraben. Die Eruption dauert bis heute an und soll noch viele Jahre aktiv bleiben, da sich nichts dagegen machen lässt (Surya, 2021). Ein angeblich diese Explosion verursachender Überdruck tief unten in der Erdkruste hätte sich schon längst ausgeglichen.

Seit 2014 werden in der sibirischen Arktis, wo im Untergrund viel und vorwiegend aus Methan bestehendes Erdgas lagert, Explosionen und röhrenförmig tiefe Löcher in den Permafrostböden registriert. 2020 wurde Loch Nummer 17 mit einer Kratertiefe von 50 m vermessen. Anscheinend aus dem Boden gesprengte Eis- und Dreckbrocken lagen im Umkreis von Hunderten von Metern um das Loch verstreut. Derartige Löcher in Permafrostböden besitzen allesamt einen zig Meter tiefen Krater, der nach der Explosion entsteht, weil nur ein kleiner Teil des Erdmaterials aus dem Krater ausgeworfen wird. Der größere Rest fällt wieder in die Röhre zurück und versiegelt diesen in einer gewissen Tiefe (Abb. 43).

Die Einwohner berichten, dass sie in der Nähe der neu entstandenen Krater ein Dröhnen hörten und Flammen sahen, sagt Andrey Bychkov, ein Geochemiker an der Moskauer *Lomonossow-Universität:* »Und diese Explosionen erfordern einen Überschuss an einer bestimmten Zutat: Gas«, das im Überfluss in und unter der Permafrostdecke lagert. Damit wird aber die von mir seit 2001 in meinem Buch »Irrtümer der Erdgeschichte« (2011/2023) präsentierte Meinung bei »National Geographic« bestätigt (Internetlink 6, 28.9.2020). Ansonsten wird bei den Explosionen über einen Kryovulkanismus spekuliert, womit zugegeben wird, dass man gar nichts über die Funktionsweise weiß: »Wir wissen immer noch nicht, was da passiert«, sagt Sue Natali, eine Permafrost-Expertin am Institut *Woodwell Climate Research Center* in Falmouth, Massachusetts, obwohl Methan immer wieder gemessen wird.

Gibt es ein Entweichen von Methan aus der Erdkruste, wird dieses Gas durch den Sauerstoff oxidiert und es entsteht einerseits Kohlendioxid, das bei diesen Kratern neben Methan auch gemessen wird, und andererseits Wasser. Nach dem Entstehen dieser Krater füllen sich diese langsam mit Wasser und ähneln dann den vielen Seen, die die Region durchziehen. Handelt es sich bei einigen dieser Seen auch um ehemalige Explosionslöcher? Derartige Löcher kennt man auch in Deutschland, oft dort, wo inmitten von Feldern ein kleiner Wald rund um einen kleinen natürlichen Teich existiert.

Abb. 43: **EXPLODIERT**. Dieser Krater explodierte 2020 in der sibirischen Tundra und ist 50 m tief. Der durch ein Oval markierte Mensch zum Größenvergleich des Kraterdurchmessers. Um den Krater herum liegt ausgeworfenes Erdmaterial. Derartige Krater werden seit 2014 dokumentiert, obwohl es damals nicht der erste solche Krater war, der in der sibirischen Arktis entdeckt wurde.

Die Freisetzung von Methangas ist eine bisher noch unterschätzte Ursache von Katastrophen, die sich in der Erdvergangenheit schon des Öfteren ereignet haben. Unter der Nordsee lagern Unmengen von Methangas. Falls dieses Gas durch den Meeresboden nach oben steigt, rauschen große Massen des Meeresbodens, durchaus bis zur Größe Islands, wie eine Lawine in die Tiefe. Sie erzeugen dabei gigantische Killer-Wellen. Tsunamis würden innerhalb weniger Minuten England, Holland und Norddeutschland überrollen. Von Städten wie Hamburg oder Bremen würde man nur noch Reste finden.

Der Geologe David Smith von der *Universität Coventry* ist überzeugt, dass solche Wellen vor nur 8000 Jahren die Landbrücke zwischen Großbritannien und dem Kontinent vernichteten. Sank zu diesem Zeitpunkt mit Island der Tiefseeboden im Nordatlantik, der heutzutage in einer Tiefe von 1000 bis 2500 Metern zwischen der Insel Jan Mayen und Island liegt, erst »in jüngster Zeit um 2000 m« ab (Walther, 1908, S. 516)? Fridtjof Nansen wies bei seiner Forschungsreise mit seinem Expeditionsschiff Fram (1893–1896) nach, dass zahlreiche Gehörsteine von *Flachsee*-Fischen sich heutzutage in der Tiefsee befinden.

Nach einem Vulkanausbruch auf der Insel Santorin überfluteten vor etwa 3600 Jahren wahrscheinlich 60 m hohe Tsunami-Wogen die Küsten des östlichen Mittelmeeres und löschten möglicherweise die minoische Kultur Kretas aus.

Wenn das Tertiär eine geologische Scheinordnung (= Phantomzeitalter) und als Statthalter einer Naturkatastrophe einen Zeitimpakt verkörpert, entstanden diese Schichten hauptsächlich infolge von Riesenfluten, wie zuvor beschrieben. Es muss darauf hingewiesen werden, dass auch Begleiterscheinungen (Erdbeben, Vulkanismus und Landhebungen) nicht an einem Tag abliefen, sondern gestaffelt über einen gewissen Zeitraum hinweg.

Die in »Darwins Irrtum« vorgestellte *Naturbeton-Theorie* über die schnelle Entstehung der Sedimentgesteine und der geologischen Schichtungen bedingt nicht nur eine oder mehrere große Katastrophen, sondern auch eine Reihe von Folgekataklysmen, die Umschichtungen in der Erdkruste und damit »neue«, schnell entstehende, quasi »betonierte« Sedimentschichten erzeugen. Die Vorstellung, dass Superfluten vor wenigen tausend Jahren das Aussehen der Erde gravierend umgestalteten, »neue« Erdschichten mit darin »einbetonierten Fossilien« (= Massensterben) verursachten, wurde

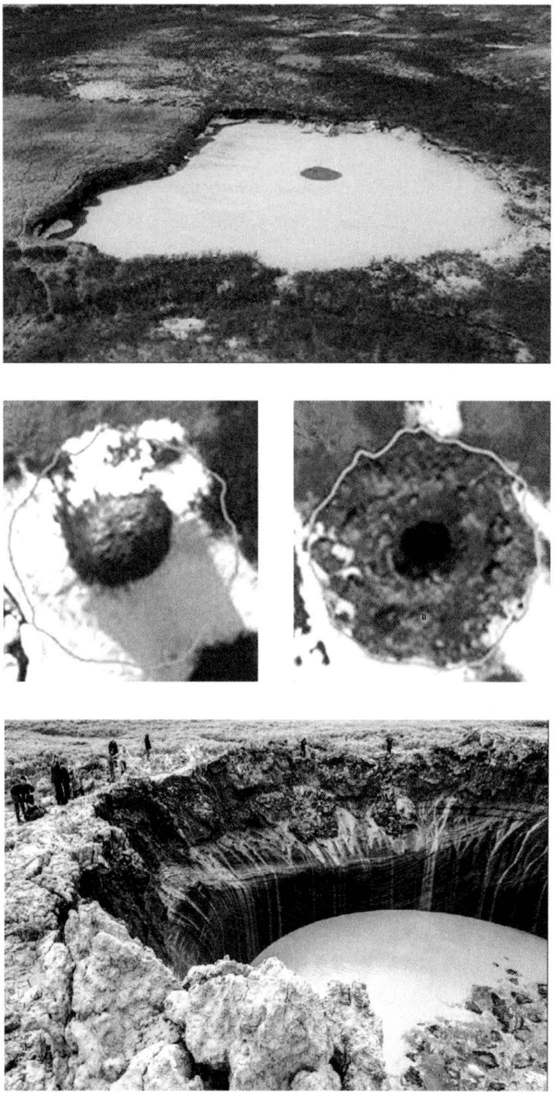

Abb. 44: **KRATER AUF DER RUSSISCHEN INSEL JAMAL**. Bild oben: An der Stelle des früheren Kraters befand sich 2016 bereits ein See. Ein Hinweis auf einen früheren Methanausbruch? Bild Mitte links: Es entstand ein Hügel an der Stelle des späteren Methanausstoßes im Jahr 2014. Bild Mitte rechts: Der nach der Methanexplosion entstandene trichterförmige Krater am Ende der Ausgasungsröhre. Unten: Der nach der Methanexplosion durch zurückfallendes Erdmaterial in etwa 50 m Tiefe geschlossene Krater, in dem ein See jungfräulich entstand – vergleiche Abbildung 43.

2002 erstmals durch eine wissenschaftliche Studie gestützt:

Als nach dem Ende der Eiszeit ein 600 m hoher Eisdamm brach, der den 270 km langen See *Missoula* im heutigen US-Bundesstaat Idaho begrenzte, ergoss sich das gesamte Seewasser innerhalb von zwei Tagen in den Pazifik. Die reißende *Missoula-Flut* (Abb. 46, S. 70) führte zehnmal mehr Wasser mit sich als alle Flüsse der Erde zusammen (»Science« 29.3.2002, Bd. 295, S. 2379–2380).

Victor R. Baker (2002) von der *Universität von Arizona*, Tucson, bestätigt, dass die Geologen ein Wirken von Superfluten ignorieren, da sie »davon ausgehen, dass Schluchten und Täler über die Jahrtausende von den langsam arbeitenden Kräften des Windes und des Wassers geformt wurden. Dass die gesamte Landschaft des pazifischen Nordwestens innerhalb von Stunden durch ein einziges Ereignis völlig neu gestaltet wurde, lag lange außerhalb der Vorstellungskraft der Geowissenschaftler«.

Dabei gab es nach Baker Superfluten auch auf anderen Kontinenten, wie beispielsweise in Asien. Die großen Becken mit »eiszeitlichen« Seen in Sibirien (u. a. das Kaspische Meer und der Aralsee) sind Zeugnisse dieser Fluten, die sogar im Weg liegende, Hunderte Kilometer breite Hochländer überfluteten. Dabei wurden Rinnen in die Höhenzüge gefräst, die auf Satellitenbildern von Zentralasien deutlich zu sehen sind.

Baker charakterisiert die durch große Scheuklappen eingeschränkte Sichtweise und die damit einseitig ausgerichtete Vorgehensweise der Geologen: »Methodische Probleme mit dem Studium von Superfluten bestehen seit der Entwicklung der Geologie (...) In den 1920er-Jahren dokumentierte J. H. Bretz die spektakulären Hinterlassenschaften und Auswirkungen der nacheiszeitlichen *Missoula-Fluten* in der *Channeled Scabland-Region* im US-Bundesstaat Washington (›Journal of Geology‹, Bd. 31/8, 1923, S. 617–649), damals heftig kritisiert vom wissenschaftlichen Establishment. Erst in den 1960er-Jahren wurde akzeptiert, dass diese Superflut, die durch den Bruch des Eisdammes des eiszeitlichen Sees Missoula am südlichen Rand des *Kordilleren-Eispanzers* im Nordwesten Amerikas verursacht wurde (...). Diese sehr strittigen Studien von Superfluten zeigen, dass die Flutwissenschaft nicht die von Lyell propagierten wissenschaftlich anerkannten Grundprinzipien der Gleichförmigkeit berücksichtigt. Stattdessen ist es Bakers Ansicht, dass Studien über Superfluten (...) unerwartete Verbindungen und überraschende Erklärungsmuster erzwingen« (»Science«, Bd. 295, 29.3.2002, S. 2379–2380).

Durch Superfluten erfolgt auch eine Sortierung der mitgerissenen Feststoffe. Alles Feste wird gelöst und beim Einspülen in Ozeane, Meere und Seen werden Schichtgesteine gebildet, die nach Schwere der mitgeführten

Abb. 45: **BLAUE KRATER**. Als sogenannte *Blue Holes* werden Krater im Meer bezeichnet, ob am Meeresgrund oder an der -oberfläche, für deren Entstehung es keine offizielle Erklärung gibt, die schlüssig wäre. Hierbei handelt es sich um mit blauem Wasser gefüllte Krater, die auch derzeit an Land in Gebieten mit hohen Erdgas- und Erdölvorkommen entstehen. Forscher des GEOMAR Helmholtz-Zentrums für Ozeanforschung wiesen nach, dass in der Nordsee tonnenweise Methan in großen Mengen aus unterirdischen Lagerstätten ausströmt (Internetlink 7).

Stoffe hydrodynamisch sortiert werden. Unten befinden sich dann die groben Anteile (Blöcke und Gerölle). Die Korngrößen und damit auch die gegebenenfalls in den Sedimenten enthaltenen Fossilien werden dann nach oben hin immer kleiner. Diese Systematik von Schichtungen wiederholt sich, und es entstehen auf diese Art nach Korngröße übereinander sortierte Schichten, die sich je nach Anzahl der Flutwellenberge mehrfach blockweise übereinander wiederholen.

Auch in Australien gab es Superfluten. Die Geomorphologen Professor Ted Bryant (*Universität von Wollongong* in New South Wales) und Kollegen dokumentieren vielfältige Spuren der Verwüstungen durch gigantische Wellen (Tsunamis) an der Südostküste Australiens. Anhand einer Computersimulation wurde die Wellenhöhe der Tsunamis mit dem Einschlag eines Himmelskörpers von sechs Kilometern Durchmesser in der Mitte des Pazifiks zur Deckung gebracht (Bryant, 1997, 2001; vgl. Young, 1996 und »Bulgarian Geophysical Journal«, 1995, Bd. XXI, Nr. 4, S. 24–32). Jedoch kann ein heftiger Supervulkanausbruch die gleiche Wirkung erzielen (Abb. 48).

Mit Hilfe der (von mir abgelehnten) Radiokarbonmethode wurde das Alter der weit auf das Land gespülten Muschelschalen bestimmt: Die Meerestiere wurden von mindestens sechs verschiedenen Tsunamis in den letzten Jahrtausenden an Land gespült. Die beiden höchsten Wellen überschwemmten angeblich vor 6000 und *vor nur rund 400 bis 500 Jahren sogar noch 130 m hoch gelegene Gebiete* (Bryant, 2001, vgl. »Die Welt«, 20.9.2002). *Menschen waren Augenzeugen dieser Riesenfluten und überlebten diese Kataklysmen.*

Das anscheinend geringe Alter ist wahrscheinlich noch zu hoch, denn Radiokarbon-Datierungen ergeben oft Phantasiezahlen. Im Wissenschaftsmagazin »Science« (Bd. 141, 16.8.1963, S. 634–637) wurde dokumentiert, dass eine mit Hilfe der Radiokarbon-Methode datierte Molluske (Weichtier) ein Alter von 2300 Jahren besaß. Der kleine Schönheitsfehler war nur, dass dieses Tier noch lebte! In einem anderen Fall ergab die Untersuchung ein Alter von 27 000 Jahren. Aber auch in diesem Fall handelte es sich um ein lebendes Exemplar (»Science«, Bd. 224, 6.4.1984, S. 58–61).

Charles Darwin reiste an Bord der »Beagle« um die Welt und besuchte auf dem Weg zum Galápagos-Archipel die Anden in Südamerika. In seinem Reisetagebuch schrieb er:

»Der größte Teil dieser ausgestorbenen Vierfüßler, *wenn nicht alle*, lebten in einer späten Periode und waren Zeitgenossen der meisten noch lebenden

Meeresmuscheln. Seit ihren Lebzeiten kann keine große Veränderung in Form des Landes stattgefunden haben. Was war es dann aber, was so viele Arten und ganze Gattungen ausgelöscht hat? Die Gedanken werden zunächst unwiderstehlich in die Vorstellung von irgendeiner großen Katastrophe gelenkt, aber um auf diese Weise große ebenso wie kleine Tiere, im südlichen Patagonien, in Brasilien, auf den peruanischen Kordilleren und in Nordamerika bis hinauf zur Bering-Straße zu vernichten, müssen wir das Gefüge des Globus erschüttern.«

Alfred Russel Wallace (1823–1913), der gleichzeitig mit Darwin die Theorie von der natürlichen Auslese verkündete, lenkte selbst die Aufmerksamkeit auf die am Fuß des Himalajas, die auf einer Länge von vielen hundert Kilometern mit Tierknochen buchstäblich übersät waren. In diesem Kontext kann es nicht verwundern, dass noch weitere globale Überflutungen nachgewiesen wurden, u. a. im Fachblatt »Geology« (Bd. 32, Nr. 9, September 2004, S. 741–744):

Die Insel Hawaii, Hauptinsel der gleichnamigen Inselgruppe im Pazifik, wurde vor angeblich 120 000 Jahren von einer gewaltigen Flutwelle überspült. Die Wassermassen schwappten an der Flanke des Vulkans Kohala bis in eine Höhe von 500 m. Die angebliche Ursache für die Riesenwelle war der Abbruch einer Flanke des Vulkans Mauna Loa.

Eine häufig gestellte Frage ist: Wie konnten Menschen solchen Infernos überhaupt entkommen? Zuerst einmal muss nochmals festgestellt werden, dass es sich bei einem Kataklysmen-Horizont nicht um ein Tagesereignis handelte. Global gesehen wurden die verschiedenen Gebiete unterschiedlich stark und auch zeitlich etwas versetzt von Naturkatastrophen und Folgeereignissen heimgesucht.

Ein solch globaler Katastrophen-Horizont wird durch eine umfassende Genstudie gestützt: Die Menschheit ist in den vergangenen Millionen Jahren mindestens einmal beinahe ausgestorben. Dies bedeutet, dass die Menschen-Vorfahren irgendwann einen großen Teil ihrer genetischen Vielfalt verloren haben müssen – wahrscheinlich dadurch, dass sich die Zahl der Menschen erheblich reduziert hat (»PNAS«, 1999, Bd. 96, S. 5077–5082).

Es bleibt die Frage, wie schnell nach einer großen Naturkatastrophe eine Artenvielfalt neu entstehen kann. »Gäbe es keine Berge oder Meere (...) sowie Platz für alle im Überfluss, dann wäre unsere Natur wahrscheinlich

Abb. 46: **MISSOULA-FLUT**. Der *Palouse Canyon* im US-Bundesstaat Washington wurde nach der »Eiszeit« vor wenigen tausend Jahren durch die Missoula-Flut aus solidem Granit katastrophenartig 90 bis 160 m tief als »typisch eiszeitliches« U-Tal herausgefräst (Bild: Austin, 1994). Kleines Bild (aus Baker, 2002): Dieser Basaltblock ist 18 m lang und wurde von der Missoula-Flut zehn Kilometer weit befördert.

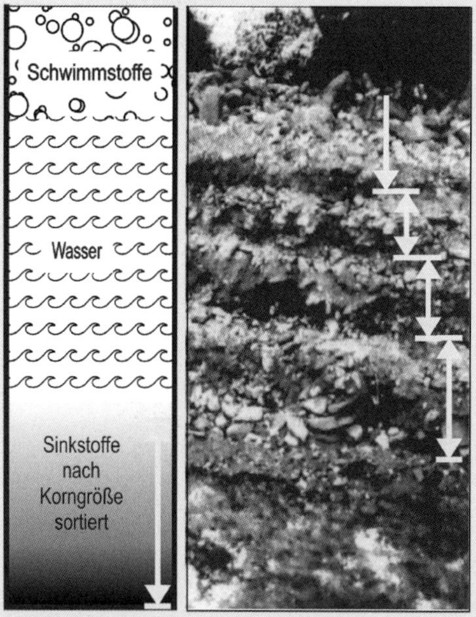

Abb. 47: **SORTIERUNG**. Wenn mineralische Sinkstoffe von Schlamm bis Feinsand und Kies mit organischen Schwimmstoffen und mit viel Wasser zu einer Suppe gemischt und durcheinander gequirlt werden, entsteht nach einiger Zeit der Ruhe eine vertikale Schichtung der Sinkstoffe nach Korngröße (links). Eine entsprechende hydrodynamische Schichtung erfolgt bei Superfluten wie bei der Katastrophe in der Küstenlandschaft *Versilia* (Toskana) am 5. Mai 1998 (rechts), in diesem Fall sind fünf sortierte horizontale Schichten zu erkennen.

Abb. 48: **SUPERFLUT**. Der Aufschluss eines Steinbruchs bei Bellambi (Australien) zeigt eine wenige tausend Jahre alte Schlammablagerung aus dem Holozän als Zeugnis einer Superflut. Diese ist überlagert von einem Sandstrand aus dem Pleistozän. Schicht 3 besteht aus einem jüngeren Sandstrand aus dem Holozän.

Abb. 49: **UNTERSCHIEDLICH**. Eine mumifizierte Frau mit zwei Kindern in Südamerika, die anscheinend plötzlich starben. Radiokarbon-Datierungen ergaben unterschiedliche Alterswerte: Die Frau wurde in das Jahr 1095, aber das eine Kind 252 Jahre sowie das andere 111 Jahre älter datiert.

um einige Arten ärmer. Falls die Isolierung lange genug anhält, können neue Arten entstehen. Es müssen aber nicht immer Jahrtausende sein: Zwei Lebensgemeinschaften einer Lachsart, die im selben See wohnten, gingen schon nach 60 Jahren eigene Wege (...) in weniger als 13 Generationen entwickelten sich aus den Nachkommen zwei morphologisch unterschiedliche Populationen, die sich nahezu isoliert voneinander fortpflanzten« (»Science«, Bd. 290, 2.10.2000, S. 516–518).

Auf der Mittelmeerinsel Korsika existieren zwei Gesellschaften von Blaumeisen, die nur 25 km voneinander entfernt vorkommen, sich aber nicht vermischen (»SpW«, 6.9.1999). Die Entwicklung neuer Spezies und damit die Besiedlung neuer Lebensräume gehen unter verschiedenen Voraussetzungen (Isolation, Klimaänderungen, Umweltbedingungen) relativ schnell vonstatten.

Unter den Augen staunender Biologen vollzog sich in der zweiten Hälfte des 19. Jahrhunderts innerhalb von wenigen Jahrzehnten die Wandlung des hellen Birkenspanners zu einer erblich schwarzbraun gefärbten Variante, die sich der durch Ruß und Staub verschmutzten Umwelt anpasste. Die Fälle liegen nicht immer so einfach, aber entsprechend entwickelten sich aus braunen Bären oder roten Füchsen weiße Varianten in der Arktis.

Nach den bisherigen Ausführungen erscheint das Tertiär als eine durch einen Zeitimpakt infolge eines weltweiten Kataklysmen-Horizonts fast auf Nullzeit komprimierte Zeitphase. Dieses Zeitalter endete mit Beginn des Quartärs vor 2,6 Mio. Jahren, dessen Unterteilung in Pleistozän und Holozän für die Geologen im 19. Jahrhundert *an bestimmten Ereignissen orientiert war*. Das Pleistozän (heutiger Zeitansatz: 2,588 Mio. Jahren bis 11 650 Jahre vor heute) hieß früher »Diluvium« (*lateinisch*: Überschwemmung, Sintflut), und das nach dem Pleistozän beginnende Holozän wurde bezeichnet als »Alluvium« (= Anschwemmung, Schwemmland). Es handelt sich damit um korrekte Bezeichnungen für Ereignisse, durch die geologische Schichten als Folge von Superfluten ereignisgebunden schnell, und nicht gemäß orthodox-geologischen Grundsätzen langsam, Korn für Korn in Millionen von Jahren entstanden.

Die geologische Gegenwart seit dem Ende des Pleistozäns vor 11 650 Jahren wurde von den früheren Geologen auch mit dem Überschwemmungs-Ereignis in Beziehung gebracht und ereignisorientiert richtig bezeichnet, denn das »Alluvium« bezieht sich auf alle nachfolgenden Vorgänge des Rückströmens der Flutwässer in die Ozeane oder lokalen Sammelbecken, die so zu angeblich »nacheiszeitlichen« Seen aufgefüllt wurden (Abb. 34, S. 50).

Beispielsweise wurden im mittleren Maintal rund 50 m mächtige Sande und Schotter (Cromer-Komplex) angeblich vor 850 000 bis 760 000 Jahren (Liedke/Marcinek, 1995) außerordentlich schnell abgelagert, worauf schon der Würzburger Geologe Erwin Rutte (1958) hinwies. »Die Sedimente sind in einer einzigen, einheitlichen Schüttungsphase ohne nennenswerte Unterbrechungen geschüttet worden« (Rutte, 1990, S. 235), »ohne Unterbrechung in einer geologisch sehr kurzen Zeit« (Körber, 1962, S. 30). Mächtige, auch menschliche Relikte wie den Unterkiefer des *Homo heidelbergensis* (= Heidelberg-Mensch) enthaltende Schichten entstanden also in wenigen Stunden, höchstens Tagen, dicht unter der heutigen Erdoberfläche (Abb. 112, S. 233). Unter Berücksichtigung des Zeitimpakts (= schnelle Schüttung) fand dieses Ereignis vor wenigen tausend Jahren statt.

Ein anderes Beispiel: »Der oberflächennahe Untergrund Berlins und der seines Umlandes entstand (...) geologisch gesehen vor nur 10 000 Jahren« (Bayer, 2002, S. 29 u. 35). Das Nordostdeutsche Becken ist mit einer mächtigen Decke von Sanden und Tonen überzogen, welche, teils ungeschichtet, bald geschichtet, eine ungeheure Menge großer und kleiner Blöcke enthält. Die Absätze zeigen in vielen Fällen deutlich, dass sie durch stürmische Wasserfluten transportiert, abgerollt und abgelagert wurden. Diese Schwemmland-Bildungen hingen für die Geologen des 19. Jahrhunderts mit sintflutähnlichen Wasserbewegungen zusammen (vgl. Walther, 1908, S. 492).

Tiefenbohrungen haben ergeben, dass die Mächtigkeiten »eiszeitlicher« Ablagerungen in Norddeutschland größer sind als in den meisten Gebieten Nordamerikas (»American Geolist«, 1892, S. 296). Die Norddeutsche Tiefebene ist ein älteres Becken, das bis zu zehn Kilometer tief ist und sich mit Sedimenten und Salzstöcken relativ schnell und nicht Körnchen für Körnchen schleichend langsam auffüllte. In jüngerer Zeit, während des »Großen Eiszeitalters«, entstanden Sedimentschichten, die von Polen über Dänemark bis nach Belgien Mächtigkeiten von bis zu 200 m erreichen, u. a. unter Hamburg bis zu 192,6 m und unter Berlin 166 m (Wahnschaffe, 1901, S. 17 ff.). Um von Gletschern abgelagertes Schuttmaterial kann es sich nicht handeln, da die Oberfläche im Einzelnen von den Reliefformen des tieferen Untergrundes meist ganz unabhängig ist. Außerdem haben »noch in sehr junger Zeit Krustenbewegungen stattgefunden« (ebd. S. 70).

Interessant ist die Theorie von E. Boll (1846, S. 263 ff.): Durch vulkanische Tätigkeit soll in Skandinavien ein katastrophenartiger Durchbruch der Granite stattgefunden haben, in welchem Boll die Grundursache für die Entstehung des Diluviums in Nordeuropa gefunden zu haben glaubte. Dabei soll sich ein Regen vulkanischer (Stein-)Bomben, die auch 1980 beim Ausbruch des Vulkans *Mount St. Helens* in die Landschaft geschleudert wurden, in weitem Umkreis über die benachbarten Länder ergossen haben. Tatsächlich findet man bis nach Thüringen hinein erratische (= ortsfremde) Blöcke, die aus Skandinavien stammen und deren Transportweg umstritten ist. Nach Charles Lyell sollen diese Blöcke in Form von »blinden Passagieren« auf Eisbergen von Skandinavien nach Deutschland transportiert worden sein. Diese noch von einigen Geologen vertretene Drifttheorie wurde jedoch inzwischen aufgegeben (Schwarzbach, 1993, S. 34).

Zu unterstreichen sind die unterschiedlichen Ansichten der Geologen über die Ablagerung geologischer Schichten: Bis fast zur Mitte des 19. Jahrhunderts wurden einerseits deren Entstehung auf konkrete Ereignisse (Überflutungen, Vulkanausbrüche, Erdkrustenverschiebungen, Hangrutsche) bezogen, andererseits und im Gegensatz dazu wird die Bildung der Sedimentschichten unter Voraussetzung einer (langsamen) Sedimentierungsrate als Erdzeitalter-Uhr im Rahmen einer geologischen Zeitskala (in unlösbarer Verbindung mit der Evolution) interpretiert. Die Bildung geologischer Schichten ist aus dieser »modernen« wissenschaftlichen Sichtweise, abstrakt gesehen, eine Funktion langer Zeiträume, und nicht das Ergebnis von kurzzeitigen Ereignissen. Es handelt sich um grundsätzlich unterschiedliche Sichtweisen über die Art und Weise der Ablagerung und die Bildungsgeschwindigkeit der Gesteinsschichten: *Katastrophen- kontra Gleichförmigkeitstheorie*!

Abb. 50–53: **AUS DEN BERGEN**. Der Autor fotografierte bei seinen Flugreisen über dem Westen Amerikas interessante Landschaften. Deutlich sind Schlammfluten zu erkennen, die aus den Bergen und Gebirgen in die Hochplateaus herunterflossen und die Landschaft zu einer unfruchtbaren Wüste machten. Die Schlammschichten sind kaum erodiert. Daher scheint dieses Ereignis vor nicht allzu langer Zeit in einem kurzen Zeitraum vonstatten gegangen zu sein. Woher stammen diese riesigen Mengen an Material, das früher auf den Bergen gelagert haben müsste? Die Berge durchstießen offensichtlich die vormals flach liegenden Schlammschichten, die dann an den neu entstandenen Berghängen abrutschten. Aber wann geschah dies? Vor zig Millionen Jahren oder vor nur wenigen Jahrtausenden?

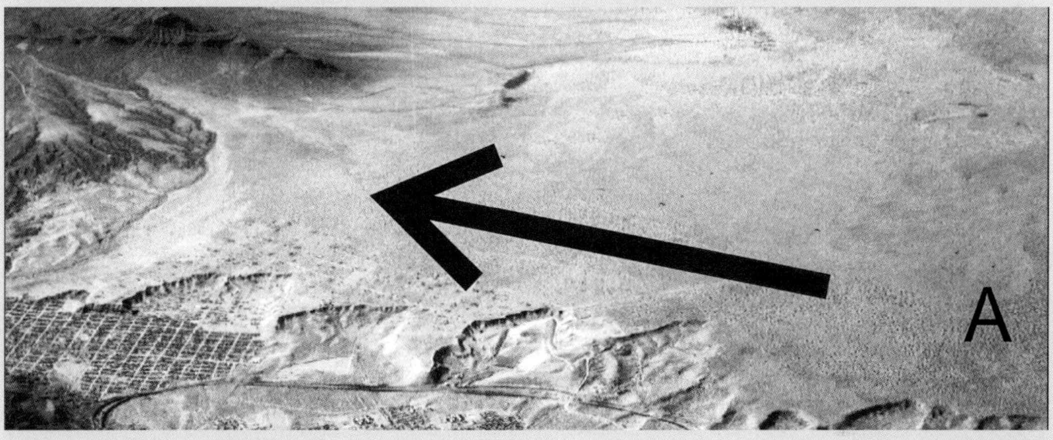
A

A

Allerdings setzt sich in den letzten Jahren langsam, aber stetig ein Neo-Katastrophismus im geologischen Denken durch, hin (zurück) zu den Ansichten von Georges Cuvier (1828, 1817). Er vertrat die – von mir geteilte – Meinung der damaligen Geologen, *dass Tiere früherer Zeiten durch gewaltige Naturkatastrophen ausgestorben sind, aber auch, dass die Arten unveränderlich seien* (Dogma der Konstanz der Arten).

Der sich langsam formierende Neo-Katastrophismus unter den Geologen kann aber nicht einerseits die Grundsätze der Gleichförmigkeit nach Charles Lyell (1865) als Grundlage der modernen Geologie und damit der geologisch-biologischen Zeittafel unangetastet lassen, um andererseits wie einzelne Rufer im dunklen Wald zu behaupten: Man glaubt ja auch an Katastrophen. Diese Haltung widerspricht, global gesehen, den theoretischen Grundlagen, also den Dogmen der Gleichförmigkeitstheorien in der Geologie und Biologie.

Sehen wir uns ein Katastrophengeschehen, also einen Zeitimpakt einmal näher an.

Die berühmten Kreidefelsen in Südengland – ähnlich denen auf Rügen und der dänischen Insel Moen – bestehen hauptsächlich aus den Resten planktonischer Algen. Daneben finden sich die Schalen verschiedener Weichtiere und die Gehäuse von Foraminiferen (Schalen tragende einzellige Tiere). Das Besondere an dieser sogenannten Schreibkreide ist seine hohe marine Reinheit, da sie *keine Sedimente vom Festland* enthält. Daher ist diese Kalksteinbildung aus Sichtweise moderner Geologen rätselhaft, insbesondere, da es heutzutage für die ausgedehnten Kreideablagerungen *kein aktuelles Vergleichsobjekt* gibt. Die Masse der kalkigen Algenreste sprengt jeden nur denkbaren Rahmen, wenn man schleichend langsame Vorgänge zu Grunde legt. Hat es im Gegensatz zu den Dogmen der Gleichförmigkeitstheorien eine *explosive* Algenblüte gegeben? Waren diese planktonischen Algen die Nahrungsquelle der (meiner Meinung nach) im Wasser lebenden größeren Sauropoden? Hatten diese bis zu 50 m langen Pflanzen fressenden Dinosaurier deswegen nur horizontal (nicht vertikal) bewegliche lange Schwänze und Hälse, um die Kleinlebewesen durch horizontale Schwanzbewegungen hin zum Maul zu treiben, in dem sich eine Art großer Rechen aus stiftartigen Zähnen zum Aussieben kleiner Lebewesen befand, ähnlich den Barten heutiger Wale?

Die sehr hohen Temperaturen und das damalige Treibhausklima während der Kreidezeit waren Voraussetzung für die explosive Algenblüte, die weltweite Verbreitung der Foraminiferen und letztendlich auch der Sauropoden. Die tropischen Durchschnittstemperaturen in mittleren Breiten hatten ungefähr bis zur Mitte des Tertiärs vor 30 Mio. Jahren offiziell Bestand, ehe die Temperaturen sanken. So lebten zum Beispiel im Eozän vor 55 bis 38 Mio. Jahren in Nordwestdeutschland Plankton-Foraminiferen, die *subtropische* Temperaturen anzeigen. Nach neueren Untersuchungen schwammen zur Überraschung der Forscher einer internationalen arktischen Bohrexpedition nicht nur in Norddeutschland, sondern auch im *arktischen Nordpolarmeer* vor 55 Mio. Jahren subtropische Meeresalgen im rund *20 °C warmen Wasser* (dpa-Meldung vom 6.9.2004, 14:11 Uhr) – vergleiche meine Ausführungen in »Darwins Irrtum« (1998/2011, S. 106 und 238 f.).

Auf jeden Fall sind nur turbulente Verhältnisse während gigantischer Überflutungen in der Lage, mächtige Kreideablagerungen anzuschwemmen.

Abb. 54: **ABGEBROCHEN**. Der Burgwall von Arkona (Rügen) aus der Luft von Nordosten gesehen. Der Ringwall der früher größeren Anlage wurde mit dem Einsturz der Kreidefelsen abgebrochen. Die Klippenkante wächst derzeit pro Jahr im Schnitt um etwa 25 cm landeinwärts: Wieso gibt es, rein rechnerisch gesehen, heutzutage überhaupt noch steile Kreidefelsen und Inseln wie Rügen, wenn diese angeblich seit dem Ende der Kaltzeit mit Entstehung der Ostsee seit angeblich 10 000 Jahren dem »Schmelzwasser« trotzen müssen?

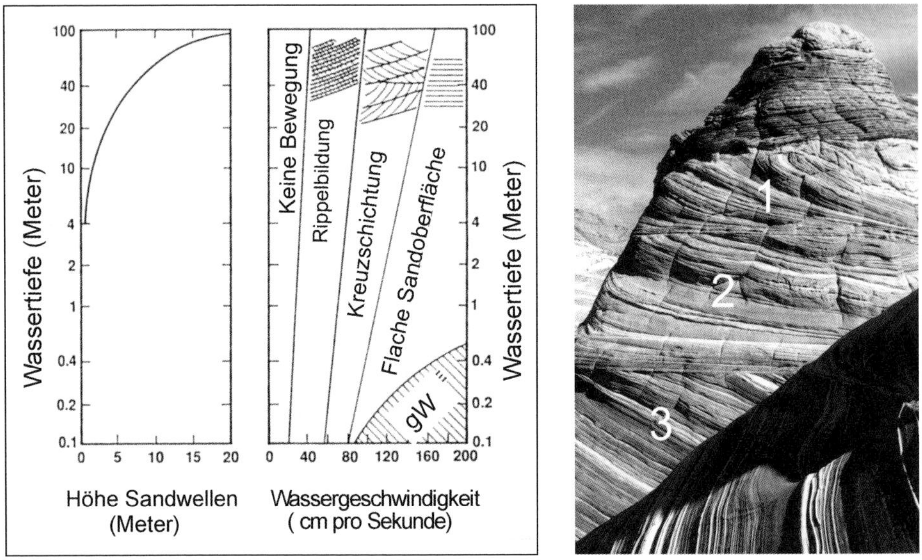

Abb. 55: **STRUKTUREN-BILDUNG**. Die Grafiken zeigen den Zusammenhang zwischen der Höhe von Sandwellen und der Wassertiefe (linke Grafik) einerseits sowie die Art der Oberflächenstruktur in Abhängigkeit von der Wassergeschwindigkeit und Wassertiefe andererseits (rechte Grafik). Je nach vorliegenden Verhältnissen ergeben sich Rippelbildung, Kreuzschichtung oder auch eine flache Lagerung des Sandbodens und damit des späteren Sandsteins – ggf. auch für gleichphasige Wellen (gW). Versteinerte Dünen sind daher im Normalfall leicht als früherer Meeresboden zu identifizieren. Das Foto zeigt ein aus der geologischen Formation *Coyote Butte Sandstone Wave* in Utah stammendes Beispiel mit drei derartig übereinander abgelagerten und wie mit dem Messer horizontal getrennten Schichten, die bei unterschiedlicher Wassergeschwindigkeit entstanden.

In den Vereinigten Staaten hat man vereinzelt sogar *Kreuzschichtungen in der Kreide* nachgewiesen. Diese sind Zeugnisse einer *schnellen* Entstehung der Schichten *unter Wasser*, und zwar bei einer Wassergeschwindigkeit von 50 bis 160 cm pro Sekunde, in Abhängigkeit von der Wassertiefe (»Sedimentary Geology«, 26, 1980). Bei noch höheren Wassergeschwindigkeiten bilden sich flache Sandoberflächen aus, bei geringeren entsteht Rippelbildung (Abb. 55).

Die mächtigen Kreideschichten wurden durch heftige Wasserbewegungen aufgeschwemmt, wodurch ein Zeitimpakt durch schnelle Entstehung dokumentiert wird, ehe riesige Wellen diese Kreideschichten wie Abraumbagger wieder gefräßig aufreißen konnten, wodurch die Steilküsten überhaupt erst entstanden. Deshalb ist es nicht verwunderlich, dass (nicht nur) Englands Küste gerade heutzutage *rapide bröckelt (erodiert)*, denn diese Steilküsten sind relativ jung. So ist das Wahrzeichen der Rügener Kreideküste, die 20 m hohen, spitz aufragenden »Wissower Klinken«, im Jahr 2005 eingestürzt. 50 000 Kubikmeter Kreide liegen nun am Strand und in der Ostsee.

Jungspund Grand Canyon

Große Wassermassen sind sehr wahrscheinlich auch für die Schaffung anderer Naturwunder verantwortlich. Das Alter des Grand Canyon wurde auf Grund der postulierten langzeitlichen Entwicklung der Landschaft durch klimatische Erosion nach der Kreidezeit auf 66 Mio. Jahre (Zeitpunkt der Hebung des Kaibab-Plateaus) angesetzt. Wobei es nach neuerer Ansicht einiger Geologen auch nur sechs Millionen Jahre sein könnten. Wie auch immer, die Hebung des Colorado-Plateaus erfolgte *nach* der Dinosaurier-Ära, als die Urgiganten in höhere Lagen gehoben wurden und sich heutzutage ihre Knochen finden, u. a. auf dem etwa 2800 m hoch gelegenen Kaibab-Plateau im US-Bundesstatt Arizona.

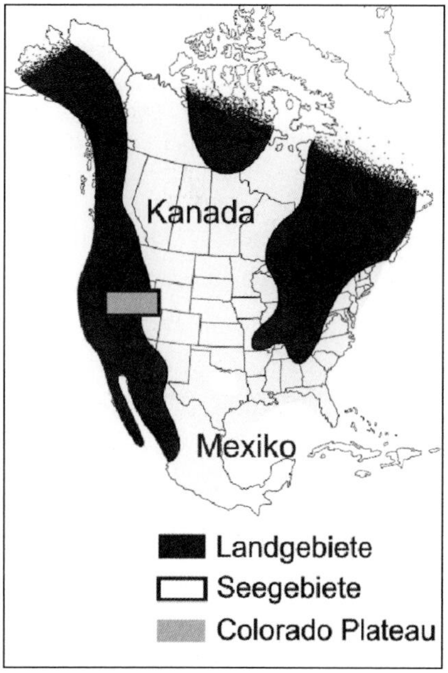

ABB. 56: HEBUNG. Das Colorado Plateau hob sich mit den Rocky Mountains nach der Dinosaurier-Ära und vor Bildung des Grand Canyon.

In den heutigen Wüsten im Westen Amerikas gab es Superfluten, als sich die Gebirge erhoben. Im *Yavapai Point Museum* im Grand Canyon Nationalpark wird dokumentiert, was die eingeborenen Havasupai, die im Grand Canyon leben, glauben: »Der Gott des Bösen bedeckte die Erde mit einer großen Flut (...) Als schließlich das Hochwasser und die Berge sich in die Höhe drückten, entstanden Flüsse; einer davon schnitt den großen Graben ein, der zum Grand Canyon wurde (...)«.

Genau diese Sichtweise wurde vom *Geologischen Dienst* der USA in Zusammenarbeit mit Geologen der *Universität von Utah* im Jahre 2002 bestätigt. »United Press International« verbreitete am 20. Juli 2002 eine entsprechende Meldung, die in den »VdI Nachrichten« am 4. Oktober 2002 unter der Überschrift »Steinalte Schlucht? Falsch!« ihren Niederschlag fand.

Abb. 57: **GRAND CANYON**. Das Geröll im Vordergrund liegt 54 m über dem Colorado River und soll sich vor nur 160 000 Jahren nach dem Bruch des Lava-Damms (LD) gebildet haben (Fenton et al., 2002, S. 196). Nach bisheriger Meinung wurde diese Lava bei einem Vulkanausbruch im späten Neozoikum vor etlichen Millionen Jahren ausgeworfen (Hamblin, 1994). Aufgrund des Erhaltungszustandes der fast unverwittert und verstreut liegenden Gerölle (B = Basaltblock circa ein Meter lang) schlägt der Autor vor, das Alter dieses Ereignisses auf einige tausend Jahre zu reduzieren. Bild: Dominic Oldershaw, ergänzt durch Zillmer.

Robert H. Webb (U.S. Geological Survey in Tucson, Arizona) berichtet, dass das untere Drittel des Grand Canyon, die »Inner Gorge«, wahrscheinlich nicht am Ende der Kreidezeit, sondern vor 770 000 Jahren gebildet wurde: »Die Schlucht wurde durch eine Serie kurzer, aber heftiger Ereignisse ausgegraben«. Riesige Lavadämme sollen den westlichen Teil mehrfach blockiert und das Flusswasser aufgestaut haben. Als dann die Dämme zusammenstürzten, gruben gigantische Flutwellen das Flussbett, den heutigen Grand Canyon, aus«. Vor angeblich 165 000 Jahren soll eine Flutwelle mit mehr 400 000 Kubikmeter pro Sekunde – etwa 37-mal so mächtig wie die größte bekannte Mississippi-Flut – durch den Grand Canyon zu Tal geschossen sein, bevor die letzte Phase der Auswaschung vor nur 1300 Jahren vonstatten gegangen sein soll, alles *zu Lebzeiten der Ur-Einwohner* dieses Gebiets (Fenton et al., 2002, S. 191–215).

Im Vergleich dazu transportierte der Colorado River vor dem Bau der Staudämme höchstens knapp 6000 Kubikmeter pro Sekunde, heutzutage weniger als 400 – sprich ein Tausendstel der Wassermenge im Verhältnis zur Zeit der Bildung des Grand Canyon.

Das Wasser der durch den Grand Canyon schießenden Riesenfluten soll das Schmelzwasser der Eisdecken des »Großen Eiszeitalters« sein. Da es dieses Zeitalter mit fast zwei Millionen Jahren Dauer meiner Meinung gar nach nicht gegeben hat, und andererseits die Eisgebiete viel weiter nördlich an der Grenze zu Kanada gelegen haben, kommt einzig und allein wieder das Erklärungsmuster der Superfluten infrage. Robert H. Webb sieht heftige Regenfälle und Sintfluten als Ursache, die jedoch allein mengenmäßig keine Superfluten verursachen können (ebd., 2002). Das Wasser kommt hauptsächlich aus der Tiefe der Erdkruste.

Zur Verwunderung der Geologen spucken die Lava-Vulkane ja teils große Mengen von Wasser und Wasserdampf aus. Nach der gängigen geophysikalischen Theorie für die Funktionsweise von Lava-Vulkanen darf es eigentlich keinen Wasseraustritt geben. Aber es gibt ja auch regelrechte Schlammvulkane ohne oder mit Austritt von Lava,wie beim Ausbruch des Vulkans *Mount St. Helens* 1980 im US-Bundesstaat Washington ersichtlich. Bei diesem flossen 1980 pyroklastische Ströme als ein flüssiger, turbulenter Schlamm aus feinem vulkanischem Staub mit der Geschwindigkeit eines Hurrikans den Berghang herab, nachdem die mit Eis und Schnee bedeckte Bergspitze durch eine Dampfexplosion weggesprengt wurde. Man würde erwarten, dass diese Ablagerungen homogen und gut vermischt seien. Aber es bildeten sich aus dem mit hoher Geschwindigkeit fließenden Schlamm vollkommen voneinander getrennte Schichten aus groben und feinen Partikeln (Abb. 58, Bild B). Solche Vorgänge folgen hydrodynamischen Gesetzen.

Am 19. März 1982 wurde eine große Schneemasse, die sich im Krater gesammelt hatte, geschmolzen. In nur neun Stunden grub der Schlammfluss ein System von Kanälen und drei Schluchten, die 30 m tief waren. Einer von ihnen erhielt den Namen »Der kleine Grand Canyon von Toutle«, da diese Schlucht wie ein Modell des Grand Canyon im Maßstab 1 zu 40 aussieht. Fazit: Eine große Menge Wasser oder Schlamm kann superschnell ein Ergebnis erzielen, für das eine kleine Menge Wasser eine Ewigkeit benötigt – ein geologischer Zeitimpakt.

Auch durch Erdbeben wird Erdboden verflüssigt. Aufnahmen des Satelliten *Landsat* 7 zeigen, wie ein Erdbeben in Westindien im Januar 2001 Wasser an Stellen hervorquellen ließ, die vorher trocken waren. Durch die

A
8 m
8 m
C
D
E
F
G

starken Erschütterungen kam es lokal zur Bodenverflüssigung, wobei Wasser aus feinen Sedimenten freigesetzt wurde (vgl. »SpW«, 27.4.2001). Entsprechende fossile Erdbebenbrunnen mit Erdverflüssigung (Thorson, 1986, S. 464 f.), wie wir sie in eisfreien Gebieten finden, werden vor allem in Deutschland nicht Erdbeben, sondern dem Wirken der Eiszeit zugeordnet und *Eiskeile* genannt.

Die in diesem Buch vorgestellte These von dem »Wasser der Tiefe« wurde inzwischen durch mehrere wissenschaftlichen Untersuchungen bestätigt. »600 Kilometer unter der Erdoberfläche gibt es wahrscheinlich riesige Wasservorkommen« (»BdW«, 27.4.1998), und der amerikanische Geologe Joseph Smyth (*University of Colorado Boulder*) glaubt: Das Erdinnere enthält die Wassermenge von drei bis fünf Ozeanen (»SpW«, 18.9.1999). In »Irrtümer der Erdgeschichte« wurde die dieses Thema vertiefende »Drainageschalen-Theorie« vorgestellt. Die Drainageschale bewirkt im Bereich der unteren Erdkruste bei 425 bis 450 Grad eine Ausfällung von Mineralien (Eisen, Kalzium, Magnesium), während gleichzeitig auf Grund der herrschenden Hitze Dampfdruck aufgebaut wird. Durch den entweichenden Überdruck werden mit dem Wasser auch Sandmassen an die Oberfläche gedrückt. Das in der Drainageschale ausgefällte Kalzium lässt zusammen mit Wasser und Sand eine Art Beton entstehen, der durch den Überdruck an der Erdoberfläche eine Art Dom oder Berg bilden kann, wie beispielsweise der Ayers Rock in Australien. Seine glatte Oberfläche beweist die Entstehung des Berges in »einem Zuge« vor kurzer Zeit, da der Zahn der Zeit an diesem Berg noch

Abb. 58: **NEUE LANDSCHAFTEN**. Bei dem Ausbruch des Vulkans Mount St. Helens im US-Bundesstaat Washington im Jahr 1980 (Bild A) wurden ganze Landschaften neu geschaffen. Bild B: Im Jahr 1980 entstand eine etwa acht Meter mächtige umgeänderte Schicht, die 1982 nach einem weiteren Ausbruch in wenigen Stunden durch ein Schichtpaket mit *fein gebänderten* Schichten überlagert wurde. Eine derartige Struktur wird geologisch als Beweis für unendlich lange Bildungszeiten interpretiert. Darüber bildete sich einige Zeit später eine weitere massiv-mächtige geologische Schicht im Minutentakt. Bild C und D: Zwei Schotterfelder wurden 1980 jungfräulich geschüttet, mit jeweils einem sich verträumt bergab schlängelnden Bach, dort, wo sich vorher Wälder befanden. Eine romantische Szene, die an angeblich »uralte«, in einer Kaltzeit infolge Gletschertätigkeit entstandeneLandschaftsbilder mit Gebirgsbächen erinnern lässt. Bild E: Es entstanden bis zu 50 m mächtige Schlammschichten in Form von Tafelbergen, in die sich nachfolgend aus dem Vulkanschlot austretendes Wasser einfraß und tiefe Canyons in U-Form schuf. Derartige Täler gelten wissenschaftlich als Beweis für eine Gletschertätigkeit. Bild F: Der Autor an einem großen Felsbrocken, den es vor dem Vulkanausbruch nicht gab und durch Schlammfluten zu Tal befördert wurde. Bild G: Ein neu entstandenes breites Tal, wird als der *Little Grand Canyon of Toutle* bezeichnet, da er dem bekannten Grand Canyon in Arizona in Kleinformat ähnelt.

nicht arg genagt hat. Die an der Oberfläche manchmal enthaltenen Löcher sind quasi während des Abbindeprozesses ausgetrocknete Wasserblasen des ursprünglich weichen »Naturbetongemisches«, der wegen des Kalzium-Gehalts hydraulisch schnell erhärtete.

Interessant ist in diesem Zusammenhang die Feststellung von Robert H. Webb, dass hinter den Lava-Dämmen im Westen der USA noch vor 11 000 Jahren größere Seen entstanden sind. Am Rande dieser früheren Seen findet man heutzutage die Dinosaurier-Skelette wie Ölsardinen in der Büchse, meist zusammen mit Krokodilen und Schildkröten in einer Art zusammengeschwemmtem Massengrab, das aus einem Knochenwirrwarr besteht. Auch die deutsche Expedition 1909 nach Tansania (Ostafrika) fand Überreste von Barosaurus (vormals: Gigantosaurus) zusammen mit Muscheln, Schnecken, Belemniten und Fischen am Tendaguru, in Ablagerungen eines küstennahen Meeres der Kreidezeit. Insgesamt liegen sogar drei vom Meer abgelagerte Schichten von je 20 bis 30 cm Stärke mit Saurierresten übereinander (»Deutsches Kolonial-Lexikon«, 1920, Band III, S. 475 f.; vgl. Fraas, 1909).

Wie in meinem »Dinosaurier Handbuch« ausführlich diskutiert, waren die meisten Dinosaurier-Arten auch keine Land-, sondern Wasserbewohner, weshalb man sie auch oft zusammen mit Fossilien von Krokodilen und Schildkröten findet. Diese Ansicht war früher auch vorherrschend, wurde jedoch vor relativ kurzer Zeit wissenschaftlich geändert. Sauropoden gelten jetzt als Landtiere, was auf Grund des immensen Gewichts, der Probleme mit der Blutversorgung und anderer Kriterien aber nicht richtig sein kann (Zillmer, 2002, S. 87 ff., vgl. H.-J. Zillmer in PRO7 »Welt der Wunder«, 22.9.2002).

Aus dieser Sichtweise folgt zwangsläufig auch, dass Dinosaurier in 1500 und bis 2000 m Höhe, wo heutzutage in Colorado oder hoch oben in den Anden (Südamerika) Dinosaurierknochen gefunden werden, gar nicht lebensfähig sein konnten. Definitiv nicht! Die Saurier wurden mit der Hebung des gesamten Plateaus zusammen mit den Seen und Sümpfen, in denen sie lebten, tot und vielleicht auch vereinzelt noch lebendig wie mit einem Aufzug in größere Höhen befördert. Die wenigen überlebenden Saurier waren allein wegen ihrer Größe und der kaum aufrecht zu erhaltenden Blutversorgung sowie dem einsetzenden Impakt-Winter dem Tod geweiht und relativ bewegungsunfähig. Die überlebenden Ureinwohner dieser Gebiete kennen Dinosaurier deshalb auch noch aus eigener Anschauung und stellten sie in Felsbildern exakt so dar, wie sie auch nach neuer wissenschaftlicher Ansicht aussahen: mit steifem Schwanz, gerader Wirbelsäule und höchstens leicht erhobenem Kopf, wie die Darstellung eines Sauropoden auf dem eingangs beschriebenen, 1924 in Tucson ausgegrabenen Schwert zeigt (Abb. 4, S. 12).

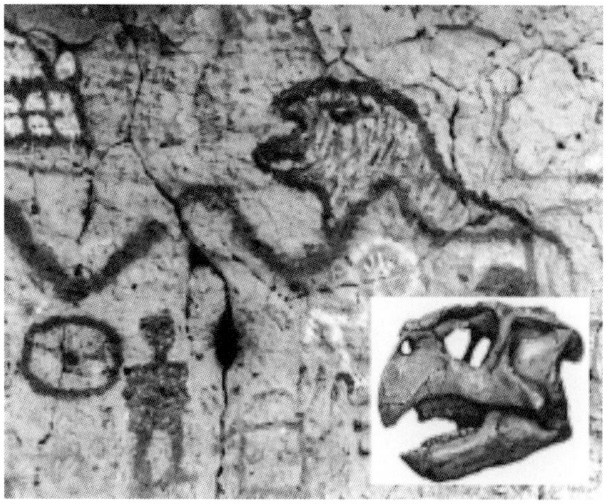

Abb. 59: **WASSER-MONSTER**. In fast jedem größeren See sollen nach indianisch-indigenen Überlieferungen Wassermonster gelebt haben: Eine prähistorische Anasazi-Zeichnung aus dem Nationalpark *Bandelier National Monument*, Neumexiko, stellt scheinbar einen aus Wasserwellen herausragenden Dinosaurier dar (vgl. Insert: ein fossiler Psittacosaurier-Schädel). Ein Psittacosaurier wäre auch im realistischen Größenverhältnis zum ebenfalls abgebildeten an Land stehenden Krieger gezeichnet.

Jeder Besucher der einheimischen Navajos in Arizona kann diese vor Ort nach ihren Überlieferungen fragen. Die Mythen bezeugen, dass die Vorfahren der Navajos und Dinosaurier am Anfang der Welt gemeinsam lebten. Vor 140 Mio. Jahren – wie berichtet – oder doch eher vor ein paar tausend Jahren? Die Behausungen der Navajos in der Nähe von Tuba City (Arizona) liegen in unmittelbarer Nähe von Felsplatten, in denen zahlreiche Trittsiegel von Dinosauriern an der Erdoberfläche konserviert sind. Die Navajos bestätigen auf Nachfrage, dass hier früher neben Trittsiegeln von Dinosauriern auch Fußspuren von Menschen versteinert waren, die aber von den Bauarbeitern, die die Straße errichteten, aus der Felsplatte herausgeschnitten wurden. Ein im Jahre 1990 veröffentlichter Bericht dokumentiert, dass nicht nur Fußspuren von Menschen neben Dinosaurier-Trittsiegeln vorhanden waren, sondern auch versteinerte Spuren von Säugetieren in den gleichen geologischen Schichten (Rosnau et al., 1990).

Die beschriebenen Trittsiegel bei Tuba City befinden sich neben versteinerten Kothaufen (Koprolithe) in der heutigen Wüste wie frisch aussehend, als ob sie von den Dinosauriern erst »vor kurzem« hinterlassen wurden. Hier hat sich seit dieser Zeit außer der Klimatik nichts, aber auch gar nichts geändert. Es war auch nichts verschüttet (Abb. 61). Kann ein Kothaufen heutzutage versteinern? Bleiben versteinerte Kothaufen (Koprolithe) 140 Mio.

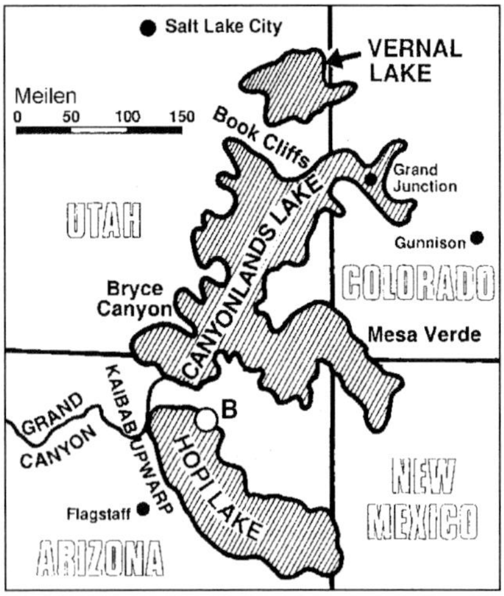

Abb. 60: **VORZEITLICHE SEEN.** Zu Zeiten der Dinosaurier wurde das Wasser der vorsintflutlichen Seen in den Grand Canyon drainiert. Bei Tuba City (schwarzer Kreis, durch Pfeil markiert) am Rande des Hopi Lake liegen Trittsiegel, versteinerte Kothaufen und Knochen von Dinosauriern unmittelbar auf dem ehemaligen Seeboden in der heutigen Wüste (s. Abb. 61). Bild: aus Austin (1996), ergänzt durch Zillmer.

Jahre auf der Erdoberfläche erhalten? Dinosaurier lebten hier vor kurzer Zeit, bestätigen auch die Mythen der Navajos! Lebten die Dinosaurier hier in einer trostlosen Wüste? Nein, denn dieses Gebiet lag früher am Rande eines alten Sees, dem Hopi Lake. Die Trittsiegel und der Kot wurden in seichten Uferbereichen dieses Sees hinterlassen, wie versteinerte Rippelmarken beweisen. Der Hopi Lake wurde schlagartig entwässert, und zwar durch die von Steilhängen flankierte Erosionsrinne *Little Colorado Canyon*, der in den Grand Canyon mündet. Zurück blieben die weichen Kothaufen und die Spuren im weichen Schlamm des ehemaligen Sees. Durch die Hitze »gedörrt«, wurden sie durch das im Schlamm enthaltene Kalzium hydraulisch zu Kalkgestein gebacken. Diese Kalksteinschicht ist nur wenige Zentimeter dick und beinhaltet Trittsiegel, Kothaufen, Knochen und Rippelmarken unmittelbar nebeneinander in einer homogenen, zu großen Teilen noch ungestörten Schicht. Dies passierte vor wenigen tausend Jahren, da die Koprolithe ohne Anzeichen einer Erosion oder Verwitterung auf der Erdoberfläche herumliegen.

Wie bereits dargelegt (s. S. 79), berichten die Überlieferungen der einheimischen Havasupai, dass die Erde mit einer Flut überzogen wurde, und als schließlich das Hochwasser zurückging und die Berge sich (mit den Dinosauriern) in die Höhe drückten, entstanden Flüsse; einer davon schnitt den großen Graben ein, der zum Grand Canyon wurde. Erst vor kurzer Zeit entwässerte der See *Hopi Lake* (Abb. 60) letztendlich in den Grand Canyon.

Aber ist das nicht alles datierbar? Man konnte bis vor kurzem nur Eruptivgesteine wie Granit und Basalte messen, nicht jedoch Sedimente (wie u. a. Schiefer, Sand- und Kalkgesteine). Fossilien befinden sich aber nur in Sedimentgesteinen, können also nicht direkt datiert werden.

Radiometrische Datierungsmethoden bringen unterschiedliche Ergebnisse für Granite und Basalte! Gemäß einer wissenschaftlichen Veröffentlichung (Reynolds, 1986) wurde anhand einer Kalium-Argon-Datierung das

Alter eines Lava-Flusses im nördlichen Gebiet des Colorado River u. a. auf *nur* 10 000 Jahre geschätzt. Aus demselben Lava-Fluss wurde neben anderen eine Probe auf ein Alter von 117 Mio. Jahren bestimmt (Percious, 1967).

Die Überlieferungen der Ureinwohner und die geschilderten Funde von Dinosaurier-Relikten scheinen zu bezeugen, dass Menschen nicht im Erdmittelalter, sondern vor noch relativ kurzer Zeit zusammen mit Dinosauriern gelebt haben. In diesem Fall sollte man mit etwas Glück sogar noch *nicht versteinerte* Saurierknochen finden.

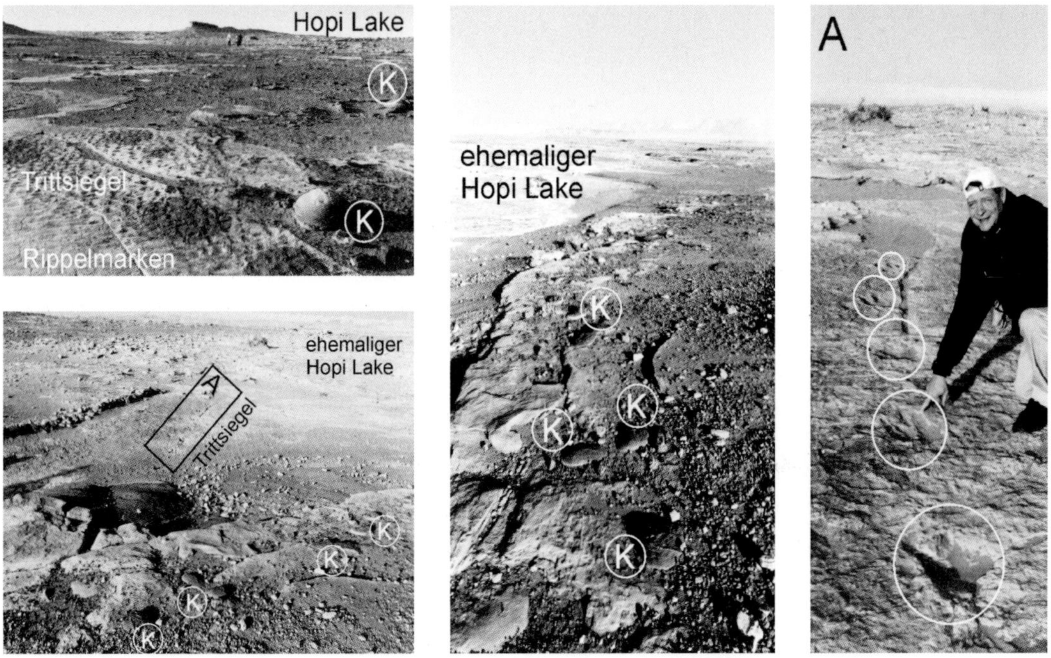

Abb. 61: **NIE VERSCHÜTTET.** In den seichten Randbereichen des ehemaligen Sees *Hopi Lake, südwestlich von der Stadt Tuba City im US-Bundesstatt Arizona gelegen,* lebten Dinosaurier, angeblich vor 140 Mio. Jahren, obwohl den Überlieferungen zufolge Hopis und Dinosaurier am Anfang der Welt zusammenlebten, wie dem Autor vor Ort berichtet wurde. Diese Urgiganten der Vorzeit hinterließen Tausende von Trittsiegeln in einer dünnen Kalksteinschicht, die zu damaliger Zeit weicher Seeboden war. Die versteinerten, nicht verwitterten Rippelmarken sind wie frisch hinterlassen wirkende Zeugnisse des in heutiger Höhe von etwa 1500 m über dem Meeresspiegel hochgehobenen ehemaligen Seebodens. Zahlreiche versteinerte Kothaufen (Koprolithe) liegen verstreut herum. Wie lange dauert es, bis ein ehemals weicher Kothaufen ohne Anzeichen jeglicher Erosion versteinert, obwohl diese ursprünglich unter Wasser auf dem Seegrund hinterlassen wurden und deshalb gegen Erosion etwas geschützt waren? Aus diesem Grund sehen diese Koprolithe auch vollkommen glatt aus, gerundet von fließenden Wasserströmungen. Bild rechts: Der Autor an einem Pfad mit versteinerten, aber frisch wirkenden Trittsiegeln. K = Koprolithe.

Abb. 62: **AN ORT UND STELLE**. Einen auf dem ehemaligen Seeboden liegenden Koprolithen drehte Renate Zillmer, die Frau des Autors, um. Zu sehen ist, dass einzelne Kiesel des ehemaligen Seebodens, die auf dem heutigen Untergrund fehlen, sich in den ehemals weichen Kothaufen gedrückt hatten und mit diesem zu einer heutzutage knallharten Einheit »versteinerten«. Nicht nur dieser Koprolith liegt hier genau an der Stelle an der dieser auch hinterlassen wurde, ohne jedes Anzeichen von Erosion oder Beschädigungen.

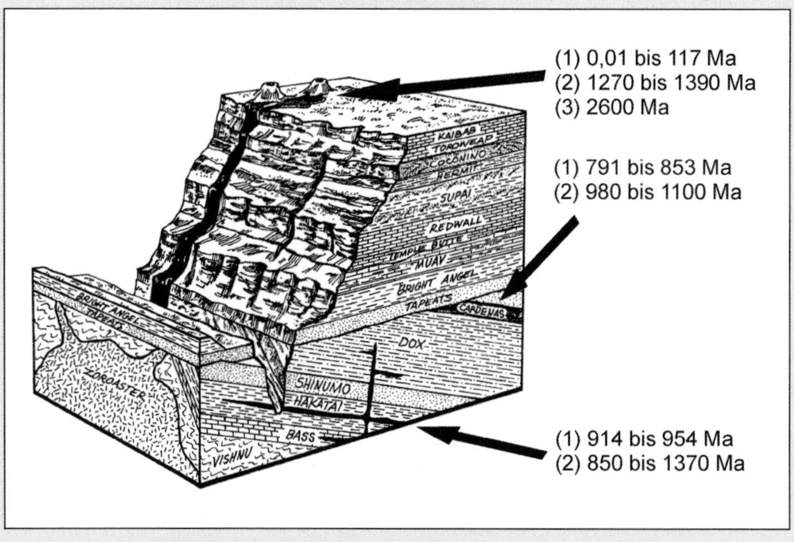

Abb. 63: **DATIERUNG**. Das Blockdiagramm zeigt unterschiedliche Ergebnisse der Datierungen im Bereich des Nordrandes des Grand Canyon. Kalium-Argon-Methode (1), Rubidium-Strontium-Methode (2), Blei-Blei-Methode (3). Bild: bearbeitet nach Austin (1994). Ma = Millionen Jahre

Frisch hinterlassen

Im Nordwesten Alaskas entdeckte man bereits 1961 eine Ansammlung von Dinosaurier-Knochen in nicht mineralisiertem Zustand. Es dauerte jedoch über 20 Jahre, bis sie als Knochen von Entenschnabel- und Horndinosauriern identifiziert wurden (»Journal of Paleontology«, Bd. 61/1, S. 198–200, 1986).

Im östlichen Kanada an der Baffin Bay befindet sich innerhalb des nördlichen Polarkreises die unbewohnte Bylot-Insel. Hier wurde 1987 der Unterkiefer eines Entenschnabel-Dinosauriers von einem jungen Eskimo entdeckt, der mit Wissenschaftlern von der *Memorial Universität* von Neufundland auf der Bylot-Insel arbeitete: Der Dinosaurier-Knochen war *nicht versteinert* und befand sich in »frischem« Zustand, berichtete das »Edmonton Journal« vom 26. Oktober 1987.

Aber es gibt noch erstaunlichere Funde, denn man entdeckte Biomoleküle (DNA) von Dinosauriern. Knapp unter der Oberfläche eines Kohleflözes in Price (Utah) wurde ein angeblich 80 Mio. Jahre alter Dinosaurier-Knochen entdeckt, aus dem Reste von DNA gewonnen wurden (Woodward, 1994).

Wie lange kann DNA überhaupt erhalten bleiben? Eiweiß verdirbt innerhalb weniger Tage, aber genetisches Material soll zig Millionen von Jahren überstehen? Man kritisierte diesen Fund von DNA und vermutete Verunreinigungen bei der Untersuchung. Aber im April des Jahres 2000 veröffentlichten Wissenschaftler der Universität Alabama, dass es ihnen gelungen war, Erbgut aus einem angeblich 65 Mio. Jahre alten Triceratops-Knochen aus Nord-Dakota zu isolieren. Interessant ist der Erhaltungszustand der Knochen: *nicht stark mineralisiert*.

Das Alter versteinerter Knochen konnte nicht gemessen werden, aber dasjenige von organischen Resten mithilfe der Radiokarbonmethode theoretisch schon, falls diese nicht älter als 30 000, höchstens 50 000 Jahre sind, weil sonst kein messbarer radioaktiver Kohlenstoff mehr vorhanden ist.

Zwei verschiedene Wissenschaftlerteams unter Leitung von H. R. Miller bestimmten das Alter von fossilen Knochen eines Acrocanthosaurus aus der Gegend des Paluxy River in Texas anhand von Radiokarbon-Datierungen und Messungen mit einem Massenspektrometer (Ivanov et al., 1993). Das Ergebnis widerspricht den gängigen Vorstellungen der Evolution, denn für die Knochen wurde ein Alter von nur 36 500 und 32 000 Jahren ermittelt.

Deshalb überrascht es schon nicht mehr, dass bereits 1997 Blutspuren von einem *Tyrannosaurus Rex* aus der nach einem Fluss im Nordosten der USA benannten *Hell-Creek-Formation* untersucht wurden, ohne Erbgut nachweisen zu können. Jedoch enthielt ein Tyrannosaurus-Fossil aus den Rocky Mountains in Montana noch etliche offenbar intakte Zellen sowie gut erhaltenes Weichgewebe und elastische sowie dehnbare Blutgefäße, nachdem man noch nicht versteinerte Knochensplitter in einer schwachen Säure eingeweicht hatte. Mary Schweitzer (2005) von der Staatlichen *Universität North Carolina* räumte ein: »Es war ein absoluter Schock. Ich habe meinen Augen nicht getraut, bis der Test 17-mal gelaufen war.« Ihr Kollege Lawrence Witmer von der Ohio-Universität stimmt ihr zu: »Wenn wir Gewebe finden, das nicht versteinert ist, müssten wir ihm eigentlich auch (Erbbausteine) DNA entziehen können.«

Nachdem diese Entdeckung nicht alle Zweifel der Fachwelt beseitigen konnte, wurde dann der Femur-Knochen eines Hadrosaurus untersucht, der durch seine Lage, sieben Meter tief in einer Sandstein-Formation, noch besser erhalten war. Das US-Team fand in dem Hadrosaurier-Fossil nach der Entmineralisierung noch ursprüngliches Gewebe und Moleküle sowie Mikrostrukturen, die von Blutgefäßen und Zellen stammten. Mit der Sequenzierung des Proteins konnte dieser Hadrosaurier dem gleichen Stammbaum zugeordnet werden, dem nicht nur der Tyrannosaurus Rex angehört, sondern auch Hühner, Strauße und etwa 20 weitere Tierarten unserer Zeit. Weiter entfernte Verwandte des Entenschnabel-Sauriers sind sowohl Alligatoren als auch Ratten (Schweitzer et al., 2007)

Wie jedes Lehrbuch aussagt, verfallen Weichteile wie Blutgefäße, Muskeln und Haut, wenn ein Tier stirbt, und verschwinden im Laufe der Zeit, während Hartgewebe, wie etwa Knochen, Mineralien aus der Umwelt aufnehmen und zu Fossilien werden können. Die Wissenschaft war bisher davon ausgegangen, dass Proteine selbst in Fossilien allerhöchstens eine Million Jahre überleben können. Normalerweise beginnen sich Eiweißstoffe bereits mit dem Tod des Lebewesens zu zersetzen.

Schweitzer zeigte erstmals, dass angeblich zig Millionen Jahre alte Fossilien Reste von Weichgeweben in ihrem Inneren versteckt haben können. »Der Grund, warum es noch nie entdeckt wurde, ist, dass kein richtig denkender Paläontologe das tun würde, was Mary mit ihren Proben gemacht hat. (...) Die neuen Erkenntnisse könnten dazu beitragen, eine langanhal-

Abb. 64: **NOTHOSAURIER**. Ein Altarbild im historischen Palast *Palau de la Generalitat de Catalunya* in Barcelona zeigt, wie der Ritter St. Georg einen Drachen, der das Dorf von Montblanc (Tarragona) terrorisierte, mit dem Schwert tötete. Dieser Drache soll mit seinem Atem getötet und die Luft verpestet haben. Aufgrund dieses Ereignisses wurde in Spanien ein Feiertag ausgerufen. Die mittelalterliche Darstellung des Drachen entspricht von den Größenverhältnissen in etwa der eines Nothosaurus (auch Bastardechse genannt), der in Europa bis China in Flüssen, aber auch küstennahen Gebieten an Land gelebt haben soll – allerdings vor etwa 247 bis 228 Mio. Jahren zu Beginn der Dinosaurier-Ära. Nothosaurier wurden über sechs Meter lang.

tende Debatte darüber beizulegen, ob Dinosaurier warmblütig, kaltblütig oder beides waren« (Fields, 2006). Britische Forscher berichten von erhalten gebliebenen Protein-Spuren in einem angeblich 68 Mio. Jahre alten Dinosaurier (Service, 2015).

Aber es geht noch weiter zurück in die Vergangenheit mit derartigen Funden. Verschiedene, angeblich über 190 Mio. Jahre alte Skelettelemente des Pflanzen fressenden prosauropoden Dinosauriers Lufengosaurus aus dem Landkreis Lufeng der Provinz Yunnan in China wurden eingehend untersucht. Ein kompakter Knochen einschließlich der Rippen bestand aus funktionellen Einheiten eines zentralen Knochenkanals mit Gefäßkanälen, Blutgefäßen und Nerven. In den Lücken befanden sich erwachsene reife Knochenzellen, umgeben von der Knochenmatrix (Lee, 2017).

Waren die Drachen unserer Märchen Restpopulationen der Dinosaurier-Ära und/oder auch große urzeitliche Echsen? In dem erst im zwölften Jahrhundert in Frankreich entstandenen, aber vielleicht auf keltischen Ursprüngen basierenden Epos »Tristan und Isolde« tötet Tristan einen Drachen und schneidet ihm zum Beweis die Zunge heraus. Auch in der Nibelungensage kommen Drachen vor. Siegfried badet sogar im Blut des von ihm erlegten Urtieres. Auch der heilige Georg soll einen Drachen getötet haben. Handelt es sich nur um Phantasiewesen oder waren die Drachen unserer Märchen kleinere Saurierarten?

So gesehen rückt aber auch das durch die Existenz der Dinosaurier nachgewiesene globale Tropenklima nahe zur Gegenwart. Die Existenz von Dinosauriern in Spitzbergen, Alaska und der Antarktis stützt diese anscheinend unvorstellbare Überlegung. Fast schon selbstverständlich wird unter dieser Voraussetzung und Berücksichtigung der kosmopolitischen Anwesenheit einiger Dinosaurier-Gattungen auf mehreren Kontinenten bewiesen, dass die Kontinentalverschiebung bzw. Entfernung der Kontinente untereinander schnell und nicht langsam, schon gar nicht über zig Millionen von Jahren hinweg stattgefunden haben kann. Viel hängt vom Zeitpunkt des Aussterbens der Dinosaurier ab, sehr viel sogar: unser gesamtes Weltbild. Das ist auch der Grund, warum dieser Zeitpunkt, der auch das Ende der Kreidezeit und damit des Erdmittelalters symbolisiert, energisch verteidigt wird! Bringt man diesen Eckpfeiler unseres schulwissenschaftlichen Weltbildes und damit der darwinschen Evolutionstheorie zu Fall, stürzt ein Gedankenmodell in sich zusammen, das bisher unerschütterlich schien.

Die vorgestellten Funde zeigen, dass der Aussterbezeitpunkt der Dinosaurier nach Streichen mehrerer Nullen in Richtung Gegenwart rutscht.

Warum sollten Dinosaurier unter dieser Voraussetzung, insbesondere im Wasser lebende, nicht überlebt haben, wenn doch einige Krokodilarten, Schildkröten und Haie das Ende der Dinosaurier-Ära definitiv überlebten? Der Kölner Zoologe Ludwig Döderlein besuchte zwischen 1879 und 1881 die Bucht von Tokio. In den Fängen der Fischer entdeckte er ein seltsames Exemplar, einen urtümlichen Sechs-Kiemen-Hai. Es handelte sich um den Krausenhai, ein lebendes Fossil. Dieses zwei Meter lange Tier lebt unverändert ohne evolutive Entwicklung angeblich seit mindestens 150 Mio. Jahren in den Ozeanen.

Anscheinend schwammen ja auch Mosasaurier bis vor kurzer Zeit im Sahara-Meer. Auf einer Urne aus der Türkei (Abb. 65, Bild 3), die um 530 vor unserer Zeitrechnung datiert wird, scheint ein Mosasaurier abgebildet zu sein – u. a. zusammen mit einem Delphin und anderen bekannten Seetieren (Carpenter, 1991).

In einem Artikel in »Acta Histochemica« – einem Fachmagazin für Strukturbiochemie, Zell- und Gewebe-Bildgebung – wurde 2013 dokumentiert, dass bei einem Triceratops-Fossil Weichgewebe aus einem über der Augen-

Abb. 65: **ERINNERUNGEN UND ÜBERBLEIBSEL**. Bild 1: Römisches Mosaik um das Jahr 200 mit zwei langhalsigen Wassermonstern (vgl. Bild 2). Bild 3: Wurde ein Mosasaurier auf einer altgriechischen Urne abgebildet? Bild 4 und 5: In der Sahara bleichen in der Sonne zahlreiche Skelette von Schwimmsauriern und Ur-Krokodilen, daneben auch versteinerte Knochen von Kühen und Menschen. Bild 6: Wurde ein Stegosaurier im Ta-Prohm-Tempel (Kambodscha) aus dem 12. Jahrhundert dargestellt? Bild 7: Ist in Pompeji vor der Stadtmauer (S) ein Mensch (M) mit einem Plesiosaurier (im Oval) abgebildet?

höhle befindlichen Horn entdeckt wurde (Armitage, 2013). Dieses aus einer Ausgrabungsstätte in der *Hell Creek Formation* im US-Bundesstaat Montana stammende Dinosaurier-Gewebe wurde auf ein Alter von nur 4000 Jahren datiert. Nach dieser Veröffentlichung entließ die staatliche Universität *California State University* in Northridge, Kalifornien, den hauptverantwortlichen Wissenschaftler Mark Armitage, der seit 30 Jahren in seinem Fach tätig war und in dieser Zeit zahlreiche Studien in von Experten begutachteten Fachzeitschriften veröffentlichte. Grund der Kündigung war, dass er kreationistische Ansichten hätte, also an die Bibel glaube und nicht an die Evolutionstheorie. Wie auch immer, allein die Tatsache, dass Weichgewebe entdeckt wurde, bezeugt, dass dieser Dinosaurier höchstens vor Jahrtausenden, aber nicht vor zig Millionen Jahren verendet sein muss.

Seit ewigen Zeiten

Über Sichtungen von Meeresungeheuern könnte man ganze Bücher füllen. Im Jahre 1977 holte ein japanisches Fischerboot vor Neuseeland einen fast zehn Meter langen Kadaver aus 250 m Tiefe herauf. Diese im Verwesen begriffene mysteriöse Kreatur war ungefähr zwei Tonnen schwer, besaß eine Wirbelsäule und vier gleich große Flossen, jeweils zwei vorne und hinten, und einen flossenlosen Schwanz. Der Kopf saß auf einem langen Hals. Nachdem mehrere Fotos gemacht wurden und eine Gewebeprobe entnommen wurde, die keine Übereinstimmung mit einem Hai oder Wal ergab, warf man *den seltsamen Kadaver* wieder in den Pazifik. Die japani-

Abb. 66: **WASSERMONSTER**. Das obere Bild zeigt den Kadaver eines Meerungeheuers, der einem Plesiosaurier ähnelt. Beide besaßen vier große Flossen, die in dieser Größe kein bekanntes schwimmendes Tier aufweist. Chemische Untersuchungen ergaben Ähnlichkeiten mit Fischen oder Reptilien, nicht aber Säugetieren wie Walen. Das untere Bild zeigt die aus diesem Anlass herausgegebene japanische Briefmarke.

sche Post stellte diesen Fund auf einer Briefmarke als *Plesiosaurier* dar.

Von einem anderen Ungeheuer wird bei Victoria in British Columbia (Kanada) spätestens seit 1881 berichtet. Seitdem reißen die Berichte über ein schlangenförmiges Tier, das bis zu 20 m lang sein soll, bis zum heutigen Tage nicht ab: bei 178 Gelegenheiten wurde das Tier gesehen, manchmal von mehreren Zeugen gleichzeitig. Es kann kaum mit einem Fisch oder Wal verwechselt werden, da es keine Rückenflosse und einen kamelähnlichen Kopf besitzen soll. Liebevoll wird das Monster »Caddy« genannt, als Abkürzung für *Cadborosaurus*. Die Namensgebung rührt von der *Cadboro Bay* her, wo es oft gesehen wurde.

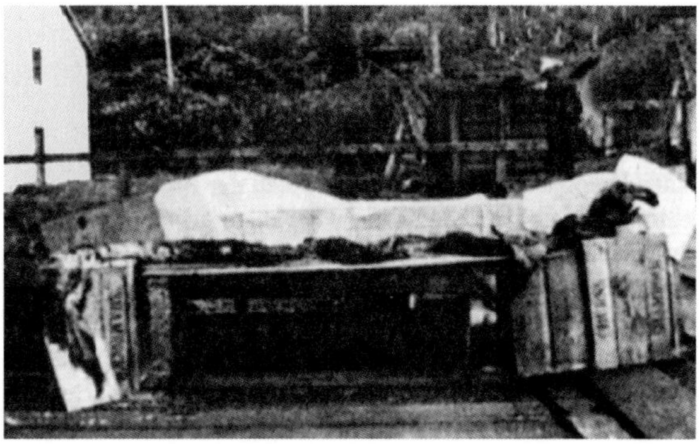

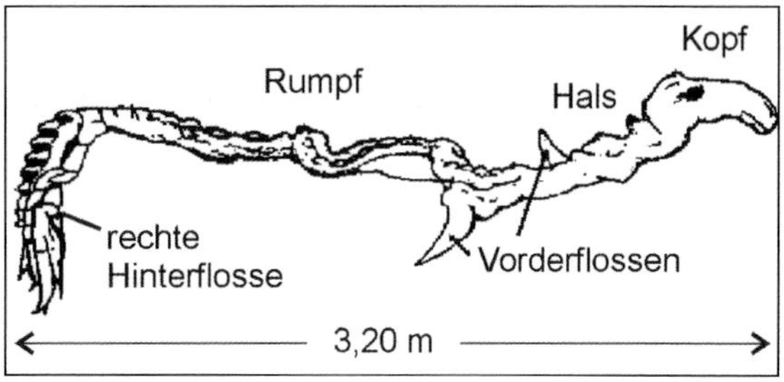

Abb. 67: **CADDY**. Bild oben: Das Foto zeigt den im Hafen *Naden Harbour*, British Columbia, Kanada, im Magen eines Pottwals gefundenen mysteriösen Kadaver: einen Cadborosaurus? Auf dem Rücken befanden sich überlappende, mit Spitzen versehene Hornplatten, und der Kopf gleicht dem eines Kamels, wie viele Augenzeugen anderer Sichtungen in dieser Gegend berichten. Bild unten: Die Zeichnung ist eine Darstellung des Kadavers (Baigent, 1998, S. 74).

Sichtungen von Meeresungeheuern gibt es viele. Aber in diesem Fall wurden die Sichtungen durch einen Fund bestätigt. Als man 1937 auf einer Walfangstation nahe der Grenze von Alaska einen frisch gefangenen Pottwal aufschnitt, entdeckte man in seinem Magen ein weitgehend unversehrtes Wesen, das 3,20 m lang war. Die Fotografien zeigen ein dünnes, schlangenförmiges Tier ohne sichtbare Behaarung. Am Halsansatz sind zwei kleine Vorderflossen zu erkennen und zwei weitere Flossen befinden sich am Ende des Schwanzes. Ein Augenzeuge berichtete, der lange Körper sei mit Fell überzogen gewesen, mit Ausnahme des Rückens, auf dem sich überlappende, mit Spitzen versehene Hornplatten befunden hätten. Niemand konnte das Tier mit dem Kamelkopf identifizieren (Abb. 67). Kanadische Meeresbiologen beschrieben diese Art wissenschaftlich als *Cadborosaurus willsi* (LeBlond/Bousfield, 1995).

Im Jahr 2017 zeigen Aufnahmen eines ferngesteuerten Fahrzeugs in etwa 830 m Meerestiefe Knochen eines gigantischen Seemonsters, einschließlich

Abb. 68: **SICHTUNG**. Am 22. August 1817 wird in Boston, Massachusetts, von einer ungefähr 20 m langen Seeschlange berichtet, die mehrfach von vielen Personen an verschiedenen Tagen gesichtet wurde. Es wurden sogar Bootsfahrten zur Suche organisiert (siehe Bild), bei der die Seeschlange aus wenigen Metern Entfernung beschossen wurde. Der Körper soll rund wie ein Fass gewesen sein mit einem Umfang von 90 Zentimetern. Der Kopf war hundeähnlich von der Größe eines Pferdes. Bereits 1746 waren ähnliche Berichte über eine Seeschlange bekannt geworden.

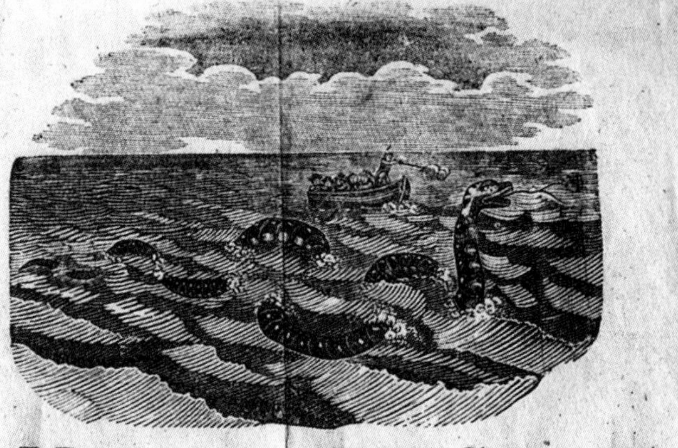

A Monstrous Sea Serpent,

The largest ever seen in America,

Has just made its appearance in Gloucester Harbour, Cape Ann, and has been seen by hundreds of Respectable Citizens.

The Editor of the Salem Gazette, says:—We have in our possession an extract of a letter from John Low, Esq. to his son in this town, dated Gloucester, Thursday afternoon, August 14, 1817.

"There was seen on Monday and on Tuesday morning playing about our harbor, between Eastern Point and Ten pound Island, a SNAKE with his head and body about eight feet out of water, his head is in perfect shape as large as the head of a horse, his body is judged to be about FORTY-FIVE OR FIFTY FEET IN LENGTH, it is thought he will girt about 3 feet round the body, and his sting is about 4 feet in length.

While writing the above a person has called in, who says that there are two to be seen, playing from the Stage-head into the harbor inside of Ten pound Island.

The spectators are Mr. Charles Smith, Mr. John Proctor and several others. A number of our sharp shooters are in pursuit of him but cannot make a ball penetrate his head, Another party is just going in pursuit with guns, harpoons &c. Our small craft is fearful of venturing out a fishing.

The above can be attested to by twenty different people of undoubted veracity."

In addition to this account the Salem Register states, that the Serpent is extremely rapid in its motions which are in all directions, that it shews a length of 50 feet; that a man who discharged his musket within 30 feet of the Serpent, says its head was partly white and that he hit it, that a large sum had been offered for it; that "it appears in joints like wooden buoys on a net rope almost as large as a barrel, that musket balls appear to have no effect on it, that it appears like a string of gallon kegs 100 feet long."

The editor of the Register quotes an account of a Sea Serpent seen on the coast in 1746, something like it. It had a head like that of a horse, and as he moved he looked like a row of large casks following in a right line.

The Boston Daily Advertiser in speaking of this *Monstrous Serpent*, says—We have seen several letters from Gloucester, which describe a prodigious Snake that has made its appearance in Cape-Ann Harbour. It was first seen by some fishermen, 10 or 12 days ago, but it was then generally believed to be the creature of the imagination. But he has since come within the harbor of Gloucester, and has been seen by hundreds of people. He is declared by some persons who approached within 10 or 15 yards of him, to be 60 or 70 feet in length, round, and of the diameter of a barrel. Others state his length variously, from 50 to 100 feet. His motions are serpentine, extremely varied, and exceedingly rapid. He turns himself completely round almost instantaneously. He sometimes darts forward, with his head out of water, at the rate of a mile in 3 minutes, leaving a wake behind, of half a mile in length. His head, as large as the head of a horse, is shaped somewhat like that of a large dog, is raised about 8 feet out of water and is partly white, the other part black. He appears to be full of joints and resembles a string of buoys on a net rope, as is set in the water to catch herring. Others describe him as like a string of water casks. His back is black. Various attempts have been made, without success, to take him. Four boats went out on Thursday, filled with adventurous sailors and experienced gunners, armed with muskets, harpoons, &c. Three muskets were discharged at him from a distance of 30 feet, two balls were thought to hit his head, but without effect. He immediately after plunged into the water, and disappeared for a short time, after which he moved off to the outer harbor, and was seen no more that night. A number of persons are employed in making a net of cod-line, of sufficient size to take him. It is conjectured that he has resorted to this harbor for the purpose of preying upon a very numerous shoal of herrings, which have lately appeared there. If he has been instrumental, as is supposed, in driving these herring into the harbor, he has rendered an essential service to the town.

The Salem Gazette of the 10th inst. says, "We are informed, that on Sunday this creature was seen playing sometimes within 15 or 20 feet of the shore, affording a better opportunity to observe him than had before occured. Gentlemen from Gloucester state, that he appeared to them even of greater magnitude than had before been represented, and should judge from their own observation, that he was as much as 150 feet in length, and as big round as a barrel. They saw him open an enormous mouth, and are of opinion that he is cased in shell.

Aug. 22, 1817.

Printed and Sold by Henry Bowen, Devonshire-Street, Boston.

Abb. 69: **SICHTUNG**. Ein Stich aus dem 19. Jahrhundert zeigt die Sichtung einer Seeschlange vor Cape Ann im US-Bundesstaat Massachusetts aus dem Jahre 1639. Es war die erste Sichtung einer Seeschlange in der Neuen Welt. Viele weitere Sichtungen mit ähnlichen Beschreibungen von Wassermonstern folgten.

Abb. 70 **DOKUMENTIERT**. Eine alte Felszeichnung ist als Kopie im Maine State Museum in Augusta (Maine) ausgestellt. Von einem furchterregenden, im Wasser lebenden Monster berichten die indianisch-indigenen Sagen in vielen US-Bundesstaaten. Vergleiche Abb. 69.

Abb. 71: **RIESIG**. Anfang 1969 wurde ein riesiger Kopf in Tecolutla (Mexiko) angeschwemmt. Er war ungefähr vier m hoch, wog eine Tonne und wurde für den Kopf einer Seeschlange gehalten.

einer scheinbar intakten Wirbelsäule von 30 m Länge. Die Wissenschaftlerin Deborah Hatswell konnte dieses Tier auch nicht identifizieren und bestätigte in einem Interview mit der Zeitung »Daily Star«: »Die Dimensionen des Skeletts auf dem Video passen nicht zu der üblichen Größe für Meeresbewohner in diesem Gebiet. Ich habe mir lebende Meeressäugetiere angesehen und bin auf eine Größe von 30 m gekommen. Ich habe mir die üblichen Verdächtigen angeschaut – Wale, Ruderfische und Seeschlangen«. Sie weist darauf hin, dass die längsten lebenden Knochenfische nur bis zu acht Meter lang werden können. Außerdem sollen die Merkmale auf den Wirbeln des Skeletts nicht mit dem übereinstimmen, was man bei den Überresten eines Wals erwarten würde (Internetlink 8).

Auch Bäume leben unverändert seit anscheinend 200 Mio. Jahren, wie zum Beispiel der Ginkgobaum. In Guayana hat man sogar in angeblich über 600 Mio. Jahre altem Gestein aus dem Präkambrium (Erdfrühzeit) Pollen und Sporen von Blumen und Pflanzen entdeckt (Stainforth, 1966). Zu dieser Zeit gab es angeblich noch kein Leben auf dem Land, das erst im Kambrium erschienen sein soll. Ist ganz einfach die geologische Zeitskala falsch?

Die beschriebenen und viele andere Funde tragen dazu bei, dass einige Wissenschaftler inzwischen nicht mehr vor den durch die Evolutionstheorie begründeten langen Zeiträumen der Natur- und Menschheitsgeschichte haltmachen (Peiser in »Chronology and Catastrophism Review«, Bd. 15, 1995, S. 23–28).

Zeitimpakt Eiszeit

Die Vereisung der Antarktis soll vor 35 Mio. Jahren begonnen haben. Aber es gibt alte authentische Landkarten, die zum Zeitpunkt ihrer Erstellung im 16. bis 18. Jahrhundert oder als Abzeichnung älterer antiker Karten nachweislich die Antarktis eisfrei darstellen, und zwar noch bevor diese im Jahre 1818 offiziell entdeckt wurde, u. a. auf der Karte des Philippe Buache von 1737. Falls die Antarktis bereits vor 35 Mio. Jahren zu vereisen begann und der Inlandeispanzer mehr als 30 Mio. Jahre alt ist, könnten unsere Vorfahren niemals die unter dem Eis liegende Landmasse als Ganzes kartographiert haben.

Gemäß einer im Fachblatt »Journal of Geology« (Hough, 1950) im Jahr 1950 veröffentlichten Untersuchung zeigen vor der Küste der Antarktis

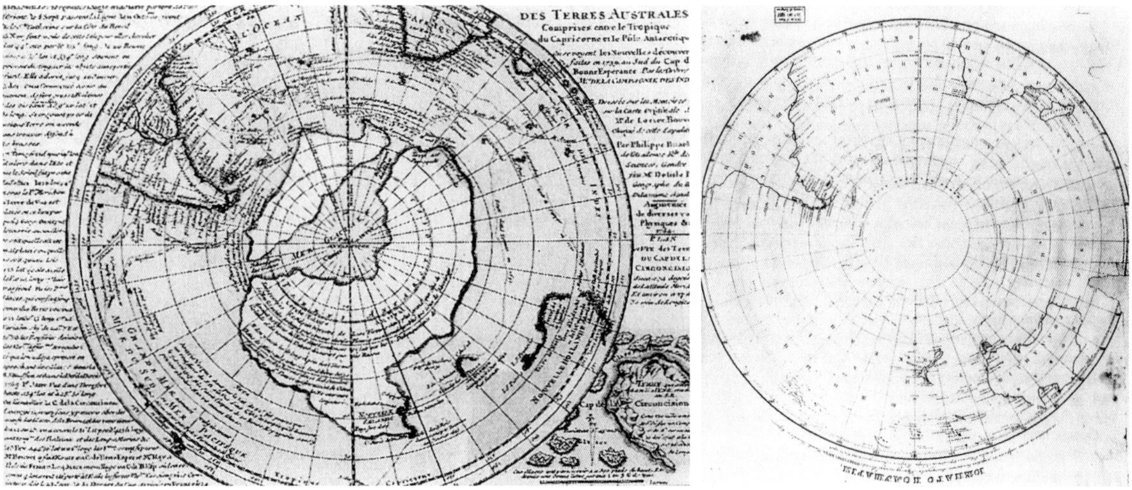

Abb. 72: **EISFREIE ANTARKTIS**. Die Karte des Philippe Buache aus dem Jahre 1737 (links) zeigt die Landmassen der Antarktis, wie sie vor der Vereisung ausgesehen haben soll. Die Antarktis ist völlig eisfrei dargestellt. Der Eispanzer der Antarktis soll aber bereits vor 30 Mio. Jahren entstanden sein. Woher weiß ein Kartograph, dass sich unter dem Eis Landmassen befinden? Uns gelang diese Entdeckung erst durch Satellitenaufnahmen im Jahr 1958. Eine russische Karte des frühen 19. Jahrhunderts (rechts) zeigt noch Wasser am Südpol, denn die Antarktis wurde erst 1818, also 81 Jahre nach Erstellung der Buache-Karte, offiziell entdeckt. Wann wurden die eisfreien Landmassen der Antarktis vermessen? Vor 30 Mio. Jahren oder vielleicht vor nur wenigen tausend Jahren? Die zweite Möglichkeit bezeugt, dass die Gletscher der Eiszeit sich nach einer Warmzeit (Hough, 1950) vor wenigen tausend Jahren *schnell und nicht langsam* Flocke für Flocke bildeten.

entnommene Bohrkerne, dass die Sedimente aus Schichten von *feinkörnigen, der Größe nach sortierten Ablagerungen* bestehen. Diese stammen aus *eisfreien* (gemäßigten) Zonen und wurden *von Flüssen ins Meer verfrachtet* und dann abgelagert. Dies geschah während einer Warmzeit, die erst »vor 6000 Jahren in der Antarktis endete«, bevor erst dann eine schnelle Vereisung einsetzte.

Unter Berücksichtigung anfänglich warmer Ozeane der Kreidezeit, erfolgte auch eine rasche Abkühlung nach dem Ende der Dinosaurier-Ära (der K-P-Grenze), wie im geologischen Fachmagazin »Geology« bestätigt (Bd. 32, Nr. 6, 2004, S. 529–532).

Wird diese Warmzeit durch den Fund einer versteinerten Fliege bestätigt (»Nature«, Bd. 423, 8.5.2003, S. 135–136)? Da die Antarktis seit über 30 Mio. Jahren vereist sein soll, schlossen Paläontologen folgerichtig die Existenz höher entwickelter Fliegen, zu denen die Hausfliege gehört, in der

Antarktis aus. Denn es gilt der Kernsatz: Ohne Wärme keine Fliegen! Aber die erforderliche Warmzeit hat Hough ja für die Zeit bis vor 6000 Jahren am Südpol nachgewiesen. Der Fund dieser Fliege stellt deshalb kein Rätsel dar. Allerdings müssen wir die über 30 Mio. Jahre andauernde Eisbedeckung der Antarktis als Phantomzeit streichen, denn erst vor wenigen tausend Jahren kam das Eis tatsächlich, dann aber schnell (= Zeitimpakt).

Forscher an Bord des deutschen Forschungsschiffs *Polarstern* stießen am Gakkel-Rücken unter dem *arktischen* Eis auf eine Region überaus heftiger vulkanischer Aktivität mit *frischen* Lava-Flüssen (»SpW«, 29.11.2001). Die Vereisung der Arktis (Grönland, Spitzbergen) sowie der Antarktis war u. a. eine direkte Folge des Vulkanismus, der anscheinend heutzutage noch unter dem Eis aktiv ist – eine Voraussetzung für einen vom Nord- bis Südpol reichenden Kataklysmen-Horizont. Denn: ohne Wärme keine Niederschläge (Schneefall) und keine Bildung von Gletschern.

Die Unsinnigkeit des Postulats eines fast 2,6 Mio. Jahre andauernden Großen Eiszeitalters erkennt man durch die Feststellung des Paläontologen Dr. Ralf-Dietrich Kahlke (*Universität Jena*), einem anerkannten Eiszeit-Fachmann: Fellnashörner, Mammuts, Moschusochsen und Bisons, aber auch Wärme liebende Tiere wie Elefanten und Löwen bevölkerten die riesigen Gebiete zwischen Nordspanien und der fernöstlichen Pazifikküste, ja über die Beringstraße bis Nordamerika hinweg *während* des Großen Eiszeitalters. Soweit eine richtige Feststellung, aber die Schlussfolgerung daraus ist falsch. Wörtlich heißt es in der Internet-Meldung (»Informationsdienst Wissenschaft«, 26.9.1999): »Große Trockenheit und Temperaturen weit unter dem Gefrierpunkt ertrugen diese Tiere mit stoischer Gelassenheit (...) die Dauerfrostzonen reichten mehrere hundert Meter tief in den Erdboden hinein. Entscheidend für den Charakter des Ökosystems ist aber die Dauer der Kälteeinwirkungen – Jahrtausende oder Jahrzehntausende«. Anders formuliert: Mit stoischer Ruhe vegetierten Tiere wie Löwen im Dauerfrost dahin – ohne ausreichende Nahrung?

Eine einsetzende Kälteperiode oder einen Temperatursturz überstehen diese Tiere, wenn überhaupt, nur kurze Zeit. Zu fressen finden die großen Herden unter diesen klimatischen Bedingungen sowieso nicht viel. Nach Überstehen der langen Zeiträume des Großen Eiszeitalters sollen viele Tierarten (geschätzt 80 Prozent) gerade am Ende der letzten Eiszeit ausgestorben sein? Das ist Unsinn, denn Tiere ohne Ernährung sterben mit dem Einsetzen eines Klimasturzes und nicht am Ende einer lang andauernden Hungersnot-Phase mit sehr tiefen Temperaturen. Fazit: Das Eis kam schnell und heftig vor wenigen tausend Jahren, und viele Tierarten starben wegen der plötzlich einsetzenden bitteren Kälte aus. Neueste Untersuchungen bestätigen prinzipiell meine Ansicht:

Bereits vor 27 000 Jahren, ausgerechnet als die Eiszeit angeblich ihren Kälte-Tiefpunkt erreicht haben soll, existierte eine arten- und nährstoffreiche Flora und Fauna (Löwe, Mammut, Bison, Pferd, Moschusochse, Pferd, Beringia-Wolf) in Beringia. Diese Region erstreckte sich vom Fluss Lena in Ostsibirien bis zum Mackenzie River in Kanada und nahm einen Teil des heutigen Nordpolarmeers ein: Vor relativ *kurzer Zeit* bestand die »arktische Steppe« noch aus einer *fruchtbaren Graslandschaft* (Zazula et al., 2003), bevor der Bereich zwischen Alaska und Sibirien geflutet wurde und die Beringstraße genannte Meerenge erst entstand.

Ebenso hat Eis unter Berücksichtigung von Klimaschwankungen nur relativ kurzfristig Bestand, wie der Schwund der Gletscher weltweit zeigt, und nicht über Millionen Jahre hinweg. Grönland besitzt die zweitgrößte Eiskappe der Welt, die unter Voraussetzung einer Temperaturerhöhung von knapp drei Grad Celsius bereits in eintausend Jahren verschwunden sein soll (Gregory et al., 2004, vgl. Lucht et al., 2002).

Ein 3028 m langer Eisbohrkern, der mit dem europäischen Projekt *GRIP* (Greenland Ice-Core Project) 1990 bis 1992 geborgen wurde, sollte in der Folge beweisen, dass der Eispanzer Grönlands 250 000 Jahre alt ist. Zu erkennende Schichtungen des Eises existieren aber nur bis in 1500 m Tiefe, danach folgt *ungegliedertes massives* Eis. Aufgrund fehlender Schichtungen bestimmt man das Alter des Eises durch die Messung von Staubpartikeln! In ungefähr 2300 m Tiefe soll das Eis auch nur 40 000 Jahre alt sein. Demzufolge entstand zu Lebzeiten von Neandertalern und frühmoderner Menschen (Cro-Magnon) der größte Teil des Eises! Die restlichen 723 m – also nur ein Viertel des Bohrkerns – sollen sage und schreibe 210 000 Jahre repräsentieren. Da es in dieser Tiefe nur massives Eis gibt, *geht man davon aus*, dass im untersten Bereich etwa *ein Millimeter Eis einem Kalenderjahr entspricht*. Eine haltlose Spekulation! Wie kommt man auf einen solchen Ansatz? Man setzt irgendwelche Strömungsgeschwindigkeiten voraus und bastelt sich ein (nicht bewiesenes) Eisströmungsmodell über die Wandergeschwindigkeit des Eises. Dann interpretiert man einfach das Alter durch

Rückrechnung. Das so erhaltene Ergebnis hängt natürlich direkt von den willkürlich zugrunde gelegten Ausgangsdaten ab. Ändert man diese, ergibt sich auch ein anderes Ergebnis.

Inzwischen hat man nicht nur diesen Fehler erkannt. Neue Untersuchungen reduzieren das Alter dieses Bohrkerns jetzt um 20 Prozent von 250 000 auf höchstens 200 000 Jahre (Suwa et al., 2006) und es wird jetzt festgestellt, dass der Bohrkern nur über die angebliche Klimageschichte der letzten rund 100 000 Jahre Auskunft geben kann. Denn nur in diesem Bereich soll der Kern ungestört und angeblich eindeutig datierbar sein. Der angeblich einen exakten Kalender darstellende Eisbohrkern wird wider Erwarten jünger, einfach aufgrund geänderter wissenschaftlicher Annahmen ...

Aber auch dieses jüngere Alter ist wesentlich zu hoch. Anhand der Notlandung von acht Flugzeugen am 15. Juli 1942, die 47 Jahre später aus dem Eis geborgen wurden (Hayes, 1994), kann man nachweisen, dass das Eisströmungsmodell nicht stimmt. Denn in dieser Zeit gab es keine Strömung: *Die Maschinen standen auf denselben Koordinaten, auf denen sie damals notlandeten*. Setzen wir im Strömungsmodell den Strömungswert Null ein, bekommen wir eine ereignisabhängige plötzliche Entstehung des Eises, wie es meine Schneezeit-Theorie aussagt. Außerdem hatten Eiszeitfachleute (Glaziologen) berechnet, dass die Flugzeuge von zwölf Meter Eis überdeckt sein sollten. In Wirklichkeit waren es 54 m Eis und zusätzlich 24 m sehr harter Firn, also insgesamt 78 m – das 6,5-fache der Prognose. Das Eis wächst also wesentlich schneller, als es die Eisforscher glauben. Rechnet man die nachgewiesene Rate der Eisüberdeckung in den Jahren von 1942 bis 1989 mit 1,65 m pro Jahr auf den 3028 m langen Eisbohrkern linear um (idealisiert als Grenzwertberechnung im Sinne des Aktualismus), dann ist das »ewige« Eis auf Grönland gerade einmal 1818 Jahre alt! Tatsächlich begann die heutige Vereisung mit der Kleinen Eiszeit um 1350. Während der Mittelalterlichen Wärmeperiode war Grönland grün und die Wikinger betrieben noch Ackerbau und Viehzucht, bauten zeitweise sogar Weizen an, der für das optimale Pflanzenwachstum Temperaturen zwischen 10 und 25 °C benötigt.

Die von mir schon in »Irrtümer der Erdgeschichte« geforderte Zeitverkürzung wurde durch eine neue Eisbohrung zum Teil bestätigt: Die Teilnehmer des Projekts *NGRIP* (*North Greenland Ice Core Project*) kamen nach dem Abschluss einer neuen Bohrung zu der Annahme, dass das *unterste* Eis aus mehr als 3000 m Tiefe nur 123 000 Jahre alt ist (Suwa et al., 2004). Immerhin handelt es sich um eine Reduzierung des Alters gegenüber dem *GRIP-Eisbohrkern* um die Hälfte. Eine weitere Reduzierung muss erfolgen, falls die untersten Schichten nicht gleichmäßig Jahr für Jahr entstanden, sondern Ergebnis einer Naturkatastrophe (Kataklysmus) sind.

Bei der im Jahre 2003 beendeten NGRIP-Eisbohrung traf man zur Überraschung des Forscherteams über dem in 3085 m Tiefe liegenden felsigen Bett des Eisschildes auf mit *Schlamm* vermischtes *rötliches* Eis. Darin eingebettet sind bräunliche Kiefernnadeln, Baumrinde und Gras (Suwa et al., 2004). Diese Pflanzenreste sollen mehrere Millionen Jahre alt sein. Warum denn nicht gleich alt wie die diese Pflanzenreste beinhaltende Eisschicht, also 123 000 Jahre? Weil für Kiefernnadeln entsprechende Bäume vorhanden gewesen sein müssen, und diese dürfen nach der geologischen Zeittafel höchstens vor Beginn des Großen Eiszeitalters auf Grönland gewachsen sein – wegen des damals (angeblich) auf Grönland lagernden Eises.

Es handelt sich um einen Zirkelschluss, denn laut Eiszeitmodell begann die Vereisung der Arktis vor 10 bis 15 Mio. Jahren, 20 Mio. Jahre später als am Südpol, obwohl die Eisbohrkerne höchstens 0,2 Mio. Jahre alt sind. Dass Forscher immer wieder derartig haarsträubende Fehlinterpretationen liefern, liegt daran, dass sie immer wieder Opfer ihrer eigenen statischen Modellvorgaben und der daraus entwickelten Zirkelschlüsse sind. Verkürzen wir die angesetzten geologischen Zeiträume, werden die interessanten Untersuchungen plausibler: War Grönland zum gleichen Zeitpunkt, wie für die Beringstraße nachgewiesen (Zazula et al., 2003, S. 603), eisfrei – zum angeblichen Kälte-Tiefpunkt der letzten Eiszeit vor etwa 24 000 Jahren?

Dieser Zeitpunkt eisfreier arktischer Gebiete entspricht in meinem Modell der eisfreien Phase vor dem Kataklysmen-Horizont, als sich ein dramatischer Klimasturz am Ende der Bronzezeit bzw. am Anfang der Eisenzeit vor etwa 2850 Jahren gemäß geologischer Zeitskala ereignet zu haben scheint. Zu diesem Zeitpunkt vollzog sich der *Postglaziale Klimasturz*, »der dramatische Auswirkungen hatte«, schreibt Kenneth J. Hsü, Professor für Geologie an verschiedenen Universitäten (Hsü, 2000, S. 174). Dieser dramatische Klimasturz führte zu den kältesten Temperaturen nach der angeblichen »Eiszeit«. Insgesamt ging mit dem »Postglazialen« Klimasturz eine »Postglaziale Wärmezeit« zu Ende, in der es überwiegend wesentlich wärmer war als heute (Abb. 25, S. 38).

Zusammen mit dem Klimasturz wurden die Seebecken im nördlichen Alpenvorland durch tektonische Bewegungen der Erdkruste schief gestellt und emporgehoben (Gams/Nordhagen, 1923). Auch in Skandinavien soll die sogenannte »Postglaziale« Landhebung erst in den letzten 10 000 Jahren sogar 800 m betragen haben, während die Hebungsrate heutzutage nur etwa ein Zentimeter pro Jahr ausmachen soll. Der Meeresspiegel in Stockholm lag angeblich vor 4000 Jahren 25 m unter dem heutigen, so dass sich das Land in den restlichen 6000 Jahren im Mittel etwa 13 cm pro Jahr gehoben haben müsste (ausführlich in: »Die Erde im Umbruch«, Zillmer, 2011, S. 224 ff.).

Das Forscherteam des NGRIP-Eisbohrkerns stellte jedenfalls fest, dass die frisch eingefrorenen Pflanzenreste unter dem Eis über dem Felsgestein *richtigerweise* als Anzeichen einer *raschen Bildung des Eises* gelten können. Tatsache ist, dass die Wikinger Ende des 9. Jahrhunderts – nach den irischen Mönchen – Island besiedelten und ab 982 Grönland kolonisierten, das sie selbst zutreffend »Grünland« nannten. Die grönländischen Wikinger waren Farmer, bauten Getreide an, betrieben Feldgraswirtschaft und besaßen Milchkühe. Ein Bischof in der aus 192 Höfen bestehenden Ostsiedlung hatte die beträchtliche Anzahl von einhundert Kühen im Stall stehen (Lechler, 1939, S. 22). Eine Mitteilung des Königsspiegels besagt, dass Grönland »viel Butter und Käse« besitze, aber wenig Korn – zeitweise jedoch auch Weizen. Aus den Abfallgruben wissen wir, dass neben Kühen noch Schafe und Ziegen gehalten wurden. Schweine waren dagegen nur sehr wenig vertreten.

Man muss sich fragen, wie die Farmer auf Grönland mit ihren Milchkühen überhaupt überleben konnten. Denn es herrschte ja mehrere Monate Dunkelheit während des Winters. Man muss genügend Futter für die Tiere ernten und über den langen Winter hinweg bevorraten. Und das alles am Rande des Eises? War Grönland überhaupt (noch) vereist? Grönland hatte zu Recht seinen Namen Grünland, denn das Eis – aus der Schneezeit zuvor – war zum größten Teil abgetaut, die Täler waren eisfrei und nur die hohen Bergspitzen, die heute unter dem Eis verdeckt liegen, trugen Eishauben, ähnlich wie die Alpen heutzutage. Das Klimaoptimum und das in dieser Wärmeperiode aus den Meeren freigesetzte Kohlendioxid beschleunigten den Pflanzenwuchs erheblich, wodurch auch das Tierleben gefördert wurde. Steigende Ernteerträge verhalfen den Wikingern nicht nur auf Grönland zu Wohlstand. Die klimatische Situation Grönlands während des Klimaoptimums war also bis zum Beginn der Kleinen Eiszeit im 15. Jahrhundert eine völlig andere als die gegenwärtige.

Die venezianischen Brüder Niccolo und Antonio Zeno – die 1380 selbst den Nordatlantik bereisten – erstellten eine Karte, die aber erst 1558 von Francesco Marcolino in Venedig veröffentlicht wurde. Diese Karte zeigt Grönland eisfrei mit Bergen und Flüssen, dargestellt in Polarprojektion, wie der Experte Professor Charles H. Hapgood (1996) vom *Keene State College* (New Hampshire) feststellte. Er ermittelte außerdem, dass die in Grönland unter dem Eis vorhandene Topographie qualitativ derjenigen auf der Karte entspricht. Mit anderen Worten, Grönland wurde in eisfreiem Zustand von Menschen kartographiert.

Diese Karte (Abb. 73) zeigt viele topographische Merkmale, die auf Engronelant (Grönland) – auch: Engroneland – eingetragen sind. Vor allem fallen die eingezeichneten Vorgebirge auf, die Namensbezeichnungen tragen; »das nördlichste unter ihnen – 540 Seemeilen nördlich des Polarkreises – ist das Vorgebirge Neun. Auf der Insel Frisland sind 40 geographische Bezeichnungen zu finden, darunter sieben Städtenamen« (Johnson, 1999, S. 111).

Aber gerade die mit Städtenamen versehene Insel Frisland, die die Zeno-Brüder selbst besucht haben wollen, gibt es heutzutage nicht mehr, weshalb diese Karte auch als Fälschung angesehen wird. Jedoch, wie schon zuvor dargelegt, hat Fridtjof Nansen bei seiner Polarexpedition mit seinem Schiff Fram 1893 bis 1896 bewiesen, dass der größte Teil des heutigen Tiefseebodens im Nordpolargebiet, der heutzutage in einer Tiefe von 1000 bis 2500 Metern zwischen der Vulkaninsel Jan Mayen und Island liegt, erst »in jüngster Zeit um 2000 m gesenkt worden ist« (Walther, 1908, S. 516).

Das heutige Island besteht aus dem Gebirge einer versunkenen Großinsel, deren einst trockene Täler heutzutage tiefe Fjorde wie in Norwegen sind. Als diese Landmasse absank, vollzogen sich tiefgreifende Veränderungen in der Lithosphäre. »Dann liegt der Gedanke nahe, dass Hand in Hand damit eine wesentlich andere Verteilung der Massen eintreten musste, welche auf die Lage des Drehungspoles (der Erde) nicht ohne Einfluss bleiben konnte« (Walther, 1908, S. 516). Als Ergebnis wurden die anliegenden Kontinentalsockel Amerikas, Grönlands und Europas etwas auseinandergeschoben und zwischen ihnen entstanden neue Wasserstraßen, so dass Tiere die früher

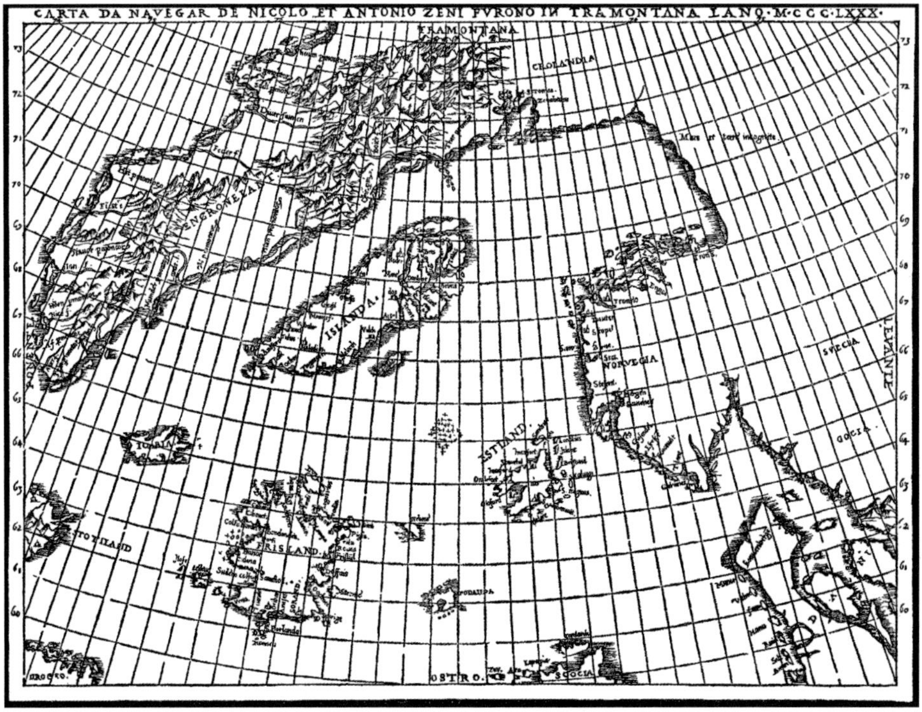

Abb. 73: **ZENO-KARTE.** In dieser 1558 in Venedig gedruckten Karte wurde Grönland – in Polarprojektion – eisfrei mit einer teils betitelten Topografie gezeichnet, die Gebirge im Süden und an der Nordost-Küste zeigt, ähnlich wie diese heutzutage unter dem Eis zu finden sind (Internetlink 9).

vorhandenen Landbrücken nicht mehr passieren konnten. Berücksichtigen wir diese Absenkung des heutigen Tiefseebodens im Nordatlantik, dann waren Grönland und Island, wie auf alten Karten dargestellt, früher größer als heutzutage und Inseln wie Frisland wurden abgesenkt und sind damit versunken.

Angeblich wies Grönland während der letzten 18 Mio. Jahre (und somit auch während des miozänen Klimaoptimums) fast durchgehend eine Eisbedeckung auf (Thiede et al., 2011). Im Gegensatz hierzu hatte ich 1998 vorausgesagt, dass man höchstens wenige tausend Jahre alte Funde von modernen Menschen unter dem »ewigen« Eis entdecken wird. Zum Erstaunen der Wissenschaftler fand man eine Wikingerfarm bei Nipaatsoq quasi *unter* dem Eis: »Bodenuntersuchungen haben gezeigt, dass Mitte des 14. Jahrhunderts die *Kleine Eiszeit* ein Leben an Grönlands nördlicheren Küsten unmöglich machte«, bestätigte Charles Schweger, Archäologie-Professor der *Universität von Alberta.* Ausgrabungen unter Leitung von Jette Arneborg brachten Artefakte ans Tageslicht, die »an der Wikinger-Stätte im Permafrost eingefroren und unter mehreren Fuß Sand begraben waren« (»New York Times«, 8. Mai 2001, Sektion F, S. 5). Es scheint so, dass die Wikinger in Ruhe zusammengepackt und ihre Siedlung aufgegeben hätten. Archäologische Analysen sowie Bodenproben und Pollenuntersuchungen ergaben, dass nicht – wie lange vermutet – kriegerische Auseinandersetzungen zu einer Aufgabe der Siedlung geführt haben, sondern ein Klimawandel (»BdW«, 10.5.2001). Mit anderen Worten, die Wikinger sahen das Eis auf die Farm zukommen, die dann unter dem Gletschersand begraben wurde.

Die derzeitige Eisschmelze legte im Jahr 2020 sensationell einen bisher vom »ewigen« Eis verborgenen, von Wikingern genutzten Handelsplatz und einen Gebirgspass bei Lendbreen (Norwegen) frei, der anscheinend von der Eisenzeit bis zum Mittelalter genutzt wurde. Es ist die erste Fundstelle, die die Existenz einer solchen Passroute in Nordeuropa belegt. »Die Schmelze hat frische, flechtenfreie Gebiete von Geröll und Fels freigelegt, auf denen zahlreiche Artefakte entdeckt wurden, die meisten offen auf dem Untergrund liegend. Diese unglaublich gut erhaltenen Funde aus organischen Materialien haben einen großen historischen Wert« berichten Lars Pilø vom norwegischen *Ministerium für Kulturerbe* und seine Kollegen (online *Cambridge University Press*: 16.4.2020). »Konkret hat das zurückweichende Eis bislang rund 800 archäologische Artefakte enthüllt, außerdem rund 150 Knochen und Geweihe, mehr als 100 aufgeschichtete Steinhaufen und die Fundamente einer aus Stein erbauten Schutzhütte, wie die Forscher berichten. Unter den Fundstücken sind typische Reiseutensilien wie Hufeisen, Reste von Schlitten und ein Wanderstab mit Runeninschrift. Aber auch Alltagsgegenstände haben die Archäologen am Lendbreen gefunden, unter ihnen sind eine (angeblich) römische Tunika, ein Handschuh und Schuhe aus der Wikingerzeit und ein Messer mit hölzernem Griff. Den Datierungen zufolge stammen die ältesten Fundstücke aus der römischen Eisenzeit von der Zeitenwende bis zum Jahr 400, die jüngsten Artefakte wurden im späten Mittelalter deponiert« (»BdW«, 19.5.2020). Auf jeden Fall beweisen die mehrere Jahrhunderte alten Karten (Portolan-Karten), dass unser *schulwissenschaftliches Weltbild definitiv falsch ist*, da Menschen heutzutage angeblich »dauervereiste« Gegenden eisfrei sahen, vermaßen und zeichneten und dort auch dauerhaft wohnten.

Das Große Eiszeitalter ist eine Fiktion, denn das »ewige Eis« kam im Zuge der »Schneezeit« schnell als Begleiterscheinung des Kataklysmus-Horizonts, schmolz dann mit dem Treibhausklima bzw. während des Römischen Klimaoptimums und der Mittelalterlichen Wärmeperiode wieder ab, und bildete sich mit der Kleinen Eiszeit um 1350 in der Arktis (Grönland, Kanada) neu und begrub u. a. Wikingerfarmen.

2 Knochenwirrwarr

Henry Gee, der Herausgeber der bekannten Fachzeitschrift »Nature«, bezeichnet die Evolution des Menschen als »eine rein menschliche Erfindung, die nachträglich geschaffen und entsprechend menschlicher Vorurteile geformt wurde«, und fügt hinzu: »Eine Fossilienreihe anzulegen und dann zu behaupten, sie stelle einen Stammbaum dar, ist keine wissenschaftliche Hypothese, die überprüft werden könnte, sondern eine Mutmaßung, die den gleichen Realitätsanspruch wie eine Gute-Nacht-Geschichte hat – unterhaltend, möglicherweise lehrreich, aber nicht wissenschaftlich« (Gee, 1999, S. 126 f.).

Bäume, Affen und Hominiden

Die Skelette von Menschen und Affen unterscheiden sich gravierend voneinander. Affen leben überwiegend in Bäumen und sind deshalb vierbeinig. Der Mensch dagegen zeichnet sich durch einen aufrechten Gang aus. Evolutionsgläubige behaupten, dass die Fortbewegungsart sich evolutiv aus der Bewegung auf vier Beinen entwickelt habe. Der Anatom Professor Robin Crompton bewies 1996 mit einer dreidimensionalen Computersimulation, dass Zweibeinigkeit *nicht* evolutiv aus Vierbeinigkeit entstehen kann. Das Ergebnis *widerspricht* der herkömmlichen Lehrmeinung. Das Gehvermögen von Lucy, einem (angeblich) affenähnlichen Urahn des Menschen mit aufrechtem Gang, gekrümmtem Rücken und eingeknickten Knien, erwies sich als nicht lebensfähig. Die Forscher sind daher überzeugt, dass unsere Vorfahren entweder immer schon aufrecht gingen (Deloison, 2004) oder ausstarben oder aber »innerhalb kürzester Zeit von vier auf zwei Beine gewechselt haben« (Spears/Crompton in: »Journal of Human Evolution«, 1996, Bd. 31, S. 517–535; vgl. Henke, 1996).

Fazit: Entweder geht ein Lebewesen aufrecht *oder* auf vier Beinen. Eine Bewegungsform, die dazwischen liegt (halb-bipedal), ist nach dieser Untersuchung nicht möglich und allein auch schon aus logischen Gründen unwahrscheinlich. Denn die erforderlichen Zwischenformen (Missing Links) können weder aktuell im Tierreich beobachtet noch in fossilen Urkunden als versteinerte Formen nachgewiesen werden.

Die 1998 in »Darwins Irrtum« gemachte Aussage, dass der Mensch schon immer aufrecht ging, wurde inzwischen als wissenschaftlicher Paradigmenwechsel bestätigt: Es soll bereits vor fast zwölf Millionen Jahren einen auf zwei Beinen laufenden Menschenaffen in Europa gegeben haben, ein möglicher gemeinsamer Vorfahr von Menschen und afrikanischen Menschenaffen (Böhme et al., 2019).

Wegen der Vielfalt an Lebensräumen kam es jedoch *nicht* zu einer Spezialisierung. Der Mensch wurde nicht zum Gehspezialisten, ist aber auch kein Greifspezialist:

»Die Theorie, der zufolge wir uns von den Tierprimaten dadurch unterscheiden, dass wir eine ›kreative Hand‹ zur Feinmanipulation haben, widerlegt der Anthropologe Carsten Niebuhr (*Freie Universität Berlin*) mit dem Hinweis darauf, dass die Hände von Menschenaffen anatomisch an deren ganz spezielle Bedürfnisse angepasst sind (…) die Hände von Menschenaffen (sind) sehr viel ›moderner‹ als die der Menschen. Die Hand des Menschen ist dagegen vergleichsweise primitiv; vornehmlich unser Gehirn macht die Überlegenheit der menschlichen Hand aus« (»BdW«, 31.1.2001).

Der Mensch ist also kein Greifspezialist und hinsichtlich dieser Fähigkeit können eher Rückschritte als Fortentwicklungen festgestellt werden. Die Überlegenheit des Menschen gegenüber ideal angepassten Tieren liegt nicht in evolutiven Entwicklungen des Skeletts begründet, sondern im Einsatz der Intelligenz, die den Körper eines »Allrounders« kontrolliert und diesen nur scheinbar zum überlegenen Spezialisten werden lässt.

Bereits seit 1981 wurde medienwirksam vertreten, dass unsere angebliche Urahnin Lucy mit einem *Gehirn von der Größe eines Schimpansen* (Johanson/Edgar, 2006, S. 21) als Vertreter der Affenspezies *Australopithecus afarensis* vor 3,2 Mio. Jahren gelebt haben soll und bereits *aufrecht* ging (Johanson/Edey, 1981). Deshalb galten die *Australopithecinen* (bzw. Australomorphen) als Zwischenstufe zwischen (miozänen) Menschenaffen und dem Menschen.

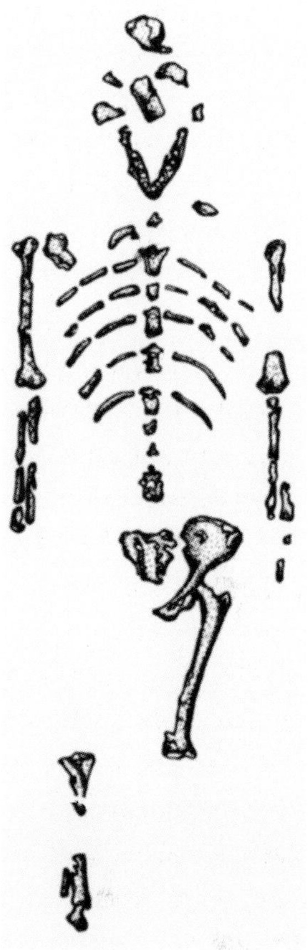

Abb. 74: **LUCY**. Anhand dieser am 24. November 1974 entdeckten 47 ihrer 207 Knochen wurde unsere vermutlich 107 cm große und damit im Vergleich zu anderen Funden ihrer Art relativ kleine (Jungers, 1988) »Urmutter Lucy« stellvertretend für unzählige Generationen anhand einer 2005 veröffentlichten Computersimulation als aufrecht gehendes Wesen rekonstruiert, obwohl die Hände und Füße nahezu vollständig fehlten. Im Jahr 2015 wurde dann ein kleiner Wirbel als vermutlich *von einem Pavian stammend* erkannt, während die übrigen Knochen von einem *Australopithecus afarensis* stammen sollen (Barras, 2015, S. 18).

Jedoch, weit reichende Forschungsarbeiten an verschiedenen Australopithecus-Exemplaren zeigten, dass diese Geschöpfe *nicht* in aufrechter Haltung in der Art des Menschen gehen konnten. Nach 15jährigem Studium der Fossilknochen kamen Zuckerman und sein Team zu dem Schluss, *dass Australopithecus eine Affenart* war und definitiv *nicht als bipedal* gelten konnte (Zuckerman, 1970, S. 75 ff.). In Übereinstimmung damit gliederte Charles E. Oxnard die *Knochenstruktur von Australopithecus in die gleiche Kategorie wie die eines modernen Orang-Utans ein* (»Nature«, Bd. 258, S. 389). Nach kinematischen Untersuchungen konnte Lucy nicht normal (statisch stabil) gehen (Crompton, 1998). *Australopithecinen* haben keine Verbindung mit dem Menschen. Sie sind lediglich eine *ausgestorbene Spezies von Menschenaffen* und stellen kein Glied in der Kette der Menschwerdung dar.

Auch das Argument der Evolutionisten, das Erbgut von Schimpansen sei aufgrund gemeinsamer Vorfahren fast identisch mit dem des Menschen, stellt eine propagandistische Lüge dar. Denn nicht nur die Statik des Skeletts, sondern auch die Unterschiede in der DNA von Menschen und Schimpansen sind größer als bisher angenommen: Das Erbgut der Schimpansen und das menschliche Genom differieren nicht um ein Prozent, wie bisher propagiert, sondern um immerhin *fünf* (»PNAS«, 15.10.2002, Bd. 9, S. 13633–13635 und 15.4.2003, Bd. 100, S. 4661–4665).

Die Schädelaufhängung unterscheidet sich bei Menschen und Affen in einer grundsätzlichen Art und Weise und zeugt zumindest von getrennten

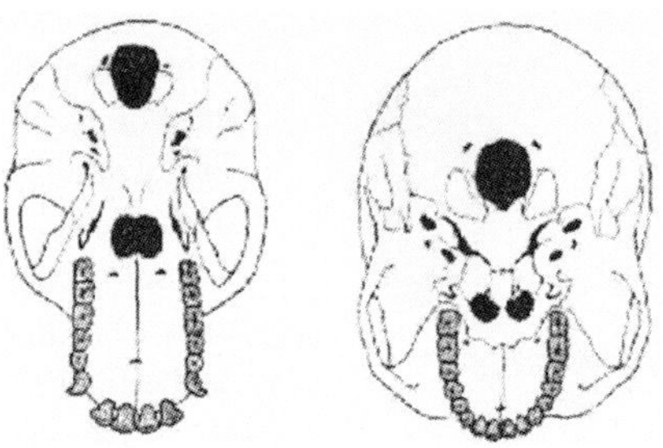

Abb. 75: **HINTERHAUPTSLOCH**. Der Kopf hängt beim Affen an der Wirbelsäule (links), wohingegen er beim Menschen mit dem Schwerpunkt auf ihr sitzt (rechts). Aus dem Schulbuch »Biologie heute S II«, 1998, S. 425. Eine Wanderung des Hinterhauptlochs als evolutive Entwicklung ist undenkbar und in den fossilen Urkunden auch nicht ansatzweise nachweisbar.

Entwicklungslinien. Während einer evolutiven Entwicklungsphase vom vierbeinigen zum zweibeinigen Gang hätte die Veränderung der Körperhaltung auch umfangreiche Veränderungen am gesamten Schädel erfordert. Denn mit dem aufrechten Gang hätte sich auch der Schwerpunkt der Schädelbefestigung allmählich verändern müssen, vom hinteren Rand des Affenschädels hin zur Mitte des Menschenschädels. Das Hinterhauptsloch, wo die Wirbelsäule mit dem Schädel verbunden ist, hätte also quasi entlang des Schädels wandern müssen, denn der Schädel eines Schimpansen hängt förmlich *an* der Wirbelsäule, während der Menschenschädel *auf ihr sitzt*. Dieser erhebliche anatomische Unterschied kann nicht durch einen Zufall oder ein Würfelspiel der Natur entstanden sein. Keine der vielen für eine erfolgreiche Aufrichtung des Affen erforderlichen Zwischenstufen konnten in den Fossilien nachgewiesen werden. Bisher wurde nur die eine *oder* die andere Befestigungsart des Schädels nachgewiesen, aber keine dazwischen liegende als Übergangsart.

Das verpasste Rendezvous

Mutierte Chromosomen sind normalerweise nicht zur Fortpflanzung geeignet, da sie von einer intakten Eizelle abgestoßen werden. Ein Mensch kann sich nicht mit einem Schimpansen kreuzen und auch Tiere unterschiedlicher Arten sind unter natürlichen Bedingungen untereinander nicht fortpflanzungsfähig. Falls zwei Lebewesen jedoch zur selben Gattung gehören, wie zum Beispiel Esel und Pferd, aber nicht zur selben *Art*, sind die von Ihnen gezeugten *Hybriden* – Maultiere und Maulesel – unfruchtbar.

Auf dem Galápagos-Archipel habe ich seltene Nachkommen fotografiert, die aus der Verbindung von Meerechse und Landleguan hervorgegangen sind. Seltsamerweise gibt es bei der Kreuzung beider Spezies nur Nachwuchs, falls der Vater eine Meerechse und die Mutter ein Landleguan ist. Die Nachkommen (*Hybriden*) sind aber in jedem Fall unfruchtbar. Ähnlich unfruchtbar wären menschliche Nachkommen, hätte es Nachwuchs beim Übergang von einer Affenspezies zu einer Homo-Spezies gegeben.

Wie fanden *Adam* und *Eva* zusammen, allein geographisch gesehen? Denn es nutzt wenig, wenn *Adam* beispielsweise im nördlichen Ostafrika und die entsprechend mutierte *Eva* im südlichen Ostafrika oder sogar auf einem anderen Kontinent beheimatet war. Hinzu kommt das auch schon angesprochene zeitliche Problem des Zusammentreffens. Für eine Evolution ist es sinnlos, wenn Eva mit mutierten Chromosomen existiert, aber Adam zu dieser Zeit schon tot ist oder auch umgekehrt.

Gentechnische Untersuchungen durch das Team um Peter Underhill ergaben, dass »Adam und Eva« des modernen Menschen sich zeitlich um 80 000 Jahre verfehlten, denn Adam soll nach diesen Gen-Analysen erst vor 59 000 Jahren existiert haben (»Nature Genetics«, Bd. 26/3, November 2000, S. 253–254 und 358–361).

Heutzutage wendet man zwei unterschiedliche Werkzeuge an, mit denen genetische Stammbäume berechnet werden. Da ein Spermium bei der Verschmelzung mit einer Eizelle seine Mitochondrien (angeblich) nicht weitergibt, stammt der überwiegende Teil der mitochondrialen DNA (mtDNA) von der mütterlichen Eizelle. Mit mtDNA-Analysen wird daher die mütterliche Ahnenreihe bis zurück zu einer »Ur-Eva« *berechnet*. Der »Ur-Adam« wird dagegen anhand des Y-Chromosoms *berechnet*. Da dieses nur von den Vätern auf die Söhne übertragen wird, stellt man männliche Ahnenreihen auf. Diese Stammbäume sollten dann mehr oder weniger deckungsgleich sein. Doch dem ist nicht so, wie die Untersuchung von Peter Underhill zeigt.

Genetiker wie Luigi Luca Cavalli-Sforza wehren sich dann auch gegen die Definition einer Ur-Eva, da »es, geht man von diesen Daten aus, keinerlei Beweis dafür gibt, dass es eine Zeit gegeben haben könnte, in der die menschliche Population auf eine einzige Frau reduziert war, oder dass es zur Zeit der sogenannten Eva eine besonders niedrige Populationsdichte gegeben habe« (Cavalli-Sforza, 1999, S. 101).

Die heutzutage auftretenden Mutationsraten sind bekannt, sehr langsam, relativ linear (also voraussagbar) und regional begrenzt. Dadurch lassen sich Regionen und Zeiträume der Veränderungen kalkulieren. Es ergeben sich Zeitspannen von über 130 000 Jahren für die Evolution der nachweisbaren mitochondrialen DNA (mtDNA) des modernen Menschen, die das Alter der »wissenschaftlichen Eva« darstellen. Durch eine neue Untersuchung wird die für diese Rechnung vorausgesetzte Mutationsrate jedoch in Frage gestellt. Aus dem Vergleich von DNA-Sequenzen über einen Zeitraum von 327 Generationen wurde eine empirische Rate berechnet, die um den Faktor 20 *kürzer* ist, als bei bisherigen phylogenetischen (stammesgeschichtlichen) Analysen vorausgesetzt wurde (»Nature Genetics«, Bd. 15, 1.4.1997, S. 363–368).

Nach dieser Untersuchung wäre die »wissenschaftliche Ur-Eva« nicht 130 000, sondern nur 6500 Jahre alt. Die Zeiträume wären also wesentlich kürzer und fassbarer. Für einen kurzen Zeitraum der Existenz moderner Menschen spricht auch, dass sich alle Menschen genetisch noch ähnlicher sind als bisher vermutet (»Science«, Bd. 294, 23.11.2001, S. 1719–1723). Wäre die Menschheit alt, müssten größere Unterschiede in den Genen nachweisbar sein. Ist dies nicht der Fall, weil die Menschheit einmal fast ausgestorben war (»PNAS«, 1999, Bd. 96, S. 5077–5082)?

Eine neue Untersuchung bestätigt, dass aufgrund klimatischer Veränderungen mit einem Abfall der Meerestemperaturen, einer langen Trockenheit und Umwälzungen der Fauna die Menschheit von einer Bevölkerungsgröße von zuvor knapp 100 000 Individuen drastisch um knapp 99 Prozent schrumpfte. Dabei ist wohl ein großer Teil der genetischen Vielfalt verloren gegangen und die Menschheit wurde an den Rand des Aussterbens gebracht, angeblich vor etwa 930 000 Jahren (Hu et al., 2023).

»Forscher sind nach aufwendigen Simulationen zu einem überraschenden Ergebnis gekommen: Einen Universal-Urahnen gab es rein rechnerisch vor erst 2300 Jahren« (Internetlink 10). Berücksichtigt man auch Faktoren wie Geografie, Geschichte und Migration, lebte unser identischer Vorfahre vielleicht vor weniger als 5000 Jahren (Rohde et al., 2004). Das bedeutet, eine Person vor 5000 Jahren war entweder Vorfahr aller heutigen Menschen oder seine Linie starb genetisch komplett aus. Vorfahre nur einiger weniger heute lebender Menschen zu sein, ist ausgeschlossen. Ein Forscherteam spielte am Computer mehrere Szenarien durch, wobei sie Faktoren wie unterschiedliches Bevölkerungswachstum, Isolation einzelner Gruppen, lokale Migration und Völkerwanderungen berücksichtigten. Das Ergebnis der Untersuchung zeigt, dass unser aller jüngster gemeinsamer Vorfahre vor etwa 3000 Jahren gelebt haben kann (»Nature«, Bd. 431, 30.9.2004, S. 562–566). Gibt es den modernen Menschen (einschließlich unserer Steinzeit-Vorfahren) erst seit wenigen tausend Jahren?

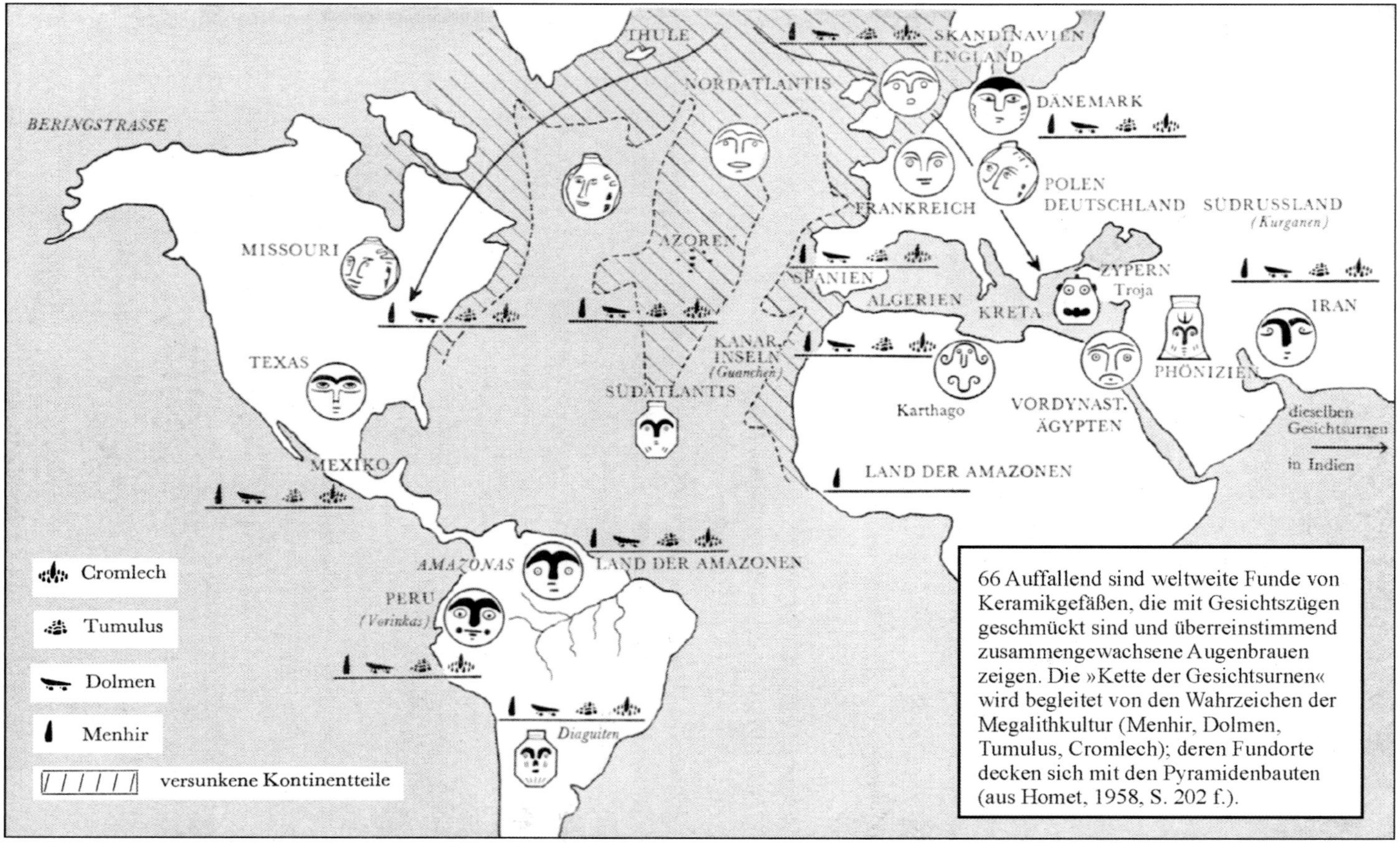

Abb. 76: **WELTWEITE KULTURFUNDE**. Auffallend sind weltweite Funde von Keramikgefäßen, die mit Gesichtszügen geschmückt sind und übereinstimmend zusammengewachsene Augenbrauen zeigen. Die »Ketten der Gesichtsurnen« werden begleitet von den Wahrzeichen der Megalithkultur (Menhir, Dolmen, Tumulus, Cromlech); deren Fundorte decken sich mit den Pyramidenbauten (aus Homet, 1958, S. 202 f.).

Fiktive Stammbäume

Im Erdmittelalter bis vor über 66 Mio. Jahren, zur Zeit der Dinosaurier, gab es angeblich nur primitive Säugetiere, die sich erst nach dem Aussterben der Dinosaurier höher entwickelt haben sollen. Am Ende des Eozäns von vor 56 bis 34 Mio. Jahren vermutet man den Ursprung der Primaten. Nach der Evolutionslehre entwickelten sich dann nacheinander die in Bäumen lebenden Neuweltaffen (z. B. Brüllaffen), Altweltaffen (z. B. Nasenaffen, Rhesusaffen) und die Menschenaffen (Gibbons, Orang-Utans, Gorillas und Schimpansen). Die Übergänge zwischen diesen Gruppen sind, wie alle Übergänge von einer Tierart zur anderen, *nicht durch Fossilfunde dokumentiert*.

Ist es wissenschaftlich, wenn für ein fehlendes Bindeglied in der Menschwerdung einfach ein anderes Exemplar als Ersatz, dessen »Existenz« auch nur auf einer Handvoll von Fossilien beruht, in der angeblichen Stammesgeschichte des Menschen platziert wird?

Es soll hier nicht weiter auf den frühen Abschnitt des (angeblich) menschlichen Stammbaums eingegangen werden, denn die frühe Abstammung des Menschen ist nicht belegt, daher imaginär und stellt reine Spekulation dar. Zudem konnten weder für den Schimpansen noch für den Gorilla fossile Vorfahren dokumentiert werden. Deshalb bestehen entsprechende Stammbäume *neuerdings nur noch* aus geraden Stämmen ohne Verbindungen, da es ja nicht einen einzigen Fund von Vertretern angeblicher Verbindungslinien (Missing Links) gibt. Unser Wissen ist äußerst bruchstückhaft. Der ältere Teil des Stammbaums bis zu den *Australopithecinen* (lateinisch *Südaffe*) ist imaginär, da riesige Fundlücken bestehen.

Nach den *Australopithecinen* kam angeblich die nächste Stufe der menschlichen Evolution, als *Homo* (lateinisch *Mensch*) klassifiziert. Entsprechend der evolutionistischen Behauptung sind die Lebewesen der Homo-Serie höher entwickelt als die *Australopithecinen*. Als Grenze zwischen *Australopithecus* und *Homo* ist die Größe des Hirnvolumens definiert. Allerdings sieht ein Teil der Forscher diese Grenze bei 700 cm^3, andere bei bis zu 800 cm^3 oder auch 900 cm^3 (Mayr, 1950).

Als Bindeglied zwischen *Australopithecus* und den echten Menschen wurde bis vor kurzer Zeit der angeblich nur 25 bis 35 kg schwere *Homo habilis (der geschickte Mensch)* angesehen, der vor 2,1 bis 1,5 Mio. Jahren gelebt haben soll (Schrenk, 2007). Da das Gehirnvolumen des *Homo habilis* nur etwa 600 bis 700 cm^3 betragen soll (Sawyer/Deak, 2008), wurde in der Erstbeschreibung des *Homo habilis* die Untergrenze des Hirnvolumens für Arten der Gattung *Homo* auf nur 600 cm^3 herabgesetzt, damit dieser sich von den Hominiden, also den Menschenaffen aus der Familie der Primaten einschließlich *Australopithecus,* unterschied und derart auf eine angeblich höhere Entwicklungsstufe aufsteigen konnte. Gewusst wie!

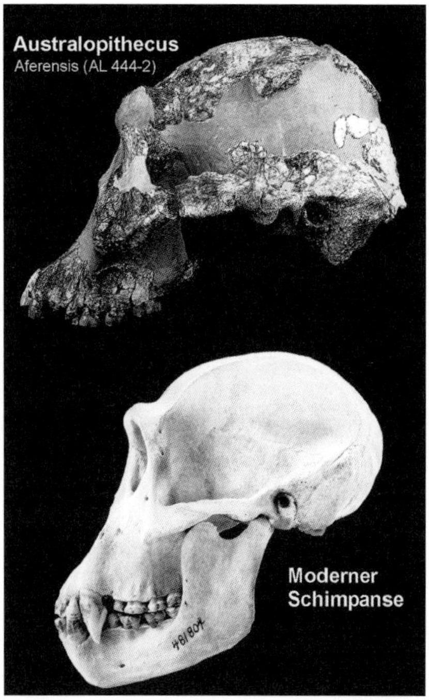

Abb. 77: **ÄHNLICH**. Der Schädel von Australopithecus afarensis (oben) unterscheidet sich nicht von dem eines modernen Schimpansen.

Der erste *Homo habilis* wurde mit Werkzeugen gefunden und etwas vorschnell als »geschickter Mensch« in die Wissenschaft eingeführt. Danach soll mit *Homo erectus (der aufrechte Mensch)* der erste Vertreter des Menschen aufgetreten sein. *Homo erectus* wird von verschiedenen Forschern recht unterschiedlich beurteilt. Einige unterscheiden den frühen *Homo ergaster (der arbeitende Mensch)* und den späten *Homo erectus*. Viele Fossilien, die heute von bestimmten Forschern zu *Homo ergaster* gestellt werden, waren jedoch zuvor als *Homo erectus* eingeordnet und werden von anderen Forschern noch immer *Homo erectus* zugeschrieben. Der Abtrennung der *Homo ergaster* zugeschriebenen Fossilien von *Homo erectus* widersprachen im Jahr 2013 die Erforscher der in Georgien entdeckten Fossilien von Dmanissi (Lordkipanidze et al., 2013).

Andere unterscheiden den afrikanischen *Homo ergaster*, den asiatischen *Homo erectus* und den europäischen *Homo heidelbergensis*, früher auch als *archaischer Homo sapiens* bezeichnet, dem nun wieder ein *Homo antecessor* zuvorgekommen sein soll. Dazwischen liegen noch einige Bezeichnungen zur Auswahl bereit, die in der einen oder anderen Form irgendwie einmal als Standardbezeichnung angesehen waren – meist heftig umstritten unter Fachleuten. Da sich die Paläoanthropologen bisher nicht auf eine gemeinsame Sichtweise unserer angeblichen Vorfahren, die zur ausgestorbenen Art der Menschenaffen-Gattung *Homo* gehören sollen, verständigen konnten, werden seit einigen Jahren bestimmte Fossilien in Fachveröffentlichungen mal zur einen und dann zur anderen Art gestellt.

Über sogenannte Mischformen (z. B. Steinheimer Mensch) und den frühmodernen Cro-Magnon-Menschen soll die Entwicklung dann zum heute lebenden modernen Menschen geführt haben. Der Neandertaler ist auf Grund von DNA-Untersuchungen des Genetikers Professor Dr. Svante Pääbo inzwischen als Vorfahr des modernen Menschen ausgeschieden (»Science«, Bd. 277, 1977, S. 1021–1025), wie in der Erstauflage dieses Buches im Jahr 2005 bereits von mir gefordert.

Der angeblich vor 130 000 Jahren aufgetauchte Neandertaler soll ein *ausgestorbener* Verwandter eigener Art – siehe Abbildung 78 – des anatomisch modernen Menschen (*Homo sapiens*) sein. Die Klassifizierung als eigene Art würde bedeuten, dass Neandertaler und moderne Menschen untereinander nicht fortpflanzungsfähig waren. Jedoch, die DNA-Sequenzierung des Neandertaler-Erbguts ergab Hinweise auf mehrfachen Genfluss zwischen Neandertaler und *Homo sapiens*. Beide waren untereinander fortpflanzungsfähig und es gab »Mischlinge« zwischen unserem Bruder und uns (Condemi/Savatier, 2020). Durch die Entschlüsselung des Neandertaler-Genoms konnte Svante Pääbo zeigen, dass sich das Erbgut von *Homo sapiens* und Neandertalern durchmischt hat. Insgesamt haben sich rund 40 Prozent Neandertaler-Gene erhalten. Jeder Mensch trägt scheinbar ein bis zwei Prozent, jedoch jeweils unterschiedliche Gene davon in sich.

Auf jeden Fall handelt es sich beim Neandertaler um ein definitiv *ausgeschiedenes Glied* in dem von Charles Darwin propagierten Stammbaum der Menschwerdung, für das auch *kein Ersatzglied zur Verfügung steht*. Aber irgendein anderes Glied wird schon an die Stelle des Neandertalers und damit in die angeblich zig Tausend Jahre andauernde Entwicklungsgeschichte der modernen Menschen getreten sein, meinen die Evolutionisten. Klar, wer an Evolutionswunder glaubt, zaubert eben ein anderes Kaninchen in Form eines fehlenden (imaginären) Homo-Vorfahren aus dem Hut, der irgendwo im Dunkel der Zeit im Erdboden der Entdeckung harrt. Vielleicht findet man ja wieder ein Kiefer-Bruchstück und deklariert dieses als Beweis für eine Spezies, die an die Stelle des Neandertalers tritt und Millionen von nicht aufgefundenen Individuen imaginär repräsentieren soll. Bis dann nach Jahren festgestellt wird, dass dies wieder ein Affenkiefer war, hat sich aber im Bewusstsein der Menschen festgesetzt, dass es eine Übergangsform gegeben hat.

Indem die Evolutionskette als *Australopithecus – Homo habilis – Homo erectus – Homo sapiens* ausgewiesen wurde, besagt dies, dass jede dieser

Spezies der Vorläufer der *darauffolgenden* war und nach Darwins Gesetzen alle Stufen *nacheinander* existiert haben müssen. Die neuesten Entdeckungen einiger Paläo-Anthropologen haben jedoch enthüllt, dass Australopithecus, *Homo habilis* und *Homo erectus* in verschiedenen Teilen der Welt zur gleichen Zeit existierten. Überdies hat ein bestimmter Teil der als *Homo erectus* eingegliederten Menschen bis in neuzeitlichen Epochen gelebt. Die Fachzeitschrift »Science« berichtete in einem Artikel unter der Überschrift »Letzter *Homo erectus* von Java: Möglicher Zeitgenosse des *Homo sapiens* in Südostasien«, dass *Homo-erectus*-Fossilien auf ein Durchschnittsalter von 53 300 bis 27 000 Jahren datiert werden. *Homo erectus* lebte also mit anatomisch modernen Menschen (*Homo sapiens*) gemeinsam in Südostasien (»Science«, 13.12.1996; Bd. 274, S. 1870–1874)!

Abb. 78: **ÜBERLEBT.** Im Jahre 1931 wurde südlich von Marrakesch (Marokko) ein »prähistorischer« Mensch vom Neandertaler-Typus mit fliehender Stirn, fliehendem Kinn und stark überwölbten Brauen-Bögen gefunden. Er lief nackt herum, benutzte nur rudimentäre Gerätschaften, lebte in einer Höhle und aß rohes Fleisch. Foto: Marcel Homet, 1958.

Seit ungefähr 30 000 Jahren soll es von der Gattung Mensch nur noch den modernen Menschen (*Homo sapiens*) geben, nachdem auch der Neandertaler ausstarb. Ist auch diese Ansicht falsch? Im September 2003 wurde auf der indonesischen Insel Flores das vollständige Skelett einer bisher unbekannten Spezies gefunden und als neue Art *Homo floresiensis* beschrieben, die vor nur 18 000 Jahren existiert haben soll (»Nature«, 28.10.2004, Bd. 431, S. 1055–1061 und S. 1087–1091).

Handelt es sich nicht um Menschenaffen (vergleiche Abb. 77, S. 117, und Abb. 80, S. 121), sondern um Menschen? Denn neben den Skelettresten fand man relativ anspruchsvolle Werkzeuge. Doch um *Homo sapiens* soll es sich bei dem merkwürdigen Flores-Mensch nicht handeln, denn er zeichnet sich durch einen außergewöhnlichen Zwergenwuchs von nur einem Meter Größe aus, und das Hirnvolumen war mit 380 Kubikzentimetern geradezu *winzig*. Selbst *Lucy* (*Australopithecus afarensis*) besaß mehr Hirnvolumen. Nicht nur der Anthropologe Maciej Henneberg (*Universität Adelaide*) schimpft:

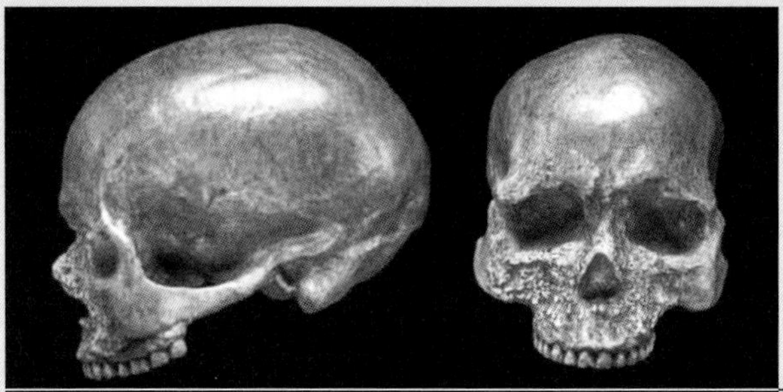

Der 1868 in *Les Eyzies* (Dordogne) entdeckte Schädel wird als frühmodern (*Cro-Magnon 1*) eingestuft und bis vor kurzem mit einem Alter von nur 30 000 Jahren datiert.

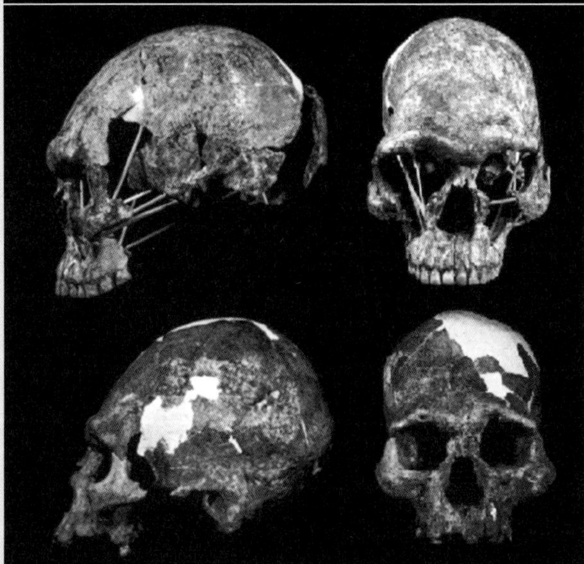

Zwei in den Kow-Sümpfen in Australien gefundenen Schädel *Kow Swamp 1* und *Kow Swamp V* genannt.

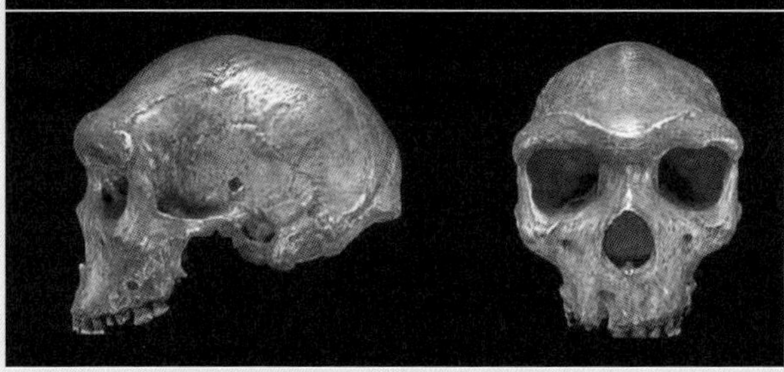

Der sogenannte Rhodesien-Mann *Broken Hill 1* wurde 1921 entdeckt, heute als *Homo heidelbergensis* geführt.

Abb. 79: **KOEXISTENZ**. Zwei Schädel wurden am 10. Oktober 1967 in den Kow-Sümpfen in Victoria (Australien) entdeckt. Die Entdecker Alan Thorne und Phillip Macumber (1972) klassifizierten beide als *Homo-sapiens*-Schädel, obwohl sie viele Ähnlichkeiten mit *Homo erectus* aufwiesen (siehe Vergleich mit einem *Homo-heidelbergensis*-Schädel). Aber Ähnlichkeiten mit frühmodernen Menschen (siehe *Cro-Magnon*-Schädel) bestehen nicht. Der einzige Grund, warum man sie als *Homo sapiens* ansah, war, dass sie Berechnungen zufolge ungefähr nur 10 000 Jahre alt waren. Die Evolutionisten wollten nicht die Tatsache akzeptieren, dass *Homo erectus*, der für sie ein »primitives« Vorläufermodell war, noch vor kurzer Zeit zusammen mit modernen Menschen gelebt hat.

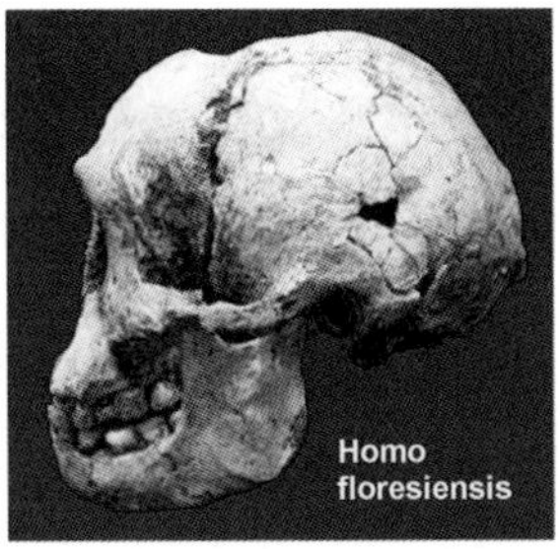

Abb. 80: **KLEIN**. Der Schädel des kleinwüchsigen Menschen *Homo floresiensis*, der mit seinem Schädelinnenvolumen und seiner Körpergröße den noch affenähnlichen Australopithecinen ähnelt, während zahlreiche andere Merkmale hingegen an frühe Vertreter der Gattung Homo erinnern, wie eine einzigartige Kombination von Homo-ergaster-ähnlichen Schädel- und Zahn-Merkmalen (Wood/Lonergan, 2008). Vergleiche Abbildung 79.

Abb. 81: **ZWERGENWUCHS**. Brüder und Schwestern der Owitch-Familie stammen von Zwergen-Eltern ab. Entdeckt ein Paläo-Anthropologe in der Zukunft die Knochen eines großwüchsigen Basketballspielers, könnte er annehmen, dass der Mensch im 21. Jahrhundert extrem groß gewesen sei. Fände er jedoch die Knochen der Owitch-Familie, so schiene es, als seien wir kleine Zweibeiner gewesen.

»Die Dimension wirft alles über den Haufen, was ich in 32 Jahren über die Evolution gelernt habe« (»Focus«, 10/2005, S. 153). Bisher nahm man als sicher an, dass Hominiden mit derart kleinem Körper und Gehirn wie der neu entdeckte Flores-Mensch als Entwicklungsstufe bereits vor drei Millionen Jahre ausgestorben sind!

Die Konsistenz der *nicht versteinerten* Knochen des Flores-Menschen wird mit »kartoffelbreiartig« beschrieben. Bleiben solche Knochen bzw. breiartige Relikte überhaupt 18 000 Jahre in nicht versteinertem Zustand erhalten? Zusammen mit den Knochen wurden Überreste des noch heutzutage lebenden Komodowarans und eines Zwergelefanten der Gattung *Stegodon ausgegraben*, der vor 5000 Jahren auf Flores ausgestorben sein soll. Die Ausgräber spekulieren, ob der Flores-Mensch heftigen Vulkanausbrüchen zum Opfer fiel. Warum nicht? Er suchte in der Höhle Zuflucht und wurde dann unter insgesamt sechs Meter dicken Schlammfluten (eines Tsunami?) begraben. Unter diesen Umständen könnte der Flores-Mensch vielleicht auch nur 5000 Jahre alt sein, oder ist er noch wesentlich jünger?

Einige Forscher sehen im Flores-Mensch (*Homo floresiensis*) einen unmittelbaren Nachfahren von *Homo erectus* – jenes *Java-Menschen*, den Eugène Dubois 1891 entdeckt hatte. Hätte sich die Flores-Art tatsächlich aus dem

Homo erectus entwickelt, müsste ihre Trennung noch weiter zurückliegen als die derzeit propagierte Trennung des modernen Menschen vom Neandertaler vor 600 000 Jahren, meint der Humanbiologe Professor Günter Bräuer von der *Universität Hamburg* (»Die Welt«, 31.10.2004, S. 76). Wo sind dann aber die unzähligen Individuen der Entwicklungskette geblieben?

Im Jahr 2010 schließt eine Studie mit dem Fazit, dass »*Homo floresiensis* eine lange überlebende Art des frühen Homo ist, mit der größten morphologischen Nähe zu frühen afrikanischen *vor-erectus / ergaster Homininen*« (Aiello, 2010). Eine andere Übersichtsarbeit kam zu einem ähnlichen Ergebnis: Die Beschaffenheit der Knochen unterhalb des Kopfes zeuge davon, dass »Inselverzwergung das plausibelste Szenario« sei und *Homo floresiensis* vermutlich von *Homo erectus* abstamme (Heteren; 2012).

In dem Standardwerk »Encyclopedia of Human Evolution« wird einerseits der *Homo floresiensis* als eigene Art bestätigt (Wood, 2011) und andererseits darauf hingewiesen, dass die Flores-Population in mehreren Publikationen eher von *Homo habilis* als von *Homo erectus* hergeleitet wird (u. a. Trueman, 2010).

Homo floresiensis soll also eine Homo-Art sein und womöglich von Homo erectus abstammen, obwohl die Untergrenze des Hirnvolumens für Arten der Gattung *Homo* mit nur 600 Kubikzentimeter definiert wurde. Denn 2004 wurde für *Homo floresiensis* ein den Australopithecina entsprechendes Gehirnvolumen von nur rund 380 cm^3 rekonstruiert. Zum Vergleich, bei Schimpansen wurde das Gehirnvolumen mit 426 cm^3 berechnet (Kubo et al., 2013). Laut Gehirngrößen-Definition war *Homo floresiensis* bei weitem kein Homo, besaß jedoch einen menschenähnlichen Schädel (Abb. 80, S. 121).

Die Fossilien, die von den Evolutionisten als Vorläufer des Menschen ausgegeben werden, gehören tatsächlich entweder verschiedenen Menschenarten *oder* diversen Affenspezies an. Scheinbar lebten diese Kreaturen auch noch bis vor kurzer Zeit, oder es gibt sie sogar heutzutage noch in unzugänglichen Gebieten dieser Erde. Die Koexistenz dieser Arten widerspricht jedoch Darwins Selektionsprinzip.

Nicht versteinerte Knochen werfen die Frage auf, wann *Homo floresiensis* ausgestorben ist, wurde in der im Fachblatt »Nature« publizierten Revision der Datierung unter dem Titel »Hat der Mensch die »Hobbit«-Arten zum

Aussterben gebracht?« ausdrücklich als *offene Frage* dargestellt (in: nature.com vom 30. März 2016).

Dies erinnert mich an das Phänomen sich selbst isolierender Ureinwohner, das ich auf der ganzen Welt beobachten konnte. Bereits in den 1990er Jahren wurde mir in Indonesien von kleinwüchsigen Ureinwohnern berichtet. Und im Sommer 2007 tauchte das kleine, knapp aus 90 Menschen bestehende Volk der Metyktire unvermittelt in einem Dorf im brasilianischen Bundesstaat Mato Grosso auf, das offenbar auf der Flucht vor Holzfällern war. Die unbekleideten Männer des Ureinwohner-Stammes trugen schwarzrote Gesichtsbemalungen und tellergroße Scheiben in der Unterlippe, während die Frauen sich die Köpfe kahl rasierten.

Nach Erkenntnissen der Gesellschaft für bedrohte Völker (*Survival International*) soll es allein in Brasiliens Urwäldern etwas mehr als 60 und weltweit etwa 100 betroffene Stämme und Gruppen geben, die sich freiwillig für die Isolation entschieden: wegen Streitigkeiten mit anderen Stämmen – und vor allem wegen der als bedrohlich empfundenen Auswirkungen der Zivilisation. Denn eingeschleppte Krankheiten, wie vor allem Masern und Tuberkulose, sind sehr gefährlich. So gab es indigene Gruppen, in denen 50 % innerhalb eines Jahres nach dem ersten Kontakt mit der Außenwelt gestorben sind.

Das Fazit der bisherigen Darlegungen über den Stammbaum der Menschen kann nur lauten: Die von den Evolutionisten aufgestellte Ahnenreihe des Menschen stellt eine willkürliche Aneinanderreihung von sehr raren Knochen und Schädeln dar. Als materielle Basis der Entwicklungsgeschichte des Menschen für vielleicht 250 000 Generationen in etwa vier Millionen Jahren, mit dem Beginn der Entwicklung vom *Australopithecus afarensis* bis zum Neandertaler, verfügt man *nur* über wenige hundert Knochenfragmente, die noch nicht einmal 50 Menschen zugeordnet werden können. Unter dieser Voraussetzung kommt *auf vielleicht 3000 Generationen ein einziger, meist fragmentarischer Knochenfund*. Da fällt die Stammesgeschichte des modernen Menschen mehrfach durch einen viel zu weiten Rost, denn nach Simulationsrechnungen könnte der erste Vorfahre moderner Menschen vor nur 169 Generationen gelebt haben (»Nature«, Bd. 431, 30.9.2004, S. 562–566).

Der Abstieg der Bindeglieder

Die menschliche Evolutionslinie ist aber auch unter den Wissenschaftlern sehr umstritten und stellt keine gesicherte Tatsache dar. Betrachten wir noch einmal den Übergang von einem Schimpansen ähnlichen Australopithecus zum menschenähnlichen *Homo erectus* mit einem viel größeren Gehirnvolumen, der zu sprunghaft erscheint und keinen sich evolutiv langsam vollziehenden Entwicklungsprozess dokumentiert. Deshalb wurde eine Übergangsform zwingend notwendig, rein gedanklich! Der *Homo habilis* musste deshalb notwendigerweise zur Glaubhaftmachung der Evolutionstheorie als Lückenbüßer propagiert werden.

Es gibt keine zwei Forscher, die gleiche Fundstücke übereinstimmend *Homo habilis* zuordnen, und nur wenige können sich auf Merkmale einigen, die das Taxon *Homo habilis* definieren. Man ist uneinig, ob *Homo habilis* überhaupt ein gültiges Taxon ist, und wenn ja, ob diese Spezies nicht eigentlich in die Gattung Australopithecus gehört (Henke/Rothe, 1999). Und J. T. Robinson behauptete sogar, dass es sich bei diesen Funden fälschlicherweise um eine Mischung von Skelett-Teilen des *Australopithecus* (Affen) *und des Homo erectus* (Menschen) handelt.

Als Beweis für die Existenz einer Übergangsform wurde ein von Tim White entdecktes Schädel- und Skelettfossil, *OH 62* genannt, als *Homo habilis* postuliert. Aber die Rekonstruktion zeigt ein sehr kleines Schädelvolumen, lange Arme und kurze Beine: insgesamt charakteristische Merkmale von Australopithecus, also Affen. Im Jahr 1994 veröffentlichte die amerikanische Anthropologin Holly Smith eine detaillierte Analyse und wies darauf hin, dass *Homo habilis* nicht ein Mensch (Homo), sondern ein Affe war (»American Journal of Physical Anthropology«, Bd. 94, 1994, S. 307 ff.).

Außerdem wurde ein Exemplar des *Homo habilis* (STW 53) untersucht und festgestellt, dass dieser sogar noch affenähnlicher als die Australopithecinen war und noch schlechtere Voraussetzungen für einen aufrechten Gang besaß. Die Schlussfolgerung: »STW 53 stellt wahrscheinlich keine Zwischenstufe zwischen Australopithecinen und *Homo erectus* dar« (»Nature«, Bd. 369, 23. Juni 1994, S. 645 ff.).

Wegen der sehr heterogenen Morphologie trennte man *Homo habilis* nach dem Fund des Schädels *KNM-ER 1470* im Jahre 1972 (Leakey, 1971) schließlich in zwei Arten auf: *Homo habilis* und *Homo rudolfensis*. Für Leakey hatte dieses Wesen (*Homo rudolfensis*), ein kleines Gehirn (kraniales Fassungsvermögen), ähnlich dem Australopithecus, jedoch die Gesichtsstruktur eines Menschen, womit offenbar die *fehlende Übergangsform* zwischen Australopithecus (Affe) und Mensch gegeben war. Die menschliche Gesichtsstruktur des Schädels *KNM-ER 1470*, die häufig auf den Titelseiten wissenschaftlicher Zeitschriften zu sehen war, war allerdings das Ergebnis einer *fehlerhaften Zusammenfügung* der Schädelfragmente: Der als fehlende Übergangsform (Missing Link) gefeierte Fund hat jedoch genau das Gesicht und die Zähne eines Australopithecus, also Menschenaffen (Brace et al., 1979), oder war das Gesicht etwa noch *affenartiger* (»New Scientist«, Bd. 133, 11.1.1992, S. 38–41)? Verbinden die relativ primitiven Charakteristika (Merkmale) die angebliche Übergangsform *Homo rudolfensis* mit der Menschenaffen-Gattung *Australopithecus africanus* (»Nature, Bd. 292, 1981, S. 113 ff.)? Auch der Paläo-Anthropologe Professor Alan Walker besteht darauf, dass der gefeierte Menschen-Schädel *KNM-ER 1470* als Australopithecus-Spezies, also als ein Affe angesehen werden müsse (»Scientific American«, Bd. 239/2, 1978, S. 54). Fazit: *Homo rudolfensis* ist kein Mensch, sondern ein Menschenaffe oder vielleicht sogar ein Affe.

Zusammenfassend kann festgestellt werden, dass Klassifizierungen wie *Homo habilis* oder *Homo rudolfensis*, die als Übergangsglieder zwischen den Australopithecinen und *Homo erectus* dargestellt wurden, gänzlich imaginär sind – also nicht als Übergangsformen in Form von Fossilien existieren. Wie von zahlreichen weiteren Forschern (u. a. »Science«, Bd. 284, 2.4.1999, S. 65–71) heutzutage bestätigt wird, sind diese Lebewesen Mitglieder der Australopithecus-Reihe. Es gibt keine zwischen Menschen und Affen anzusiedelnden Zwischenglieder (Übergangsformen), die es nach der Evolutionstheorie eigentlich in Hülle und Fülle in den fossilen Urkunden geben müsste. Die bisher postulierten Zwischenglieder haben sich als *Fata Morgana* erwiesen.

Entsprechend wird *Homo habilis* inzwischen von einigen Wissenschaftlern als *Australopithecus habilis* reklassifiziert (»Science«, Bd. 284, 1999, S. 65–71), also die Evolutionsleiter hinab auf Menschenaffen-Niveau eingeordnet.

Deshalb überrascht es nicht, wenn Charles E. Oxnard (*Universität Chicago*) schreibt (1975, S. 394): »Es ist eher unwahrscheinlich, dass auch nur einer der Australopithecinen (…) irgendeine phylogenetische Verbindung zum Homo (Mensch) haben kann.« Und weiter (S. 393): »Als Gattung (für Australopithecus-Fossilien, HJZ) bietet sich ein Mosaik aus einzigartigen Merkmalen und Charakteristika, die denen des Orang-Utans ähneln.« Lucy war scheinbar eine Art Orang-Utan. Da Affen immer Affen waren und auch bleiben, so dass es keine Zwischenglieder gibt, sehen wir uns jetzt die Menschen-Spezies an, wobei festzustellen ist, dass in wissenschaftlicher Sichtweise die ohnehin schon *ungenaue Definition der Gattung Homo immer nebulöser wird* (Schwarz/Tattersall, 2015).

Homo-Spezies

Die Stammesgeschichte des Menschen vom *Homo erectus*, über den archaischen (= sehr frühen *Homo sapiens*), den Neandertaler (umstritten), den Cro-Magnon-Menschen (also den frühmodernen Mensch) bis zu den modernen (neuzeitlichen) Menschen wurde über etwa 130 Jahre hinweg, bis nach Drucklegung der ersten Auflage dieses Buches im Jahr 2005, als wissenschaftliche Wahrheit manifestiert.

Wir wollen zuerst den *Homo erectus* untersuchen, der als primitivste Menschenform ausgegeben wird. Die Evolutionisten ließen *Homo erectus* von den Menschenaffen dadurch unterscheiden, dass sie ihm die Eigenschaft der »aufrechten Körperhaltung« hinzufügten. Es besteht aber kein Unterschied zwischen dem Skelett des modernen Menschen und dem des *Homo erectus*, da dieser *erectus* einen ähnlich variablen Körperbau besaß wie die Jetzt-Menschen: Es ist unangebracht, die Unterschiede zwischen den Fossilien von unterschiedlichen Fundorten zu betonen (Mayr, 1950).

Der Hauptgrund der Evolutionisten, *Homo erectus* als *primitiven Menschen* einzustufen, ist die Gehirngröße (900 bis 1100 Kubikzentimeter), welche geringer sein soll als das eines modernen Menschen mit 1100 bis 1800 Kubikzentimetern. Jedoch wird das maximale Gehirnvolumen von *Homo erectus* seit 2008 mit bis zu 1250 Kubikzentimetern angegeben, also größer als bei manchen modernen Menschen.

Als äußeres charakteristisches Merkmal des *Homo erectus* gelten seine dicken Überaugenwülste. Es gibt jedoch heutzutage lebende Menschen, deren Gehirngröße (kraniale Kapazität) die gleiche wie die des *Homo erectus* ist, z. B. die Pygmäen, und andere Völker, bei denen vorspringende Überaugenwülste vorkommen, wie es wohl häufig bei den australischen Aborigines zu beobachten ist (Abb. 82).

Die Fossilien, durch die *Homo erectus* der Welt bekannt wurde, sind die des *Peking-Menschen* und des *Java-Menschen*, die in Asien gefunden wurden. Einige Fossilien, die angeblich *Homo erectus* darstellten, wurden von einigen Evolutionisten in eine weitere Klasse namens *Homo ergaster* eingeteilt. All diese Fossilien sollen hier unter der Kategorie *Homo erectus* behandelt werden.

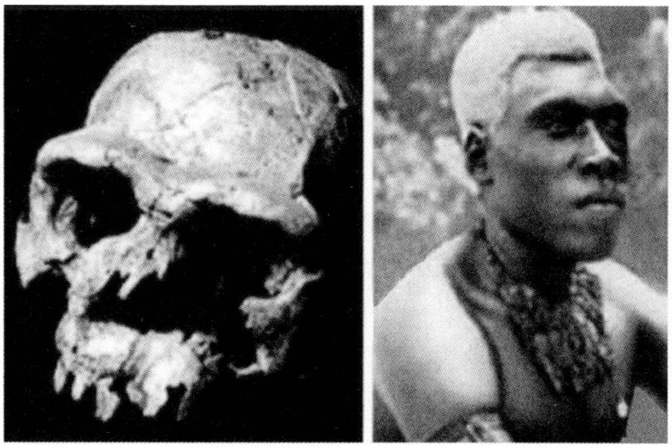

Abb. 82: **VERGLEICH.** Nicht gestorben? Ein fossiler Schädel von *Homo erectus* im Vergleich mit einem rezenten Malaien (rechts). Bei beiden sind die vorstehenden Überaugenwülste und weitere Eigenschaften wie eine nach hinten fallender Stirn, erkennbar, die bei einer Reihe heutiger Völker vorhanden sind.

Das bekannteste Exemplar des *Homo erectus*, das in Afrika gefunden wurde, der *Turkana-Knabe*, wurde in der Nähe des Turkana-Sees in Kenia entdeckt. Die aufrechte Skelettstruktur des Fossils unterscheidet sich in keiner Weise von der eines modernen Menschen. In Bezugnahme darauf erklärte der amerikanische Paläo-Anthropologe Alan Walker, dass er bezweifle, ob ein durchschnittlicher Pathologe in der Lage sei, einen Unterschied zwischen dem Skelett des Fossils und dem eines neuzeitlichen Menschen festzustellen, und der Schädel »sah ganz so wie ein Neandertaler aus« (»The Washington Post«, 19.11.1984). Selbst der Evolutionist Richard Leakey erklärte, dass der Unterschied zwischen *Homo erectus* und dem modernen Menschen gering sei. Professor William Laughlin (*Universität von Connecticut*) führte ausführliche anatomische Untersuchungen an Eskimos und Bewohnern der Aleuten-Inselkette durch und bemerkte eine außergewöhnliche Ähnlichkeit dieser Menschen mit dem *Homo erectus*. Fazit: Es handelt sich in allen Fällen, einschließlich *Homo erectus,* nur um verschiedene Variationen des modernen Menschen (Lubenow, 1992, S. 136).

»Jedes Bemühen, den Ursprung von *Homo sapiens* direkt auf *Homo erectus* zurückzuführen, hängt davon ab, welche Fundstücke man der letztgenannten Art zurechnet, was sich dann direkt auf jene Szenarien auswirkt, wann, wo und, abhängig vom Ausmaß der Spekulation, wie *Homo erectus* den *Homo sapiens* hervorgebracht hat« (Schwartz/Tattersall, 2010, S. 100). Ich unterstreiche die Feststellung: Ausmaß der Spekulation!

Die Auffassung, dass *Homo erectus* eine überflüssige Klassifizierung ist, gewinnt in wissenschaftlichen Kreisen an Gewicht. Die Zeitschrift »American Scientist« berichtet, dass die Teilnehmer der *Senckenberg-Konferenz* im Jahre 2000 in eine erhitzte Debatte über den taxonomischen Status von *Homo erectus* gerieten. Auslöser war die von mehreren Wissenschaftlern vorgetragene Argumentation, dass *Homo erectus* keine Gültigkeit als eigenständige Art habe und überhaupt abgeschafft werden sollte: Der *Homo erectus* ist ein *Homo sapiens*. Alle Vertreter der Gattung Homo, von vor etwa zwei Millionen Jahren bis zur Gegenwart, seien eine weitgehend veränderliche und weit verbreitete Spezies des *Homo sapiens* ohne natürliche Unterbrechungen oder Unterabteilungen (»American Scientist«, November/Dezember 2000, S. 491).

Diese Meinung einiger Experten entspricht genau der in diesem Buch vorgetragenen Sichtweise.

Deshalb wird der Gattungsname *erectus* überflüssig, einfach weil *erectus* und *sapiens* ein und die gleiche Spezies darstellen. Vergleichsweise sind Braunbär und Eisbär vom Skelett aus kaum zu unterscheiden, pflegen jedoch zwei ganz unterschiedliche Lebensweisen.

Berücksichtigt man den Wegfall von *Homo habilis* und *Homo erectus*, entsteht eine unüberbrückbare Kluft zwischen Affen (Australopithecus) und Menschen (*Homo erectus*, Neandertaler und *Homo sapiens*): Denn der erste Mensch trat im Fossilnachweis plötzlich und ohne irgendeine evolutive Vorgeschichte auf.

Diese Tatsache steht der dogmatischen Philosophie und Ideologie der Evolutionisten total entgegen. Rekonstruktionen des *Homo erectus* werden deshalb (bewusst bzw. vorsätzlich) mit affenartigen Gesichtszügen versehen, während auf der anderen Seite Affen wie Australopithecus oder *Homo habilis* mit künstlerischen Mitteln vermenschlicht werden. Die Kluft zwischen diesen unterschiedlichen, klar gegeneinander abgegrenzten Klassen der Hominiden wird so *künstlich überbrückt*: Die Illusion wird im Bewusstsein der des Betrachters Realität.

Das besterhaltene Skelett eines *Homo erectus* ist wahrscheinlich der Fund *KNM-WT 15000*. Dieses Fossil soll 1,6 Mio. Jahre alt sein und stellt sogar einen Beweis *gegen* die Evolutionstheorie dar, denn es ähnelt den angeblich wesentlich jüngeren Neandertalern. Der Evolutionist Donald Johnson vergleicht die Gestalt und die Proportionen der Glieder dieses Fundes sogar mit heutigen Äquatorialafrikanern!

Professor Helmut Ziegert von der *Universität Hamburg* entdeckte in der Sahara angeblich 400 000 Jahre alte Spuren einer Besiedlung und 200 000 Jahre alte Reste von Rundhäusern am Rande eines prähistorischen Gewässers von der Größe Deutschlands (»BdW«, Ausgabe 4/1998, S. 18 ff). Schon lange bevor es Neandertaler gab, stellten diese Frühmenschen (angeblich *Homo erectus*) bereits Spezialgeräte her. »Der frühe Mensch fuhr Boot und fischte, jagte Strauße und trug Lederkleidung.« Ziegert postuliert deshalb: »Ich wende mich gegen die Rekonstruktion, in denen die Frühmenschen halbnackt oder mit umgehängtem Fell dargestellt werden.« Fazit: *Homo erectus* lebte wie frühmoderne Menschen.

Eigentlich müsste jetzt der Neandertaler als Nachfolger des *Homo erectus* und Vorläufer des modernen Menschen gelten. Aber gentechnische Untersuchungen zeigten, dass der Neandertaler nicht unser Vorfahr war, sondern ein Bruder des modernen Menschen. Deshalb wird die »Akte Neandertaler« noch in einem separaten Kapitel beleuchtet. Auf jeden Fall gibt es keinen Ersatz für den Neandertaler als Vorläufer des modernen Menschen in Europa, der urplötzlich vor frühestens gut 40 000 Jahren aus dem Dunkel der Geschichte in Europa aufgetaucht sein soll.

Fällt der Neandertaler weg, muss der Zeitpunkt des ersten Auftauchens des modernen Menschen weiter in die Vergangenheit geschoben werden. Als zwei moderne Schädel (Omo 1 und 2) im Jahr 1967 von Richard Leakey in Äthiopien gefunden wurden, legte man das Alter aufgrund radiometrischer Messungen des Uran- und Thorium-Zerfalls von Vulkanschichten auf 130 000 Jahre fest. Da der Neandertaler als unser Vorfahre neuerdings ausfällt, sah man sich gezwungen, neue Messungen der bereits datierten Vulkanasche vorzunehmen. Man wählte jetzt angeblich den radioaktiven Zerfall von Kalium und Argon aus, und schon wurde die beabsichtigte Zurückdatierung des modernen Menschen als wissenschaftlich bestätigt veröffentlicht: Er wurde dann auf ein Alter von 200 000 Jahre datiert (»Nature«, Bd. 433, 17.2.2005, S. 733–736). Warum nicht noch älter? Neuere Untersuchungen im Jahr 2015 erreichten dieses Ziel, denn im Fachmagazin »Nature« wurde ein Schädelknochen aus Marokko mit einem angeblichen Alter von 315 000 Jahren beschrieben, anscheinend unbestritten. Nachdem bis vor kurzem der Neandertaler als unser Vorfahre angesehen wurde, soll die Art *Homo sapiens* bereits seit dieser Zeit *parallel* zu den primär in Europa und Vorderasien angesiedelten Neandertalern auch in Afrika gelebt haben.

Damit vergrößerte sich aber auch die Kluft zwischen den ersten anatomisch modernen Menschen und ersten eindeutigen Anzeichen der Kulturentwicklung, da für mindestens 150 000 Jahre keine weiteren Funde vorgezeigt werden können.

Menschliche Koexistenz

Der in Zusammenhang mit den geologischen Schichten diskutierte Zeitimpakt im Pleistozän-Zeitalter (Diluvium) hat eine anthropologische Parallele, seit die erste Homo-Art die Bühne der Menschheitsgeschichte betreten haben soll. Denn angeblich primitive Menschenarten und höher entwickelte Menschenaffen lebten mit moderneren Menschen *gemeinsam*, obwohl erstgenannte nach Darwin jeweils durch höher entwickelte Formen abgelöst worden sein sollten.

Jedoch: »Es liegen Hinweise aus Ostafrika auf das langzeitige Überleben von kleinwüchsigen Australopithecus-Individuen vor, die zuerst Zeitgenossen des *Homo habilis* und dann des *Homo erectus* waren« (»Science«, Bd. 207, 1980, S. 1103). Louis Leakey fand Fossilien von Australopithecus, *Homo habilis* und *Homo erectus* fast nebeneinander (!) im Olduvai-Gorge-Gebiet in der *Bed II-Schicht* (Kelso, 1970, S. 221).

Stephen Jay Gould, ein bekannter Paläontologe an der *Harvard-Universität,* erklärte die Sackgasse der Evolution folgendermaßen: »Was würde aus unserer Stufenleiter, wenn es drei nebeneinander bestehende Stämme von Hominiden (*Australopithecus africanus,* die robusten Australopithecinen und *Homo habilis*) gibt, keiner deutlich von dem anderen abstammend? Darüber hinaus zeigt keiner von ihnen irgendeine evolutive Neigung während ihres Daseins auf der Erde« (»Natural History«, Bd. 85, 1976, S. 30). Die Koexistenz dieser nach der Evolutionstheorie *nacheinander* existierenden Übergangsstufen zwischen Affen- und Menschenwesen widerspricht der Evolutionstheorie: *Der Mensch kann nicht von Affen abstammen.*

Wenn wir vom *Homo erectus* bis zum modernen Menschen (*Homo sapiens*) weitergehen, dann gibt es auch hier keine Stufenleiter, sondern alle angeblichen »Zwischenstufen« lebten gemeinsam. Tatsächlich gibt es Beweise dafür, dass *Homo erectus* und Vorläufer des modernen Menschen – der sogenannte *archaische* (sehr frühe) *Homo sapiens* – bis vor 27 000 und selbst bis vor 13 000 Jahren noch lebten. Im australischen Kow-Sumpf wurden 22 Individuen entdeckt, mit einem Alter von 13 000 bis zu nur 6500 Jahren (Abb. 79, S. 120). Der Ausgräber Alan Thorne äußerte im Fachmagazin »Nature« (Bd. 238, S. 316–319) die Meinung, dass in diesen Funden »eine fast unverändert erhaltene Form der östlichen *Homo-erectus*-Form« erhalten geblieben ist, die sich aber von den *heutigen Aborigines* (den australischen Ur-Einwohnern) *deutlich unterscheidet* (Thorne/Macumber,1972, S. 319). Mit anderen Worten, die angeblich erste Entwicklungsstufe der Menschen-Spezies lebte mit der aktuellen (= moderne Menschen) vor wenigen tausend Jahren gemeinsam (ebd., S. 316). Diese angeblich »primitiven« Menschen waren *größer* als die heutigen Eingeborenen, besaßen einen extrem großen Kopf mit robusten Merkmalen und einen mit dicken Knochen und kräftigen Muskeln ausgestatteten Körper. Exakte Untersuchungsergebnisse wurden aber nie veröffentlicht. Die Evolutionisten wollten nicht die Tatsache akzeptieren, dass moderne Menschen noch vor 10 000 oder weniger Jahren mit einer angeblich »primitiven« Spezies (*Homo erectus*) zusammenlebten, die genauso aussahen wie ihre *Homo-erectus*-Vorfahren vor einer Million Jahren. *Koexistenz steht im konträren Gegensatz zur Stufenleiter der Evolution*!

Andererseits werden Fossilien moderner Menschen in viel zu alten geologischen Schichten gefunden, in denen es ausschließlich angeblich primitive Vorläufermenschen (*Homo erectus*) geben sollte. Paläo-anthropologische Daten enthüllten, dass Vertreter des *Homo sapiens*, die genauso aussahen wie wir, vor bis zu einer Million Jahren lebten, also mehr als rund 800 000 Jahre zu früh. Der berühmte Paläo-Anthropologe Louis Leakey machte die ersten solcher Funde. Im Jahr 1932 fand Leakey im Kanjera-Gebiet, das den Viktoria See in Kenia umgibt, einige Fossilien, die zum mittleren Pleistozän gehörten. Diese Epoche liegt jedoch eine Million Jahre zurück (Behrensmeyer et al., 1995). Da diese Entdeckungen den evolutiven Stammbaum auf den Kopf stellten, wurden sie von evolutionistischen Paläo-Anthropologen offiziell nicht akzeptiert bzw. als nachträglich vorgenommene Beerdigung in einer angeblich älteren Gesteinsformation deklariert.

Eine Kontroverse lebte 1995 auf, als in den nordspanischen Karsthöhlen der *Sierra de Atapuerca* ein menschliches Fossil geborgen wurde. Der Fund war aber mit einem Alter von 800 000 Jahren um 200 000 Jahre zu alt, denn bis dahin hatte man angenommen, dass *Homo erectus* erstmals vor 600 000

Abb. 83: **DEPLATZIERT.** Linke Seite: In Venezuela wurde eine Expedition von zwei Riesenaffen angegriffen. Ein Exemplar wurde erschossen und zum Fotografieren sitzend fixiert, aufgerichtet mit einem Stock. Der Riesenaffe war 1,60 m groß und besaß 32 Zähne. In der Zeitschrift »The Anomalist« versuchte man 1996 diese mysteriösen Geschöpfe als gewöhnliche Klammeraffen darzustellen. Dafür ist die Statur zu groß und die Züge sind zu anomal. Außerdem gibt es in Amerika keine Menschenaffen, denn die Besiedlung dieses Kontinents soll ja erst vor wenigen tausend Jahren erfolgt sein und die Abwesenheit von großen Affen in Amerika gilt als Beweis, dass sich die Menschwerdung in Afrika vollzogen haben soll. Bild: Peter Kolosimo (1991).

Jahren nach Europa eingewandert sein soll. Die eigentliche Sensation des *Homo erectus*-Fund ist aber, dass man etwas »Primitives« erwartet hatte, aber was man fand, »war ein absolut modernes Gesicht« (Magazin »Discover«, Dezember 1997, S. 97 ff.).

Der damalige Schock für die Anthropologen: Die Geschichte des *Homo sapiens* hätte um bis zu 800 000 Jahre in die Vergangenheit ausgedehnt werden müssen. Da dies der menschlichen Entwicklungsgeschichte widersprochen hätte, wurde eine neue Phantasie-Spezies erfunden, den man *Homo antecessor* (Mensch-Vorgänger) taufte und in die auch der Atapuerca-Schädel eingereiht wurde. Jedoch datierte man 2008 die ältesten in der Sierra de Atapuerca, Spanien, entdeckten Steinwerkzeuge (!) auf ein Alter von 1,2 bis 1,1 Mio. Jahre (Carbonell et al., 2008).

Ist der moderne Mensch sogar 1,7 Mio. Jahre alt? Anfang der 1970er-Jahre entdeckte Louis Leakey in der Olduvai-Schlucht zusammen mit Fossilien von *Australopithecus*, *Homo Habilis* und *Homo erectus* in der sogenannten *Bed II-Schicht* Überreste einer Steinhütte, deren Bauart noch heutzutage in einigen Teilen Afrikas verwendet wird. Zeugt dieser Fund von einer 1,7 Mio. Jahre langen Existenz des modernen Menschen? Oder sollte man aus dem Nebeneinanderliegen all dieser Funde nicht vielmehr den Schluss ziehen, dass dort, wo Jahrhunderttausende von Jahren angesetzt werden, höchstens Jahrtausende oder Jahrhunderte ausreichen? Denn mit diesen außerordentlich wenigen Funden kann man eigentlich auch nur wenige Generationen aus dem Nichts auferstehen lassen.

»In der jüngeren Vergangenheit wurden Fossilien-Spezies aufgrund von absoluten Gehirnausmaßen, Rückschlüssen auf linguistische (sprachliche) Fähigkeiten, Handfunktionen und besonderen Fähigkeiten, Steinwerkzeuge zu benützen, der Homo-Gattung (also den Menschen) zugeordnet. Von einigen wenigen Ausnahmen abgesehen, wurde die Definition und der Gebrauch dieser Klassifizierung innerhalb der menschlichen Evolution sowie die Abgrenzung der Gattung *Homo* (Mensch) so gehandhabt, als seien sie nicht problematisch. (...) In der Praxis werden Fossilien von Hominiden auf der Grundlage eines oder mehrerer von vier Kriterien der Homo-Gattung zugeordnet (...) Doch die jüngsten Daten, und neuere Interpretation des vorliegenden Beweismaterials (...) zeigen, dass die gegenwärtigen Kriterien der Zuordnung nicht befriedigen. Dieses ›cerebrale Ratespiel‹ ist problematisch, weil absolute kraniale Kapazität (Gehirngröße) nur von fragwürdiger biologischer Bedeutung ist. Gleicherweise besteht zwingender Beweis, dass die Sprachfunktion nicht verlässlich von der groben Erscheinung des Gehirns abgeleitet werden kann und dass die sprachbezogenen Teile des Gehirns nicht so gut lokalisiert sind, wie frühere Studien angedeutet hatten (...)« (Wood/Collard, 1999).

Weitere Funde, neue Arten und Bezeichnungen werden hinzukommen, die ein Auf und Ab auf der Hominiden-Stufenleiter bewirken und den imaginären Stammbaum wieder durcheinander wirbeln werden, wie bereits in der Erstauflage dieses Buchs vermutet. Tatsächlich erfand man 2010 einen angeblich engen Verwandten des Neandertalers, Denisova-Mensch genannt. Dieser wurde in der Denissowa-Höhle im sibirischen Altaigebirge entdeckt, zusammen mit archäologischen Fundstücken, die eine Zeitspanne von bis zu zwischen 125 000 und 180 000 Jahren zurück abdecken sollen (Hirst, K. K.: Internetlink 11, abgerufen 5.5.2019). Unter den archäologischen Funden befinden sich Werkzeuge, die stiltechnisch dem Neandertaler zugeschrieben werden. Eine Schicht soll im Wechsel DNA-Spuren von Neandertalern und Denisova-Menschen enthalten, bevor dort auch der moderne Mensch vor 50 000 Jahren gelebt haben soll, allerdings *zusammen* mit Neandertalern und Dinosova-Menschen. Sicher belegt ist die Existenz dieser neu entdeckten Population bislang nur durch wenige, kleine Fossilien, u. a. durch einen Unterkiefer aus Tibet sowie zwei hintere Backenzähne und ein Fragment eines Fingerglieds aus der Denissowa-Höhle. Auf die Zuordnung der Funde aus dieser Höhle zu einer neuen Art oder zu einer Unterart wurde

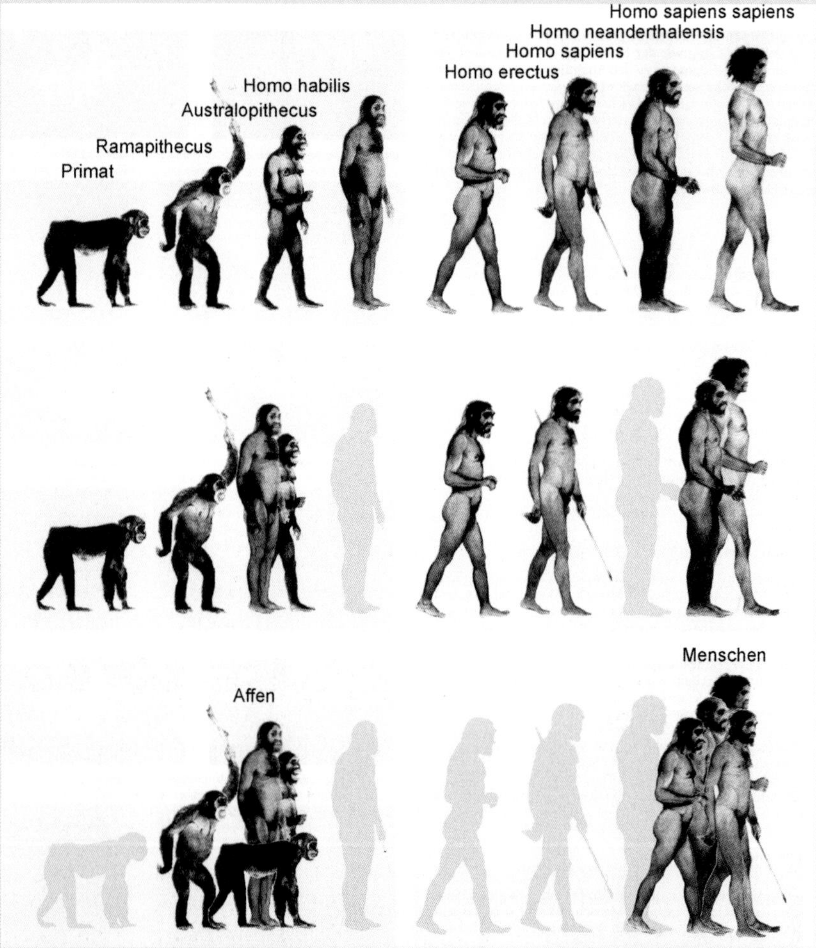

Abb. 84: **DAS STAMMBAUM-RAUSCHEN**. Bild oben: Die dargestellten Entwicklungsstufen vom gemeinsamen Vorfahren bis zum modernen Menschen werden in der oberen Reihe dargestellt, so wie sie bis 1997 ein Dogma der Evolutionstheorie waren. Bild Mitte: Nach neuesten Forschungen wird *Homo habilis* zu der Überfamilie der Menschenartigen innerhalb der Primaten gezählt, wurde also zurückgestuft und findet bei Kritikern aufgrund von Merkmalen der Zähne als Australopithecus *habilis* (geschickter Affe des Südens) Verwendung (Tattersall, 2015). Der Neandertaler schied als Vorfahre des Menschen aus und wird mit dem *Homo floresiensis* und Denisova-Mensch als eigene Art (*Homo neanderthalensis*) auf Stammbaumhöhe mit dem modernen Menschen (*Homo sapiens*) gezählt. An die Stelle des Neandertalers wird derzeit zum Teil der früher als sein Vorgänger geltende *Homo heidelbergensis* gezählt. Es gibt *keine* klare Trennungslinie zwischen *Homo erectus* und *Homo heidelbergensis* einerseits sowie *Homo heidelbergensis* und *Neandertaler* andererseits. Bild unten: Dieses zeigt die in diesem Buch vertretene Meinung, dass es nur Menschen und Affen, einschließlich Menschenaffen, gibt. Alle Homo-Arten von *Homo erectus* bis zum Jetztzeitmenschen sind nur durch Anpassung und Mikro-Evolution unterschiedlich entwickelte Varianten des modernen Menschen (*Homo sapiens*), wie solche auch heutzutage weltweit zu finden sind, da alle Menschen untereinander fortpflanzungsfähig sind! Konträr zu dieser Ansicht soll laut herrschender Evolutionstheorie der *Homo sapiens* als Art einzig und allein überlebt haben, obwohl dieser, wie inzwischen nachgewiesen, früher mit verschiedenen Homo-Arten in Koexistenz lebte, nachdem Darwin noch davon überzeugt war, dass nur der Stärkere durch Konkurrenzkampf überlebt und die Vertreter der unteren Ebenen der *Stufenleiter der Evolution* zum Aussterben gezwungen sind, nachdem diese sich über Jahrzehntausende und länger angepasst und überlebt hatten. Grundzeichnung aus »Chronik der Menschheit« (1997).

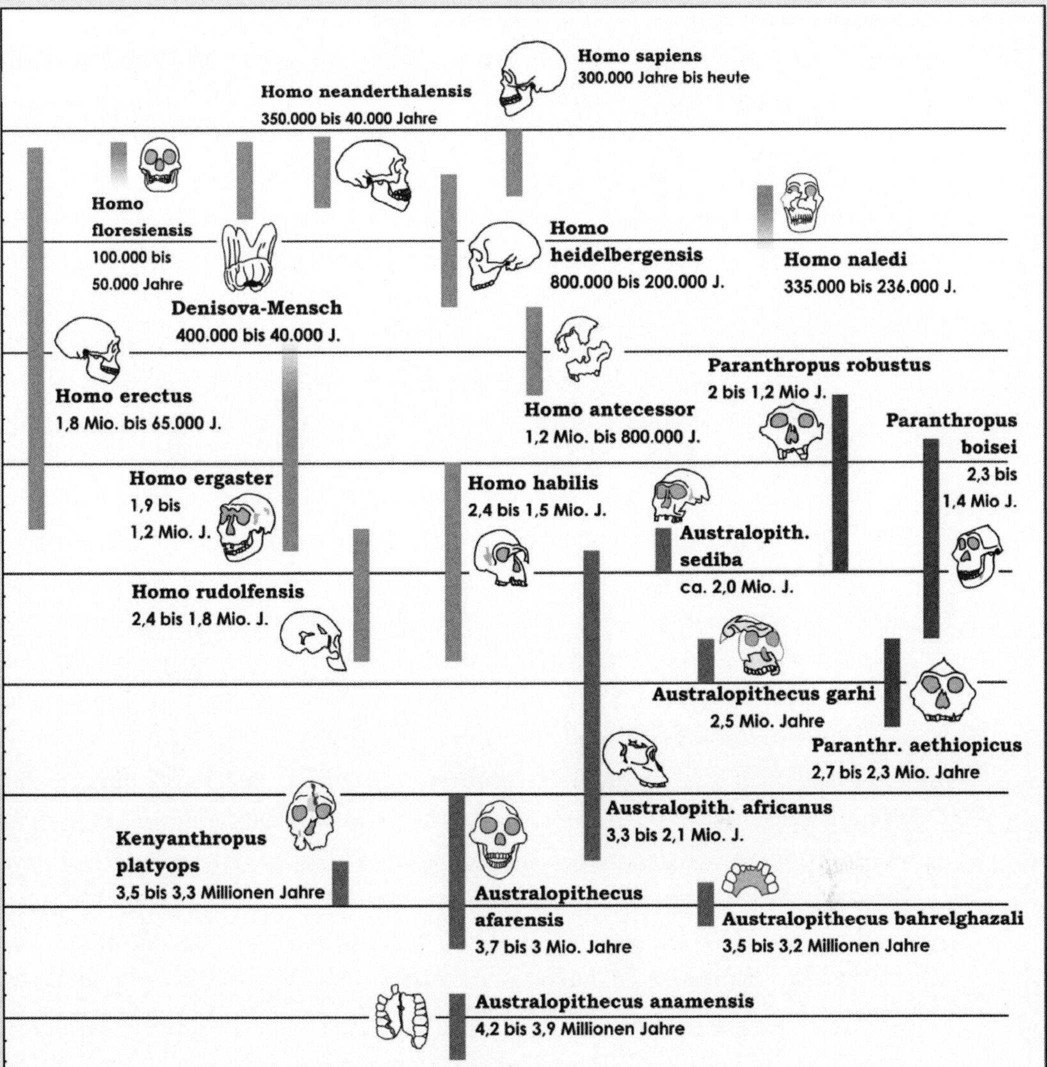

Abb. 85: **WURZELLOS.** Die Stammeslinie des Menschen weist nur selbständige Äste ohne Verwandtschafts-Beziehungen andeutende Verzweigungen auf, da es keinen Beweis für diese gibt. Bearbeitet aus: riffreporter.de (Internetlink 13).

2010 ausdrücklich verzichtet. Das Fingerglied-Fragment soll einem angeblich 7 bis 12 Jahre alten dunkelhäutigen Mädchen mit braunen Augen gehören, als Nachkomme einer Neandertaler-Mutter und einem Denisova-Vater (Slon et al., 2018).

»Das Denisova-Fossil und die darin enthaltene DNA deuten darauf hin, dass frühneuzeitliche Menschen in Asien mit anderen archaischen Homininen-Arten koexistierten, sich aber unerwarteterweise mit ihnen vermischten. Wie die Neandertaler vermischte sich die Denisova-Bevölkerung mit dem modernen Menschen (...). Tatsächlich gibt es Hinweise darauf, dass die genetischen Anpassungen an die große Höhe bei heutigen Tibetern von Denisova-Menschen herrühren. Wenn dies bestätigt wird, ist dies ein großartiges Beispiel dafür, wie die Vermischung mit lokalen archaischen Bevölkerungsgruppen die Ausbreitung des modernen Menschen auf der ganzen Welt geprägt und unterstützt hat. (...) das Bild, das sich abzeichnet, (...) nämlich, dass Denisova-Menschen wie Neandertaler nicht bloße Ableger des menschlichen Stammbaums waren, sondern Teil eines Netzes ausgestorbener Populationen, die zum aktuellen menschlichen Genpool beigetragen und die Entwicklung unserer Spezies auf eine Weise geprägt haben, die wir gerade erst zu verstehen beginnen« (Zhang et al., 2020).

Wann lebten die Dinosova-Menschen tatsächlich? Wie lange überstehen Biomoleküle überhaupt? Die angeblich uralte Erbinformation aus dem bereits zuvor beschriebenen Endstück eines kleinen Fingers führte zu der Aussage: »Wir waren erstaunt, dass wir neue menschliche Knochenfragmente in derart alten Ausgrabungsschichten gefunden haben, die tatsächlich intakte Biomoleküle ausweisen«, sagte die an der Universität Wien tätige Forscherin Katerina Douka. Bisher sei es noch nicht oft gelungen, überhaupt derart altes Erbgut zu analysieren (Internetlink 12). Ja genau richtig, es hört sich wie gefühlte sechs Richtige im Lotto an, oder sind, unter Zugrundelegung falscher Messwerte, diese Biomoleküle relativ jung?

Auf jeden Fall handelt es sich bei den bisher beschriebenen Fällen *entweder um Affen bzw. Menschenaffen oder um moderne Menschen*, da es keinen Übergang vom Affen zum Menschen in den fossilen Urkunden gibt. Wenn allerdings Funde gemacht werden, die dem propagierten Stammbaum widersprechen, werden diese nicht berücksichtigt. Denn lange vor der angeblich erstmals aufrecht gehenden Äffin Lucy gab es bereits Affen, die tatsächlich aufrecht gehen konnten.

Der gefällte Stammbaum

Durch die beschriebenen neueren Funde hat der Stammbaum des Menschen seit 2005 einigen Zuwachs an neuen Arten bekommen. Jedoch, es ist nichts klarer geworden, im Gegenteil. Es werden immer schneller miteinander konkurrierende Stammbäume veröffentlicht, wobei neuerdings zwei Denkrichtungen konträr auseinander gehen. Man spricht von »Splitter« (*englisch*: Aufspalter) und »Lumper« (*englisch*: Zusammensteller). Wie die Namensgebung schon zeigt, gehen die Denkrichtungen weit auseinander: Während Splitter mehr als 20 hominine Arten definieren, gehen Lumper von weit weniger Spezies aus. Derartige Konstrukte kann man in wissenschaftlicher Hinsicht nur als freie Gedankenmodelle charakterisieren.

Trotzdem, der Stammbaum der Menschheitsgeschichte ist inzwischen zu Stammbüschen entflechtet: »Stammbusch statt Stammbaum (...) Ist Afrika wirklich die Wiege der Menschheit? (...) Die Ahnengalerie des Menschen ist größer geworden« (Ewe, 2017).

»Die früheren Stammbäume mit festen Abstammungszuweisungen sind zu einem lockeren Stammbusch mutiert. Und zunehmend zögern die Paläanthropologen, Abstammungslinien zwischen den einzelnen Positionen auch nur zu stricheln. Sie bleiben stattdessen unverbunden (...) Die Fundlücken zwischen den einzelnen Fossilien sind meistens zu groß, um zweifelsfreie Abstammungslinien zwischen ihnen herstellen zu können (...) Wo zieht man die Grenze zwischen zwei Arten? Es gibt urtümliche und moderne Merkmale an einem Fossil – welche davon lasse ich als entscheidend für eine Art-Definition gelten und welche nicht? (...) Neufunde aus den letzten zehn Jahren erscheinen, als hätte jemand in einem Würfelbecher alle Versatzstücke aus der Primatenevolution – großes oder kleines Gehirn, Kletter- oder Werkzeugmacherhand, große und kleine Eckzähne – immer wieder kräftig durchgeschüttelt und in einem neuen Wurf auf die Weltbühne rollen lassen« (Ewe, 2017, S. 12).

Was man noch vor kurzer Zeit vehement verneint hat, scheint sich bei den Evolutionisten inzwischen durchzusetzen: In unserer »Evolutionsgeschichte« muss es immer wieder zu Durchmischungen gekommen sein! Wie bereits für den Neandertaler, Denisova- und modernen Mensch festgestellt, haben sich diese Populationen, ich möchte eher sagen Völker, gekreuzt und durchmischt. Nicht umsonst wird aktuell von einer Mosaik-Evolution gesprochen:

»Merkmale wie aufrechter Gang, Gehirngröße, Gebiss und Hände haben sich in den einzelnen Populationen unterschiedlich schnell entwickelt. Diese Populationen waren sehr klein und müssen viele Generationen lang voneinander isoliert gewesen sein. Als sie irgendwann aufeinandertrafen, hatten sie bereits ein Stück weit unterschiedliche Gehirne, Zähne und Hände entwickelt – aber womöglich passten sie biologisch noch gut zusammen, um fruchtbare Nachkommen zu erzeugen« (ebd. S. 15). Ottmar Kullmer, Leiter der Abteilung Paläanthropologie am *Senckenberg Forschungsinstitut* in Frankfurt am Main, schlägt vor, den Begriff »Arten« nicht mehr zu verwenden: »Lieber etwas Neutrales – wie wäre es mit Gruppen?« (ebd., S. 15). Recht hat er!

Gruppen? Ein guter Vorschlag! Wenn sich einerseits Neandertaler und moderne Menschen und andererseits »die Denisova-Bevölkerung mit dem modernen Menschen, durchmischt hat« (Zhang et. al. 2020) und ihre Gene bis zum heutigen Tag im Erbgut weitergegeben wurden, dann handelt es sich bei diesen Populationen zumindest um sogenannte Unterarten, wie sie beispielsweise der Haushund als eine Unterart des Wolfs darstellen soll, denn ansonsten ist eine gemeinsame Fortpflanzung nicht möglich. Unterarten kommen in der Zoologie zwar vor, sind allerdings nicht zwingend zu führen. Das bedeutet, dass die Unterarten innerhalb der systematischen Einteilung der Lebewesen nicht zwingend eingetragen werden. Die Frage ist dann, ob diese angeblich archaischen Menschen überhaupt ausgestorben sind, denn *ein* unveränderlicher Typus, also ein ausgewähltes Individuum oder Taxon, das die Grundlage zur Definition und Benennung eines übergeordneten Taxons bildet, *ist mit den Erkenntnissen der Evolutionsbiologie nicht vereinbar* (Mayr, 2000). Wie aber können wir dann entscheiden, ob irgendeines dieser »Völker« erst vor kurzem oder überhaupt ausgestorben ist? Warum überlebte angeblich nur der moderne Mensch und die anderen mit ihm in Koexistenz lebenden nicht? Weil es die gleichen Unterschiede im Prinzip heutzutage noch gibt, wenn wir die weltweit vielleicht 100 noch nicht entdeckten indigenen Gruppen von Ureinwohnern berücksichtigen (s. S. 123)?

Da es keine klare Trennungslinie zwischen *Homo erectus* und *Homo heidelbergensis* einerseits sowie *Homo heidelbergensis* und Neandertaler andererseits gibt, Neandertaler aber mit angeblich modernen Menschen Kinder bekommen, weil heutzutage auch Neandertaler-Gene in uns stecken und Denisova-Menschen in Koexistenz lebten, dann konnte auch der *Homo sapiens* mit dem Denisova-Mensch Kinder erzeugen und hat es auch getan. Allein

»die Population der alten *Melanesier* in Ostasien soll vier bis sechs Prozent des Genoms des Denisova-Menschen aufweisen, die angeblich weitaus fortschrittlicher waren als die mit Ihnen in Koexistenz lebenden Neandertaler (Internetlink 14).

Der bisherige Glaube der Evolutionsbiologen, dass sich jede menschliche Form entwickelt und sich nach und nach verändert hat, bis sie modern wurde, wird durch eine neue Hypothese in der Wissenschaft erweitert: Mehrere Arten lebten zusammen und parallel. Zu diesem Schluss kamen an einem Symposium in der Denisova-Höhle teilnehmende Forscher.

Wer unterscheidet jetzt, welche Kinder zu welcher Art gehören? Ist überhaupt eine Art ausgestorben? Leben nicht auch heutzutage Menschen mit unterschiedlichsten Merkmalen – Körpergröße, körperliche Robustheit, äußeres Erscheinungsbild, Gehirngröße – gemeinsam auf dieser Erde?

Wenn die von mir postulierte Koexistenz von modernen Menschen und ihren angeblichen Vorfahren richtig sein soll, sollte man Überreste angeblich *unterschiedlicher Entwicklungsstufen von Hominiden in denselben geologischen Schichten* finden. Dr. Dubois, der Entdecker von *Pithecanthropus erectus* (*Homo erectus*), entdeckte auf dem Ausgrabungsniveau frühester Menschen zwei menschliche Schädel, die dem Typ des heutigen australischen Ureinwohners ähneln. Es ist aufschlussreich, dass diese Funde 20 Jahre unter Verschluss gehalten und keine Stellungnahmen zu ihnen veröffentlicht wurden. Wäre die Existenz moderner Schädel in der gleichen geologischen Schicht mit Fossilien von *Homo erectus* wissenschaftlich dokumentiert worden, hätte das sicherlich für eine Reihe von Theorien bittere Konsequenzen gehabt.

Wenn moderne *und* vorgeblich primitive Schädel in denselben geologischen Schichten lagern, andererseits Artefakte und fossile menschliche Knochen in mehreren hundert Millionen Jahre alten Schichten gefunden werden, kann es eine (makro-)evolutive Entwicklung nicht gegeben haben. Da die biologische Zeitskala direkt und unlösbar mit der geologischen verknüpft ist, könnte man ohne Ersatz die geologischen Zeitalter in einer Art Zeitraffer in einen engeren Zeithorizont komprimieren, also verkürzen: Angeblich primitive und moderne Menschen lebten dann unter dieser Voraussetzung zwangsläufig gemeinsam. Deshalb findet man auch heutzutage noch anscheinend primitive Völker, die im Steinzeitalter leben und bei denen manchmal Schädel mit fliehender Stirn zu finden sind. Ist eine fliehende Stirn überhaupt ein Kennzeichen für Primitivität?

Der aufrecht gehende Bergaffe

Interessant und kaum bekannt ist, dass es schon ungefähr sechs Millionen Jahre vor Lucy einen aufrecht gehenden Affen gegeben hat. Bereits 1872 wurde der »Bergaffe von Bamboli« (*Oreopithecus bambolii)* von François Louis Paul Gervais (1816–1879) beschrieben. Seither gab es viele Kontroversen darüber, wie dieser Primat in das System der Tiere einzuordnen sei (Engesser 1998, S. 2; Brandt 1999, S. 33). Dabei ist das Fundmaterial dieses Affen keineswegs dürftig. Zahlreiche fossile Knochen, darunter ein vollständiges Skelett eines *Oreopithecus*, sind aus knapp zehn Millionen Jahre alten (obermiozänen) Braunkohleschichten geborgen worden (»Herder Lexikon der Biologie«, Bd. 6, 1994, S. 250). Alle Funde stammen aus der Toskana und Sardinien (Italien).

Nach bisheriger Auffassung vermutet man den letzten gemeinsamen Vorfahren des Menschen und der Schimpansen vor ungefähr sechs bis fünf Millionen Jahren. *Oreopithecus* lebte nach konventioneller Datierung jedoch vor neun bis sieben Millionen Jahren! Dies bedeutet aber zwingend, dass die menschenähnlichen Merkmale und der aufrechte Gang des *Oreopithecus* bei späteren Formen nicht mehr gegeben waren und erst wieder während des Prozesses der Menschwerdung in Erscheinung getreten wären. Sensationell an diesem sehr alten Fund ist also, dass man erst jetzt erkannt hat, dass schon lange vor Lucy, die angeblich eher trippelte als ging, bereits Affen aufrecht auf zwei Beinen gingen. Das beweisen anatomische Merkmale der Wirbelsäule, Oberschenkel und Füße. *Oreopithecus* gilt auch *nicht* als Vorfahre des Menschen. Klar, denn man hat über mehrere Millionen Jahre hinweg keine weiteren Zwischenstufen aufzuweisen. Dieser Erklärungsnotstand führt dazu, dass dieser Fund offiziell nicht weiter diskutiert wird. Außerdem soll ja gerade die Fähigkeit des aufrechten Gehens den Menschen vom Affen unterscheiden, ein offensichtlich genauso lang wie falsch propagiertes Dogma.

Fazit: Es ist im Fall des *Oreopithecus* eindrucksvoll belegt, dass eine Fortbewegung auf zwei Beinen nicht zwangsläufig eine Vorfahrenschaft zum Menschen bedeuten muss (Brandt, 1999, S. 36). Deshalb wird manchmal auch die Wasseraffen-Theorie diskutiert. Derzufolge musste *Oreopithecus* in seiner Umwelt oftmals Gewässer durchqueren. Der aufrechte Gang kam ihm dabei sicherlich zugute, gestattete er doch ein sicheres Waten durch tiefere

Gewässer. Inwieweit die wässrige Umwelt selbst für die Entstehung der Bipedie (Zweibeinigkeit) des *Oreopithecus* verantwortlich ist, wäre eine weitere interessante Diskussion. Es sollte jedoch nicht übersehen werden, dass die Vordergliedmaßen des *Oreopithecus* länger als die Beine sind, was sie zum Schwimmen eher ungeeignet macht. Eine eventuelle Wasseranpassung könnte daher wohl nur eingeschränkt bestanden haben. Zudem sind die langen Arme und die gebogenen Phalangen (Fingerknochen) der Hände ein Indiz dafür, dass *Oreopithecus* sehr wohl auch regelmäßig Bäume erkletterte (Feustel 1990, S. 53; vgl. auch Engesser 1998, S. 4).

Auf jeden Fall scheint klar zu werden, dass der aufrechte Gang des *Oreopithecus* unabhängig vom aufrechten Gang der *Australopithecinen* und der Gattung *Homo* existierte – falls die geologische Datierung stimmt. Außerdem müssten nach der Evolutionstheorie Vorläufermodelle von *Oreopithecus* existieren. Auch diese Entwicklungsstufen gibt es wie alle anderen propagierten nicht. Die Frage ist, ob sich eine durch unzählige Zufälle und Mutationssprünge gekennzeichnete Evolution mehrfach parallel wiederholen kann – also unabhängig voneinander sich der aufrechte Gang zu verschiedenen Zeiten bei verschiedenen Wesen entwickeln konnte (vgl. Abb. 83, S. 132, Affe Südamerika).

Wasseraffen

Die Wasseraffen-Theorie besagt, dass die Vorfahren des anatomisch modernen Menschen (*Homo sapiens*) im Verlauf der Menschwerdung eine teilweise wasserlebende bzw. amphibische Phase durchgemacht haben sollen, also in einer wässerigen Umgebung lebten. Bevor wir diesen Aspekt näher betrachten, sehen wir uns die mit der Evolutionstheorie weit über 100 Jahre lang zur Schau gestellte Savannen-Hypothese an, die besagt, dass Menschenaffen als Vorläufer des Menschen sich von affenähnlichen Baumbewohnern zu den aufrecht gehenden Vertretern der Gattung Homo vor rund 7 bis 8 Mio. Jahren entwickelten. Dies soll dadurch in Gang gekommen sein, dass die damals noch in Wäldern lebenden, auf vier Füßen sich bewegenden (quadrupeden) Vorfahren der modernen Menschen ihren Lebensraum in offene, baumlose Savannen verlegten und dort allmählich die Fortbewegung auf zwei Beinen entwickelten. Die Savannen-Hypothese gilt heute als widerlegt!

Gemäß der Feststellung in der Erstauflage dieses Buches sagt der heutige Stand der Forschung aus, dass die frühen Homini bereits hunderttausende Jahre vor der Besiedlung von Savannen aufrecht gingen.

Es wurde bereits eingangs diskutiert, dass eine Entwicklung vom kriechenden zum aufrechten Gang nicht stattgefunden haben kann (u. a. in »Journal of Human Evolution«, 1998, Bd. 35, S. 55–74). Der Mensch unterscheidet sich neben seinem aufrechten Gang aber auch mit anderen Körpermerkmalen von den Affen und anderen Landsäugetieren. Im Gegensatz zu diesen kann der Mensch durch Nase und Mund gleicherweise gut atmen. Andererseits ist unsere Unfähigkeit einzigartig, gleichzeitig atmen und trinken zu können. Verantwortlich ist ein besonderes Körpermerkmal: unser tief liegender Kehlkopf.

Bei den an Land lebenden Säugern ist der Mund mit dem Magen durch die Speiseröhre und die Nase mit der Lunge durch die Luftröhre verbunden. Diese Tiere können daher, im Gegensatz zum Menschen, gleichzeitig atmen und trinken. Die Luftröhre führt mittels eines ringförmigen Schließmuskels durch den Gaumen. Entspannt sich dieser Schließmuskel, kann durch das obere Ende der Luftröhre Luft in die Mundhöhle ausgestoßen oder aus dieser eingesaugt werden. Dieser Vorgang ist beispielsweise für das Bellen des Hundes verantwortlich. Nach dem Bellen hebt sich die Luftröhre wieder und der Schließmuskel zieht sich zusammen. Die Trennung zwischen Luft- und Speiseröhre wird wieder hergestellt.

Im Gegensatz dazu befindet sich die Luftröhre beim Menschen unter der Zungenwurzel, also tiefer als bei den anderen Säugetieren. Außerdem existiert kein Schließmuskel zur Trennung von Luft- und Speiseröhre. Nur deshalb kann sowohl Nahrung als auch Luft sowohl in die Lunge als auch in den Magen gelangen, denn die Rückseite unseres Gaumens ist offen. Dadurch wird das Schlucken beim Menschen zu einer gefährlichen Aktion, da Nahrung oder Flüssigkeit in die Luftröhre geraten kann. Deshalb stellen Erstickungsfälle bei der Nahrungsaufnahme bei Menschen, anders als bei allen anderen Säugetieren, eine relativ häufige Todesursache dar.

Den Biologen ist es ein vollkommenes Rätsel, wie sich diese ungewöhnliche biologische Konstruktion beim Übergang vom Lebensraum Wald in die Savanne durch natürliche Auslese entwickelt haben soll (Morgan, 1990, S. 126). Alle Fachleute sind sich darüber einig, dass dieses biologische Konstruktionsmerkmal wahrhaft *einzigartig* ist. Es gibt auch keine schlüssige

Erklärung für ihren Ursprung. Aber auch in diesem Fall kann es keine Entwicklungsstufen von der einen zur anderen körperlichen Ausprägung gegeben haben. Ein Beispiel: Eine weiterentwickelte Maschine funktioniert nur, wenn Sie konsequent durchkonstruiert und perfekt hergestellt wurde. Planungs- oder Konstruktionsfehler würden zum Stillstand bzw. Nichtfunktionieren der Maschine führen, genauso wie unfertig ausgebildete Speise- und Luftröhrensysteme zum Tod der jeweiligen Kreatur führen würden. Langsame evolutive Entwicklungsschritte bei Menschen oder Tieren würden zwangsläufig zum Tod dieser Spezies führen. Eine solche Entwicklung ist nicht möglich, und deshalb sind in den fossilen Urkunden wie auch heutzutage nur konsequent »durchkonstruierte«, von Anfang an perfekte Biomechanismen zu finden, in vollkommener Anpassung an ihre jeweilige Umwelt.

Genauso wenig kann das Merkmal des tiefliegenden Kehlkopfes in der damaligen Savannenlandschaft irgendeinen evolutiven Vorteil bedeutet haben. Affen und andere Landsäugetiere kommen mit dem anderen System perfekt klar. Also muss die Fragestellung lauten: Unter welchen Umständen verschafft der tief liegende Kehlkopf dem Menschen einen Vorteil? Beim Leben in einer wässerigen Umgebung wie beim bereits beschriebenen aufrecht gehenden Bergaffen?

Der Mensch besitzt auch eine auffällig dicke Fettschicht. Während diese bei an Land lebenden Primaten fehlt, sind über 30 Prozent des menschlichen Körperfetts darin (subkutan) verteilt. Jedoch: Diese Fettschicht ist bei im Wasser lebenden Säugetieren die Norm. Sie ist eine ausgezeichnete Isolierung gegen den Verlust von Körperwärme – in der Nähe des Äquators allerdings *ausschließlich* im Wasser (Morgan, 1990). Ist der Mensch deswegen unbehaart? Es ist immer noch vollkommen ungeklärt, warum der Mensch seine Körperbehaarung verloren haben soll. In der Savanne stellt die Nacktheit sicher keinen evolutiv entwickelten Vorteil, sondern im Gegenteil einen eklatanten Nachteil dar.

Der aufrechte Gang, die einzigartige Atmung und fehlende Körperbehaarung sind allerdings entscheidende Vorteile beim Leben in Seen-Gebieten und überflutetem Terrain (ebd., S. 47): Der aufrechte Gang hat an Land kaum unmittelbar einleuchtende Vorteile, aber im Wasser kann man an Land lebenden Feinden ausweichen und gleichzeitig schwimmend oder watend über Wasser atmen.

Abb. 86: **IM WASSER**. Ein Gorilla bei der Durchquerung eines Gewässers. Bild: PLoS Biology Vol. 3/11/2005 (Internetlink 15).

»Schon der Fundort von Lucy verweist auf eine mögliche Affinität zum Wasser. Es scheint einst das sumpfige, vielleicht bewaldete Ufer eines Sees gewesen zu sein. Lucys Knochen lagen zwischen den Überresten von Krebsscheren, Krokodil- und Schildkröteneiern« (Baigent, 1998, S. 129). Lucy soll ertrunken sein, weil sie den Sumpf aufgesucht hatte, um zu trinken. Primitive Kulturen leben in Afrika niemals am Rande des Wassers, weil diese Wasserstellen von gefährlichen Raubtieren aufgesucht werden. Könnte Lucy teils im Wasser gelebt haben? Die nordäthiopische Heimat Lucys war vor angeblich sieben Millionen Jahren ein großes Binnenmeer, das allmählich ausgetrocknet sein soll und eine mehrere hundert Meter mächtige Salzebene hinterließ. Geschah dieses Szenario vielleicht zur selben Zeit, als die Sahara vor höchstens 5000 Jahren entstand? Lebten bestimmte Affen- und Menschen-Spezies in den Flachzonen der sich vormals weit erstreckenden Meere, bis heftiger Vulkanismus und damit einhergehend Wüstenbildung einsetzte?

Einige anatomische und verhaltensbiologische Merkmale könnten zur Stützung der Wasseraffen-Theorie herangezogen werden: der aufrechte

Gang, die verlängerten hinteren Gliedmaßen, die Einlagerung des Fettgewebes, der im Vergleich zu anderen Landsäugern deutlich höhere Körperfettanteil des Menschen, der Stimmritzenkrampf als Schließreflex des Kehlkopfes, die Kontrolle der Atmung beim Tauchen als Voraussetzung zur Entwicklung einer Lautsprache und die für ein ausschließlich an Land lebendes Säugetier von der Regel abweichenden großen Füße.

Dramatische Veränderungen

Wohin führen uns diese Darlegungen? Ich möchte jetzt einen kurzen Überblick über die möglichen Ereignisse mit dem als Sintflut bezeichneten Kataklysmen-Horizont (= Ende der Dinosaurier-Ära) bieten, um dem interessierten Leser auch den Anschluss an die Themen und Ausführungen in meinen anderen Büchern zu geben. Hierzu gehört die Expansion der Erde.

Wie bereits O. C. Hilgenberg (1933), so wies Klaus Vogel (1990) aus Werdau seit 1980 mit immer eindrucksvolleren, teils gläsernen Erdkugeln darauf hin, dass sich alle heutigen Kontinente – einschließlich der unter Wasser liegenden Kontinentalschelfe – verblüffend gut passend zu einem Superkontinent im Sinne einer »Urerde« zusammenfügen lassen. Die Oberfläche der Erde weist heutzutage rund 70 Prozent Ozeane und 30 Prozent Festland auf. Denkt man sich die Kontinente – gleich den 5- und 6-Ecks eines Lederballs – zu einer geschlossenen Kugel verbunden (= Urkontinent Pangaea ohne Ozeane!), dann erhält man diese »Urerde«, deren Oberfläche zu 100 Prozent aus Festland besteht, die dann aber einen um etwa 35 Prozent verminderten Radius aufweist. Diese kleinere Urerde würde also eine einzige komplett umschließende Erdkruste, aber keine dazwischenliegenden Ozeane aufweisen.

Spontane Frage: Wo bleibt das Wasser? Mögliche Antwort: Oberhalb des Superkontinents bzw. der festen Erdoberfläche, d. h., dass die Erde einen Wasserplaneten darstellte. Solche wurden inzwischen im Universum entdeckt. Das Wasser bedeckte und umhüllte die Urerde vollkommen und bildete über ihr eine treibhausförmige Wasserdampf-Atmosphäre. Immerhin stammen über 95 Prozent aller Fossilien aus dem Meer.

Diese sogenannte »Allmeer-Erde« bezeichnete der von mir sehr verehrte Physiker und Astronom Heinz Haber (1965) mit dem griechischen Wort

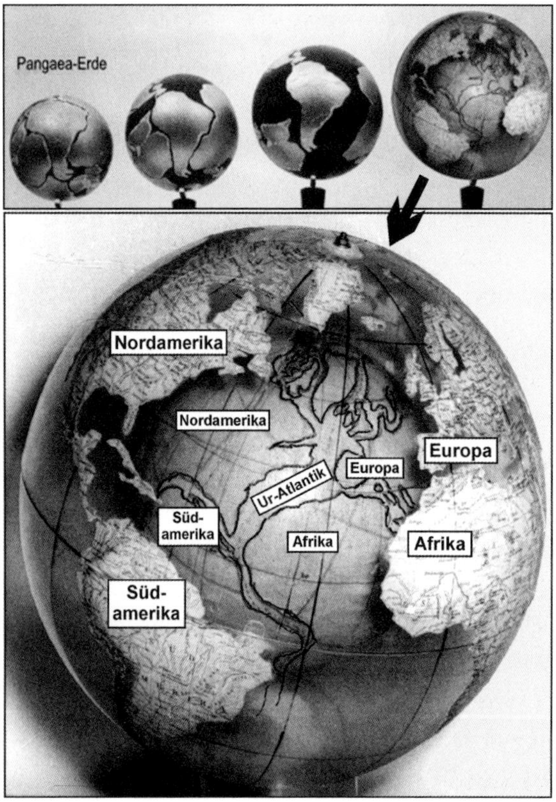

Abb. 87: **EXPANSIONSPHASEN**. Die 1933 von Ott C. Hilgenberg (TU Berlin) entwickelten und von Professor Giancarlo Scalera am Nationalinstitut für Geophysik und Vulkanologie in Rom, Italien, 2001 rekonstruierten Paläo-Globen. Bild oben: Von links nach rechts ist dargestellt die Pangaea-Erde mit Entwicklungsstufen bis zur heutigen Erde, die als ein von Klaus Vogel gebauter gläserner Globus die heutige Erde als äußere Schale und eine kleinere Ur-Erde im Inneren darstellt. Die Kontinente entfernen sich voneinander, bleiben aber ortsfest, trotz möglicher kleinerer Verschiebungen und/oder Verdrehungen auf Grund nicht exakt gleichmäßiger Volumenvergrößerung. Bild unten: Vergrößerung des gläsernen Globus.

»panthalassische« (panthalassa=griechisch für »alles Meer«) Erde, die zwar *Berge, aber keine hohen Gebirge besessen hätte*.

Berücksichtigen wir eine kleinere Erde, dann waren die Ozeanbecken anfänglich nicht in der heutigen Tiefe vorhanden. Setzen wir als vereinfachtes Gedankenmodell einmal voraus, dass die Gesamtmenge des Meerwassers konstant geblieben ist, ergibt sich zwangsläufig, dass vor der Erdexpansion ein erheblich größerer Teil der Kontinentalschollen flach unter Wasser liegendes Schelfgebiet gewesen sein muss. László Egyed hat aus der Prüfung zweier verschiedener geologischer Kartenwerke die beiden Kurven (Abb. 88) entwickelt (»Geologische Rundschau«, Bd. 46, 1957, S. 108 und Bd. 50, 1960, S. 251). Sie zeigen, dass die Erde früher ein mit Wasser bedeckter Planet war, insbesondere wenn ein kleinerer Erddurchmesser berücksichtigt wird. Zur Zeit der Dinosaurier war die Erde also wesentlich mehr mit Wasser bedeckt und es gab keine hohen Gebirge.

Die Erdexpansions-Theorie wird untermauert durch ozeanographische Echo-Messungen, die nur geringe Sedimentmassen in der Tiefsee nachwiesen. Die Erosion ist aber in der Gegenwart so stark, dass – durchgehend gleiche Erosionsstärke vorausgesetzt – in den Ozeanen heutzutage riesige Sedimentmassen liegen müssten.

»Endlich sei erwähnt, dass diejenigen Sedimente, welche mehr als etwa 2000 Mio. Jahre alt sind, kaum Sandstein enthalten. Dies scheint verständlich von der Vorstellung aus, dass damals nur hochgelegene, wenig umfangreiche Kontinente aus dem Wasser ragten, so dass weder große Wüstenflächen noch breite Strandflächen zur Verfügung standen für eine Sandbildung durch Sortierung von Felstrümmern« (Jordan, 1966, S. 60).

Erst am Ende der Dinosaurier-Ära (= Sintflut) erhoben sich die Gebirgsketten (Himalaja, Anden, Alpen) in ihre heutige Höhe, u. a. durch das Auseinanderbrechen der die damalige Erde umhüllenden Erdkruste, in Zusammenhang mit der bereits diskutierten abrupten Kippung der Erdachse um ungefähr 20 Grad. Die frisch wirkenden, *nicht verwitterten* Muschelschalen in mehreren tausend Meter Höhe dieser Gebirge beweisen, wie auch Charles Darwin festgestellt hat, dass die Gebirgsketten zum großen Teil noch relativ jung sind und sich unter Wasser befanden.

Zu dieser Zeit wurden auch die Tiefseegräben gebildet. Durch die mit der Ausdehnung der Erdkugel und der Erdachsenverschiebung auftretenden *Zugspannungen* in der Erdkruste bildeten sich zwangsläufig Risse in schwächeren Bereichen der Erdkruste (u. a. Ostafrikanischer Graben, Rheingraben). Auch beim Nordostdeutschen Becken kam es angeblich am Ende des Karbons »zu einer Dehnung des Raumes, die Erdkruste wurde ausgedünnt und riesige Mengen von granitischen Gesteinen ergossen sich an die Oberfläche« (Bayer, 2002, S. 31). Risse bildeten sich aber insbesondere in den dünnen Ozeanböden: Es entstanden die mittelozeanischen Rücken und die Tiefseegesenke (Tiefseegräben). Der knapp elf Kilometer tiefe Marianengraben entstand nach offizieller Ansicht erst vor sechs bis höchstens neun Millionen Jahren (»Science«, Bd. 305, 4.2.2005, S. 689), also in der jüngeren Erdvergangenheit. Nimmt man die angeblich langen geologischen Zeiträume als zeitlichen Maßstab, ereignete sich dieses Szenario fast zu Lebzeiten von Lucy.

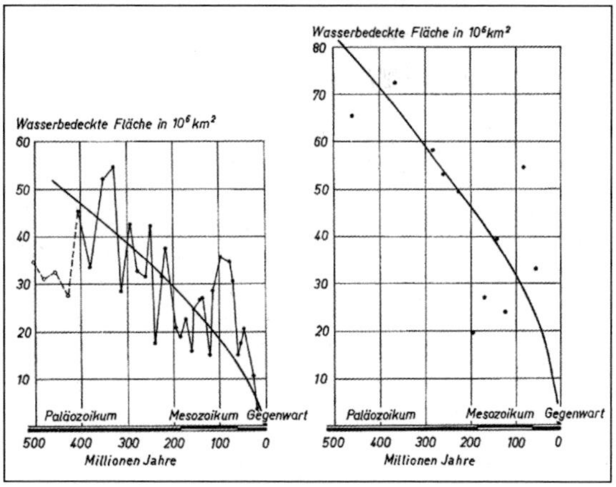

Abb. 88: **UNTER WASSER.** Wasserbedeckung jetziger Landflächen in geologischer Vergangenheit nach Egyed. In früherer Zeit lag ein großer Teil der heutigen Landflächen unter Wasser. Aus Jordan, 1966.

Auch heutzutage müssen viele Grenzsteine neu vermessen und gesetzt werden, da sich die Erdoberfläche zwar derzeit gering, aber über Jahrzehnte hinweg etwas ausdehnt, wie ich bereits früh während meiner Tätigkeit als Bauingenieur und Bauunternehmer erfahren musste. Durch die früher größere Dehnung entstanden viele Risse, wie derzeit am 6000 km langen Ostafrikanischen Graben beobachtet werden kann. Die so entstandenen Täler sind oft wesentlich tiefer als vermutet, weil diese mit Sedimenten über Jahrhunderte hinweg teils aufgefüllt wurden (vgl. Abb. 33, S. 48). Deshalb müssen viele solche Täler überspannenden Brücken seitlich in die Böschungshänge gegründet werden, da im Fluss selbst kein tragfähiger Baugrund mit vernünftigen wirtschaftlichen Mitteln zu erreichen ist, wie ich selbst bereits im Studienfach Grundbau gelehrt bekam.

Da alle Kontinente vor diesen Ereignissen dichter beisammen lagen, kann man auch das Vorkommen von Dinosaurier-Arten auf »falschen« Kontinenten, also die Dinosaurier-Paläogeographie in der Oberkreide-Zeit erklären, wegen angeblich bereits unüberwindlich tiefer Ozeane ein unlösbares Rätsel für Geophysiker. So gab es zum Ende der Kreidezeit Tyrannosaurier und deren nahe Verwandte. Diese bevölkerten mehrere Kontinente und Inseln (u. a. auch die Insel Madagaskar), die schon sehr lange vor dieser Zeit durch tiefe Ozeane getrennt gewesen sein sollen – ein Widerspruch zur Plattentektonik-Hypothese (ausführlich in: »Irrtümer der Erdgeschichte«). Heutzutage expandiert die Erde nur noch im Zentimeterbereich, wie die sich voneinander entfernenden Kontinente beweisen. Bevor sich also die Gebirge erhoben, gab es wesentlich mehr flache Wasserzonen auf der Erde. Waren frühe Menschen – Lucy-Verwandte und der aufrecht gehende Bergaffe bzw. Wasseraffe – Bewohner dieser anderen, wässerigen Umwelt mit großräumigen Flachwasserzonen?

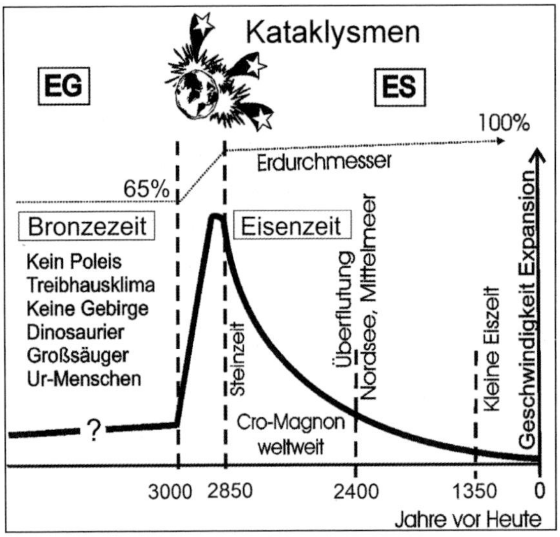

Abb. 89: **ERDEXPANSION.** Die Erweiterung des Erddurchmessers führt zu einer Entfernung der Kontinente voneinander als scheinbare Kontinentalverschiebung nach Wegener. Vor diesem Kataklysmen-Horizont (Sintflut) stand die Erdachse relativ gerade (EG) und nachher schräg (ES).

Unsere Berge sollen bis zu 3900 Mio. Jahre alt sein. Tagtäglich wird Erosionsmaterial in Form von Geröll, Kies, Sand und Lehm über die Flüsse in die Seen und Ozeane transportiert. Rechnet man mit einer konstanten Sedimentationsrate in die Erdvergangenheit zurück, können die Berge und Gebirge nicht älter als 15 Mio. Jahre sein, da nach diesem Zeitraum alle Erhebungen auf der Erde durch die zerstörende Wirkung der Gewalten (Erdbeben, Wind, Klima, Wasser) abgetragen wären. Der Zeitraum verkürzt sich, falls in der Vergangenheit eine verstärkte Erosion zu verzeichnen gewesen wäre. Ähnliche Überlegungen, Messungen und Berechnungen kann man auch mit den Schlammablagerungen auf dem Grund von Seen in den Alpen anstellen, die nicht älter als ein paar tausend Jahre sein können, da sie sonst wegen des Eintrages von Sand, Kies und Lehm schon lange verlandet wären. Entsprechende Berechnungen zeigen, dass die Niagarafälle 7000 Jahre alt sind, wenn man die seit dem Jahr 1764 ermittelte Erosionsrate von 1,5 m pro Jahr zugrunde leg. Unter Berücksichtigung eines nach einer Naturkatastrophe erhöhten Wasserabflusses ergibt sich ein noch jüngeres Alter von 2500 bis höchstens 4000 Jahren (Velikovsky, 1980, S. 177).

Analog kann man die mittlere Erhöhungsrate des Salzgehalts in den Ozeanen in die Vergangenheit zurückrechnen. Die Flüsse hätten nur 62 Mio. Jahre gebraucht, um den heutigen Salzgehalt in die Ozeane einzutragen. Gab es zu Zeiten der Dinosaurier kein Salzwasser? Dafür erscheinen die Flussdeltas aller Flüsse weltweit zu klein. Für die Bildung des heutigen Mississippi-Deltas würden nur 5000 Jahre benötigt, wenn man die aktuelle Sedimentationsrate als konstant voraussetzt. Auch die teilweise heutzutage unter dem Meeresspiegel der Ozeane liegenden älteren Fluss-Deltas zeugen nur von einer jeweils kurzen Lebensdauer.

Nordöstlich des Chiemsees in Bayern befindet sich ein ellipsenförmiges Streufeld mit 81 Einschlagskratern (oder handelt es sich um Methan-Vulkane?), die von Teilen eines auseinander gebrochenen Meteoriten stammen sollen. In den bis zu 370 m großen Kratern bildeten sich Seen wie der Tüttensee, der durch das Meteoritenspektakel zur Zeit der Kelten *vor nur ungefähr 2200 Jahren entstand.* Anscheinend uralte Geländestrukturen sind oft jünger als man glaubt.

Zu Zeiten unserer Vorfahren stiegen auch die vorhandenen Seen – wie Bodensee, Ammersee, Federsee oder die Schweizer Seen – unter Bildung von Strandwällen und Uferterrassen sowie einhergehender Vernichtung sämtlicher Pfahlbauten- und sonstiger Ufersiedlungen stark an. Zu dieser Zeit der Klimaverschlechterung *erreichten Erdkrustenbewegungen eine besondere Intensität und führten zur Bildung neuer Seen* bei München, Tölz und Memmingen. Die Flugsand- und Lößbildung fand in diesem Zeitraum ein Ende und die Dünen an Bodensee, Oberrhein und in anderen Gebieten bewaldeten sich sukzessive. Diese von einer wissenschaftlichen Untersuchung bestätigten *Erdkrustenbewegungen im Alpengebiet ereigneten sich zur Zeit der Kelten* in einer Phase der subatlantischen Zeit von 850 bis 120 v. u. Z. (Gams/Nordhagen, 1923, S. 304 f.).

Diese Erdkrustenbewegungen wurden verursacht durch das partielle Emporwachsen und Einsinken des Gebirgsmassivs im Alpengebiet. »Nacheiszeitliche« Ufer liegen zum Beispiel am Ammersee um bis zu über 60 m höher als heutzutage, worauf auch die Lage zahlreicher Gruppen von Hügelgräbern hindeutet. Jedoch, und darüber habe ich mich mit Bodengutachtern in Bayern intensiv ausgetauscht, liegen die alten Uferlinien nicht auf gleicher Höhe: das Nordende dieses Sees liegt durchweg bei 560 m über dem Meeresspiegel und damit 40 m tiefer als am Südende. Diese Höhendifferenz kann nicht anders als durch tektonische Schaukelbewegungen erklärt werden (ebd., S. 37). Die Störung ereignete sich sicher erst nach dem Ende der »Eiszeit«, denn die schon vor dem maximalen Wasserstand in einer humiden, gemäßigten Warmklimazone gebildeten Kalktuffe, die von zwei bis drei Metern mächtigen Seekreide überdeckt sind, enthalten eine der heutigen sehr ähnliche Wald-Flora.

Ähnliche Beobachtungen können auch bei anderen Seen im Voralpengebiet gemacht werden. In diesem Zusammenhang ist die »schiefe Ebene von München« zu sehen, mit einer Länge von 70 km und einer Breite von 10 bis 40 km. Das nördliche Drittel dieser Ebene wird zum großen Teil von Mooren eingenommen, während im übrigen Bereich neben Schotter auch ältere Bildungen wie Löss oder Flinz (Sandstein) anstehen. Interessant ist aber, dass es sich, abgesehen von Flusseinschnitten oder älteren Riedeln (schmale, niedrige Landrücken zwischen zwei Tälern), um eine vollkommen ebene Fläche handelt, die um München ein Gefälle von 0,6 bis 0,7 % aufweist. Die Ebene senkt sich von 700 m bei Holzkirchen bis auf 415 m bei Moosburg. Schon früh sind Geologen auf die Idee gekommen, dass hier eine nachträgliche Schiefstellung stattgefunden hat, wofür auch die auffallende Differenz im Gefälle der Erdoberfläche und des Grundwasserspiegels spricht (ebd., S. 44).

Die Mythen der Völker berichten auf der ganzen Welt, dass sich die Gebirgszüge erhoben, die großen Wüsten gebildet wurden und auch der Grand Canyon als Erosionsrinne sowie der Ostafrikanische Graben als großer Riss in der Erdkruste entstand, während heftige Vulkanausbrüche Schichten aus Flugasche über die Landschaft legten (ausführlich in »Der Energie-Irrtum«). Zu dieser Zeit hinterließen moderne Menschen Fußabdrücke im Gebiet der angeblichen Menschwerdung, geologisch gesehen zu Zeiten noch *vor* Lucy.

Moderne urzeitliche Füße

Südlich der Olduvai-Schlucht liegt in Nord-Tansania der Fundort Laetoli. Im Jahre 1979 entdeckten Mitglieder des Teams von Mary Leakey versteinerte Fußspuren von Tieren, bevor Louis und Mary Leakey sowie ihr jüngster Sohn Philip auf einige Spuren von Hominiden aufmerksam wurden, die in Lagen vulkanischer Asche konserviert waren. Mittels der Kalium-Argon-Methode wurde diese geologische Schicht auf ein Alter von 3,6 bis 3,8 Mio. Jahren datiert (M. Leakey, 1979, S. 452). Eine Expertin für Fußabdrücke, Dr. Louise Robbins (*University of North Carolina*), stellte fest: »Dafür, dass sie in so alten Tuffen gefunden wurden, sahen sie menschlich und modern aus« (»Science News«, Bd. 115, 1979, S. 196 f.). Mary Leakey selbst schrieb, dass dieses Wesen sich in völlig aufrechter Gangart fortbewegte und die Form seines »urzeitlichen« Fußes *exakt der unsrigen entspricht.*

Dieser Fund, der medial große Resonanz fand, wirft mit diesen Feststellungen ein ernsthaftes Problem auf. Denn es stellt sich die Frage, wer dieser Vorfahre gewesen sein soll? Nach der Ahnenreihe des Menschen kommen vor 3,6 Mio. Jahren als aufrecht gehende Spezies nur Affen-Spezies wie Australopithecus in Frage, wenn wir die Zeittafel der Evolution des Menschen als korrekten Maßstab voraussetzen. Falls allerdings ein affenartiger Vorläufer des Menschen die Laetoli-Fußabdrücke hinterließ, müssten diese anders aussehen, denn die zur damaligen Zeit lebenden Affenspezies spreizten den großen Zeh deutlich ab, im Gegensatz zum modernen Menschen. Dieser anatomische Unterschied bezeugt die unterschiedliche Lebensweise, denn in Bäumen lebende Tiere müssen sich mit Händen und Füßen festhalten können, während der menschliche Fuß in keiner Weise für ein Leben in den Bäumen geeignet ist.

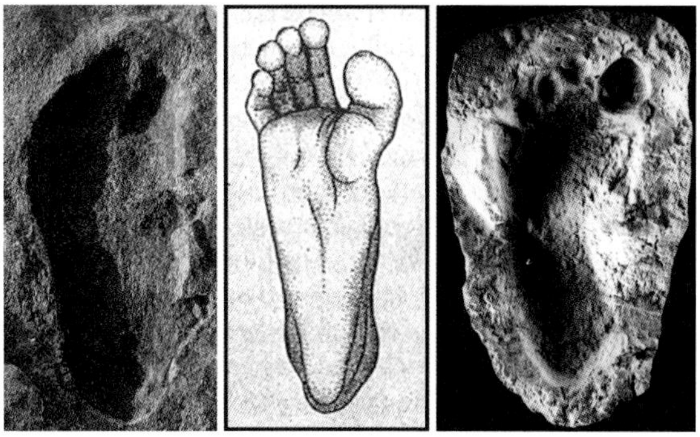

Abb. 90: **FUSSABDRÜCKE**. Die angeblich 3,6 Mio. Jahre alten versteinerten Fußabdrücke (Trittsiegel) von Laetoli in Ostafrika (links) müssten dem damaligen Entwicklungsstand der Menschenaffen (Australopithecus) entsprochen haben, sehen aber modern aus und entsprechen dem Trittsiegel eines Neandertalers aus einer italienischen Höhle (rechts). Zum Vergleich ist ein 44,3 Zentimeter langer Fußabdruck eines angeblich 15 Mio. Jahre alten Riesenaffen in Belastungsstellung rekonstruiert (Zeichnung): Der für Affen und Menschenaffen typisch abgespreizte, große und dicke Zeh müsste ähnlich auch beim Fußabdruck von Australopithecus vorhanden sein. Bild Mitte: Prof. Holger Preuschoft, rechts: Howell, 1969.

Warum hat also nicht ein moderner Mensch die Fußspuren hinterlassen, wenn es sich doch um anscheinend »menschlich und modern aussehende Füße« handelt (»Science News«, Bd. 115, 1979, S. 196 f.)? Weil dann eindeutig bewiesen wäre, dass moderne Menschen nach Lehrmeinung nicht erst vor 140 000 entstanden sind, sondern zeitgleich mit ihren vorgeblichen Urahnen bereits vor scheinbar 3,6 Mio. Jahren lebten.

Alternativ gesehen kann die Schicht aus Flugasche, die durch Vulkanausbrüche entstand, nicht 3,6 Mio. Jahre alt sein, sondern wurde vor nur wenigen tausend Jahren bei einem Vulkanausbruch abgelagert. Das Problem wäre gelöst: Die Fußabdrücke wurden von modernen Menschen vor relativ kurzer Zeit in einer noch weichen Schicht aus Vulkanasche nach einem Vulkanausbruch verursacht, die relativ schnell erhärtete.

Die Fußabdrücke wurden untersucht: »Der Rist ist erhöht (...) und der große Zeh ist groß und gleichlang mit dem zweiten Zehen (...) die Zehen greifen in den Boden wie menschliche Zehen. Man kann das bei anderen Tierarten nicht beobachten« (»Science News«, Bd. 115, 1979, S. 196 f.). Russell Tuttle, der auch die Fußabdrücke untersucht hatte, schrieb: »Ein kleiner barfüßiger *Homo sapiens* könnte sie verursacht haben (...) in allen unterscheidbaren morphologischen Aspekten sind die Füße, die diese Spuren gemacht haben, *nicht* von denen moderner Menschen unterscheidbar« (»New Scientist«, Bd. 98, 1983, S. 373).

Auch Don Johanson und Tim White untersuchten die Fußabdrücke. White schrieb: »Sie sind genau wie Fußabdrücke eines modernen Menschen. Wenn sie im Sand an einem kalifornischen Strand hinterlassen worden wären, und man ein vierjähriges Kind fragen würde, was das sei, wäre die prompte Antwort, dass hier jemand gegangen sei. Das Kind könnte sie nicht von hundert anderen Abdrücken am Strand unterscheiden, genauso wenig, wie Sie es könnten« (Johanson/Edey, 1981, S. 250).

Laut den offiziellen Datierungen der Flugasche hätten moderne Menschen bereits vor Lucy gelebt und Australopithecus wäre kein Vorläufer des Menschen. Diesen Standpunkt vertrat bereits der verstorbene Professor Lord Zuckerman, ein prominenter Zoologe, bei einem Vortag vor der Londoner Zoologischen Gesellschaft. Zur allgemeinen Lage der Diskussion bemerkte er kritisch, dass – entgegen der Beweislage – die Stimme der höheren Autorität gesprochen habe und ihre (falsche) Botschaft überall in den Lehrbüchern verankert wurde.

Und Russel H. Tuttle (1990, S. 61 ff.) ist zuzustimmen: »Auf alle Fälle sollten wir nun die unbegründeten Annahmen aufgeben, dass die Laetoli-Fußabdrücke von Lucys Konsorten, den *Australopithecus afarensis,* gemacht worden waren« (vgl. »Science«, Bd. 166, 1969, S. 958).

Rare Knochen

Fußspuren, wie die zuvor beschriebenen aus Laetoli, bleiben erstens nur erhalten, wenn die Schicht weich war, als die Fußspuren hinterlassen wurden, und zweitens, wenn diese weiche Schicht schnell erhärtet. Hinterlässt man heutzutage im Schlamm eine Fußspur, ist diese bereits nach kurzer Zeit verwischt, erodiert durch Umwelteinflüsse (Regen, Wind). Dies bedeutet, dass geologische Schichten mit Fußspuren schnell erhärtet sein müssen. Von einem Vulkanausbruch stammende Flugasche erfüllt diese Bedingungen, im Gegensatz zu Sand oder Schlamm. Konservierte Fußabdrücke in Flugasche bezeugen daher ein »Tagesereignis«, vom Hinterlassen der Schicht bis zu deren Aushärtung, einschließlich des zwischenzeitlichen Durchquerens dieses Gebiets von Individuen. Nicht erforderlich ist ein langer geologischer Zeitraum oder ein hohes Alter der Schichten.

Knochen bleiben entsprechend nur dann über einen Zeitraum von *mehr* als einigen tausend Jahren erhalten, wenn Sie unter Luftabschluss abgelagert oder speziell konserviert werden. Denn man muss beachten, dass heutzutage kein einziger Knochen eines beliebigen Tieres in der freien Natur und schon gar nicht in der Nähe des Äquators aktuell versteinert, obwohl jeden Tag unzählige Tiere dort sterben. Ein Umstand, den Erd- und Menschheitsgeschichtsforscher, Geologen und Geophysiker gerne verharmlosen, da die Anerkennung dieser Tatsache ganz einfach und spielerisch leicht die falschen Voraussetzungen und Interpretationen der offiziellen wissenschaftlichen Erd- und Naturgeschichte dokumentieren.

Fazit: *Versteinerungen* und damit eine langfristige Konservierung von Knochen finden nur unter katastrophischen Umständen (z. B. Vulkanausbrüche, Superfluten) und/oder bei Ablagerung unter Luftabschluss statt. Anderseits können sich Knochen unversteinert auch unter extremen Bedingungen wie Gefriertrocknung oder Mumifizierung (z. B. durch große Hitze) erhalten, wenn die Bedingungen konstant bleiben und ein dauerhafter Schutz gegen mechanische, biologische oder chemische Zersetzung gegeben ist. Jedoch ist es unwahrscheinlich, dass auf diese Art eine Konservierung über Millionen Jahre hinweg erfolgen kann.

Falls also in Afrika die Menschwerdung wie die Entwicklungsreihe von Automodellen dokumentiert worden sein soll, muss sich in bestimmten Abständen eine Flugascheschicht über die verschiedenen Stufen der Evolutionsleiter gelegt und diese konserviert haben. Ist es aber richtig, dass die sich angeblich allmählich und unmerklich langsam vollziehende Evolution durch eine Serie von Naturkatastrophen über Jahrmillionen hinweg begleitet wurde? Oder handelt es sich nur um einen einzigen, zeitlich etwas gestaffelten Katastrophenhorizont, wie Funde von Australopithecus und modernem Menschen in den gleichen geologischen Schichten zu bestätigen scheinen?

Tatsächlich ist es so, dass die gesamte Anzahl der versteinerten Überreste für die Zeit vor dem Neandertaler bis hin zum *Australopithecus afarensis* (Lucy), also für einen Zeitraum von fast vier Millionen Jahren, auf einem *einzigen Billardtisch* ausgebreitet werden kann. Evolutionisten antworten auf diese Frage: »Wir werden niemals über einen fossilen Befund verfügen, der auch nur ein Tausendstel eines einzigen Prozents der Individuen repräsentiert, die jemals gelebt haben« (Tattersall, 1995).

Mit dieser Argumentation stellt man der Evolutionsforschung einen Freibrief zur willkürlichen Interpretierung von Einzelfunden und damit zur Manipulation aus.

Bis vor kurzem hielt man nicht fossilierte, also nicht versteinerte Erbsubstanz mit einem Alter von ein oder zwei Millionen Jahren biologisch für absolut ausgeschlossen. Zu Recht! Denn schon dieser Zeitraum ist viel zu lang. Wie lange bleiben in Särgen bestattete Tote auch mehrere Meter unter der Erdoberfläche erhalten? Jahrzehnte, Jahrhunderte, höchstens jedoch Jahrtausende. In diesem Buch werden etliche Funde von *nicht* versteinerten Dinosaurier-Knochen und sogar -DNA dokumentiert. Kann man angesichts von nicht versteinertem organischem Material so einfach zur Tagesordnung übergehen und kategorisch behaupten, dass die Tiere, von denen diese Reste stammen, vor 66 Mio. Jahren oder noch früher gelebt haben?

Die Funde des Paul Sereno von Fossilien nebeneinander liegender Schwimmsaurier und zeitgleich lebender Ur-Krokodile neben versteinerten Knochen von Kühen und Menschen in derselben Oberflächen-Sandschicht der Sahara sind geeignete Zeugen dafür, dass Dinosaurier scheinbar zu Zeiten moderner Menschen lebten, und nicht vor 66 Mio. Jahren.

Berücksichtigt man unter Streichung von Phantomzeiten diesen verkürzten Zeithorizont, dann lebten Australopithecinen – wie Lucy – gemeinsam mit Sauriern in einer früheren fruchtbaren Gegend mit großen Seen im Bereich der heutigen Sahara. Streicht man die Phantomzeiten nicht und hält den Aussterbezeitpunkt der Dinosaurier vor 66 Mio. Jahren für eine Dogmen-Realität, dann kann man zu dem Schluss kommen, dass *Primaten entgegen der Evolutionstheorie schon zeitgleich mit Dinosauriern* lebten: Genau diese Meinung veröffentlichte der Forscher Simon Tavare von der *Universität Südkalifornien* im Fachblatt »Nature« (Bd. 416, 18.4.2002, S. 726–729).

3 Datierung und Willkür

Eine erstaunliche Verjüngung: 1996 behaupteten Forscher, dass Artefakte, die am Jinmium-Felsen in Queensland, Australien, gefunden wurden, bis zu 176 000 Jahre alt sein könnten. Nach einer Meldung im Fachblatt »Nature« (Bd. 393, 28. Mai 1998, S. 358–362) ergab eine Überprüfung der Artefakte mit neuen Techniken ein Alter von weniger als 10 000 Jahren. Es gilt der Kernsatz: Jede Untersuchungsmethode bringt andere Ergebnisse, aber keine mit der Wirklichkeit übereinstimmenden.

Hot-Spot-Vulkanismus

Mit Naturkatastrophen sind die Voraussetzungen für schnelle Versteinerungsvorgänge gegeben. Dieses bereits in »Irrtümer der Erdgeschichte« (Zillmer, 2001/2023) diskutierte Zeitimpakt-Szenario wurde im Labor bestätigt: Amerikanischen Wissenschaftlern ist es gelungen, innerhalb von wenigen Tagen Holz versteinern zu lassen. Ein Prozess, der in der Natur Millionen von Jahre dauern soll. In kurzer Zeit wurde das organische Material des Holzes nach und nach durch Mineralien – wie zum Beispiel kristallisierte Kieselsäure – ersetzt, so dass die ursprüngliche Struktur vollständig erhalten blieb. Dies musste wie in der Natur unter Luftabschluss geschehen, denn falls das Holz mit Luft in Verbindung kommen würde, kann es nicht Pore für Pore über Millionen Jahre hinweg versteinern, da es vorher verfault (»Advanced Materials«, Bd. 17, Januar 2005, S. 73–77). In der Natur versteinern Bäume nur, wenn sie beispielsweise unter Lava-Schichten luftdicht begraben werden. Hierzu sind wiederum Naturkatastrophen notwendig, die auch für den entsprechenden Druck und die erforderliche Hitze sorgen.

Im Osten von Afrika liegt das Ostafrikanische Grabensystem (Rift Valley), das in der Geologie als *Riftzone* oder *Rift* (= schmale Spalten oder Brüche der Erdkruste) bezeichnet wird. Das *Rift Valley* ist Teil dieser *Ostafrikanischen Riftzone*, die zu einer 6000 Kilometer langen Risszone gehört, welche sich von Syrien über den Libanon, durch das Jordan-Tal und das Rote Meer bis nach Mosambik im Süden Afrikas erstreckt.

Im Bereich dieses Ostafrikanischen Rifts gibt es zwei Aufdomungen, den Kenya- und den Afardom. Beide gelten als *Mantel-Plume-Hot-Spot*. Diese neuere geophysikalische Sichtweise besagt, dass sich in 2900 km Tiefe, an der Grenzschicht zwischen äußerem Erdkern und unterem Erdmantel, gewaltige Ströme heißen Magmas bilden und in Form einer schmalen Säule – sogenannte *Plumes* – bis zur Erdkruste emporsteigen und unter der Lithosphäre (= Erdkruste und oberste Teile des Erdmantels) pilzförmig eine Art Pfropfen (Dom) bilden, der die spröde Erdkruste von unten her aufweicht und an Schwächezonen durchbrechen kann. Das heiße Material bahnt sich dann wie ein Schneidbrenner einen Weg durch die Erdkruste, wobei fern der Ränder der tektonischen Platten Vulkane entstehen. Sie werden als *Hot Spots* bezeichnet. Dies führt dann zu einem *Hot-Spot-Vulkanismus*, durch den große Gebiete mit Lava bedeckt werden können, die zu dicken Basaltschichten aushärtet. Gleichzeitig legt sich aber auch die bei Vulkanausbrüchen ausgespuckte Flugasche auf weite Gebiete wie in Ostafrika, und dies mehrfach und räumlich unterschiedlich intensiv durch unregelmäßig verteilte Vulkane und Erdaufbrüche.

Auf diese Art können mehrere geologische Schichten in einem sehr kurzen Zeitraum gebildet werden, der allerdings auch Jahre oder Jahrzehnte gedauert haben kann. Damit ist die Ursache für die Bildung der Schichten von Flugasche mit darin eingeschlossenen Fossilien von Affen und Menschen gegeben. Auch die angeblich 3,6 Mio. Jahre alten Fußspuren von Laetoli, die modernen Menschen zugeordnet werden müssen, wurden in einer Flugascheschicht hinterlassen.

Außerdem werden durch die Vulkanausbrüche auch Schlammlawinen und Überflutungen erzeugt. Beim Ausbruch des *Mount St. Helens* im US-Bundesstaat Washington entstanden im Jahr 1980 – und bei einem weiteren Ausbruch im Jahr 1983 – beispielsweise bis zu 50 m dicke Schichten in wenigen Stunden. Werden in diesen Sedimentschichten Gegenstände, Tiere oder Menschen eingeschlossen, so liegen diese folgerichtig bis zu 50 m unter der neuen Erdoberfläche. Ist in diesen Sedimenten ein Härtebildner (Gips, Kalk, Kalkspatzement, Kieselerdezement) und genügend Wasser vorhanden, dann erhärten diese in wenigen Stunden aufgeschütteten Schichten zu Kalk- oder Sandsteinschichten. Ob diese Sedimentschichten ein lockeres bis festes Gefüge aufweisen oder sogar aus massivem Felsen bestehen, ist abhängig von der Menge des vorhandenen Härtebildners (hydraulische Bindemittel, Mineralien) und vom vorliegenden Verhältnis dieses Härtebildners zu Wasser (= *Wasser-Zement-Verhältnis*).

Auf diese Art entstehen bei Naturkatastrophen sehr schnell Sediment- und Felsschichten. Dieses in »Darwins Irrtum« erstmals von mir vorgestellte Szenario hatte ich *Naturbeton-Theorie* genannt, zum Entsetzen von Geologen und Geophysikern, denn damit wird das langsame Wachsen der Erdschichten *Körnchen für Körnchen* als ein großer Bluff der letzten 150 Jahre erkannt. Gleichzeitig reduziert sich das Alter der Erdkruste um ein Vielfaches, quasi um mehrere Zehnerpotenzen: Man muss beim Alter geologischer Schichten mehrere Nullen streichen. Ein schönes Beispiel für meine Behauptung ist der Grand Canyon (s. S. Abb. 63, S. 88).

Für die hier angestellten Betrachtungen ist es jetzt wichtig, zu hinterfragen, wann sich der heftige Vulkanismus ereignete, der Affen- und Menschen-Fossilien in Ostafrika konservierte.

Jungspund Ostafrikanischer Graben

Ist die relative Häufigkeit von menschlichen Fossilien in Ostafrika nur dem Wirken von Vulkanausbrüchen zu verdanken? Waren Menschen Zeugen des Auseinanderreißens Afrikas, als der Ostafrikanische Graben entstand? »Überall entlang der Linie bewahren die Eingeborenen Traditionen über große Veränderungen in der Struktur des Landes.« Diese Ansicht wird durch geologische Erscheinungen unterstrichen, denn einige »der Grabenböschungen sind so kahl und scharf, dass sie jüngeren Datums sein müssen (...) bis in menschliche Epochen« (Gregory, 1920, S. 31 ff.). Ereigneten sich diese gewaltigen geodynamischen Prozesse also vor relativ kurzer Zeit?

Gregory teilte 1920 die Meinung des bekannten Wiener Geologen Professor Eduard Sueß: *Das Ostafrikanische Grabensystem steht mit der Hebung der Gebirgsketten in Europa, Asien und auf dem amerikanischen Kontinent in*

Verbindung. So würde die Zeit der letzten Erhebung, wenn erwiesen, auch klarstellen, wann Afrika den großen Bruch erlitt.

R. F. Flint (1947, Seite 523) stellte fest: »Die Erde befand sich in Spannung, und ihre Kruste barst entlang eines Meridians über fast die ganze Länge Afrikas (...) Die Gebirgskette auf dem Grund des Atlantiks könnte durch dieselbe Ursache hervorgerufen sein; und *die Zeit des Bruches und der Faltung muss mit einer der gebirgsbildenden Perioden in Europa und Asien zusammengefallen sein. Diese Berge erreichten ihre heutige Höhe zur Zeit des Menschen; das Ostafrikanische Grabensystem (...) wurde größtenteils ebenfalls zur Zeit des Menschen gebildet, am Ende der Eiszeit.*«

Die für das Aufreißen des Ostafrikanischen Grabens (sowie der anschließenden Gräben im Roten Meer und im Jordan-Tal) verantwortliche Zugspannung ist in der bereits beschriebenen Erdexpansion zu suchen (vgl. Jordan, 1966, S. 24 ff.; Zillmer, 2001, S. 98 ff. sowie 2020/2023, S. 148 ff.). Berücksichtigt man zusätzlich eine Polverschiebung, so liegt der Ostafrikanische Graben genau in Bruchrichtung unserer Erdkruste, ebenso wie die in Nord-Süd-Richtung liegende Vulkankette an der Westküste Amerikas (Meinesz, 1943). Diese noch heute in Bewegung befindliche Bruchzone im Westen Amerikas wird uns noch interessieren, da dort durch Vulkanausbrüche kontroverse Funde der Menschheitsgeschichte konserviert wurden, ähnlich wie in Ostafrika.

Bei der Vergrößerung des Erdvolumens riss die Erdkruste auseinander und mit dem einheitlichen Bruchnetz entstanden die heutzutage durch Risse (= mittelozeanischer Rücken) und Tiefseegräben (wie vor der Westküste Südamerikas) getrennten tektonischen Platten, die es vorher nicht gab. Moderne Geophysiker kommen hier zu falschen Schlüssen, weil sie nur Satellitenmessungen und komplizierten Computersimulationen trauen, die ja nur bestimmte von Programmierern vorgegebene Untersuchungen nachvollziehen. Zur Deutung geologischer Gegebenheiten wird von den heutigen Erdwissenschaftlern aber *nicht die Festigkeitslehre berücksichtigt*, deren Gesetzen auch die Erdkruste unterliegt, worauf bereits Gabriel Auguste Daubrée (1880) und Ott Christoph Hilgenberg (1949) aufgrund von geologischen Versuchen hinwiesen.

Mit der Vergrößerung der Erdkugel änderte sich die Gravitation auf unserer Erde. Großformen, wie die bis zu 50 m lange Sauropoden, waren nicht mehr lebensfähig, da unter den heutigen Bedingungen nur noch Tiere bis

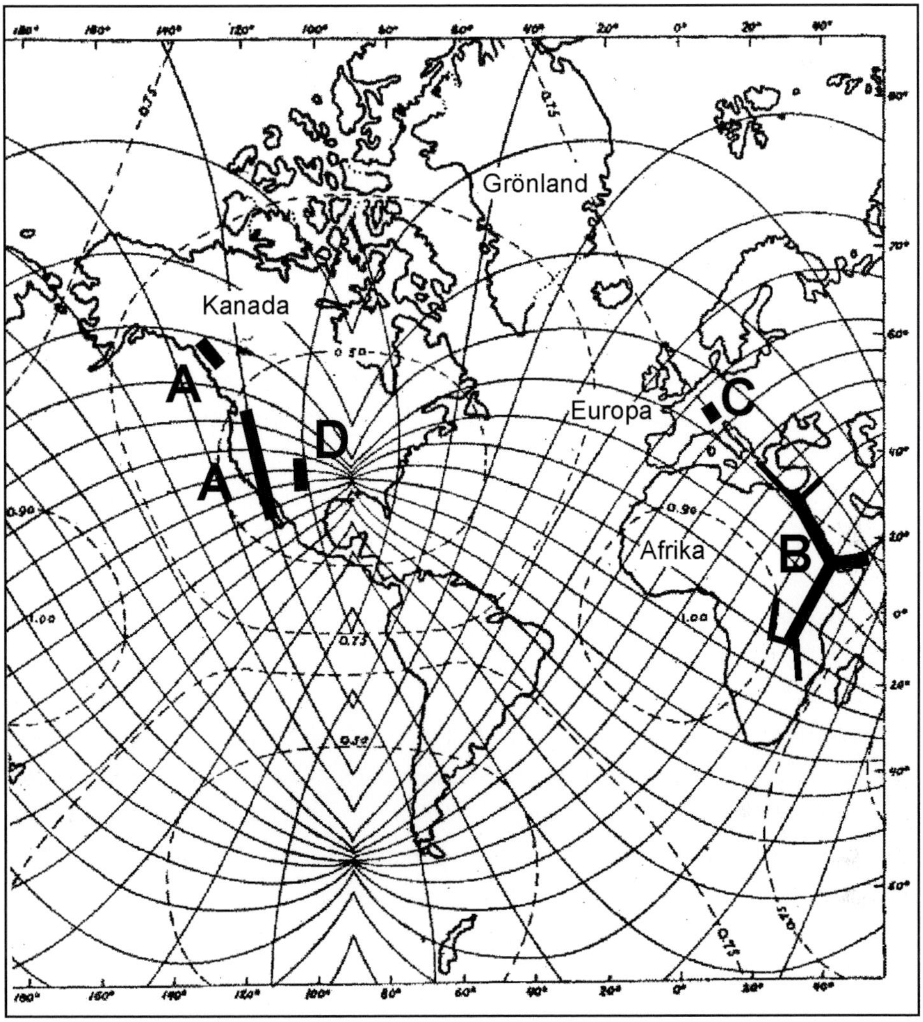

Abb. 91: **BRUCHLINIEN**. Die Zeichnung zeigt das Bruchnetz der sialischen Erdkruste (= Silizium-Aluminium), entstanden durch eine Polverschiebung von 70 Grad längs des Meridians 90 Grad Ost nach Vening Meinesz (1943). Unter Berücksichtigung der Festigkeitslehre zur Deutung geologischer Vorgänge ergibt sich ein Bruchnetz der Erde, das einerseits als Beweis für die Verschiebungstheorie nach Wegener (1915) als auch andererseits im Sinne von Keindle (1934) und Hilgenberg (1933) gedeutet werden kann, nach denen mit fortschreitender Zeit eine Volumenzunahme der Erde (vgl. Zillmer, 2001/2023) vor sich geht. Interessant ist, dass die Riftzonen (Riftogene) allesamt in Richtung der Bruchlinien liegen: Basin- und Range-Provinz an der Westküste Amerikas (A), Ostafrikanisches Grabensystem und Rotes Meer (B), Rhein-Rhône-Rift (C) und Rio Grande-Rift (D). Die Riftzonen A und B stellen auch heutzutage aktive Vulkangebiete unserer Erde dar. Und genau hier wurden in und unter Schichten von Lava und Flugasche begraben und konserviert: kontroverse Funde in der *Sierra Nevada* sowie Affen- und Menschenskelette in Ostafrika.

zur Größe eines Elefanten existieren können, aber *keine größeren* Landtiere wie Riesensaurier!

Liefen das Szenario der Erdexpansion und die Auffaltung der Gebirge zu Lebzeiten der Menschen ab? Die Überlieferungen der Ureinwohner Nordamerikas berichten jedenfalls von der Bildung des Grand Canyon und in Südamerika von der Hebung der Anden. In Indien wird ein »schnelles Hochreißen von Himalaja, Tibetischem Hochland, Pamir und anderen Gebirgsketten« festgestellt (Allchin/Allchin, 1982, S. 14), das sogar Siedlungen der Jüngeren Altsteinzeit unter Lehmschichten erstickte.

Dass die Mythen in Ostafrika von der Entstehung des Ostafrikanischen Grabens berichten, ist im gleichen globalen Zusammenhang des Umbruchs zu sehen.

Was glauben die Geologen? Der Ostafrikanische Graben soll 20 Mio. Jahre alt sein. Auf Grund seines hohen Alters soll die *Entwicklung des Menschen nur* östlich *von diesem Erdriss* stattgefunden haben. Im Jahre 2001 erlebte die Gemeinschaft der Paläoanthropologen einen Schock. Denn am 19. Juli 2001 fand das Team des französischen Anthropologen Michel Brunet (»Nature«, Bd. 418, 11.7.2002, S. 145–141) im Tschad den Schädel eines Urzeitmenschen, der *Toumai* genannt wurde und einige Merkmale von *Homo erectus* aufweisen soll. Der Fundort liegt im *Westen* des Ostafrikanischen Grabens, also auf der falschen Seite. Denn im Gegensatz zu dem östlich liegenden Gebiet, wo einst Lucy umhergetippelt sein soll, gehört der Toumai-Fundort zum »Affenland« und nicht zum »Menschenland«.

Inzwischen wurde der Schädel in Europa untersucht. Seither steht fest, dass die Geschichte von der Menschwerdung im Osten Afrikas nicht stimmen kann, da *Toumai* vor sieben bis sechs Millionen Jahren in Zentralafrika lebte, also etwa drei Millionen Jahre vor Lucy. Inzwischen streiten andere Forscher jedoch ab, dass dieses Toumai-Individuum auf zwei Beinen gehen konnte – ohne nähere Untersuchungen vorgenommen zu haben (»Nature«, Bd. 419, 10.10.2002, S. 581–582). Michel Brunet antwortete, dass auch *Australopithecus africanus* (Lucy) von Kritikern als *jugendlicher Gorilla* interpretiert wurde und dass eine entsprechende Interpretation seines Fundes als weiblicher Gorilla nicht den Daten entspricht (»Nature«, Bd. 419, 10.10.2002, S. 582). Als »kleine Atombombe« bezeichnet denn auch Harvard-Professor Daniel Lieberman diesen Fund aus dem Tschad. Muss man die Geschichte der Menschwerdung umschreiben? Sicherlich!

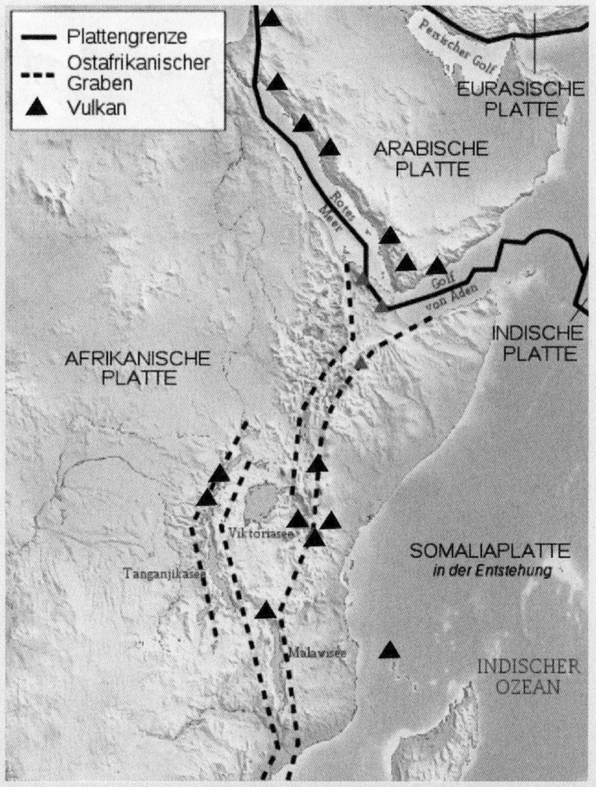

Abb. 92: **GRABENBRUCH**. Der Ostafrikanische Graben (Rift Valley) erweitert sich infolge der Erdexpansion und damit der Ausdehnung der Erdkruste ständig und bildet eine regelrechte Spreizungszone – auch als langgestreckte *tektonische Dehnungszone* bezeichnet – zwischen Afrikanischer und neu entstehender Somali-Platte. M = Menschengruppe zum Größenvergleich.

Das ganze Problem wird verursacht durch die propagierten sehr langen geologischen Zeiträume. Denn falls der Ostafrikanische Graben wesentlich jünger ist als angenommen, gibt es dieses Problem nicht mehr, und aus dem westlich gelegenen »Affenland« kann auch ein »Menschenland« werden. Alles hängt von den Datierungen ab. Sehen wir uns deshalb Datierungsmethoden einmal kritisch an.

Kalium-Argon-Würfelspiel

Erst im 20. Jahrhundert wurden radiometrische Datierungsmethoden entwickelt. Auch diese neuen radiometrischen Messmethoden führten nicht zu einer Änderung der geologischen Grundannahmen, die ja Mitte des 19. Jahrhunderts völlig willkürlich festgelegt wurden. Tatsächlich war die Geschwindigkeit der Evolution der Maßstab, denn die angebliche Langsamkeit der Vorgänge erfordert sehr lange Zeiträume, um dem Spiel des genetischen Zufalls genügend Zeit zu geben.

Fast nur in Sedimenten befinden sich Fossilien, im Gegensatz zu quasi fundleeren Graniten und Basalten. Aber diese vulkanischen Gesteine glaubt man seit einigen Jahren absolut datieren zu können. Meist wird hierfür die Kalium-Argon-Methode bevorzugt.

Alle Datierungsmethoden gehen jedoch von bestimmten Annahmen aus. Liegen diese nicht oder nur bedingt vor, können die Ergebnisse der Datierung falsch oder sogar irrelevant sein.

Bei der Kalium-Argon-Methode gibt es ein zentrales Problem mit der Anwesenheit von überschüssigem Argon, das beim Abkühlen des Gesteins schon in den Mineralien enthalten war. Man misst dann den radioaktiven Zerfall der instabilen (radioaktiven) Isotope von Kalium-40 bei der Abkühlung des vulkanischen Gesteins. Für ein exaktes Messergebnis müsste das gesamte anfangs vorhandene Argon aus den Mineralien komplett herausdiffundiert (entwichen) sein, so dass der Anfangsbestand gleich Null wäre – eine zwingende Voraussetzung. Man weiß aber nicht, wie viel Argon bereits zu Beginn der Abkühlung in den Mineralien vorhanden war und/oder aus der Atmosphäre stammt. Dieses Argon kann von dem während der Abkühlung entstehenden radioaktiven Zerfallsprodukt Kalium-40 nicht unterschieden werden.

Man misst dann nach der Methode, je mehr Argon das Gestein enthält, desto älter ist es. Die durch diese Methode bestimmten Altersangaben werden häufig auch als Modellalter, in diesem Fall *Kalium-Argon-Alter*, bezeichnet. Eine weitere wichtige Voraussetzung dieser Messmethode: Es dürfen keine weiteren Störeinflüsse während des radioaktiven Zerfalls von Kalium-40 im Laufe dieser langen Zeitperiode eintreten.

Aber Gesteine haben die Eigenschaft, Argon zu absorbieren, also aufzunehmen! Durch diese zwangsläufige Anreicherung wird eine größere Menge von Argon gemessen, als *ausschließlich* durch den radioaktiven Zerfall der ursprünglich vorhandenen Menge von Kalium-40 vorhanden sein dürfte. Unter katastrophischen Umweltbedingungen ist aber auch eine radikale Reduzierung von Kalium-40 gegen Null denkbar, denn sogar unter normalen Bedingungen kann das Argon in das umgebene Wasser oder Gestein diffundieren (eindringen) oder durch Mikrozirkulation ausgewaschen werden, denn es ist ja wasserlöslich.

Jeder dieser Einflüsse müsste in seinem Ausmaß quantitativ über Millionen von Jahren hinweg bewertet werden und trägt somit zu einer Fehlersumme in unbekannter Größenordnung bei. Es wäre auch zu klären, ob die unter normalen Bedingungen konstante Zerfallsrate unter bestimmten Voraussetzungen und Umständen beschleunigt oder verlangsamt wird.

Da weder der Anteil von Argon im Gestein zu Beginn der Erkaltung noch die Menge der Argon-Aufnahme oder -Abgabe während des zu messenden Zeitraumes bekannt ist, muss eine Altersdatierung mit dieser Methode mit Fehlern behaftet sein. Die Frage ist nur: *wie fehlerhaft*? Oder ist sie ganz falsch? Bei vulkanischen Gesteinen, die in den letzten 200 Jahren entstanden sind, und deren Alter daher genau bekannt ist, hat sich ein Kalium-Argon-Alter von bis zu 200 Mio. Jahren ergeben, also um den Faktor eine Million zu alt.

Der Unberechenbare

Um zu beweisen, dass die radiometrischen Messmethoden richtige Ergebnisse bringen, müsste man Testreihen vorlegen. Es liegt nahe, ganz einfach Lava zu datieren, die von einem Vulkanbruch stammt, von dem man den Zeitpunkt des Ausbruchs genau kennt.

Betrachten wir meinen Lieblingsvulkan *Mount St. Helens*. Der jetzige Lava-Dom begann sich nach dem letzten Ausbruch am 17. Oktober 1980 zu formen. Äußerst zähflüssige Dazit-Lava quoll aus der Vulkanöffnung, ähnlich wie Zahnpasta aus der Tube, und bildete einen bergähnlichen Dom.

Da das Alter der Lava dieses Doms bekannt ist, sollte eine Radioisotopen-Datierung auch ein entsprechend junges Alter ergeben. Im Juni 1992 entnahm Dr. Steven A. Austin (1996, S. 335–343) hoch auf dem Lava-Dom einen 7,5 Kilogramm schweren Dazit-Block. Ein Teil dieser Probe wurde zerstampft, gesiebt, und in Gesteinspulver sowie zu vier Mineralkonzentraten weiter verarbeitet, u. a. zu Silikat-Gemischen (Amphibol, Pyroxen). Diese wurden dem *Geochron Laboratorium* in Cambridge (Massachusetts) für eine Radioisotopen-Datierung übergeben. Dem Labor wurde nicht mitgeteilt, dass die Proben aus dem Lava-Dom des Vulkans *Mount St. Helens* stammten und zu diesem Zeitpunkt nur zehn Jahre alt waren.

Die radiometrische Datierung mit der Kalium-Argon-Methode ergab für die einzelnen Mineralien aus derselben Probe folgende Alter:

- Gesteinspulver 350 000 ± 50 000 Jahre
- Feldspat-Gemisch 340 000 ± 60 000 Jahre
- Amphibol-Gemisch 900 000 ± 200 000 Jahre
- Pyroxen-Gemisch 1 1 700 000 ± 300 000 Jahre
- Pyroxen-Gemisch 2 2 800 000 ± 600 000 Jahre

Das Ergebnis zeigt zuerst einmal einen sehr hohen Fehlertoleranzwert, aber was noch viel interessanter ist: ein viel zu hohes Alter! Dabei handelte es sich um Proben mit einem *Alter von nur zehn Jahren*. Mit anderen Worten, man hat eine entsprechend hohe Konzentration von Argon in den Proben nachgewiesen; aber als Voraussetzung für die Richtigkeit der Datierung gilt, dass die Radioisotopen-Uhr beim Ausbruch der Lava auf Null gesetzt wird und erst dann zu ticken beginnt, wie bei der Messung mit einer Stoppuhr. Da aber die Proben viel zu hohe Alterswerte ergeben haben, lag die Voraussetzung für eine korrekte Messung nicht einmal ansatzweise vor. Dies ist mit der unkorrekten Zeitmessung eines Läufers zu vergleichen, der gegenüber anderen aus dem Ruhezustand startenden Athleten einen fliegenden Start ausführt.

Aufschlussreich ist auch die extrem breite Streuung der ermittelten Alter der unterschiedlichen Mineralien, die alle aus derselben Entnahmeprobe stammen. Fazit: Das mit derselben Methode datierte Alter hängt wesentlich von der Art des vorhandenen Minerals ab. Da die Datierungen des Dazits anstatt eines Alters von nur 10 Jahren solche von utopischen 340 000 bis zu 2 800 000 Jahren ergaben, können entsprechende Messungen für vulkanische Gesteine mit unbekanntem Alter generell keine richtigen Ergebnisse bringen.

Liegt ein zu messender Argon-Gehalt des Dazits vom *Mount St. Helens* außerhalb der Messgrenzen, wie orthodoxe Wissenschaftler meinen (Ries, 2003)? Falls überhaupt irgendein Wert für den Argon-Gehalt ermittelt wurde, dann kann die Messung ja nicht außerhalb des Messbereichs liegen, sondern gerade im Gegenteil: Weil man etwas messen kann, verhält es sich deswegen umgekehrt. Damit ist die anfängliche Kritik an dieser Datierungsmethode bestätigt, da man nicht weiß, wieviel Argon-40 anfangs in der Lava vorhanden war. Deshalb sind Datierungen mit der Kalium-Argon-Methode nicht aussagekräftig, da man nicht weiß, ob die Argon-Uhr in alter Lava auf Null gestellt worden ist – denn niemand hat damals gemessen. Hier ist ein Glaubens-, aber kein Wissensakt gefragt.

Wenn ich behaupte, das Vulkangestein der Anden sei vor 5000 Jahren entstanden und die Radioisotopenuhr zu diesem Zeitpunkt hätte nicht auf Null gestanden, sondern einen hohen Anfangswert besessen, kann niemand das Gegenteil beweisen. Mit anderen Worten: Falls die Gebirge (u. a. Anden, Himalaja) sich erst vor wenigen tausend oder zigtausend Jahren erhoben haben, sind Langzeit-Datierungen gar nicht möglich, und die Messungen ergeben ein viel zu hohes, märchenhaftes Alter. Oder anders ausgedrückt: Wäre der Lava-Dom des *Mount St. Helens* nicht vor zehn, sondern vor 5000 Jahren entstanden, also vor der Geschichtsschreibung, hätte man auf die Datierungen nach der Kalium-Argon-Methode vertraut und in den Geologiebüchern wäre ein Alter von zwei Millionen und mehr Jahren als messtechnisch bewiesen fixiert.

Gemessen und voll daneben

Handelt es sich bei den Datierungen des Lava-Doms vom Mount St. Helens um einen Einzelfall? Analysieren wir zuerst die Datierung eines Ereignisses, dessen geschichtliches Datum man genau zu kennen glaubt: Der Ausbruch des Vesuvs im Jahre 79, als Pompeji verschüttet wurde. Die Datierung ergab jedoch ein fast doppelt so hohes Alter von 3300 ± 500 Jahren. Man behauptet offiziell, dass der Messwert noch in der Toleranzzone liege, obwohl die Abweichung ungefähr 70 Prozent beträgt (Renne et al., 1997).

Da scheinbar zu viel Argon in der Probe enthalten ist, wurde das gemessene Alter durch rechnerische Korrekturen dem tatsächlichen Alter angeglichen. Deshalb wird behauptet, dass man mit dieser Datierungsmethode geschichtliche Ereignisse mit einem maximalen Fehler von fünf Prozent exakt bestimmen könne. Wenn man weiß, welches Ergebnis herauskommen muss, kann man gemessene Werte gut hinrechnen. Außerdem streuen die Messergebnisse in Abhängigkeit von der untersuchten Isotopen- und Mineralart.

Das Institut für Mineralogie der *Westfälischen Wilhelms-Universität Münster* informierte am 5. November 1999 im Forschungsbericht 1997–1998, dass Altersbestimmungen an Hochdruck-Metamorphiten des *Saih Hatat Gebiets* (Oman) durch eine kombinierte Anwendung von zwei Datierungsmethoden – Argon-Argon-Methode (Santa Barbara) und Rubidium-Strontium-Methode (Münster) – *erhebliche Altersunterschiede* lieferte, da diese Hochdruck-Gesteine einen Überschuss an Argon aufwiesen.

Handelt es sich um Einzelfälle? Nein: G. B. Dalrymple (1969) listet mehrere Altersangaben auf, die mit der Kalium-Argon-Methode für mehrere Lava-Proben von Vulkanausbrüchen aus der jüngeren Geschichte ermittelt wurden (»Earth and Planetary Science Letters«, Bd. 6, 1969, S. 47–55).

Vulkanausbruch	Jahr	jüngste Datierung	Fehler in Jahren
Hualalai Basalt, Hawaii	1800–1801	1330000	1328000
Ätna Basalt, Sizilien	122 v. u. Z.	170000	168000
Ätna Basalt, Sizilien	1792	210000	210000
Sunset Crater Basalt	1064–1065	100000	99000
Mt. Lassen Plagioklase	1915	80000	80000

Abb. 93: **FEHLDATIERUNGEN**. Kalium-Argon-Datierungen der Lava von bekannten Vulkanausbrüchen in geschichtlicher Zeit ergaben ein viel zu hohes Alter. Nach Dalrymple, 1969.

Da man weiß, dass die Datierungen falsche Ergebnisse bringen, werden auf zwei verschiedene Arten bestimmte Mengenverhältnisse verschiedener Isotopen kombiniert (*Drei-Isotopendiagramme*), indem über die Halbwertszeit der Isotope deren gemeinsamer Zerfallsbeginn berechnet wird. Ergeben sich ähnliche Resultate, dann wird angenommen, der radioaktive Zerfall sei ungestört gleichmäßig verlaufen. Das Messergebnis hängt also rein von den Annahmen und dem erwarteten Ergebnis ab.

Dies gilt auch für die Behauptung, dass man den absorbierten Teil des Argon-40 messen könne, indem man außer Argon-40 auch noch den Gehalt an Argon-39 (Stan/Hess, 1990) oder Argon-36 (Dalrymple, 1969; Lippolt et al., 1990) misst. Das Verhältnis dieser beiden Isotope wird in der Atmosphäre über Hunderte von Millionen Jahren hinweg als konstant betrachtet, obwohl ja zum Beispiel zu Beginn eine große Menge von zwei oder mehr Isotopen gleichzeitig aufgenommen worden sein könnte.

Im Fachmagazin »Science« (Bd. 277, 29.8.1997, S. 1280) wird bestätigt: »Ob das anfänglich vorhandene Argon-Verhältnis Argon-39/Argon-40 bereits im ursprünglichen Magma enthalten war oder nach der Eruption aufgenommen wurde, kann aufgrund der vorhandenen Daten nicht bestimmt werden.« Für den Privatgebrauch wird im Internetlexikon »Wikipedia« dagegen behauptet (Stand 5.1.2005): »Im Fall des Kalium-Argon-Systems stehe mit der Argon-39/Argon-40-Messtechnik sogar eine besonders ausgefeilte Technik zur Verfügung, mit der Verfälschungen *ausgeschlossen* werden könnten.«

Es muss nochmals unterstrichen werden, dass man ja nicht das Alter eines Gesteins direkt messen kann, sondern man bestimmt nur eine Anzahl von Isotopen und rechnet dann aufgrund heutiger Zerfallsverhältnisse zurück in die Erdvergangenheit. Diesen Methoden fehlt aber die Eichung an bekannten Objekten: Das Nicht-Vorhandensein von Daten über Eichkurve, Standardabweichung und Grundrauschen wird ersetzt durch Annahmen, z. B., dass keine Verflüchtigung der Tochterisotope erfolgte oder durch Speicherung keine Veränderungen aufgetreten seien (»Lexikon der Physik«, 1999, Bd. 3, S. 199).

Zu berücksichtigen ist auch, dass durch spätere metamorphe Umwandlung der Gesteine sowohl die Anzahl als auch die relativen Verhältnisse der Isotope beeinflusst werden.

Der Zeitabschnitt, in dem die Hälfte radioaktiver Isotope zerfällt (Halbwertszeit), galt bisher als im Labor getestete »geeichte« Uhr. An diesem Dogma wurde offiziell leicht gerüttelt: Im Fachmagazin »Science« (Bd. 282, 4.12.1998, S. 1840–1841) wurde ein Fehlermodell veröffentlicht, das die

Abweichungen von Halbwertszeiten verschiedener radioaktiver Isotope auf Grund theoretischer und experimenteller Annahmen zeigt. Fazit: Der nukleare Zerfall ist keine exakte Uhr.

In den letzten Jahren hat die seit Anfang der 1960er-Jahre entwickelte Thermolumineszenz-Datierung an Bedeutung gewonnen. Bei dieser Methode wird die Eigenschaft mancher Festkörper genutzt, beim Erhitzen vorher im Kristallgitter gespeicherte Energie in Form von Licht abzugeben. Mit anderen Worten, dass die Umwandlung verschiedener Energieformen in sichtbares Licht (Leuchten) vorgenommen wird. Die Energie wurde in metastabilen Zuständen gespeichert, sie stammt vor allem aus Zerfallsprozessen natürlich vorkommender radioaktiver Nuklide oder aus der kosmischen Strahlung.

Die Reichweite der Altersbestimmung mit dieser Methode soll mehr als 50 000 Jahre und unter guten Bedingungen bis zu 100 000 oder sogar 120 000 Jahre betragen, abhängig vom verwendeten Dosimeter (Geigerzähler) und der Dosisleistung. Die Genauigkeit ist jedoch auch bei Vorliegen idealer Grundbedingungen begrenzt und liegt bei etwa 10 % des Alters der Probe. Daher kann sie bei Keramik der Antike oft nur allgemein die Echtheit bestätigen, während die genauere Datierung durch stilistische Analysen etwa der Vasenmalerei erfolgen muss.

Für eine Auswertung muss jedoch einfließen:

- Messungen der Dosisleistung in der Umgebung des Fundortes vorkommender radioaktiver Nuklide, wobei für die Berechnung und Interpretation mögliche radioaktive Ungleichgewichte und die Kenntnis des (regional/lokal unterschiedlichen) Spektrums der betreffenden radioaktiven Isotope und deren Zerfallszeit zu berücksichtigen sind. Dies sind alles Einflüsse, die ggf. nicht bekannt sind, insbesondere in Bezug auf den Verlauf in der Vergangenheit.
- Der Grad der Signalrückstellung hängt auch vom Ablagerungsmilieu und der im Normalfall nicht bekannten Sedimentationsgeschwindigkeit in der Vergangenheit ab. Außerdem müssen Faktoren wie der natürliche Wassergehalt (Feuchtigkeit) und mögliche radioaktive Ungleichgewichte bekannt sein.
- Auch Umgebungsbedingungen wie Licht und Temperatur können die Messergebnisse beeinflussen.

Nur für gleichförmig abgelaufene Szenarien in der Vergangenheit gemäß der Gleichförmigkeitstheorie könnte idealerweise eine Altersdatierung annähernd bestimmt werden. Diese Voraussetzungen liegen jedoch nicht vor, falls Naturkatastrophen oder sogar Kataklysmen die Erdgeschichte katastrophisch beeinflussten.

Kalzium und Kalkstein

Durch den Zerfall von Kalium-40 entsteht aber nicht nur Argon-40, sondern auch Kalzium-40. Dieses durch den radioaktiven Zerfall entstehende Kalzium wird offiziell nicht beachtet, da es vom gewöhnlichen Kalzium, das häufig vorkommt, nicht zu unterscheiden ist. Jedoch ist Kalzium ein silberweißes, weiches Metall, welches mit Wasser stark reagiert. Es ist das maßgebliche Element zur Bildung von Kalkstein (Kalziumkarbonat $CaCO_3$), wichtige Verbindungen mit Kalzium sind Zement und Kreide. Im Wasser ist das Kalziumkarbonat in gelöster Form, d. h. als Ionen vorhanden. Bei physikalischen Veränderungen des Wassers (Verdunstung, Erwärmung, Verwirbelung) fällt, chemisch gesehen, das Kalziumkarbonat aus.

Mit anderen Worten, falls zum Beispiel durch katastrophische Ereignisse (Meteoriteneinschlag) und nachfolgend einsetzendem Treibhauseffekt eine Erwärmung des Wassers unter gleichzeitiger Verwirbelung einsetzt, bilden sich relativ schnell Kalk-, Sand- und auch Kreideschichten. Ist auf diese Weise die massenhafte Entstehung der – bereits eingangs diskutierten – anscheinend geschütteten Kreidefelsen (u. a. Ost- und Nordsee) zu erklären?

Das Modell des Kataklysmen-Horizonts (Sintflut) liefert ergänzend die Erklärung, dass nach einem Meteoriteneinschlag nicht nur neuer Kalkstein gebildet wird, sondern unter Freisetzung von Wärme (= Treibhauseffekt) auch zwei Teile Wasser pro Molekül $CaCO_3$ (Kalziumkarbonat) entstehen. Mit anderen Worten: Nach einem Asteroideneinschlag oder Supervulkanausbruch kann neuer Kalkstein gebildet werden und der Wasserspiegel der Ozeane steigt. Ein Phänomen, das bisher dem Abschmelzen der Eiszeit-Gletscher zugeschrieben wird. Die von mir vorgestellte *Naturbetontheorie* beschreibt die schnelle Entstehung von unterschiedlichen Sedimentschichten bei gleichzeitiger schneller Erhärtung. Allerdings ergibt die ansonsten für Wissenschaftler rätselhafte Herkunft von Kalzium durch den zuvor diskutierten radioaktiven Zerfall von Kalium-40 einen zusätzlichen Aspekt. Haben wir letztendlich heftigen Vulkanausbrüchen die massenhafte Existenz von Kalzium und die, erdgeschichtlich gesehen, relativ späte Bildung von Kalkstein zu verdanken? Vollzog sich dieser Prozess mit der Erdexpansion?

Zu wenige Edelgase

Die Umwandlung von Uran- und Thorium-Kernen in radioaktive Isotope erfolgt über den Alpha- und Beta-Zerfall, meist mit nachfolgender Aussendung von Gammastrahlung. Die Alpha-Strahlung besteht aus sogenannten Alphateilchen, also aus Heliumkernen, die sich aus zwei Protonen und zwei Neutronen zusammensetzen. Aufgrund ihrer ungewöhnlich hohen Bindungsenergie (28,3 MeV) sind die Alphateilchen außerordentlich stabil. Helium besitzt den niedrigsten Schmelz- und Siedepunkt aller bekannten Gase und kann bei Atmosphärendruck nicht ausgefroren werden – ist also äußerst beständig.

Aus der Sonnenkorona strömt die solare Korpuskel-Strahlung ab, die als Sonnenwind bezeichnet wird. Dieser besteht neben Wasserstoff- auch aus Heliumkernen. Gehen wir einmal idealisierend davon aus, dass keine Heliumkerne aus dem Sonnenwind in der Erdatmosphäre verbleiben, dann entsteht nach unserem schulwissenschaftlichen Weltbild das Helium ausschließlich als Alphateilchen durch die *Freisetzung beim radioaktiven Zerfall mit der Alphastrahlung.*

Wenn mittels radiometrischer Altersbestimmungen von einem bis zu über vier Milliarden Jahren andauernden radioaktiven Zerfall in unseren ältesten Gesteinen ausgegangen wird, dann müssten sehr viele Heliumkerne in unserer Atmosphäre existieren. Mit Sensoren hat man die Emission von Heliumkernen aus der Erdkruste in die Atmosphäre gemessen. Geht man davon aus, dass das gesamte Helium in der Erdatmosphäre verbleibt, würden nur 10 000 Jahre ausreichen, um unsere Atmosphäre mit Helium auf den heutigen Gehalt anzureichern.

Können die sehr leichten Heliumkerne in den Weltraum abgegeben werden, so dass nur ein ständiger Austausch stattfindet? »Chemisch reaktive Elemente hätten durch irgendeinen chemischen Prozess aus der Atmosphäre entfernt werden können; aber die Edelgase, die sowohl schwer genug sind, um durch Schwerkraft zurückgehalten zu werden, als auch chemisch inaktiv, so dass sie in der Kruste nicht aufgenommen werden konnten – die Edelgase müssten also noch vorhanden sein« (Gold, 1988, S. 36). Aber auch unter Berücksichtigung einer hohen Abgaberate in den Weltraum ergibt sich als Grenzfallbetrachtung für das Alter der Atmosphäre höchstens ein maximales Alter von einigen hunderttausend Jahren.

Das wirkliche Alter ist aber wesentlich geringer, denn man kann die maximale Energie berechnen, die im Magnetfeld der Erde gespeichert ist. Diese Energierate wird bei freiem radioaktivem Zerfall in der Erdkruste schon nach 8700 Jahren erreicht. Dieses Alter ist nur wenig höher als der Zeitraum, der für eine erdgebundene verlustfreie Anreicherung der Atmosphäre mit Helium benötigt wird.

Auch andere Szenarien deuten darauf hin, dass unsere heutige Atmosphäre jung ist. Rechnet man mit einer Verlustrate der Stärke unseres Magnetfeldes in Höhe von 15 Prozent, die in den letzten 160 Jahren gemessen wurde, in die Erdvergangenheit zurück, ergibt sich vor 22 000 Jahren ein Extremwert der Magnetfeldstärke, die keine Lebensform überlebt hätte (ausführlich in »Irrtümer der Erdgeschichte«, Zillmer 2001/2023).

Auf keinen Fall soll jedoch aus diesen Ausführungen auf einen jungen Planeten Erde geschlossen werden, wohl aber auf eine vor wenigen tausend Jahren fast komplett umgestaltete Erdkruste mit einer neuen oder umgebildeten Atmosphäre. Dabei vollzog sich ein wesentlich beschleunigter radioaktiver Zerfall, mit der Neubildung von Kalzium und Wasser, und es entstand eine Spannungsspitze.

Zusätzlich erhöhte sich die kosmische Einstrahlung auf die Erde. In den oberen Schichten der Atmosphäre wurde die Ultraviolett-C-Strahlung durch molekularen Sauerstoff nahezu vollständig und die Ultraviolett-B-Strahlung zu mindestens 97 Prozent absorbiert. Dabei wurde Ozon gebildet, vorausgesetzt die Atmosphäre enthielt genug Sauerstoff. Die Ozonschicht wirkte ihrerseits als Filter für ultraviolette Strahlen. Nimmt der Sauerstoffgehalt in der Atmosphäre beziehungsweise der Ozongehalt in der Stratosphäre ab, steigt insbesondere der Anteil der Ultraviolett-B-Strahlung, der zur Erde durchdringen kann. Je energiereicher die Strahlung, desto höher ihre schädliche Wirkung auf Biokörper: Die Ultraviolett-B-Strahlung kann krankhafte Veränderungen der Zellen bei allen Lebewesen bewirken, ist an der Entstehung von Krebs beteiligt, schwächt das Immunsystem, erhöht die Rate der Missbildungen, schädigt die Erbsubstanz und führt bei entsprechender

Intensität zum Tod. Neue Forschungen haben erwiesen, dass Tiere – wahrscheinlich auch Menschen – unter erhöhter Ultraviolett-B-Strahlung unfruchtbar werden.

Die dramatisch angestiegene (kurzwellige) Ultraviolett-B-Strahlung und radioaktive Strahlung im Verbund mit einer Erhöhung der Gravitation während des Kataklysmus-Horizonts war vermutlich eine Ursache des Massensterbens von etwa 80 Prozent der Arten. Bei den Überlebenden dieses Szenarios vollzog sich eine Verkleinerung der einstmaligen Mega-Fauna zu den kleiner-wüchsigen Pflanzen, Tieren und Menschen, die unsere heutige Erde beleben.

Meine Ausführungen wurden bestätigt: Für ein Massensterben vor 443 Mio. Jahren wird neuerdings erhöhte radioaktive Strahlung verantwortlich gemacht, die das Ende der Trilobiten verursacht haben soll. Die Ozonschicht wurde zerstört und die Intensität der UV-Strahlung stieg an (»New Scientist«, 27.9.2003, S. 17). Die bis dahin gängige Theorie führte das Aussterben der damals lebenden Meerestiere wie Seesterne, Seeigel, Tintenfische und Gliederfüßler auf das Einsetzen einer Eiszeit zurück. Warum jedoch mitten in einer Periode sehr warmen Klimas plötzlich eine Eiszeit hätte einsetzen sollen, kann niemand erklären.

Auch das schulwissenschaftliche Weltbild vom Aufbau der Erde und von den im Erdinneren ablaufenden Prozessen ist im Gegensatz zu den Darstellungen der Geophysiker weitgehend lückenhaft. Sensationell ist die Meldung, dass im Inneren unserer Erde scheinbar Helium-Atome auch *ohne* radioaktiven Zerfall freigesetzt werden (»Earth and Planetary Science Letters«, Bd. 31, 1976, S. 369–385). Berücksichtigt man diese freien Helium-Atome außerhalb des radioaktiven Zerfalls, verringert sich das Alter der Atmosphäre zusätzlich. Es wird Zeit, die alten Dogmen als Scheuklappen unseres Bewusstseins und der Forschung einzureißen. Ein Paradigmenwechsel ist überfällig.

4 Lug und Trug: Die Menschwerdung

In der Wissenschaft existiert ein Wissensfilter, der unwillkommenes Material aussiebt. Diese Wissensfilterung wird bereits seit dem Ende des 19. Jahrhunderts betrieben und dauert bis heute an. Der Lehrmeinung widersprechende Funde werden abgelehnt, ohne dass eine sorgfältige Überprüfung des Befundmaterials geschieht. Hat im wissenschaftlichen Establishment (Science Community) erst einmal das Gerücht die Runde gemacht, dass ein spezieller Fund unseriös sei, genügt dies den meisten Wissenschaftlern, um sich nicht mehr mit dem angezweifelten Material zu beschäftigen. Ein Mantel des Schweigens wird dann darüber ausgebreitet. Neu heranwachsende Wissenschaftler wissen dann auch nichts mehr von der Existenz kontroverser oder sogar der herrschenden Theorie krass widersprechender Funde und glauben selbst, ja sind felsenfest davon überzeugt, dass sie vom universitären Wissenschaftsbetrieb umfassend und allwissend ausgebildet wurden. Deshalb müssen frühere Beschreibungen kontroverser Funde für eine Zeit der erforderlichen Wissenschaftsrevision – quasi dem Galilei-Fall der Wissenschaft – präsent gehalten werden, bis eine vorurteilsfreie, kritische Forschergeneration heranwächst, die Theorien nach Tatsachen ausrichtet und nicht umgekehrt.

Wissensfilter

Im Oktober 1998 wurde der Film »Hat die Bibel doch Recht? Der Evolutionstheorie fehlen die Beweise« von Fritz Poppenberg beim Fernsehsender »Sender Freies Berlin« ausgestrahlt. Daraufhin erhoben drei Wissenschaftler offiziell Einwände. Der Dokumentarfilm erhielt einen Sperrvermerk und »darf planmäßig nicht mehr im Fernsehen gezeigt werden« (Kutschera,

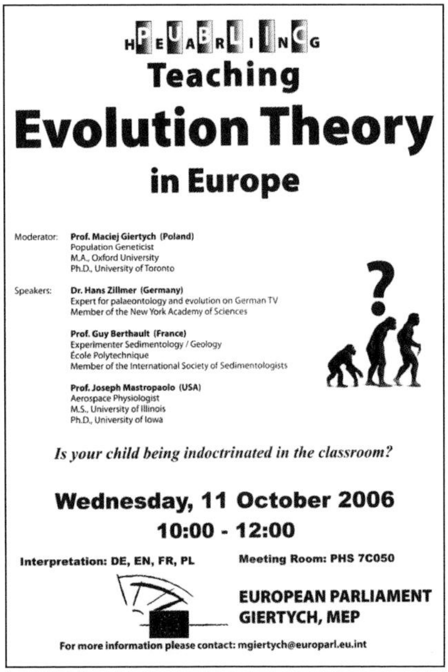

Abb. 94: **HEARING**. Der Autor Zillmer im Europäischen Parlament 2006.

2004, S. 248). Nachdem Professor Dr. Ulrich Kutschera (*Universität Kassel*) während einer Rede mit dem Titel »Evolution, das Generalthema der Biowissenschaften« auf der Jahrestagung des Verbands deutscher Biologen am 27. Oktober 2002 innehielt und explizit vor Poppenbergs Film und dem in zwölf Fremdsprachen übersetzten Sachbuch-Bestseller »Darwins Irrtum« (1998) mit darin dokumentierten Beweisen gegen die Makro-Evolution gewarnt hatte, gründete man im Anschluss an das Treffen die *Arbeitsgemeinschaft Evolutionsbiologie*, um die weitere Einflussnahme des Antidarwinismus auf Bildung und Öffentlichkeit zu verhindern und die Arbeitsplätze der Evolutionstheoretiker zu sichern. Die Diskreditierung und Verleumdung der betroffenen Autoren finden unter der Oberfläche der Medien bis heutzutage statt. Laut Verlautbarung der *AG Evolutionsbiologie* hat es ein Hearing mit u. a. einem Vortrag meiner Person nicht gegeben (Abb. 94), obwohl dieses dokumentiert wurde im Wissenschaftsmagazin »Nature« (Bd. 444, 7.12.2006, S. 679–679).

Wenn von der Unterdrückung von Beweisen gegen die Evolutionstheorie die Rede ist, dann handelt es sich nicht um vereinzelte wissenschaftliche Verschwörer, die die Öffentlichkeit hinters Licht führen wollen. Vielmehr wird ein andauernder Prozess der systematischen Wissensfilterung vollzogen, der harmlos erscheint, aber im Laufe der Zeit beträchtliche Ausmaße und quasi eine Undurchlässigkeit für unerwünschte Informationen entwickelt hat, die sich ständig steigert.

Ein mit mehreren Auszeichnungen dekorierter Regisseur wollte 1999 gar eine ganze Serie für öffentlich-rechtliche Fernsehanstalten drehen, bekam aber klipp und klar gesagt: Wer mit Zillmer auch nur einen Dokumentarfilm dreht, erhält keinen einzigen Auftrag mehr.

Auf diese Weise verschwinden kontroverse Erkenntnisse, die der Lehrmeinung widersprechen, ganz einfach aus dem Blickfeld, und erhalten keine Chance, in anerkannten wissenschaftlichen Magazinen veröffentlicht zu werden. So entscheiden beispielsweise zwei konservative Gutachter über die Zulässigkeit der Veröffentlichung von Forschungsergebnissen im Fachblatt »Science«.

Wissenschaftliche Manipulation

Der Anthropologe Thomas E. Lee vom *National Museum of Canada* entdeckte in den Jahren 1951 bis 1955 Steinwerkzeuge in »eiszeitlichen« Ablagerungen bei Sheguiandah auf Manitoulin Island, der größten Binnensee-Insel der Welt im nordamerikanischen Huron-See (Lee, 1966). Diese Steinwerkzeuge wiesen fortschrittliche Bearbeitungsspuren auf und sollten nach mehrmaligen Untersuchungen des Geologen John Sanford (*Staatliche Universität Wayne*) in den Jahren 1952 bis 1957 mindestens 65 000 oder sogar bis zu 125 000 Jahre alt sein. »Eine Gruppe von Geologen stimmte anlässlich einer Exkursion zum Fundort mit dieser geologischen Analyse überein« (Sanford, 1971, S. 7). Bei der Frage der Datierung gingen die Meinungen auseinander. Aus der Bandbreite von bis zu 100 000 Jahren einigte man sich auf das Mindestalter von 30 000 Jahren. Nach der Zeitleiter der Menschheitsgeschichte kämen dann nur Neandertaler oder frühmoderne Aurignacien-Menschen als Urheber der Werkzeuge in Nordamerika infrage.

Die Werkzeuge wurden nicht an der Oberfläche gefunden, sondern aus mehreren geologischen Schichten gegraben: »Die stratigraphische Sequenz der Sedimente und der in jeder Schicht enthaltenen Artefakte ist definitiv und eindeutig. Sorgfältige Grabungen und Untersuchungen der Sedimente und der vorgefundenen Artefakte lassen keinen Raum für Zweifel bezüglich der ungestörten Abfolge vorhandener Kulturschichten (Stratigraphie)« (Sanford, 1971, S. 14).

Unter der Leitung des Anthropologen Professor Dr. Patrick Julig (*Laurentian Universität* in Sudbury) wurden in den letzten Jahren neue Grabungen vorgenommen. Nach diesen Untersuchungen wurde die Ausgrabungsstätte »vor und nach einer katastrophischen Überflutung vor ungefähr 9600 Jahren« (Julig, 2002) von den Eingeborenen bewohnt. Zur Datierung mit der

Radiokarbonmethode dienten organische Stoffe in den betreffenden Schichten der Torfmoore. Bereits der Anthropologe James Griffin (*Universität von Michigan*) hatte 1983 diese Funde zähneknirschend als echt anerkennen müssen, nachdem er dies noch 1979 bestritten hatte (Griffin, 1979, S. 43 ff.). Aber dieses Zugeständnis erweckte den Eindruck, als wenn Werkzeuge nur auf oder nahe der Oberfläche in Torfmooren gefunden wurden. In neueren Grabungsskizzen von Julig (2002) wird sogar ausdrücklich darauf hingewiesen, dass im Gletscherschutt, der wesentlich älter als die Moore ist, *keine* Werkzeuge gefunden wurden.

Die älteren Originalberichte liefern jedoch Argumente gegen diese Schlammflut-Hypothese. Die auch von Julig ausgegrabenen und als echt anerkannten Artefakte in den Schichten der Torfmoore gehören nach Lee zu einem *oberen Niveau* mit Projektil-Spitzen, das über den »eiszeitlichen« Geröllschichten liegt. Diese jüngere Steingerätekultur ist im weitesten Sinne »indianisch-indigen« und war über einen Großteil Zentralkanadas weit verbreitet. Im *darunter liegenden* Niveau, also in älteren Schichten, wurden entgegen der Grabungsskizze von Julig *im Gletscherschutt* jeweils ganz *unterschiedliche* Werkzeugtypen im Vergleich zu denen aus oberflächennahen Torfmoor-Schichten gefundenen (Lee, 1983).

Bei konventioneller Datierung ergibt sich für die Artefakte aus dem Gletscherschutt ein viel zu hohes Alter. Deshalb mussten die Funde von uralten Steinwerkzeugen aus den noch darunter liegenden, also älteren Schichten buchstäblich in den Mühlen der Wissenschaft zermahlen werden. Da die Artefakte unbestritten echt sind, wird versucht, alle Steinwerkzeuge als »nacheiszeitlich« zu deklarieren.

Interessant ist in diesem Fall die neuere Interpretation der werkzeughaltigen Schichten als Flutschichten, die meiner Auslegung (siehe Kapitel 2) nahe kommt, nur muss dann das Alter nochmals deutlich reduziert werden, denn auch die älteren eiszeitlichen Geröllschichten der Wisconsin-Eiszeit wurden erst nach dem Kataklysmus-Horizont gebildet und sind nur wenige tausend Jahre alt.

Wirklich interessant ist jedoch, welches Licht dieser Fall auf die Praktiken der wissenschaftlichen Welt bei der Ausgrenzung von Kollegen wirft, die sich nicht der Lehrmeinung wissenschaftlicher Autoritäten unterwerfen. Thomas E. Lee, der Entdecker der Fundstellen, »wurde von seinem Posten im Staatsdienst geschasst und war danach längere Zeit arbeitslos; Publikationsmöglichkeiten wurden vereitelt. Mehrere prominente Autoren stellten das Fundmaterial falsch dar (...) Tonnen von Artefakten verschwanden in den Lagerräumen des *National Museum of Canada* in Kisten. Weil er sich weigerte, den Entdecker zu feuern, wurde der Direktor des *National Museums*, der vorgeschlagen hatte, dass über die Funde eine Monographie veröffentlicht werden sollte, selbst entlassen und ins Exil getrieben (...) aus dem Fundort selbst hat man ein Touristenzentrum gemacht (...) Sheguiandah hätte zwangsläufig das peinliche Eingeständnis zur Folge gehabt, dass die wissenschaftlichen Gralshüter eben doch nicht alles wussten. Es hätte weiterhin bedeutet, dass fast jedes einschlägige Buch hätte umgeschrieben werden müssen. Also musste die Sache sterben. Und sie starb« (Lee, 1996, 18 f.).

Auch ähnliche andere Funde wurden von den meisten Archäologen zurückgewiesen, da diese der Theorie widersprechen. Bei Hueyatlaco, etwa 120 Kilometer südöstlich von Mexico City, legte die Geologin Virginia Steen-McIntyre in den 1960er-Jahren zusammen mit anderen Mitgliedern eines Forscherteams des *Amerikanischen Amtes für geologische Aufnahmen* technisch hochwertige Steinwerkzeuge frei. Das Geologenteam, das mit finanzieller Unterstützung der unabhängigen Behörde der US-Bundesregierung *National Science Foundation* tätig war, datierte die oberste geologische Schicht mit mehreren Datierungsmethoden auf ein Alter von *mindestens* 245 000 Jahren!

Robert Fryxell stellte fest, dass nach »Jahrhunderten archäologischer Forschung in der Alten und Neuen Welt unser Wissen um die menschliche Frühgeschichte so ungenau ist, dass wir plötzlich erkennen: Es ist alles falsch, was wir bisher gedacht haben (...) Andererseits wird es, je umfassender die gesammelten geologischen Daten sind, umso schwieriger zu erklären, wieso mehrere unterschiedliche und voneinander unabhängige Datierungsmethoden zu Fehlern der gleichen Größenordnung geführt haben sollen« (»Denver Post«, 13.11.1973).

Entsprechend war es für Virginia Steen-McIntyre ziemlich schwierig, ihre Funde überhaupt zu veröffentlichen. Der Abdruck des Berichts wurde immer wieder verzögert, bis er schließlich 1981 im »Quaternary Research« erschien, nachdem sie am 30. März 1981 ihren Unmut in einem Brief formuliert hatte:

»Das Problem (...) ist viel größer als die Funde von Hueyatlaco. Es betrifft die Manipulation wissenschaftlicher Daten durch die Unterdrückung ›rätselhafter Daten‹, Daten, die die vorherrschende Denkweise in Frage stellen. Bei Hueyatlaco ist das sicher der Fall! Da ich kein Anthropologe bin, war ich mir damals, im Jahr 1973, weder der vollen Tragweite unserer Daten bewusst, noch hatte ich realisiert, wie tief verwoben mit unserem Denken die gegenwärtig gültige Theorie von der menschlichen Evolution bereits ist. Unsere Arbeit in Hueyatlaco ist von den meisten Archäologen nur deshalb abgelehnt worden, weil sie ebendieser Theorie zuwider läuft. Punktum. Sie argumentieren im Kreis. *Homo sapiens sapiens* entwickelte sich vor ca. 50 000 bis 20 000 Jahren in Eurasien. Es kann daher unmöglich 250 000 Jahre alte, in Mexiko gefundene Werkzeuge von *Homo sapiens sapiens* geben(...) Ein solches Denken sorgt für selbstzufriedene Wissenschaftler, hat aber eine lausige Wissenschaft zur Folge.«

Die Abdruckgenehmigung für Fotografien von Hueyatlaco-Artefakten wird nur erteilt, wenn man das »Wahnsinnsdatum« von 250 000 Jahre *nicht* nennt, sondern ein Alter von 30 000 Jahren angibt – ein Zeithorizont, der mit dem Auftauchen des modernen Menschen gerade noch zu vereinbaren ist. Fazit: In der Wissenschaft existiert seit gut einem Jahrhundert ein Wissensfilter, der unwillkommenes Material strikt aussiebt. Betrachten wir noch weitere, nicht ins Konzept der Evolutionstheorie und Geologie passende Funde.

Was nicht sein darf

Der deutsche Weltenbummler Ernst Hoening fand rein zufällig 1977 in der elf Meter tiefen *Bisonschlucht* im Norden Kanadas ein von Menschenhand geformtes Werkstück, und es kamen weitere Fundstücke wie fossile Knochen von Menschen und Tieren sowie Faustkeilschaber und Faustäxte aus grauer Vorzeit ans Tageslicht. Außerdem wurde ein Fußabdruck in einer geologisch datierbaren Steinplatte entdeckt, die direkt *unterhalb* des Geschiebemergels der letzten Wisconsin-Vergletscherung lag. Die geologische Altersdatierung »in einem mineralogischen Institut in Deutschland ergab, dass die Fundschicht älter als 110 000 Jahre ist« (Hoening, 1981, S. 216 f.). Dieser Zeitpunkt liegt vor Beginn der letzten Wisconsin-Vereisung, die vor etwa 92 000 bis 22 000 Jahren den Osten des heutigen Kanadas und einen Teil der Vereinigten Staaten bedeckt haben soll.

Professor R. G. Forbis von der archäologischen Abteilung der *Universität Calgary* empfahl in einem Schreiben vom 13. September 1977: »Man müsste diese Werkzeuge einmal mit den 460 000 Jahre alten aus Chou-Kou-Tien (China) vergleichen können. Die Übereinstimmung ist ja frappierend.« Außerdem bestätigte er, dass ein Stück Knochenkohle aus der untersten Fundschicht in Chicago einer Radiokarbon-Datierung unterzogen wurde. Ergebnis: Das Alter lag außerhalb des Messbereichs, ist also auf jeden Fall älter als 50 000 Jahre. Forbis distanzierte sich jedoch zwei Jahre später von den Funden, da er »in Wirklichkeit nicht besonders interessiert an der Altsteinzeit ist«.

Das *Lippische Landesmuseum* in Detmold ordnete laut einem osteologischen (knochenkundlichen) Gutachten vom 2. September 1980 die im Fundkomplex gefundenen menschlichen Knochen dem *Homo sapiens* zu, da sie robuster und größer als beim neuzeitlichen Menschen (*Homo sapiens sapiens*) seien. Zusammen mit den menschlichen Knochen wurden Relikte von Riesenbiber (*Castaroides*) und Riesenfaultier (*Paramylodon*) gefunden. Der bis zu 2,5 m große Riesenbiber lebte seit zwei Millionen Jahren in Nordamerika und starb angeblich vor 10 000 Jahren aus.

Indem Beweise für die Existenz des Menschen am *Stone Creek* für eine Zeitperiode von über 110 000 Jahren vorlegt wurden, spräche dies für die Anwesenheit eines Neandertalers, ja eines Neandertaler-Vorläufers in Amerika. Für diesen Fall müsste die Abstammungs- und Besiedlungsgeschichte des Menschen in Amerika grundlegend überdacht, ja revidiert werden, denn der offiziell gar nicht existierende »amerikanische Neandertaler« hätte in vergleichbaren Zeiträumen wie seine europäischen Brüder gelebt.

Aus dieser Zeitperiode stammt auch der versteinerte menschliche Fußabdruck, der sich unmittelbar *unter* dem (angeblich) 92 000 Jahre alten Wisconsin-Geröll *in* der noch älteren Kalksandsteinschicht befindet. Diese ist an der Oberseite, also der Kontaktfläche, genauso wie das ganze Fundmaterial im Stone Creek – immerhin 200 Stück umfassend – durch einen Manganhydroxid-Belag geschwärzt, während die Unterseite dieser Kalksandsteinschicht sandfarben, also hell erscheint. Der Fußabdruck des Uramerikaners befindet sich innerhalb dieser schwarzen Fläche der Steinplatte (Hoening, 1981, S. 260 ff.).

Dieser Umstand ist oft in Nordamerika anzutreffen, denn auf Lockergesteinen ruht eine meist nur wenige Zentimeter dicke massive Kalk-, Sand-

oder Kalksandsteinplatte, die manchmal oberseitig *schwarz gefärbt* erscheint und die wiederum mit einer moränenartigen Schicht aus Lockergestein überdeckt wird. Diese stammen jedoch in den meisten Fällen von Schlammlawinen, die auch in niemals vergletscherten Gebieten vorkommen. Im vorliegenden Fall befindet sich von der Erdoberfläche bis zur Tiefe von elf Metern über der Kalksandsteinschicht mit dem Fußabdruck die angebliche Wisconsin-*Moräne*.

Einen Fußabdruck zu hinterlassen ist aber nicht im festen Gestein, sondern nur in einem *weichen* Untergrund möglich! Die Gesteinsverfestigung kann also erst erfolgt sein, nachdem ein Mensch über den weichen Sandschlamm lief. Allerdings: »Verfestigte Ablagerungen eiszeitlichen Alters sind an sich nicht zu erwarten, da diese Schichten auf Grund ihres geringen geologischen Alters in der Regel als Lockersedimente vorliegen.« Auch wenn Martin Büchner auf eine Abhandlung von E. Th. Seraphim über ein prämoränales Schotterkonglomerat mit Gletscherschliff (Sepharim, 1973) verweist, sehe ich einen Widerspruch, denn weder ein Schotterkonglomerat noch eine Feinkiesschicht wie am Stone Creek kann durch Gletscher derart glatt geschliffen werden, dass eine massive Gesteinsplatte *aus* und auf Lockersedimenten entsteht. Nie und nimmer!

Die dünnen, verfestigten und scheinbar geschliffenen Schichten versteinerten nicht durch Druck der Eisgletscher, sondern analog der *Naturbeton-Theorie* durch hydraulische Prozesse, da dem Kies, Sand oder Konglomerat durch überströmendes Wasser ganz einfach ein im Wasser gelöstes hydraulisches Bindemittel (Kalk, Kieselerdezement, Kalkspatzement, Gips o. ä.) und Mineralien zugefügt wurde. Die Erhärtung des betreffenden Lockergesteins – wie Sand, Kies, Schotter – erfolgte dann auch nur im oberen Bereich und bildete sich durch den »Betonierungsvorgang« als eine feste, jedoch von der Eindringtiefe des Bindemittels abhängige, nur wenige Zentimeter dicke Felsschicht aus, auf der oft Rippelmarken eines Seebodens versteinert sind. Diese Rippelmarken bezeugen die Entstehung der dünnen, festen Gesteinsschicht *unter Wasser*!

Über Tausende von Jahren hinweg erhalten gebliebene menschliche Fußabdrücke in Gesteinsschichten werden in diesen Fällen in *weichem Ursprungsmaterial*, wie analog in Flugasche, und nicht im Lockergestein erzeugt. Je nach Art und Eigenschaft des Bindemittels geht die Verfestigung schnell, in geologischer Hinsicht sogar blitzschnell wie mittels Sekundenkleber vor sich. Im Falle von *Stone Creek* handelt es sich um Grünsandstein ohne Fossilien, deren feinkristalline karbonatische Grundmasse mit scharfkantigen, eckigen Sandkörnern u. a. durch Zuführung von Kalifeldspäten und Kalknatronfeldspäten als Bindemittel zu einer Kalksteinplatte verfestigt wurde.

Der Fußabdruck wurde zwingend zu einem Zeitpunkt hinterlassen, als diese Masse noch weich war, um dann im schnell hydraulisch abbindenden (erhärtenden) Kalksandsteingemisch erhalten zu bleiben. Die als »Wisconsin-Moräne« propagierte Schlammlawine kann sich erst über den Kalksandstein (mit dem darin verewigten Fußabdruck) geschoben haben, als alles erhärtet war, da dieser sonst zerstört worden wäre! Eisgletscher können daher auch nicht das Lockergestein verfestigt und dann glattgeschliffen haben!

Der vorliegende Kalksandstein mit dem Fußabdruck wird gesteinskundlich als Grünsandstein klassifiziert, da in diesem *Glaukonit* als blaugrünes bis schwarzes Kalium-Eisen-Silikat enthalten ist. Aber: »Glaukonit kennzeichnet marine Entstehungsbedingungen, ist also fast ausschließlich in Meeresablagerungen zu finden (...) Es gehört nicht in den Bereich von Glazialablagerungen des Festlandes« (Büchner, 1981, S. 263 – Gutachten S. 2). Damit wird meine Meinung bestätigt, dass die dünne, auf dem Feinkies liegende Kalksandsteinschicht nicht durch den Druck eines Gletschers verfestigt wurde, sondern auf hydraulischer Basis *unter Wasser* entstand.

»Der schwarze Manganhydroxid-Belag der oberen Schichtfläche ist (...) als Infiltration der oberflächennahen Zwischenräume zwischen den Sandkörnern zu erkennen« (ebd. S. 263 – Gutachten S. 2), entstand also, als die Sedimentschicht noch weich war. Diese Schicht erhärtete bevor die angebliche Eiszeit kam. Die gefundenen menschlichen Relikte, die auch diese schwarze Färbung besitzen, haben demzufolge zeitlich mit der »Wisconsin-Moräne« überhaupt nichts zu tun. Die »Moräne« muss die Folge einer Schlammflut sein, unter der die Knochen, Artefakte und Fußspuren begraben wurden, ähnlich wie die Wikingerfarm in Grönland mit Sedimenten überschüttet wurde. Wie alt ist aber dieser »amerikanische Neandertaler« tatsächlich? Einfache Antwort: Genau so alt wie die Kalksandsteinplatte! Wie alt aber ist diese?

Dr. Martin Büchner schreibt (ebd. S. 263 – Gutachten S. 2): »Das mikroskopische Bild des vorliegenden Sandsteins ähnelt sehr dem bei Pettijohn et al. (1972, Abb. 6–30, S. 230) gezeigten Beispiel des kreidezeitlichen Grünsandsteins der *Ft. Augustus Formation* in Alberta, Kanada (...). Eine derartige Anhäufung von Glaukonit wie im vorliegenden Kalksandstein ist in deutschen Ablagerungen der Kreideformation wieder zu finden und färbt hier – wie dort in Kanada – das Gestein grünlich.«

Lesen wir jetzt einmal über Grünsandstein (glaukonitischer Sandstein) in »Elemente der Geologie« (Credner, 1912, S. 268) nach: »Der Zement ist kalkig, mergelig oder tonig. Die Hauptentwicklung der Grünsandsteine fällt in die Kreideformation«, also in die Dinosaurier-Ära. Dr. Hermann Credner spricht in diesem Zusammenhang von Zement (= Bindemittel) u. a. in kalkiger Form. Und genau dies ist beim Grünsandstein am *Stone Creek* in Kanada gegeben, denn laut Martin Büchner weist das Gestein eine mit weißem Belag (Kalksinter) versehene, unruhig ausgebildete Außenfläche auf. Diese Schicht aus der Dinosaurier-Zeit (Kreide) erhärtete mit dem darin enthaltenen Fußabdruck relativ schnell wie ein Kalk-(Zement-)Sandgemisch und nicht sehr langsam über lange geologische Zeiträume hinweg – nach geologischer Datierung *zu Lebzeiten der Dinosaurier*.

Nach geologischer Altersdatierung ergibt sich im vorliegenden Fall die Koexistenz von Dinosauriern und Menschen, denn die Grünsandsteinschicht mit dem darin enthaltenen menschlichen Fußabdruck stammt nach geologischer Sichtweise aus der Kreidezeit. Das ist das jüngste der drei Zeitalter des Erdaltertums, das vor 66 Mio. Jahren mit dem Aussterben der Dinosaurier zu Ende ging. Dann aber müssten Riesenfaultier und Riesenbiber gleichzeitig mit Dinosauriern gelebt haben, da diese fossilen Knochen genauso wie die Fundstücke vom Stone Creek und die Fußabdrücke von Manganhydroxid schwarz gefärbt sind. Entstand der menschliche Fußabdruck im Kreidezeitalter, wie die geologische Datierung des Grünsandsteins ergibt, oder erhärtete dieses Gestein mit Dinosaurier-Fossilien unter Wasser vor vielleicht nur ein paar tausend Jahren?

Menschen vor den Dinosauriern?

Am 9. Juni 1891 füllte die Herausgeberin der Lokalzeitung in Morrisonville im US-Bundesstaat Illinois, S. W. Culp, ihren Kohlenkasten. Da einer der Kohlebrocken zu groß war, zerkleinerte sie ihn. Er zerbrach in zwei nahezu gleich große Teile. Zum Vorschein kam eine zarte, ungefähr 25 Zentimeter lange Goldkette »von alter und wundersamer Kunstfertigkeit« (»Morrisonville Times«, 11. Juni 1891, S. 1). Die eng beieinander liegenden Enden der Kette waren noch immer fest in der Kohle eingebettet. Dort, wo der jetzt gelöste Teil der Kette gelegen hatte, war ein kreisförmiger Abdruck in der Kohle sichtbar. Das Schmuckstück war offenbar so alt wie die Kohle selbst. Eine Analyse ergab, dass die Kette aus achtkarätigem Gold gefertigt wurde und zwölf Gramm wog.

Als die Besitzerin der Kette 1959 starb, ging diese verloren. Hinweise auf die Herkunft der Kette anhand irgendeines handwerklichen Details sind nicht bekannt.

Die Kohle, in der die Kette eingebettet war, ist angeblich 260 bis 320 Mio. Jahre alt. Nehmen wir an, dass dieser in der Literatur vielfach beschriebene Fall authentisch ist, dann ergeben sich unglaubliche Konsequenzen: Haben Menschen diese Goldkette analog zum vermuteten Alter dieser Kohle bereits vor der Dinosaurier-Ära gefertigt? Oder erbrachte alternativ die Datierung der Kohleentstehung ein viel zu hohes Alter? Entstand die Steinkohle – weltweit betrachtet – nicht vor Hunderten von Jahrmillionen im Kohlezeitalter (Karbon), sondern vor nur einigen tausend Jahren? Für diesen Fall stellt die Anwesenheit der Goldkette in einem Kohlebrocken kein Rätsel dar. Allerdings erscheinen dann die 300 Mio. Jahre der geologischen Zeitskala als frei erfundenes Phantomzeitalter.

Die ältesten bekannten Goldketten sind ungefähr 5000 Jahre alt. Achtkarätiges Gold ist eine Legierung, die aus acht Teilen Gold hergestellt wird, die mit sechzehn Teilen eines anderen Metalls, meist Kupfer, gemischt werden. Ein Standard von acht Karat existierte jedenfalls nie. Zum Zeitpunkt der *Entdeckung* der Kette von Morrisonville bestanden Goldlegierungen meist aus 15 karätigem Gold und trugen einen Stempel.

Es handelt sich bei diesem Fund um keinen Einzelfall. Beispielsweise wurden *in* Kohle aus dem Karbon-Zeitalter entdeckt:

- Eine Art Messbecher im Jahre 1912 in Wilburton (Oklahoma). Bei der Verarbeitung von Kohle stemmte Frank J. Kenard ein großes Stück auseinander, und heraus fiel eine Art Topf oder Messbecher aus Eisen. Dieser Fund wurde bezeugt durch Jim Stull, einem Angestellten der *Municipal Electric*, notariell niedergelegt vor Julia L. Eldred.
- Ein Fingerhut (J. Q. Adams in »American Antiquarian«, 1883, S. 331–332).
- Ein Löffel (Harry Wiant in »Creation Research Society Quarterly«, Heft Nr. 1 des 13. Jahrgangs, 1976).

- Ein eiserner Kessel und menschliche Fußabdrücke in Kohle (Wilbert H. Rusch in: »Creation Research Society Quarterly«, 7. Jahrgang 1971).
- Ein Instrument aus Eisen (John Buchanan in: »Proceedings of the Society of Antiquarians of Scotland«, 1. Jahrgang 1853).

Es gibt sogar Funde aus noch älteren geologischen Schichten:

- Im Jahre 1844 trug Sir David Brewster einen Bericht der Britischen Gesellschaft zur Förderung der Wissenschaft vor. Er erklärte, Arbeiter hätten im Steinbruch von Kingoodie nahe Dundee (Schottland) einen Sandsteinblock zerschlagen. Zum Vorschein kam der Kopf eines Nagels, der mit drei Zentimetern des Schafts noch immer fest im Gestein eingebettet gewesen sein soll (Brewster, 1845). Der Sandstein in dem betreffenden Gebiet ist angeblich mindestens 387 Mio. Jahre alt, stammt damit aus dem älteren (unteren) Devon, dem Zeitalter *vor* dem Kohlezeitalter (Karbon).
- Laut einem Bericht in der Zeitschrift »Scientific American« am 5. Juni 1852 (S. 298) befand sich ein metallenes Schiff oder Gefäß mit Silbereinlage in entsprechenden viel zu alten geologischen Schichten.
- In *purem* Felsen eingebettet wurde ein Goldfaden in der Nähe von Rutherford Mills (England) entdeckt (»Times« in London, 22.6.1844, S. 8 und »Kelso Chronicle«, 31.5.1844, S. 5).
- In Kalifornien wurde 1851 ein abgebrochener Eisennagel in einem Quarzbrocken gefunden. Unter dem Titel »Ein Rätsel für die Geologen« berichtete die London »Times« (24.12.1851, S. 5) über diesen Fund.
- Rene Noorbergen (1977) berichtet über den Fund einer Metallschraube im US-Bundesstaat Virginia. Diese war *in* einem kugeligen mineralischen Hohlkörper (einer Geode) eingeschlossen.
- Im Jahre 1889 kam in Nampa im US-Bundesstaat Idaho eine kleine, kunstvoll aus Ton geformte Figur zum Vorschein, die einen Menschen mit Kleidung darstellt (Abb. 95). Dieses Artefakt wurde in 100 m Tiefe beim Bohren eines Brunnens entdeckt. Professor F. W. Putnam wies darauf hin, dass sich auf der Oberfläche der Figur eine eisenhaltige Verkrustung bildete und teilweise eine rote Beschichtung aus Eisenoxid erhalten ist (Wright, 1897, S. 379–391).

Abb. 95: **TONFIGUR AUS 100 M TIEFE**

- »Im 16. Jahrhundert fanden die Spanier einen 18 cm langen Eisennagel im *Inneren eines Felsens* in einem peruanischen Bergwerk; er war ohne Zweifel viele Jahrtausende alt. In einem Land, wo das Eisen so gut wie unbekannt war, galt diese Entdeckung zu Recht als sensationell. Francisco de Toledo, der Vizekönig von Peru, wies diesem Nagel einen Ehrenplatz in seinem Arbeitszimmer zu« (Thomas, 1969).
- »An der Küste von Ecuador hat man Platin-Ornamente gefunden. Diese winzige Nachricht wirft ein großes wissenschaftliches Problem auf: Wie konnten die Einwohner des präkolumbianischen Amerikas Temperaturen von etwa 1770 °C herstellen, wenn das den Europäern erst vor zwei Jahrhunderten gelang?« (Mason, 1957).

Zu alte Trittsiegel

Scheinbar bereits vor mehreren hundert Millionen Jahren hinterließen Menschen in Gesteinsschichten der Dinosaurier-Ära vielfach Fußabdrücke:

- In Kentucky (»Science News Letter«, 10.12.1938, S. 372).
- In Missouri (Henry Schoolcraft und Thomas Benton in: »The American Journal of Science and Arts«, 1822, S. 223–231).
- In Pennsylvania (»Science News Letter«, 29.10.1938, S. 278–279).
- In Nevada. Im Fisher Canyon, Pershing County, wurde im Jahr 1927 der Abdruck eines Schuhs entdeckt. Die Sohle ist so deutlich abgebildet, dass sogar Spuren einer Art Zwirn zu sehen sind. Samuel Hubbard, Direktor des Museums für Archäologie in Oakland (Kalifornien), glaubt, dass man 1927 noch nicht in der Lage war, diese Art von Schuhen herzustellen. Das Alter dieses Abdrucks wurde anhand geologischer Datierung der kohlehaltigen Schicht auf 160 bis 195 Mio. Jahren geschätzt.
- Im Jahr 1983 schrieben die »Moskauer Nachrichten« (Nr. 24, S. 10) über den Fund eines anscheinend menschlichen Fußabdrucks in 150 Mio. Jahre altem Gestein in Turkmenistan, gleich neben einem versteinerten und riesigen dreizehigen Abdruck eines Dinosauriers. Professor Amannijazow, korrespondierendes Mitglied der *Turkmenischen Akademie der Wissenschaften*, gab zu, dass der Abdruck dem eines menschlichen Fußes ähnlich sähe, betrachtete ihn aber nicht als Beweis für die Koexistenz von Menschen und Dinosauriern.

- Die Mitglieder einer chinesisch-sowjetischen paläontologischen Expedition fanden 1959 »in der Wüste Gobi in einem vom Sand begrabenen Stein den Abdruck eines Millionen Jahre alten Schuhs, der aus einer Zeit stammt, in der es noch keine Menschen gab« (Moskauer Zeitschrift »Smena«, Nr. 8, 1961).
- Im Fachmagazin »American Anthropologist« (Bd. IX/1896, S. 66) wird der Fund eines ungefähr 37 cm langen perfekten Fußabdrucks beschrieben, der vier Meilen nördlich von Parkersburg im US-Bundesstaat West Virginia entdeckt wurde. Gemäß geologischer Datierung müsste hier vor 150 Mio. Jahren zu Lebzeiten der Dinosaurier ein Mensch umhergelaufen sein.
- Mehrere Fuß- und Schuhabdrücke wurden in den 1970er-Jahren im Carrizo Valley in Nordwest-Oklahoma entdeckt. Diese 52 Zentimeter (!) langen Abdrücke befanden sich nicht nur in der für Dinosaurier-Funde typischen *Morrison Formation*, sondern wurden sogar unmittelbar neben Trittsiegeln von Dinosauriern in derselben Gesteinsschicht entdeckt. Andere Abdrücke befanden sich in kreidezeitlichem *Dakota Sandstein.*

Außerdem fand man menschliche Fußabdrücke aus der Zeit *vor* den Dinosauriern in weiteren US-Bundesstaaten: Der Leiter der geologischen Abteilung am *Berea College* in Berea (Kentucky), Professor W. G. Burroughs (1938), schrieb in »The Berea Alumnus« (November 1938, S. 46 f.) von »Geschöpfen, die zu Beginn des oberen Kohlezeitalters auf ihren zwei Hinterbeinen gingen, mit Füßen, die menschlichen ähnlich waren, und auf einem Sandstrand im Rockcastle County, Kentucky, Spuren hinterlassen haben. Es war die Zeit der Amphibien, in der die Tiere sich auf vier Beinen vorwärts bewegten (...) und Füße hatten, die keineswegs an menschliche erinnerten; aber in Rockcastle, Jackson und an mehreren Stellen zwischen Pennsylvania und Missouri existierten Geschöpfe mit Füßen, deren *Erscheinungsbild auf seltsame Weise an die Füße von Menschen gemahnt und die auf zwei Hinterbeinen gingen.* Der Verfasser dieser Zeilen hat die Existenz dieser Geschöpfe in Kentucky nachgewiesen. Durch die Mitarbeit von Dr. Charles W. Gilmore, dem Kustor der Abteilung für Paläontologie der Wirbeltiere an der *Smithsonian Institution*, konnte gezeigt werden, dass ähnliche Wesen auch in Pennsylvania und Missouri lebten« (Hervorhebung HJZ).

Weiter wurde von den Wissenschaftlern festgestellt, dass die Sandkörner innerhalb der Abdrücke enger beieinander liegen als außerhalb, was auf den Druck zurückzuführen ist, der durch das Körpergewicht über die Füße auf den Untergrund übertragen wird. Am dichtesten liegen die Körner an der Ferse, da hier auch der Druck größer ist als auf dem Vorderfuß.

Den Einwand, Indianer bzw. Indigene könnten die Abdrücke aus dem Stein gemeißelt haben (»Science News Letter«, 1938, S. 372), wies der Bildhauer Kent Previette (1953) zurück: »Weder auf vergrößerten mikrografischen Fotos noch auf vergrößerten Infrarotfotos waren Hinweise auf Meißel- oder Schneidearbeiten irgendwelcher Art zu entdecken.«

Burroughs Schlussfolgerung war: Menschenähnliche Fußspuren wurden in nassem, weichem Sand abgedrückt, bevor dieser sich vor etwa 250 Mio. Jahren zu hartem Stein konsolidierte. Demzufolge hätten menschliche Wesen bereits vor Beginn der Dinosaurier-Ära im Erdaltertum gelebt.

Eine offizielle Reaktion folgte im »Science News Letter« (1938): »Menschenähnliche Fußspuren in Stein geben den Wissenschaftlern Rätsel auf. Menschlich können sie nicht sein, weil sie viel zu alt sind – aber welche seltsamen zweifüßigen Amphibien könnten sie dann hinterlassen haben?« Man möchte den orthodoxen Fachleuten viel Spaß bei dieser Suche wünschen, die seit 1938 erfolglos blieb und bleiben wird.

Die nachfolgende Feststellung wirft ein bezeichnendes Bild auf die Geologie: »Was nicht sein kann, das nicht sein darf.« Der Standpunkt wurde in »Scientific American« (Bd. 162, 1940, S. 14) kategorisch untermauert: »Wenn der Mensch oder auch nur sein äffischer Vorfahre oder selbst frühe Säugetier-Vorfahren dieser Affenvorfahren, in welcher Gestalt auch immer, in einem weit zurückliegenden Zeitalter wie dem Karbon existiert haben würden, *dann wäre die ganze geologische Wissenschaft so grundsätzlich falsch, dass Geologen ihren Beruf an den Nagel hängen und Lastwagen fahren sollten*«.

Vielleicht sollten orthodoxe Geologen tatsächlich vorsorglich die Fahrerlaubnis beantragen, denn es gibt auch *menschliche Knochenfunde in viel zu alten geologischen Schichten*. In »Heimatliche Plaudereien aus Neunkirchen« im Saarland – mir zugesandt von Manfred R. Hornig – wird im Jahr 1975 (Seite 40) berichtet: »1908 Besuch der internationalen Studienkommission zur Untersuchung des prähistorischen Fundes eines versteinerten menschlichen Unterschenkelknochens im östlichen Flöz Braun, 2. Sohle, Querschlag 3. 1909 Überführung des ›Braun‹-Fundes nach dem preußischen Staatsmuseum in Berlin (Geheim).« Geheim muss diese Angelegenheit schon behandelt werden, denn Menschen können nicht im Karbon-Zeitalter vor vielleicht 300 Mio. Jahren gelebt haben.

In der Fachzeitschrift »The Geologist« erschien im Dezember 1862 ein interessanter Bericht: »Im Landkreis Macoupin, Illinois, wurden neulich 90 Fuß (27,5 m) unter der Erdoberfläche in einem Kohlenflöz, der von einer zwei Fuß (60 Zentimeter) dicken Schieferschicht bedeckt war, die Knochen eines Mannes gefunden (...) Die Knochen waren bei ihrer Entdeckung von einer Kruste aus hartem, glänzendem Material überzogen, das so schwarz war wie die Kohle selbst, die Knochen aber weiß und in natürlichem Erhaltungszustand beließ, sobald es abgekratzt wurde.« Die in Mitte des 19. Jahrhunderts abgebaute Kohle im Macoupin County ist aber 286 bis 320 Mio. Jahren alt (Cremo/Thompson, 1997, S. 346). Dieser Mann muss nach den geologischen Datierungen vor den Dinosauriern gelebt haben.

Eine ungewöhnliche Versteinerung bekam ich nach unserem Treffen mit der Direktion des Goldmuseums in Bogotá, Kolumbien, zu sehen. Der an der Universität in Bogotá lehrende Designer Jaime Guitierrez Lega zeigte uns anlässlich unserer Südamerikareise zur Vorbereitung der Ausstellung »Unsolved Mysteries« 2001 in Wien etwas Ungewöhnliches: zwei versteinerte, scheinbar von Menschen stammende Hände, in dunklem Lydit (Kieselschiefer mit kohligen Substanzen) eingeschweißt (Abb. 96).

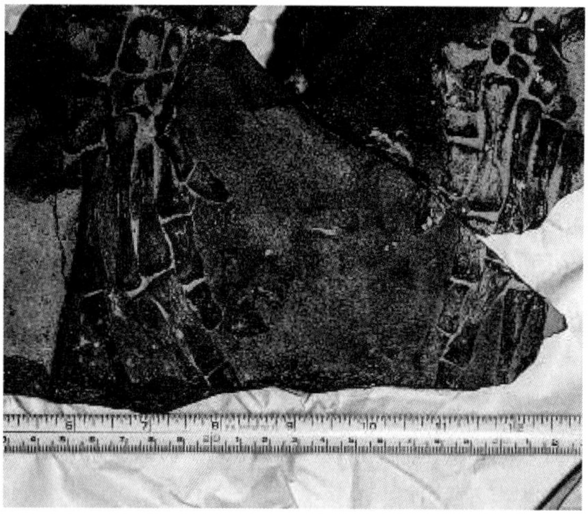

Abb. 96: **ZU ALT**. In der Nähe von Bogota (Kolumbien) wurden diese Hände in 2000 Metern Höhe gefunden. Sie sind neben anderen Fossilien in 200 bis 100 Mio. Jahre altem, dunklem Kieselschiefer mit kohligen Substanzen (Lydit) eingeschweißt, der früher auf Meeresniveau lag.

Zusammen mit diesen Händen wurden Fossilien und Relikte von Dinosauriern gefunden, die auf ein Alter von ungefähr 130 bis 100 Mio. Jahre geschätzt werden. Das Gebiet befand sich früher auf Meeresniveau, bis dieses als Teil der Anden schnell auf ungefähr 2000 m Höhe in die Höhe wuchs.

Anlässlich der Ausstellung »Unsolved Mysteries« in Wien (Österreich) wurde dieser weltweit erstmals von mir vorgestellte Fund aus Kolumbien eingeflogen, ausgestellt und untersucht: Das Gesteinsmaterial kann anhand von eingebetteten Leitfossilien einwandfrei in das Zeitalter der Dinosaurier datiert werden.

Der Hofrat Dr. Reinhart Fous (Chefarzt der Bundespolizeidirektion Wien) und Professor Dr. Friedrich Windisch vom *Anatomischen Institut der Universität Wien* kamen zu dem Ergebnis, dass es sich um einen hominiden rechten Fuß und eine hominide Hand handelt. Diese Fachleute beziehen sich auf einen einzelnen Knochen, *der nur bei menschlichen Extremitäten vorhanden ist.* Fazit: In einem geologisch eindeutig aus dem Erdmittelalter stammenden Gestein befinden sich Skelett-Teile, die eindeutig menschlich sind. Also: Dinosaurier und Menschen oder seine Urahnen (Hominiden) lebten gemeinsam – sogar wissenschaftlich und für jeden nachprüfbar bewiesen.

Oder aber man muss zur Rettung der Lehrmeinung nicht nur nach Amphibien suchen, die auf zwei Beinen mit menschenähnlichen Füßen liefen, sondern auch nach einer Dinosaurier-Spezies, die einen spezifisch menschlichen Knochen besaß.

Vielleicht suchen die Wissenschaftler auch vergebens, denn die wissenschaftliche Front bröckelt: »Die ersten Primaten tauchten wahrscheinlich vor etwa 80 Mio. Jahren auf und haben den Dinosauriern noch in die Augen geschaut (...)« (»Nature«, Bd. 416, 18.4.2002, S. 726–729). Und aufgrund des Studiums fossiler Erbsubstanz glauben die amerikanischen Biologen Sudhir Kumar und Blair Hedges: Die meisten Säugetierarten existierten schon vor 100 Mio. Jahren zur Zeit der Dinosaurier (»Nature«, Bd. 392, 30.4.1998, S. 917–920).

In den Phosphatgesteinen im US-Bundesstaat South Carolina sind in einem riesigen Massengrab an Land lebende Säugetiere (u. a. Mammuts, Elefanten, Schweine, Hunde, Schafe) Seite an Seite mit Vögeln und Meerestieren (u. a. Wale, Haie) gefunden worden. Auch Relikte von Menschen wurden ausgegraben (Willis, 1881). Professor F. S. Holmes, Paläontologe und Kurator am *National Historic Museum* in Charleston, dokumentiert in einem Report an die *Academy of Natural Sciences* den Fund einer sechs Meter langen Echse. Er führt ergänzend aus, dass dieser Fund aus der späten Tertiärzeit stammt, »als Elefant, Mammut, Rhinozeros, Megatherium, Hadrosaurus und andere riesige Vierbeiner die Wälder South Carolinas durchstreiften« (Holmes, 1870, S. 31). Mit anderen Worten, ein Fachmann beschreibt den Fund von in der Oberkreide lebenden Hadrosauriern zusammen mit über 50 Mio. Jahre *jüngeren* Säugetieren, die sogar *zusammen mit Menschen in einem Massengrab* liegen. Auf dem Titelblatt seines Buches »The Phosphate Rocks of South Carolina« (Die Phosphatgesteine von Süd- Carolina) ist zur

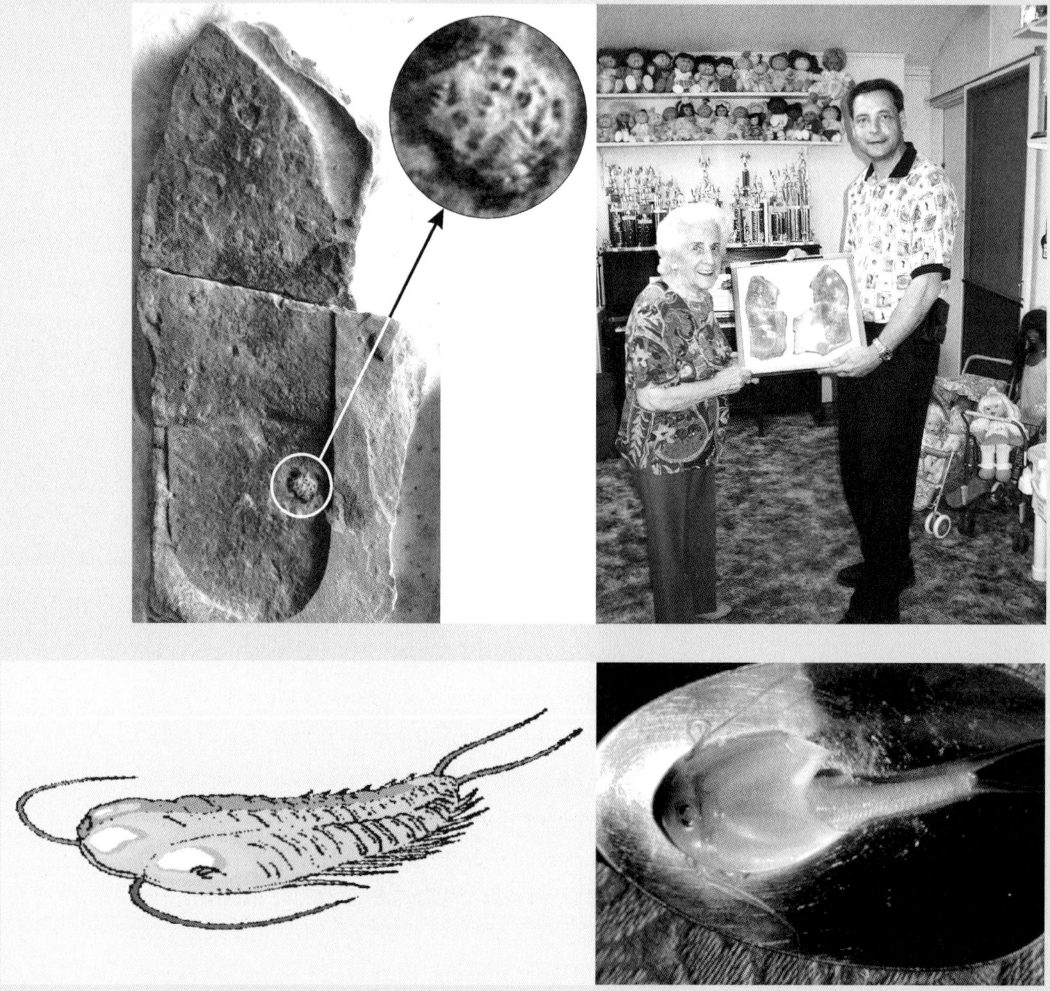

Abb. 97: **ZEITRÄTSEL**. Der Autor besuchte die inzwischen verstorbene Mabel Meister. Ihr Mann hatte einen Schuhabdruck beim Aufschlagen einer 570 Mio. Jahre alten Schieferplatte entdeckt. An der Hacke befand sich ein Trilobit. Diese Schildkrebse sind seit 250 Mio. Jahren mit Beginn der Dinosaurier-Ära ausgestorben. Bild unten links: Zeichnung einer Trilobiten-Art. Bild unten rechts: Stellt dieses Tier einen Trilobiten dar? Es handelt sich aber um einen *Triops longicaudatus*. Diese Schildkrebse sind mit den Trilobiten eng verwandt. Sie leben seit mindestens 220 Mio. Jahren ohne jede evolutive Entwicklung bis zum heutigen Tag. Enthalten Gesteine Trilobiten, sollen sie Hunderte von Millionen Jahre alt sein. Ist es nicht möglich, dass Trilobiten wie Triopse bis vor kurzer Zeit lebten? Zertrat ein Mensch mit Schuhen den »Meister-Trilobit« erst vor wenigen Jahrtausenden? Dann ist dieses Schiefergesteins aber auch entsprechend jung, andernfalls lebten während der »kambrischen Explosion« des Lebens bereits Schuhe tragende Menschen vor 570 Mio. Jahren.

Dokumentation eindeutig ein Hadrosaurier-Skelett abgebildet. Auch Plesiosaurier sollen gefunden worden sein. Es wird bestätigt, dass Dinosaurier-Skelette aus der Oberkreidezeit zusammen mit mindestens 26 Mio. Jahre jüngeren Großsäugern und noch wesentlich jüngeren Menschen in einem zusammengeschwemmten, riesigen Massengrab gefunden wurden. Große Säugetiere, Menschen und Dinosaurier starben scheinbar gemeinsam bei einer großen Naturkatastrophe. Diese Phosphatlager sind heutzutage verschwunden, da ausgebeutet.

Falls große Säugetiere und Dinosaurier zeitgleich lebten, sollte man auch Trittsiegel in diesen Schichten finden: Wie in der »Moskovskaya Pravda« am 5. Februar 1984 unter dem Titel »Ein Pferd aus der Dinosaurier-Epoche« berichtet, wurden in Usbekistan 86 aufeinander folgende Hufabdrücke von Pferden entdeckt, in einer Schicht, die geologisch in das Zeitalter der Dinosaurier datiert wird.

In einer Veröffentlichung des *Geologischen Dienstes* der USA wurden 1982 Fotografien aus dem Grand Canyon veröffentlicht, die pferdeähnliche Hufabdrücke zeigen. Das Problem ist, dass diese Schicht geologisch 100 Mio. Jahre älter datiert wird als das erstmalige Auftreten von Huftieren in der Evolutionsgeschichte (»Geological Survey Professional Paper 1173«, Washington D. C. 1982, S. 93–96, 100). Ähnliche Abdrücke von Hufen fand man entlang von etwa eintausend Dinosaurier-Trittsiegeln in Virginia (»Science News«, Bd. 136, 8.7.1989, S. 21). Die Koexistenz von Dinosauriern und höher entwickelten Säugern wie Huftieren *widerspricht aber den Prinzipien der Geologie und Evolution grundsätzlich*!

An der Fundstelle *Serrote do Letreiro* am nordwestlichen Rand des Sousa-Beckens in Brasilien weisen drei markante Aufschlüsse versteinerte Fußabdrücke von Dinosauriern aus der frühen Kreidezeit auf. Neben diesen Dinosaurier-Trittsiegeln befinden sich an der Oberfläche einheimische Petroglyphen, die eine verblüffende Ähnlichkeit mit anderen Felsbildern in den Bundesstaaten *Paraíba* und *Rio Grande do Norte* aufweisen, da es in der modernen brasilianischen Fauna keine Tiere gibt, deren Fußabdrücke den Fußabdrücken von Sauropoden ähneln. Eine im Fachmagazin »Nature« veröffentliche Studie macht deutlich, dass die Nähe zwischen den Felszeichnungen und Trittsiegeln nicht zufällig ist, sondern dass die »Petroglyphen einen einzigartigen und bedeutsamen Beleg darstellen, da diese in direktem Zusammenhang mit Dinosaurier-Fossilspuren stehen«, insbesondere da eine Petroglyphe wie eine »bemerkenswerte Reproduktion von Theropoden-Fußabdrücken in Form dreistelliger Gravuren aussieht«. Laut Radiokohlenstoffdatierungen sind in der Nähe des Fundorts befindliche Grabstätten etwa 5000 bis 11 000 Jahre alt (Trojano et al., 2024).

Der Tertiär-Mensch

Der angesehene argentinische Paläontologe Florentino Ameghino fand zwischen 1912 und 1914 bei Monte Hermoso (Argentinien) Steinwerkzeuge, Feuerstellen, zerbrochene Säugetierknochen und einen menschlichen Rückenwirbel in einer 5 bis 1,7 Mio. Jahre alten Schicht (vgl. Cremo/Thompson, 1997). Um eine korrekte Datierung der Geräte zu gewährleisten, lud Carlos Ameghino vier renommierte Geologen ein. Das Expertenteam bestätigte: »Alle Anwesenden erklärten, dass die Steinartefakte (...) in intaktem, ungestörtem Terrain und in Primärposition gefunden wurden (...) Sie wurden *in situ* gefunden und sollten daher als Objekte menschlicher Arbeit angesehen werden, zeitgleich mit dem geologischen Niveau, auf dem sie abgelagert waren (...) diese Menschen lebten in einer Zeit, die mit der Chapadmalal-Phase zusammenfällt« (Roth et al., 1915, S. 422 f.). Diese Formation (Chapadmalalien, auch Chapadmalien oder Chapalmalien) wurde u. a. auf ein Alter von 2,5 bis 3 Mio. Jahren datiert (Anderson/Bass, 1984, S. 41).

Carlos Ameghino (1915, S. 438 f.) entdeckte bei Miramar in Argentinien in der gleichen geologischen Schicht eine Reihe von Steinwerkzeugen, Spuren von Feuergebrauch und einen Oberschenkelknochen eines pliozänen Toxodons (vgl. Zarate/Fasana, 1989). Dieses ausgestorbene südamerikanische Huftier glich einem behaarten, kurzbeinigen, hornlosen Rhinozeros.

In dem Oberschenkelknochen des Toxodons fand Ameghino eine steinerne Pfeilspitze. Das fast vollständige Toxodon-Hinterbein mit noch intakten Gelenkverbindungen war ein klarer Beweis dafür, dass dieses Hinterbein seit seiner Einbettung in die geologische Schicht nicht mehr bewegt wurde. Zum Zeitpunkt der Entdeckung war noch nicht bekannt, dass dieses Tier erst vor wenigen tausend Jahren in Südamerika ausgestorben war. Allerdings unterschied Carlos Ameghino bereits das jüngere und große *Toxodon burmeisteri* vom *Toxodon chapalmalensis* aus Miramar: Diese »Knochen des Toxodons sind von schmutzig-weißer Färbung, wie sie für diese geologische Schicht charakteristisch ist, und nicht schwärzlich, wie es zu erwarten gewesen wäre, falls sie mit Magnesiumoxiden (…) in Berührung gekommen wären« (Ameghino, 1915, S. 442). Auch waren die Knochen mit Chapadmalal-Löß ausgefüllt.

Mit diesem Fund wird bestätigt, dass kulturell fortgeschrittene Menschen in Argentinien zu einer Zeit lebten, als nach Lehrmeinung die Menschwerdung auf dem afrikanischen Kontinent mit Australopithecus (Lucy) gerade erst begann.

Eine tonangebende Gruppe von Wissenschaftlern setzte zu Beginn des 20. Jahrhunderts alles daran, vermeintliche Beweise für die Existenz tertiärer Menschen ein für alle Mal zu begraben (Hrdlicka, 1912). Eine auch international tragende Rolle spielte der deutsche Vorgeschichtler Hugo Obermaier (1877–1946), dem durch die Hugo Obermaier-Gesellschaft an der *Universität Erlangen-Nürnberg* ein Denkmal gesetzt wurde. Antonio Romero (1918) berief sich auf das Buch »Fossil Man in Spain« von Hugo Obermaier (1916) und wies Rückschlüsse auf die Existenz von miozänen und pliozänen Tertiär-Menschen in Südamerika kategorisch zurück: Es soll sich um Hinterlassenschaften *moderner* Indianer bzw. Indigener handeln.

Nach der Entdeckung des Toxodon-Oberschenkelknochens im Chapadmalalien von Miramar wurde auch ein vollständig erhaltener Teil einer Wirbelsäule eines Toxodons gefunden, in der zwei steinerne Steinspitzen steckten. Boule schrieb: »Diese Entdeckungen wurden angefochten. Glaubwürdige Geologen bekräftigen, dass die Gegenstände aus den oberen Schichten kamen, von der Stätte eines *Paradero*, einer alten indianisch-indigenen Siedlung, und dass sie nur aufgrund (geologischer) Umwälzungen in der (älteren, HJZ) tertiären Schicht gefunden worden sind« (Boule/Vallois, 1957, S. 492).

Für solche Behauptungen in wissenschaftlichen Abhandlungen sind eigentlich unbedingt Referenzen und Literaturhinweise anzugeben. Boule führt für die »glaubwürdigen Geologen« in einer Fußnote jedoch einzig und allein den bereits erwähnten Aufsatz Romeos von 1918 an, in dem die (zu) alten Werkzeuge neuzeitlichen Indianern bzw. Indigenen zugeschrieben wurden. Der Bericht der Geologenkommission blieb hingegen unerwähnt. Erschwerend kommt hinzu, dass Boule dem Aufsatz von Romeo (1918) ungeprüft Glauben schenkte, obwohl dessen geologische Ansichten bereits durch die Untersuchungen von Bailey Willis (Hrdlicka, 1912, S. 22 f.) als falsch erkannt worden waren.

»Boules Stellungnahme zu den Miramar-Funden stellt wiederum einen klassischen Fall von Vorurteilen und vorgefassten Meinungen dar, die sich als wissenschaftliche Objektivität maskieren (...) so erwähnt Boule mit keinem Wort die Entdeckung eines menschlichen Kiefers im Chapadmalalien von Miramar« (Cremo/Thompson, 1997, S. 289).

Vor Ort begab sich auch E. Boman, der den Kritiker Boule regelmäßig als Autorität anführt. Er erörtert mehrmals die Möglichkeit eines Betruges, den er nicht ausschloss, stellte aber fest: »(...) die abschließende Analyse (gibt) keinen zweifelsfreien und schlüssigen Beweis für betrügerische Manipulationen. Im Gegenteil, viele Umstände sprechen eindeutig für ihre Authentizität (...)« (Boman, 1921, S. 348).

Betrachten wir jetzt aber noch einmal die Kritik an den Funden von menschlichen Relikten aus dem Tertiär (vor 66 bis 2,6 Mio. Jahren). Antonio Romero hatte die Gegend von Miramar besucht und sich die relativ jungen Steinwerkzeuge aus den *Paraderos* (Siedlungen) der an den Küsten lebenden Indigenen zeigen lassen. Diese wiesen Ähnlichkeit mit den Fundstücken aus der pliozänen Schicht von Miramar auf. Romeo war »davon überzeugt, dass sie von den gleichen Urhebern angefertigt waren, die auch jene Stücke hergestellt hatten, die in eine allzu fantastische Epoche gehören sollen« (Romeo, 1918, S. 12).

Carlos Ameghino bestätigt selbst, dass »mindestens seit dem Chapadmalalien (...) in diesem Gebiet Menschen vom Typ *Homo sapiens* existiert haben, die, so überraschend dies auch scheinen mag, eine Kulturstufe erreicht hatten, die mit derjenigen der jüngeren prähistorischen Bewohner der Region vergleichbar ist« (Ameghino, 1915, S. 449).

Die im Oberschenkelknochen des Toxodon gefundene Steinspitze ist an den Längskanten einer Seite und an beiden Enden retuschiert zugespitzt und weist ungefähr die Form eines Weidenblattes auf. Diese argentinische Blattspitze besitzt große Ähnlichkeit mit jenen Solutréen-Blattspitzen, die unter der Bezeichnung *Weidenblatt* bekannt geworden sind (Ameghino, 1915, S. 445). Die nach der Fundstelle Solutréen in Burgund (Frankreich) benannte jüngere Kulturstufe der Altsteinzeit ist bekannt für flächenretuschierte Blatt- und Kerbspitzen. Sie dauerte angeblich ungefähr von vor 22 000 bis vor 17 000 Jahren.

Romeos Kritik (Romeo, 1918) ist im Prinzip berechtigt, denn zu der Zeit, als das affenähnliche Geschöpf Lucy in Afrika tippelte, und die Entwicklung der Menschwerdung quasi erst begonnen hatte, stellte man in Südamerika technisch hochwertige und handwerklich anspruchsvolle Steinprojektile her. Und dann soll es zwei bis drei Millionen Jahre lang keine Entwicklung in der Geräte- und Waffenherstellung gegeben haben, während sich in Afrika die Entwicklung vom Affen zum Menschen vollzog?

Trotzdem sollte mit dem von Menschen gejagten Toxodon in Argentinien ein authentischer Fall vorliegen und keine Fälschung, insbesondere da Anfang des 20. Jahrhunderts entsprechende Funde nach den alten wissenschaftlichen Prinzipien durchaus ins Weltbild der Geologen passten, was aber heutzutage undenkbar ist. Wie kann das zusammenpassen?

Ganz einfach: Die Datierung stimmt nicht! Zwischen den Schichten des oberen Pliozäns in Südamerika einerseits und den Schichten mit den Solutréen-Spitzen in Frankreich andererseits existiert ein Zeitraum von zwei Millionen Jahren, der geschlossen werden muss. Verjüngen wir die aus dem jüngeren Tertiär stammende Schicht in Miramar um diesen Zeitraum, gibt es keinen Widerspruch. Die Erdschichten stellen entgegen der offiziellen geologischen Zeitskala keine Zeituhr dar. Erdschichten entstehen durch schnell ablaufende Naturkatastrophen und Überflutungen oder durch große Meteoriteneinschläge, die das Erdmaterial an eine andere Stelle schleudern. Auch Bergrutsche oder Vulkanausbrüche oder ins Landesinnere hineinschießende Tsunami-Wogen erzeugen neue Erdschichten an anderen Orten durch Verlagerung des Erdmaterials. Das Material der Erdschichten ist nicht neu, aber die Erdschicht ist neu gebildet, und darin enthalten sind eingeschwemmte Überreste von Tieren oder auch menschliche Relikte.

Jeder, der meiner Argumentation folgen kann, muss dann zwangsläufig an dem angeblich hohen Alter dieser Sedimentschichten, ob Locker- oder Festgestein, zweifeln. Eine Verkürzung der geologischen Zeiten, um welchen Faktor auch immer, bedeutet aber, dass die sakrosankte geologische Zeitskala und die mit ihr untrennbar verbundene biologische Zeitskala der Evolution nicht stimmen kann.

Professor Dr. Bazon Brock, *Bergische Universität Wuppertal*, fragt zu Recht: »Grundlegend für alle Modelle von Entstehungsprozessen (unseres Sonnensystems, unseres Planeten Erde, des Lebens) ist der Faktor Zeit, den wir für die Modelle der Evolution in Rechnung stellen. Schon die märchenhafte Formulierung ›Es war einmal vor langer, langer Zeit (…)‹ zeigt, dass wir das Argumentieren mit Zeitmaßen jenseits aller Erfahrungskontrolle und Vorstellung dazu nutzen, alle Schwierigkeiten, die wir mit unseren Denkmodellen haben, im Ungefähren des unvorstellbaren Waltens der Zeit verschwinden zu lassen. Das ist wirklich märchenhaft (...)« (Brock, Vorwort in »Irrtümer der Erdgeschichte«, Zillmer 2001/2023).

Betrachten wir jetzt zu alte menschliche Funde aus dem Tertiär in Europa. Im Pliozän (vor 5,3 bis 2,6 Mio. Jahren) gegen Ende des Tertiär-Zeitalters brandeten *warme* Meereswogen an die Südhänge der italienischen Alpen und hinterließen viele Korallen- und Weichtierablagerungen.

Im Spätsommer 1860 fand der italienische Geologe Professor Giuseppe Ragazzoni etwa zehn Kilometer südöstlich von Brescia bei Castenedolo fossile Muscheln, die sich in freigelegten pliozänen Schichten am Fuße des Berges *Colle de Vento* befinden. Zu seiner Überraschung fand Ragazzoni in den alten Meeresablagerungen auch fossile Menschenknochen. Zuerst hielt er plötzlich ein Stück eines Schädeldachs (Craniums) in Händen, »das vollständig mit versteinerten Korallen aufgefüllt und mit dem für diese Formation typischen blaugrünen Lehm (Kink) verbacken war.« Erstaunt suchte Ragazzoni weiter und fand nach dem Schädeldach weitere Knochen von Brustkorb und Gliedmaßen, »die ganz offensichtlich zu einem menschlichen Individuum gehörten« (Ragazzoni, 1880, S. 120).

Da zwei zu Rate gezogene Geologen das Vorkommen menschlicher Knochen in einer derartig alten Schicht für unmöglich hielten und von einem sehr tief ausgehobenen Grab ausgingen, warf Ragazzoni die Knochen »nicht ohne Bedauern« weg. Die Geschichte endet damit aber nicht.

Am 2. Januar 1880 wurden etwa 15 m entfernt zwischen der Korallenbank und der darüber liegenden Muschel-Lehmschicht weitere menschliche Knochen entdeckt. Professor Ragazzoni wurde benachrichtigt und grub mit einem Assistenten die Knochen eigenhändig aus. Er fand eine große Anzahl von Schädel-, Wirbel- und Rippenfragmenten, Zähne, Arm- und Schenkelknochen, Schien- und Wadenbeine sowie einen Fußwurzel- und zwei Zehenknochen. Am 25. Januar 1880 wurden in einer Entfernung von zwei Metern in der gleichen Tiefe zahlreiche weitere Knochenfragmente ausgegraben, u.a. sehr viele Oberschädelfragmente. »Alle waren sie vollständig von Lehm und kleinen Muschelschalen- und Korallenfragmenten bedeckt und durchdrungen, was jeden Verdacht beseitigte, dass die Knochen aus Erdbestattungen stammen könnten; im Gegenteil war damit bestätigt, dass sie von Meereswellen hier angeschwemmt worden waren« (Ragazzoni, 1880, S. 122).

Drei Wochen später wurde dann ein vollständiges Skelett »in über einem Meter Tiefe in blauem Lehm entdeckt, der es in einem Zustand langsamer Ablagerungsbildung bedeckt zu haben scheint« (ebd., S. 123). Die durch langsame Ablagerung entstandenen Schichten wurden behutsam abgetragen, um das ganze Skelett freizulegen (ebd., S. 122). »Anders als die 1860 und die früher in diesem Jahr (1880) gefundenen Reste, kam dieses komplette Skelett inmitten der Kinkschicht zutage, (...) über die sich eine Schicht gelben Sandes gelegt hatte.« *Der geschichtete Lehm machte alle Bedenken hinfällig*, das Skelett sei in *neuerer* Zeit mit Fluten eingeschwemmt worden. Der *Kink* war in einem Zustand, »der jede Neuordnung durch Menschen ausschloss« (ebd., S. 123).

Das Cranium wurde von dem Anatom Professor Giuseppe Sergi (*Universität Rom*) restauriert. Es konnte kein Unterschied zu dem einer modernen Frau festgestellt werden. In seinem Bericht stellt er fest: »Sie (die Skelette von Castenedolo) sind ein unwiderlegbares Dokument für die Existenz des tertiären Menschen – keines Vorläufers, sondern eines Menschen von vollkommen humanem Wesen« (Sergi, 1884, S. 315).

Moderne Menschen sollen in Europa aber nicht vor allerhöchstens 40 000 Jahren erschienen sein. Die Kinkschicht, in der die Skelette von Castenedolo gefunden wurden, datierten mehrere Geologen ins Mittlere Pliozän (Oakley, 1980, S. 46). Damit wird die Existenz des modernen Menschen in Europa auf ein Alter von drei bis vier Millionen Jahren fixiert, als Lucy noch in Ostafrika umhertippelte. Durch solche Funde wird die menschliche Entwicklungsgeschichte als Märchen entlarvt, und die geologischen Datierungen der Schichten müssen in Frage gestellt werden. Für diesen Fall wird aber alles jünger, da die Datierungen der gesamten Schichtenfolgen nicht stimmen!

Nach der Anmerkung, dass die Knochen von Castenedolo anatomisch modern seien, führt Professor R. A. S. Macalister 1921 (S. 184 f.) aus: »Gehören sie wirklich zu dem Stratum, indem sie gefunden wurden, so bedeutet dies einen außerordentlich langen Stillstand der Evolution. Es ist sehr viel wahrscheinlicher, dass an den Beobachtungen etwas faul ist (...) Die Annahme eines Pliozän-Datums für die Castenedolo-Skelette schüfe so viele Probleme, dass wir bei der Frage, ob wir die Authentizität anerkennen oder leugnen sollen, kaum zögern können.«

Verleugnet wurde nicht nur dieser Fund. Noch im Jahre 1969 versuchten Fachleute, diese Funde zu diskreditieren und ein geringeres Alter nachzuweisen. Sie bedienten sich 89 Jahre nach den Ausgrabungen radiometrischer sowie chemischer Testverfahren. Der Testmethode wurden Mängel nachgewiesen, da eine Kontaminierung der Knochen während der 89-jährigen Lagerung im Museum durch Schmutz, Luft und Mikroorganismen nicht auszuschließen ist. Die Wirkung von Säuren und Fäulnis während der langen Einbettungszeit in den Meeressedimenten bildet weitere unbekannte Faktoren, die die Datierungen verfälschen.

Ein Radiokarbon-Test ergab für die Castenedolo-Knochen ein Alter von nur 968 Jahren. Allerdings gelten die damals angewandten Methoden heute nicht mehr als zuverlässig. Außerdem wurde ein Fluorgehalt festgestellt, der für rezente (gegenwärtig existierende) Knochen zu hoch war (Oakley, 1980, S. 42). Auch die unerwartet hohe *Urankonzentration* weist auf ein hohes Alter hin.

»Der Fall Castenedolo demonstriert somit sehr eindrucksvoll die Unzulänglichkeiten der von den Paläo-Anthropologen angewandten Methodologie« (Cremo/Thompson, 1999, S. 340). Man kann nicht doppelt gewinnen: Entweder ist die Existenz von modernen Menschen im Tertiär Realität oder aber man versucht, die fossilen Knochen als Relikte der letzten nacheiszeitlichen Jahrtausende, des Holozäns, darzustellen. Die Grabungsberichte bezeugen aber eindeutig, dass die Knochen in ungestörten pliozänen Meeressedimenten lagerten. Ordnet man die Castenedolo-Knochen gemäß der Radiokarbon-Datierung dem Holozän zu, muss man die entsprechenden geologischen Schichten des Mittleren Pliozäns auch um drei bis vier Millionen Jahre verjüngen. Entweder – oder! Die zweite Lösung würde meinen Interpretationen entsprechen, denn die Meeressedimente entstanden nicht im Pliozän, sondern vor wenigen tausend Jahren mit Naturkatastrophen während des Kataklysmen-Horizonts – *die geologische Altersdatierung ist ganz einfach falsch.*

Meinungsänderung

Im Jahre 1913 entdeckte Professor Hans Reck (*Universität Berlin*) in der ostafrikanischen Olduvai-Schlucht ein menschliches Skelett. Die Skelettreste mitsamt einem kompletten Schädel waren fest in der Matrix einzementiert und mussten mit Hammer und Meißel herausgelöst werden. Auf Grund unmittelbar darunter liegender Fossilien wurde das Recksche Skelett (aus der Schicht II) ins ältere Pliozän (damals noch von 1,7 bis 0,72 Mio. Jahren) datiert. Louis Leakey stützte die Altersbestimmung (»Nature«, Bd. 121, S. 499–500). Diese Meinung wurde 1931 durch die Neuentdeckung von Steinwerkzeugen in den *Olduvai-Schichten I und II* bekräftigt.

In einem im Fachmagazin »Nature« abgedruckten Brief bestätigten Leakey, Reck und A. T. Hopwood (*British Museum of Natural History*), dass das Skelett von Anfang an in Schicht II lag, wie von Reck dargestellt. Die beschriebene Schichtenfolge wird noch heute anerkannt: Die ersten vier Schichten bestehen aus verschiedenartigen, *in Wasser abgelagerten vulkanischen Tuffen*, während die oberhalb liegende *Schicht V* lössartig ist.

Nach heftigen Diskussionen im Fachblatt »Nature« nahmen Reck und Leakey schließlich ihre Stellungnahme zurück und erklärten, das Skelett sei wahrscheinlich doch in Schicht II nachträglich eingedrungen und nicht älter als der Kontinuitätsbruch unter der oberhalb liegenden Schicht V. Der Grund der Meinungsänderung ist nicht bekannt. War ihr akademisches Ansehen in Gefahr?

Der Grund für diesen Streit liegt darin begründet, dass »der Mensch der Olduvai-Schlucht kein Neandertaler war, sondern eher zum Aurignacien-Typ gehörte« (MacCurdy, 1924, S. 423). Damit ist gemeint, dass es sich um einen modernen Frühmenschen handelt, dessen Skelett keine anatomischen Unterschiede zu unserem aufweist. Nach herrschender Meinung gibt es moderne Menschen in Afrika seit 140 000 Jahren, neuerdings aufgrund von Knochenfunden aus Jebel Irhoud in Marokko angeblich schon seit 315 ± 34 Tausend Jahren (Richter, 2017). Wenn die Evolutionsleiter der menschlichen Ahnenreihe richtig sein soll, dann kann es vor über einer bis zwei Millionen Jahren natürlich keinen modernen Menschen (*Homo sapiens*) gegeben haben. Also *muss* es aus dogmatischen Gründen zwingend eine Bestattung in einer zu alten Schicht sein, obwohl die Fachleute das einzementierte Skelett aus der ungestörten Matrix herausmeißeln mussten. Falls man in der Schicht II einen *Homo erectus* gefunden hätte, wäre gegen die Datierung von einer Million Jahren überhaupt kein Einwand laut geworden.

Im Jahre 1960 machte man in der Olduvai-Schlucht einen neuen Oberflächenfund: Der Schädel wurde *Homo erectus* (OH 9) zugeordnet. Eigentlich sollte diese Menschenart nicht in jüngeren Schichten der Oberfläche, sondern in tieferen, älteren Schichten gefunden werden. Mit anderen Worten, gerade dieser Schädel hätte von der Zeitbestimmung her ideal in die Schicht II und damit in die menschliche Evolutionsleiter gepasst. So geschah es dann auch! Weil an der Schädelbasis *angeblich* Matrixreste der Schicht II klebten, wurde dieser Oberflächenfund der wesentlich tiefer liegenden Schicht II zugeordnet – mit einem Alter von einer Million Jahren. Diese Schicht passt dann auch haargenau in den propagierten Zeithorizont des *Homo erectus*. Insgesamt handelt es sich um ein typisches Beispiel, wie etwas nicht Passendes passend gemacht wird.

Die Anthropologie hat die Widersprüche mit aktuell-wissenschaftlichem Sachverstand und genialer Einfachheit für die Fachwelt gelöst: Skelette in die richtigen geologischen Schichten zu bringen, ist für einen orthodox denkenden Fachmann eine einfache Übung.

Nicht Eingeweihte und Laien haben dies zu glauben. Glauben sie nicht, sind sie unbelehrbare Unwissende. Der weltbekannte Anthropologe und vorgebliche Starprofessor der *Johann Wolfgang Goethe-Universität Frankfurt* (Deutschland), Reiner Protsch, handelt nach dieser Einstellung und bestätigte dem modernen Menschen aus der wesentlich zu alten *Bed II-Schicht*: »Theoretisch sprechen mehrere Fakten gegen ein hohes Alter des Hominiden, zum Beispiel die Morphologie« (Protsch, 1974, S. 382). Protsch ging also nach dem Motto vor: Ein moderner Mensch muss jung sein.

Aber Professor Protsch konnte seine Meinung vorgeblich wissenschaftlich untermauern. Nach 61 Jahren wurden die Reckschen Knochen aus dem verstaubten Museumskeller geholt und mit der Radiokarbon-Methode datiert, angeblich. Die Datierung ergab für das Skelett des modernen Menschen aus der nach geologischen Maßstäben einer Million Jahre alten Schicht II ein Alter von rund 17 000 Jahren (Protsch, 1974), und diese Datierung passte dann genau zum Zeithorizont des modernen Menschen. Es wurde schon damals Kritik an Protschs Datierung laut, da die Begleitumstände der Datierung nicht vertrauenswürdig erschienen. Laut einem Bericht im Nachrichtenmagazin »Der Spiegel« (34/2004) war das Gerät zur Radiokarbon-Datierung (C-14-Gerät) gar nicht gebrauchsfähig: »Erst der Physiker Bernhard Weninger, der 1981 nach Frankfurt wechselte, machte die Messstelle fit. Die Apparatur war ein ›Potemkin'sches Dorf‹, erinnert sich Weninger: Sie sah sehr gut aus, doch das Labor hatte keinerlei Eichparameter, die Eigenschaften des Zählers waren völlig unbekannt, es war niemals in Betrieb gewesen vor meiner Zeit.« Anscheinend konnte Starprofessor Protsch 1974 noch keine fachgerechte Radiokarbon-Datierung durchführen und erfand ganz einfach die von der Fachwelt ersehnte »Verjüngung« des Reckschen Skeletts aus der Olduvai-Schlucht.

Eine uralte Hütte

In den 1960er-Jahren machte Louis Leakey in der Olduvai Gorge (Nord-Tansania) einen sensationellen Fund. Dort entdeckte er in der *Bed II-Schicht, dass Australopithecus, Homo habilis und Homo erectus zur selben Zeit lebten.*

Alan Walker bestätigt diese Tatsache, indem er erklärte: »Es liegen Hinweise aus Ostafrika auf das langzeitige Überleben von kleinwüchsigen Australopithecus-Individuen vor, die zuerst Zeitgenossen des *Homo habilis* waren, und dann des *Homo erectus*« (»Science«, Bd. 207, 1980, S. 1103). Leakey entdeckte in der gleichen Schicht (Bed II) aber auch Überreste einer *Steinhütte.* Der Aufsehen erregende Aspekt dieses Fundes war, dass diese Bauart, die immer noch in einigen Teilen Afrikas angewandt wird, nur von *Homo sapiens* ausgeführt worden sein konnte. Aufgrund Leakeys Entdeckungen haben *Australopithecus, Homo habilis, Homo erectus* und der neuzeitliche Mensch vor etwa 1,7 Mio. Jahren gleichzeitig gelebt (Leakey, 1971, S. 272 und Kelso, 1970, S. 211).

Der Paläontologe Stephan Jay Gould von der *Harvard Universität*, ein bekannter Evolutionist, erklärt die Sackgasse der Evolution folgendermaßen: »Was würde aus unserer Stufenleiter, wenn es drei nebeneinander bestehende Stämme von Hominiden (*Australopithecus africanus*, die robusten Australopithecinen und *Homo habilis*) gibt, keiner deutlich von dem anderen abstammend? Darüber hinaus zeigt keiner von ihnen irgendeine evolutive Neigung während ihres Daseins auf Erden« (»Natural History«, Bd. 85, 1976, S. 30). Und weiter stellt er fest:

»(...) verstehen wir das Prinzip, dass Neuerungen durch Verzweigung und nicht durch die Umwandlung aller Vorfahren in bessere Nachkommen entstehen, wenn wir uns der Tatsache bewusst sind, dass Bakterien bis heute den größten Teil des Lebensstammbaumes ausmachen, einschließlich des gemeinsamen Stammes, den sie mit der Entstehung lebendiger Zellen ganz allein errichteten (...)« (»Deutschlandfunk Kultur«, online 4.4.2005).

Umgepflügt

Während des Goldrauschs 1849 in Kalifornien wurde an den Hängen der *Sierra Nevada* im Kies alter Flussläufe Gold gefunden. Schon bald ließen Bergwerksgesellschaften Schächte in die Bergflanken treiben oder man schwemmte den goldhaltigen Kies hydraulisch aus. Bei diesen weit ausgefächerten, umfangreichen Arbeiten wurden steinerne Artefakte und manchmal menschliche Fossilien gefunden (vgl. Cremo/Thompson, 1997).

Wegen seiner Artefakte erlangte ein *Table Mountain* (Tafelberg) im kalifornischen Tuolomne County am Westrand des Yosemite-Nationalparks Berühmtheit. Der Gipfel des Table Mountain besteht aus einer gewaltigen, angeblich neun Millionen Jahre alten Haube aus Lava. Unter dieser und weiterer Gesteinsschichten befinden sich goldhaltige Schichten aus Flusskies, die über dem 55 Mio. Jahre alten Grundgestein liegen und zwischen 9 und 55 Mio. Jahre alt sein sollen. Um diesen Flusskies abzubauen, wurde ein Netz aus horizontal angelegten, bis zu mehreren hundert Meter langen Stollen ins Grundgestein vorangetrieben, von denen aus vertikalen Schächten in die tiefer liegenden Kiesschichten abzweigen. Andere Minen wurden vom Berghang aus schräg in die oberen Schichten dieser Ablagerung geführt.

In der kompaktharten Kiesschicht entdeckten Bergleute Speerspitzen, Schöpflöffel mit Stielen und ein auffällig gekerbtes Objekt aus Schiefer, das der Griff eines Bogens zu sein schien. Über die Entdecker, die Fundumstände und stratigraphische Positionen ist kaum etwas bekannt. Auch ein Kieferknochen wurde unterhalb der Basaltdecke des Tuolomne-Tafelbergs entdeckt (Becker, 1981, S. 193). Einer Wagenladung Abraum aus dem Inneren des Tafelbergs wurde ein eindeutig künstliches Objekt entnommen, das eine Art Reibstein oder Gerät zum Mahlen darstellte (Whitney, 1880, S. 264). Aus einer anderen Wagenladung mit goldhaltigem Kies barg Oliver W. Stevens 1853 einen Mastodon-Zahn zusammen mit einer großen Steinperle, die eine Durchlochung aufwies (ebd., S. 264). Da diese Funde aus angeblich 55 bis 33 Mio. Jahre alten Kiesschichten stammen, muss man wohl auf ein ähnliches Alter der Artefakte schließen.

In einer goldhaltigen Kiesschicht 54 m unter der Oberfläche fand Albert G. Walton, einer der Besitzer der Valentine-Mine, einen Steinmörser mit einem Durchmesser von 36 Zentimetern (ebd., S. 265). In dieser Mine wurde auch das Fragment eines fossilen menschlichen Schädels entdeckt. 1862 wurde ein weiterer Steinmörser mit einem Durchmesser von 79 cm in einer Kiesschicht 60 m unter der Oberfläche einer 18 m dicken Basaltschicht ausgegraben, etwa 550 m vom Tunneleingang entfernt (ebd., S. 266).

Insgesamt wurden zahlreiche Artefakte im Umkreis von 160 km in Dutzenden von Bergwerksstollen entdeckt. Täuschungs- und Fälschungsversuche von Bergleuten über viele Jahre hinweg scheiden daher aus. Oder wollte man bereits Mitte des 19. Jahrhunderts vorsorglich unsere modernen Anthropologen verwirren? Wozu? Zu Beginn des Goldrauschs war Darwins Buch über die Entstehung der Arten noch gar nicht erschienen. Da die Evolutionstheorie erst um die folgende Jahrhundertwende wissenschaftlich allmählich akzeptiert wurde, begann sich erst zu dieser Zeit, über 50 Jahre nach den ersten Funden, Widerspruch zu regen, denn über 30 Mio. Jahre alte steinzeitliche Artefakte liegen definitiv außerhalb der Vorstellungswelt von Geologen und Anthropologen.

Es wurde bemängelt, dass an den vielfach gefundenen Steinmörsern »Alters- oder Abnutzungsspuren, die von der Beförderung in tertiären Gießbächen herrühren müssten« fehlen (Holmes, 1899, S. 471). Da die einfachen Mörser meist aus hartem Andesit bestehen, sind ausgeprägte Altersspuren allerdings nicht zu erwarten. Andererseits wurde vermutet, dass die Steinmörser von in der näheren Umgebung lebenden Indigenen in die Bergwerksstollen gebracht wurden (ebd., S. 499 f.).

Diese Meinung erscheint unrealistisch, da in der Goldrauschära ab 1849 die Indianer bzw. Indigenen aus der Bergbauregion vertrieben wurden. Deshalb haben sie schwerlich Mörser in die Bergwerksstollen gebracht, solange die Bergleute Gold abbauten. Allerdings wandte William J. Sinclair im Jahre 1908 ein: »Es gab eindeutige Hinweise darauf, dass in der Nachbarschaft früher einmal ein Indianerlager war. Eine nur halbstündige Suche förderte ein paar Meter nördlich der Gebäude der Minengesellschaft einen Stößel und einen flachen Reibstein zutage. Holmes berichtet von ähnlichen Funden (...)« (Sinclair, 1908, S. 120). Der Geologe Professor J. D. Whitney von der *Universität von Kalifornien*, in dessen Besitz viele der im Tuolomne County gefundenen Artefakte gelangten, hatte bereits 1880 darauf hingewiesen, dass tragbare Mörser, wie sie in den Bergwerksstollen gefunden wurden, von den zur Zeit des Goldrauschs in Kalifornien lebenden Indigenen *nicht* verwendet wurden (Whitney, 1880, S. 279).

Holmes gab zu bedenken, »wenn Professor Whitney der Geschichte der menschlichen Evolution, wie sie heute verstanden wird, volle Anerkennung gezollt hätte, vielleicht hätte er dann, *ungeachtet der imposanten Fülle von Zeugnissen* (...) gezögert, mit seiner Schlussfolgerung an die Öffentlichkeit zu gehen« (Holmes, 1899, S. 424). Mit anderen Worten: Erkenntnisse, die der Evolution widersprechen, dürfen den elitären Kreis der Experten nicht verlassen – um Verunsicherungen der Öffentlichkeit zu vermeiden.

Betrachten wir die Konsequenzen von scheinbar zu alten Artefakten einmal genauer. Man versucht offiziell natürlich, die modernen Funde in zu alten Schichten zu diskreditieren, um die Theorie der menschlichen Evolution zu retten. Die Argumentation lautet, dass die steinzeitlichen Artefakte aus dem tiefen Inneren verschiedener Berge der *Sierra Nevada* identisch mit solchen seien, die man außerhalb dieser Berge an der Erdoberfläche finden kann.

»Untersucht man aber die Werkzeuge, die vermeintlich alten wie die mit Sicherheit jungen, stellt man schnell fest, dass es sich um simple Artefakte handelt, wie sie überall auf der Welt und zu jeder Zeit von Kulturen des neolithischen (jungsteinzeitlichen) Typs angefertigt wurden.« Diese Feststellung muss man unterstreichen. Nicht unterstreichen würde ich die Folgerung: »Wenn aber ganz unterschiedliche Völker (...) unabhängig voneinander ähnliche Werkzeuge herstellten, liegt die Möglichkeit nah, dass dies auch bei Menschen möglich ist, die (...) Millionen von Jahren trennen« (Cremo/Thompson, 1999, S. 321).

Möglich könnte es sein, nahe liegt es aber nicht, dass ähnliche neolithische Kulturen vor über 30 Mio. Jahren und dann noch einmal vor wenigen tausend Jahren existierten. Wo ist denn da die Entwicklung geblieben? Diese identischen Artefakte der sehr alten und sehr jungen Kulturen liegen nach 55 bis 30 Millionen von Jahren quasi nebeneinander – innerhalb und außerhalb der Berge. Liegt es logischerweise nicht nahe, die identischen einerseits offen herumliegenden und andererseits im Inneren der Berge eingeschlossenen Artefakte einer einzigen jüngeren Zeitphase und Besiedlungsphase des amerikanischen Westens zuzuordnen? Diese Kulturen lebten schon allein aus Gründen der Kontinuität vor relativ kurzer Zeit, da keine Kultur über 30 Mio. Jahre hinweg nachweisbar ist!

Aus diesen Überlegungen heraus müssen die Ergebnisse der geologischen Datierungen tertiärer Schichten in den Tafelbergen und in der Umgebung als wesentlich zu alt abgelehnt werden. Die Tafelberge und die Flusstäler bildeten sich nicht vor 55 bis 30 Mio. Jahren und die Basalthauben aus der glutflüssigen Lava nicht vor 9 Mio. Jahren, sondern es handelt sich um Wasser- und Schlammfluten, die durch heftige Vulkantätigkeit verursacht wurden, wobei begleitend und nachfolgend austretende Lava sich auf die verwüstete Landschaft legte und die schützenden Basalthauben der Tafelberge schuf. Es handelt sich um eine kurzzeitig ablaufende Katastrophe anstatt langer geologischer Zeiträume, also wieder um einen Zeitimpakt.

In den Mythen der Indigenen sind diese katastrophischen Ereignisse noch lebendig, so wie die Eingeborenen über die Bildung des Grand Canyon mit der großen Flut berichten. Wie eingangs beschrieben, ist dieses Szenario jetzt wissenschaftlich bestätigt worden, da sich Teile des Grand Canyon noch vor 1300 Jahren bildeten. Wurde nicht auch das Gebiet der *Sierra Nevada* in Kalifornien durch Wasserfluten und Vulkanausbrüche umgepflügt? Dieses Gebiet liegt westlich eines sich in Nord-Süd-Richtung erstreckenden Vulkangürtels, der sich bis nach Alaska hin ausdehnt.

Gerade das Gebiet der *Sierra Nevada* liegt im Bereich eines sehr aktiven *Hot Spots*, zu vergleichen mit dem des Ostafrikanischen Grabens. Heftige Vulkantätigkeit besorgte in Ostafrika und im Westen Amerikas die Vernichtung von Flora und Fauna, ein zertrümmertes, von riesigen Wassermassen verschwemmtes Gemisch mit Lava- und Andesit-Brocken hinterlassend. Diese mehrfach geschichteten Schwemmlandschaften wurden unmittelbar anschließend von reißenden Flüssen durchschnitten und mit Lava bedeckt, die zu mächtigen Basalthauben aushärtete. Deshalb findet man im Gebiet der *Sierra Nevada* nicht rein zufällig scheinbar sehr alte Funde.

Weiter nördlich, nicht weit von Seattle entfernt, liegt der Vulkan *Mount St. Helens* im Bereich des sich in Nordsüd-Richtung von British Columbia bis nach Kalifornien erstreckenden *Cascade Range*, einem Gebirge mit vielen Vulkanen (u. a. Glacier Peak, Mount Rainier) entlang der Pazifikküste. Der zu diesem 50 bis 80 Kilometer breiten Vulkangürtel gehörende *Lassen Peak* in Nord-Kalifornien brach noch 1911 aus.

Die Auswirkungen der Vulkanausbrüche des *Mount St. Helens* in den Jahren 1980 und 1983 waren gigantisch und wurden geologisch eingehend studiert und untersucht. Innerhalb von Stunden wurde 1980 die blühende, mit Bäumen bestandene Gegend in eine Mondlandschaft verwandelt, entstanden bis zu 50 m hohe Tafelberge, in denen ein Mix von Baumstämmen,

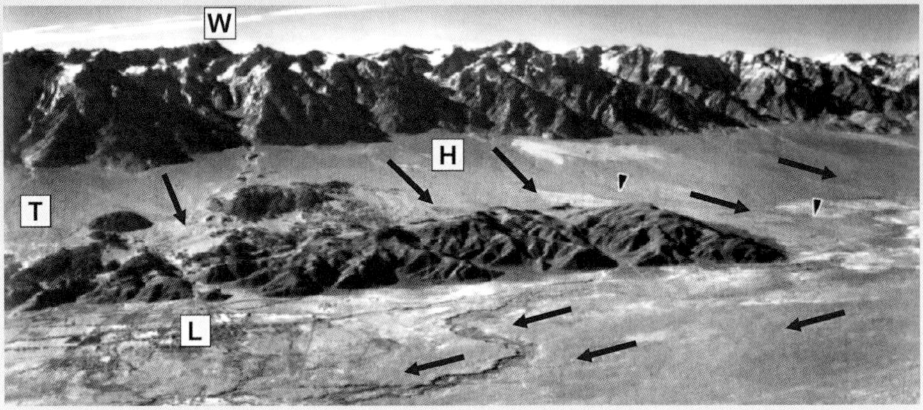

Abb. 98: **SCHLAMMFLUTEN**. Luftbild der *Sierra Nevada* (im Hintergrund) in Kalifornien, in der viele kontroverse, zu alte Artefakte in Tafelbergen gefunden wurden. Der Mount Whitney (W) ist 4417 m hoch. Superfluten spülten große Schlammmassen aus dem Hogback Canyon (H) und Tuttle Canyon (T) in die Ebene Sierra Piedmont und um die Alabama Hills (Vordergrund) herum (Pfeile) sowie durch Täler hindurch bis vor die Stadt Lone Pine (L).

Abb. 99: **SUPERFLUTEN**. Der Grand Canyon wurde in mehreren Phasen durch große Wassermassen aus dem Plateau herausgeschnitten. Dies geschah nach geologischen Zeiträumen vor kurzer Zeit, zuletzt vor 1300 Jahren. Die Abrisskanten des Grand Canyon sind scharf und steil.

Abb. 100: **GROSSE WASSERMASSEN**. Die alte Abflachungsebene des Rheinischen Schiefergebirges, vom Rhein durch große Wassermassen »neuerdings zerschnitten« (Dacqué, 1930).

Hausresten, Autoteilen und technischen Geräten verwirbelt wurde. Dabei wurde altes und neues vulkanisches Material mit jeweils darin enthaltenen Artefakten vermischt.

Wassermassen schossen über die abgelagerten Schlammschichten hinweg und rasierten die Oberfläche der Schlammschichten glatt. Es entstanden bis zu 50 m und höher hoch aufgeschüttete Schlammschichten, die wie mit einem Messer oben glatt gekappt waren. In diese frischen Schlammschichten wiederum fraßen sich dann die nachfolgenden, aus dem Vulkan ausgetretenen Wassermassen. Es entstanden neue Flusstäler, und diese wiederum trennten die Schlammschicht in voneinander isoliert liegende Bereiche: Tafelberge entstanden, wie sie im Südwesten der USA in den Canyons bewundert werden können. In wenigen Stunden entstand aus einer grünen, bewaldeten Landschaft eine wüste Schlammlandschaft. In diesen neuzeitlichen Tafelbergen *verschüttete* und in den neu gebildeten Flusstälern *frei liegende* Artefakte sind *gleich alt*!

Dieses Szenario der plötzlichen Landschaftsumbildung haben unsere Geologen beim *Mount St. Helens* detailliert studieren können, obwohl sich dafür nur wenige Fachleute wirklich interessierten oder sogar vor Ort waren. Als aber in der *Sierra Nevada* vor wenigen tausend Jahren ein ähnliches Szenario ablief, waren keine Geologen zugegen, sondern nur Eingeborene oder neolithische Siedler, die diese Ereignisse in ihren Mythen am Leben erhielten, die von Geologen lapidar als Phantasiegeschichten abgetan werden.

Dieses Verhalten zeigt erneut, wie die wissenschaftlich verordneten Scheuklappen den Blick auf wertvollste Indizien blockieren.

Meine seit 1987 kontinuierlich vorgenommenen geologischen Beobachtungen hinsichtlich der Superfluten in diesem Gebiet wurden durch eine neue Untersuchung bestätigt. Im südlichen Bereich der *Sierra Nevada* wurde der Nachweis für (laut amerikanischer Bezeichnung) *alluviale* (angeschwemmte) Sedimentation durch Sturzfluten aus den Gebirgen der *Sierra Nevada* bestätigt, und zwar im Bereich des Mount Whitney und der Stadt *Lone Pine* (Blair, 2002, S. 113–140).

Da die tertiären Schichten in diesem Bereich gänzlich fehlen, liegen die in mehreren übereinander liegenden Schichtpaketen abgelagerten Flutschichten direkt auf vulkanischem, kieselsäurereichem Tiefengestein, das in der jüngeren Kreidezeit in die älteren vulkanischen Juraschichten eingedrungen ist (ebd. S. 117, vgl. Evernden/Kistler, 1970). Diese Flutschichten gelten

Abb. 101: **KATAKLYMUS**. Bei dem Ausbruch des Vulkans Mount St. Helens im US-Bundesstaat Washington am 18. Mai 1980 wälzten sich mächtige Schlammmassen zu Tal und erzeugten bis 50 m mächtige Schichten, so dass Tafelberge entstanden, teils mit darin eingeschlossenen Baumstämmen (Oval).

Abb. 102: **JUNGFRÄULICH**. 19. März 1982: In knapp zwei Jahren grub das aus dem Vulkan austretende Wasser u. a. einen tiefen »Canyon« in die zuvor gebildeten Tafelberge. Am Grund des Canyons schlängelt sich ein in neun Stunden gebildetes Bachsystem »verträumt« zu Tal (Bild: Lembersky, 2000). Diese Schlucht wird als »Kleiner Grand Canyon« bezeichnet, da diese wie ein kleines Modell des Grand Canyon aussieht (Abb. 58, S. 83). Insert: Ansicht des Vulkans und Fließrichtung von Schlamm und Wasser.

Abb. 103: **STEILHÄNGE.** Drei mindestens 30 m tiefe Canyons mit Abbruchkanten und Steilhängen entstanden in wenigen Stunden durch schnelle Erosion am *Mount St. Helens* – ähnlich wie beim Grand Canyon (vgl. Abb. 99).

Abb. 104: **VERFRACHTET**. Durch die Explosion wurden die Stämme der Bäume wie Streichhölzer abgeknickt und in Schlammfluten verfrachtet (vgl. Abb. 6, S. 15). Insert: In Schlammfluten verfrachtete Autos wie früher Dinosaurier. Gestricheltes Oval: Zwei Besucher.

offiziell als eiszeitliche Endmoränen, also Geschiebe und Geröll schmelzender Gletscherzungen.

Wenn dieses im Zusammenhang mit dem *Mount St. Helens* und der *Sierra Nevada* beschriebene Szenario stimmt, dann sind *definitiv* die geologischen Datierungen falsch. Es spricht vieles dafür, dass die angeblich seit 55 Mio. Jahren über dem gewachsenen Felsniveau (Primärgestein) scheinbar langsam gebildeten (tertiären) Schichten der *Sierra Nevada* katastrophisch in einem kurzen Zeitraum (= Zeitimpakt) gebildet wurden. Fazit: Das Tertiär-Zeitalter der *Sierra Nevada* ist ein Phantomzeitalter. Andernfalls scheint unter Anerkennung der offiziellen geologischen Zeittafel die Existenz von Menschen schon vor zig Millionen Jahren bewiesen zu sein!

Betrachten wir jetzt noch einmal ein Artefakt aus dem Tuolomne-Tafelberg, der 1869 von Clarence King – einem bekannten und hochgeschätzten amerikanischen Geologen – *in situ* entdeckt wurde. In kompaktem, hartem, goldführendem Kies steckte ein mit dem harten Kies eng verkeiltes Stück eines zylindrischen Steinstößels. Nach seiner Entfernung hinterließ es einen formidentischen Abdruck im Gestein (Becker, 1891, S. 193 f.).

Die beschriebenen Fakten schließen eine sekundäre Ablagerung aus. Auch der die Tuolomne-Funde kritisierende Holmes (1899, S. 453) gab nach Untersuchung der Örtlichkeit zu, dass dieser Fund »nicht folgenlos in Frage gestellt werden kann«, obwohl er in der Nähe einige neuzeitliche indianisch-indigene Mahlsteine registrierte. Der Kingsche Stößel befindet sich heute in der Sammlung der *Smithsonian Institution*. Moderne Geologen diskreditierten diesen Fund, der aus einer angeblich neun Millionen Jahre alten Schicht ausgegraben wurde, mit dem Hinweis, dass man heutzutage die Matrix mit dem Abdruck des Stößels nicht mehr überprüfen kann, obwohl das Fundstück und der veröffentlichte Bericht vorhanden sind.

Das bekannteste Fossil wurde im Februar 1866 in 40 m Tiefe in einer Mine auf dem Bald Hill in der Nähe von Angels Creek im US-Bundesstaat Kalifornien entdeckt: Es ist der 55 bis 55 Mio. Jahre alte, berühmte Calaveras-Schädel (Whitney, 1880, S. 267–273; vgl. »Handbook of American Indians«, I, S. 188 f. und Schmidt, 1894, S. 31 ff.). Bis zum heutigen Tag besteht ein Streit, ob dieser Schädel echt oder ein Schwindel ist, also aus einer jüngeren indianisch-indigenen Begräbnisstätte stammt. Dieser Fall soll hier nicht diskutiert werden, obwohl Sir Arthur Keith erklärte: »Die Geschichte des Calaveras-Schädels (...) kann nicht übergangen werden. Er ist das Schreckgespenst, das (...) die Überzeugungskraft eines jeden Experten fast bis zum Zerreißen strapaziert« (Keith, 1928, S. 471). Immerhin »hatte Professor Wyman, der den Fund wissenschaftlich beschreiben sollte, große Mühe, den zementartigen Kies zu entfernen, mit dem der Schädel verschmolzen war« (»Journal of Transactions of the Victoria Institute«, 1880–1881, S. 191–220).

Aber der Calaveras-Schädel stellt keine isolierte, einzigartige Entdeckung dar. Ein nach Paul K. Hubbs benanntes Schädelfragment wurde in 25 m Tiefe in einem goldhaltigen Geschiebe in der Nähe eines Wirrwarrs von Mastodon-Knochen gefunden. Der Fundort lag unter einer kompakten, harten Basalthaube, die von der damaligen vulkanischen Aktivität dieser Gegend zeugt. Dieses Knochenstück befindet sich in der Sammlung des Museums *Natural History Society* in Boston und ist wie folgt beschriftet: »Gefunden im Juli 1857. Überreicht an Rev. C. F. Winslow vom Ehrenw. Paul K. Hubbs, im August 1857.«

Ein ähnlich beschriftetes Fragment vom selben Schädel befand sich auch im Museum der *Philadelphia Academy of Natural Sciences.* »Klar ist, dass wir nie etwas von dem Schädelfragment gehört hätten, wäre nicht Mr. Hubbs vor Ort gewesen, als das Bruchstück gefunden wurde« (Whitney, 1880, S. 265).

Nach Whitney waren alle menschlichen Fossilien, die in der Goldabbauregion zum Vorschein kamen, vom anatomisch modernen Typ. Hierzu gehörte auch ein menschlicher Kiefer aus dem Tuolomne-Tafelberg (ebd., S. 264 ff.) und weitere Knochen, die 1855 bis 1856 auftauchten. Aus einem anderen Stollen, auf dem Höhenniveau von Mastodon-Zähnen und Elefanten-Knochen, wurde sogar ein vollständiges Skelett eines modernen Menschen ausgegraben (Winslow, 1873, S. 257–259). Auf Grund der Funde von Mastodon-Zähnen nahe dem primären Felsuntergrund müsste man anhand der geologischen Zeittafel darauf schließen, dass Menschen und Mastodons mit 55 bis 33 Mio. Jahren um ein Vielfaches älter sein müssten als die offizielle Evolutionsleiter angibt.

Sind diese geologischen Altersdatierungen richtig? Denn Mastodons lebten noch bis zum Ende der Eiszeit vor 12 000 bis 10 000 Jahren in Amerika. Bis zur »Eiszeit« glichen die großen Ebenen Amerikas, auch die *Sierra Nevada* in Kalifornien, der heutigen afrikanischen Serengeti. Unbestritten grasten hier riesige Bisonherden neben wilden Kamelen, Lamas und wilden Pferden.

Gigantische Woll-Mammuts weideten neben Mastodon-Herden. Es gab Biber, so groß wie Bären, die wiederum noch gigantischer waren, größer als jeder heute lebende Eisbär. Neben verschiedenen kleinen Faultierarten existierte damals auch ein Riesen-Faultier von der Größe eines Elefanten. Die amerikanischen Löwen waren größer als ihre heute lebenden afrikanischen Verwandten oder die legendären Säbelzahn-Tiger.

Allerdings gibt es Beweise für die Koexistenz von Menschen, Riesen-Faultier und Mastodon. Im Mai des Jahres 1839 entdeckte Dr. Albert C. Kochs verkohlte Mastodon-Knochen zusammen mit Steinäxten und Pfeilspitzen entlang des Mississippi in Missouri. Menschen lebten aber nicht nur mit urzeitlichen Großformen von Säugetieren gemeinsam, sondern anscheinend auch mit Tieren, die in der späten Tertiärzeit (Pliozän) vor weit über zwei Millionen Jahren gelebt haben sollen.

5 Irrtum Neandertaler

Der Paläo-Anthropologe Dr. David Pilbeam, Professor an der *Yale University*, behauptete: »Möglicherweise haben Generationen von Studenten der Evolution des Menschen in der Dunkelheit herumgewirtschaftet, da die uns zur Verfügung stehenden Daten zu spärlich und glitschig sind, um daraus Theorien zu formen. Vielmehr stellen die Theorien eher Aussagen über uns selbst als über die Vergangenheit dar und sind damit Ideologie. Die Paläontologie gibt eher den Blick auf den heutigen Menschen frei als über die Herkunft des Menschen. Aber das ist Ketzerei« (»American Scientist«, Bd. 66, Mai/Juni 1978, S. 379). Oder die Wahrheit, denn die Lehrmeinung ist schlichtweg falsch.

Sie leben

Bei der Entdeckung des ersten Neandertalers im Jahre 1856 berichtete u. a. die »Bonner Zeitung« in einer kurzen Notiz, dass beim Hinwegräumen des *Tonschlamms* ein menschliches Gerippe gefunden worden sei, welches offensichtlich zum »Geschlecht der Flachköpfe« gezählt habe. Dieses Geschlecht, so die Notiz, würde noch heute den amerikanischen Westen bevölkern und die Frage stelle sich, ob das Gerippe zu einem europäischen Urvolk oder zu einer mit Hunnenkönig Attila umherstreifenden Horde gehört habe.

Im Fachmagazin »Nature« (Bd. 85, 8.12.1910, S. 176) erschien ein Hinweis auf einen Artikel im »Philippinischen Wissenschaftsmagazin« (Ausgabe Juni 1910). Es wird berichtet, dass auf der philippinischen Insel Luzon eine Gruppe von Menschen von altsteinzeitlichem Typus entdeckt wurde. Diese Individuen besäßen ähnliche Schädelmerkmale wie der klassisch flachstirnige, nach seinem Fundort in Belgien benannte Spy-Neandertaler: ähnlich geformte, große Köpfe mit starken Augenbrauenwülsten, massivem Unter-

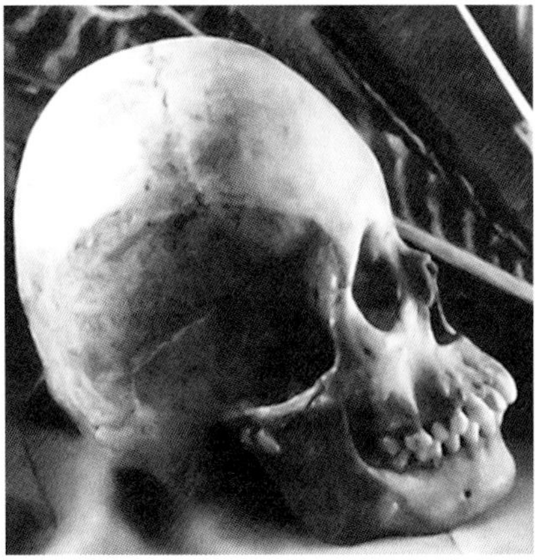

Abb. 105: **NEANDERTAL-INDIANER?**
Ein »Flachkopf« aus Crosby County um 1600 (aus: Joe Taylor, 1999). *Vergleiche Abbildung 79 (s. S. 120): Menschen-Schädel aus den Kow-Sümpfen in Australien.*

kiefer und extrem breiter Nase. Ferner weist der Körperbau dieser Menschen den massigen, untersetzten Körperbau der Neandertaler bei einer Größe von ungefähr 160 cm auf. Vergleichbar mit dem Neandertaler-Typus ist aber nicht nur die charakteristische Körperrelation von Gewicht zur Größe, sondern auch die von Rumpflänge zur Länge der Gliedmaßen, was sich in den relativ kurzen Oberschenkelknochen manifestiert. Handelt es sich bei diesen Menschen um eine Art Neandertaler? Interessant ist der in der Untersuchung angestellte Vergleich dieser Menschen mit *Urvölkern in Sibirien und Australien*.

Gab es Neandertaler auf den Inseln Südostasiens? Es gibt umfangreiche Fachliteratur, die altsteinzeitliche Artefakte auf dem nördlichen Teil der philippinischen Insel Luzon dokumentieren (u. a. Koenigswald, 1956; Ronquillo, 1981). Diese Funde wurden kontrovers diskutiert, da sie dem bisherigen Zeitmodell der Besiedlung des westpazifischen Raumes widersprechen und Schiffsreisen in der Altsteinzeit voraussetzen würden. Aber, die Wasserstraßen, falls überhaupt vorhanden, waren damals wesentlich schmaler, denn als die Nordsee (etwa bis zur Höhe von Aberdeen, Schottland) trocken lag und vorher noch die Grönland-Brücke existierte, gab es viel mehr trockenes Land und Landbrücken, so dass man vom heutigen Thailand ohne nasse Füße die Indonesischen Inseln und über schmale Wasserstraßen, u. a. über die heutige Insel Sulawesi hinweg, auch Australien erreichen konnte (Abb. 106).

Vor rund 70 000 Jahren soll sich im Nordwesten Australiens ein Teil eines Paläokontinents befunden haben, der dem Ansteigen des Meeresspiegels zum Opfer gefallen ist. Dieser Landstrich, der fast doppelt so groß wie das Vereinigte Königreich war, liegt heute mehr als 100 m unter der Wasseroberfläche. Man ist sich sicher, dass es sich um eine verlorene Landmasse handelt, die einst bewohnbar war und eine halbe Million Menschen beherbergt haben könnte. Dieses »australische Atlantis« umfasste einen großen Abschnitt des Festlandsockels, der die heutigen Regionen Kimberley und Arnhemland miteinander verbunden hätte. Interessanterweise könnte dieses Gebiet einst als Sprungbrett für die Migration von Indonesien nach

Australien gedient haben. Genetische Untersuchungen an Menschen, die heute auf den Tiwi-Inseln leben, deuten darauf hin (Internetlink 16, abgerufen 24.2.2024, 12.08 Uhr).

Hierzu passt die schon die schon gemachte Feststellung, dass weltweit großflächige Gebiete überflutet wurden. Der heutige Persische Golf entstand langsam erst vor 12500 Jahren, als die *Straße von Hormus geflutet wurde*, ähnlich wie die Dardanellen durch das Schwarze Meer. Der Persische Golf »erreichte die gegenwärtigen Uferlinien erst vor 6000 Jahren und überstieg das gegenwärtige Niveau um zwei Meter« (Bernier et al., 1995; Lambeck, 1996; Williams/Walkden, 2002). Die Überflutungsphase soll dann vor 5000 Jahren geendet haben, als das gegenwärtige trockene Klima einsetzte (Parker/Rose, 2008, S. 33).

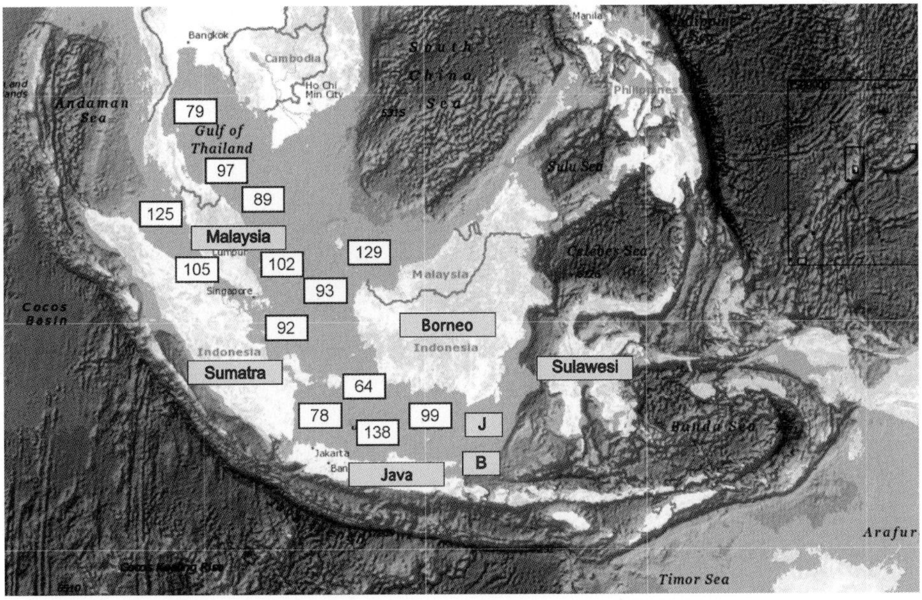

Abb. 106: **VERBUNDEN**. Als die Beringstraße zwischen Sibirien und Kanada trocken lag, die Nordsee bevölkert und der Persische Golf noch ein Urflusstal war, lag das Gebiet des Golfs von Thailand, sowie der Westteil des chinesischen Meeres bis hin zur Java- (J) und Balisee (B) trocken. Zu dieser Zeit war Malaysia mit den Indonesischen Inseln verbunden und Altsteinzeitmenschen konnten sich im westpazifischen Raum bewegen und zu Fuß heutige Inseln erreichen. Der bis zu drei Meter lange und 70 Kilogramm schwere, nicht schwimmfähige Komodowaran, dessen Existenz nur auf wenigen der heutigen Kleinen Sundainseln beschränkt ist, überlebte nur, weil er zu damaliger Zeit Schutz vor den flutenden Wassermassen in höher liegenden Gebieten mit Savannen, Grasland und Monsunwäldern suchte, die später zu Inseln wurden. Vergleiche Abbildungen 29 (S. 44) und 30 (S. 45).

Die Evolution des Neandertalers

Ohne großes Aufsehen zu erregen, wurden in den naturwissenschaftlichen Museen der Welt die Neandertaler-Bilder mit vornüber gebeugten, affenartigen Modellen gegen menschlichere, aufrecht gehende Gestalten ersetzt. »Falls er (der Neandertaler) wieder belebt werden könnte und man ihn gebadet, rasiert und modern angezogen in eine New Yorker Untergrundbahn setzen würde, wäre es zweifelhaft, ob er mehr Aufmerksamkeit als jeder andere Fahrgast erregen würde (Strauss/Cave in: »Quarterly Review of Biology«, Bd. 32, 1957, S. 348–363).

Die früher aufgrund der Rekonstruktion von Marcellin Boule (»Ann. Paléontol.«, 7/1912, S. 105–192) als primitiv angesehen Körpermerkmerkmale des Neandertalers wurden als Ausdruck und Resultat einer niedrigeren kulturellen Stufe (Stringer/Gamble, 1933; Trinkaus, 1983) sowie einer einfacheren sozialen Organisation (Trinkaus in: »Journal of Human Evolution, Bd. 25. 1993, S. 393–416) angesehen. Hierin sah man auch die Ursache für das Aussterbens der Neandertaler: Nach Darwins *Gesetz des Stärkeren* (heutzutage abgewandelt: *Überleben des Fittesten*) musste er dem scheinbar fortentwickelten modernen Menschen Platz machen.

Das brutal-primitive Bild von einem mit gekrümmten Knien nach vorn gebeugtem Wesen mit animalischen Verhaltensweisen wurde über ein halbes Jahrhundert lang zum Zwecke einer visualisierten Evolution des Menschen aufrecht erhalten und durch das Zusammenspiel von Medien und Wissenschaft als Dogma genährt und manifestiert: Die Evolution des Menschen wurde ins Unterbewusstsein förmlich eingepflanzt und dort verwurzelt. Jedoch: »Die Geschichte der menschlichen Evolution wurde erdichtet, um andere Interessen als wissenschaftliche Bedürfnisse zu befriedigen« (»Science 81«, Oktober 1981, S. 40–53).

Aber der Neandertaler macht seit wenigen Jahren eine regelrechte »Evolution« durch. Immerhin liegt das Gehirnvolumen des Neandertalers über dem Durchschnitt des modernen Menschen. Das Schädel-Volumen eines Neandertaler-Skeletts aus der israelischen Amud-Grotte betrug sage und schreibe 1740 cm^3! Heutige Menschen bringen es gerade noch im Schnitt auf etwas mehr als 1400 cm^3, und Albert Einsteins Gehirn unterschritt diesen Wert sogar noch um zwölf Prozent! Ein direkter Zusammenhang zwischen Hirnvolumen und Intelligenz lässt sich zwar nicht unbedingt herstellen, aber im Fachmagazin »American Journal of Physical Anthropology Supplement« (Bd. 12, 1991, S. 94) diskutiert R. L. Holloway über das ganz und gar nicht primitive Gehirn der Neandertaler.

»Detaillierte Vergleiche der Überreste des Neandertalers mit dem Skelett des neuzeitlichen Menschen haben gezeigt, dass es keinerlei eindeutige Hinweise in der Anatomie des Neandertalers gibt, dass seine Fähigkeiten in Bezug auf Fortbewegung, Nutzung der Hände, Intellekt oder Sprache denen des modernen Menschen nachstanden«, schreibt der an der *Universität New Mexiko* tätige Paläo-Anthropologe Erik Trinkaus (1978, S. 10).

Abb. 107: **NEANDERTALER**. Von ein und demselben Schädel lässt sich, je nach Einstellung des Anthropologen, eine Rekonstruktion mit modernem oder affenähnlichem Profil erstellen.

Die Neandertaler verfügten auch über modern erscheinende technische Möglichkeiten, u. a. um ausgefeilte Werkzeuge und einen Superklebstoff anzufertigen. Funde aus dem Nordharz belegen, dass die Neandertaler Birkenrinden-Pech herstellten, um Steinklingen mit Holzgriffen zu verkleben. Bei der Herstellung von Birkenrinden-Pech muss jedoch über längere Zeit zuverlässig eine Temperatur von 360 bis 400 Grad eingehalten werden: Dieser Klebstoff, der auch als Kaugummi gedient haben soll (»BdW«, 16.1.2002), kann nicht rein zufällig entdeckt oder hergestellt werden (»BdW«, 8.1.2002).

Geschickte Handwerker brauchen aber feinmotorische Fähigkeiten und Hände, die nicht affenähnlich sind. Eine Computeranalyse ergab dabei, dass Neandertaler im Gegensatz zu den Menschenaffen Daumen und Zeigefinger problemlos zu einem O formen konnten. Dies ist eine Voraussetzung, um geschickt mit Werkzeugen umgehen zu können, betonen die Forscher. Außerdem waren die Hände unserer ausgestorbenen Verwandten anscheinend genauso geschmeidig wie die des modernen Menschen (»Nature«, Bd. 422, 27.3.2003, S. 395).

Neandertaler hatten auch eine Vorliebe für Musik, denn sie musizierten nach der diatonischen Tonleiter. Löcher mit unterschiedlichen Abständen auf einer 1995 in Slowenien entdeckten Flöte aus Bärenknochen deuten darauf hin, dass angeblich bereits vor 50 000 Jahren Halb- und Ganztöne erzeugt werden konnten. (»Scientific American«, September 1997).

Aber auch Schmuck wurde schon früh hergestellt. In *El Greifa* (Libyen) wurden 200 000 Jahre alte Fragmente von Schmuckperlen gefunden, die aus Straußeneierschalen gefertigt wurden. In *Arcy-sur-Cure* südöstlich von Auxerre (Frankreich) schmückten sich Neandertaler mit Elfenbeinringen und Ketten aus Tierzähnen und -knochen.

Zwischen 1953 und 1960 entdeckte Ralph S. Solecki in der Höhle von Shanidar im Irak neun Neandertaler-Skelette. Einer von ihnen ist anscheinend mit Blumenbeigaben beerdigt worden. Grabbeigaben wie Blumen, Ritzzeichnungen und Nahrung stießen die früheren Vorstellungen eines halbmenschlichen Untiers endgültig um und lassen sogar auf den Glauben an ein Weiterleben nach dem Tode schließen (Solecki, 1971). Auch die Kelten als Nachfolger der Cro-Magnon-Menschen bzw. Megalithiker glaubten wie viele Kulturen an ein Leben nach dem Tod.

Auch in sozialer Hinsicht erscheint die Verhaltensweise des Neandertalers nicht affenähnlich, sondern modern. Denn ein anderes Skelett in dieser irakischen Höhle war angeblich teilweise blind, einarmig und verkrüppelt. Sein Überleben ist ein weiterer Beweis einer komplexen sozialen Struktur. Diese wird auch bestätigt durch einen anderen Fund in L'Aubesier (Frankreich). Es handelt sich um einen angeblich 179 000 Jahre alten zahnlosen Kiefer. Der Träger des Kiefers hatte lange vor seinem Tod alle Zähne verloren. Erik Trinkaus von der *Washington University* in St. Louis (Missouri) schlussfolgert, dass dem Zahnlosen die Mitglieder seiner Gruppe über geraume Zeit hinweg spezielle Nahrung zubereitet haben müssen (»Journal of Human Evolution«, November 2002; vgl. »Science«, Bd. 301, 5.9.2003, S. 1319). Schon damals gab es also anscheinend Sippen mit entsprechend ausgeprägter sozialer Struktur.

In »Science« (Bd. 299, 7.3.2003, S. 1525–1527) wird bestätigt, dass zwischen dem Verhalten von Neandertalern und frühmodernen Cro-Magnon-Menschen hinsichtlich Werkzeugbearbeitung, Totenbestattung, Interesse an Mineralpigmenten, der Kontrolle des Feuers und in der Abhängigkeit von Fleischressourcen *kein* Unterschied zwischen beiden Menschengruppen bestand. Außerdem zeigen die Skelette beider Spezies körperliche Schwächen und Behinderungen, die eine Pflege durch Sippenmitglieder erforderlich machte. Mehr kulturelle, soziale und humanitäre Übereinstimmungen zwischen zwei steinzeitlichen Völkergruppen kann es kaum geben.

Auch das lange vermutete anatomische Hindernis für eine modulierfähige Sprache gab es offenbar gar nicht: 1993 belegte der Fund eines Zungenbeins in der Kebara-Höhle in Israel, dass der Aufbau des Kehlkopfes bei Neandertalern und heutigen Menschen identisch ist. Dies ist ein Indiz, dass Neandertaler die anatomische Voraussetzung für die Fähigkeit zum Sprechen besaßen (D'Anastasio et al., 2013).

Selbst die Unterschiede im Körperbau sind weit weniger eindeutig, »wenn man den Neandertaler nicht über Extremfunde definiert« (»BdW«, 1.10.1996). Die typischen europäischen, also die sogenannten klassischen Neandertaler-Skelette »sehen mehr oder weniger genauso aus wie die Skelette heutiger Menschen« (Sawyer, 2008).

Fazit: »Der Neandertaler unterscheidet sich kaum vom modernen Menschen« (»Nature«, Bd. 394, 20.8.1998, S. 719–721). Einer der führenden Neandertaler-Forscher schlussfolgert: »Detaillierte Vergleiche von Skelett-Relikten des Neandertalers mit solchen von modernen Menschen haben gezeigt, dass aufgrund der Anatomie *keine Rückschlüsse auf Unterschiede* hinsichtlich Motorik, Intelligenz und Sprache im Vergleich zu den Möglichkeiten des modernen Menschen gezogen werden können« (Erik Trinkaus, 1978).

Der Paläo-Anthropologe Ralph L. Holloway von der *Columbia Universität* in New York stellt fest, dass alle Asymmetrien, die für den modernen Menschen typisch sind, sich auch bei den Neandertalern finden: »Im Augenblick ist es nicht möglich, zwischen beiden Gehirnen einen Unterschied festzumachen« (Wong, 2004, S. 71). Warum starb der Neandertaler aus, wenn er intellektuell und handwerklich den frühmodernen Menschen mindestens ebenbürtig war?

Lange waren die Forscher davon überzeugt, dass der Neandertaler durch die westwärts durch Europa gerichtete Expansion der Cro-Magnon-Sippen auf die Iberische Halbinsel zurückgedrängt worden sei, da die ältesten Überreste aus Zafarraya in Spanien etwa 32 000 Jahre alt sein sollen.

Gegen diese bis vor kurzem vorherrschende Verdrängungstheorie habe ich mich in der Originalausgabe dieses Buches im Jahr 2005 kategorisch gewehrt und tatsächlich wurde diese Theorie mittlerweile aufgegeben.

Wie bereits festgestellt, zeugten Neandertaler und moderne Menschen gemeinsame Kinder. Gene unseres angeblich verstorbenen Bruders sind in unseren Genen enthalten (s. S. 118). Ian Tattersall vom *Amerikanischen Museum für Frühgeschichte* in New York äußerte in einem begleitenden Kommentar über ein *Mischlingskind* die Auffassung, dass die gedrungenen Körperproportionen eine Anpassung frühmoderner Menschen an ein kühles Klima darstellen. Ein Gesichtspunkt, der uns noch beschäftigen wird.

Anscheinend hat sich auf Grund der Altersbestimmung von Knochen ergeben, dass Neandertaler und frühmoderne Menschen Tausende von Jahren parallel lebten. Ergeben die Datierungen überhaupt zuverlässige Ergebnisse? Richard G. Klein meint, dass durch Kontamination des untersuchten Kohlenstoffs auf 50 000 bis 40 000 Jahre datierte Proben 10 000 bis 20 000 Jahre *jünger sein können*. Auch in Fachblättern wie »Science« (Bd. 299, 7.3.2003, S. 1525–1527) wird neuerdings die Fehlerhaftigkeit der Datierungsmethoden diskutiert.

Die meisten Fundstätten beinhalten keine Knochen, sondern nur eine bestimmte *Art* von Steinwerkzeugen, aus deren Herstellungstechnik auf die Anwesenheit von Neandertalern oder modernen Menschen geschlossen wird. Wird nicht nur einfach eine *spezielle* Werkzeug-Technik dokumentiert, die *beide* Gruppen benutzt haben können? Eine Zuordnung von bestimmten Funden in bestimmte Zeitabschnitte ist demzufolge nicht so einfach, nur indirekt oder gar nicht möglich. Wenn Fachleute allerdings von einer durch die Abfolge geologischer Schichten fixierten chronologischen Zeitleiter ausgehen, dann ergeben sich Paradoxien.

Manche Wissenschaftler kommen zu dem kuriosen Schluss, »dass nur geologische Schichten durcheinander geraten waren«, da Artefakte frühmoderner Menschen (Aurignacien, beginnend vor höchstens 40 000 Jahren in Europa) oft *neben* solchen des späten Neandertalers (Châtelperronien: ungefähr vor 34 000 bis 30 000 Jahren) zu liegen kamen. »Andere Forscher glauben, dass solche Dinge von modernen Menschen stammen. Die Neandertaler hatten sie entweder aufgelesen, eingetauscht oder die Fertigung nachgeahmt, ohne aber die symbolische Bedeutung mancher der Gegenstände wirklich zu begreifen« (Zilhao/d'Errico, 2004, S. 68).

Joao Zilhao (*Portugiesisches Institut für Archäologie* in Lissabon) und Francesco d'Errico (*Universität Bordeaux*) bewerteten das Material aus der *Grotte du Renne* neu und kamen zu dem Schluss, dass diese Fossilien und Artefakte unterschiedlicher Kulturepochen tatsächlich zusammengehören, denn fertige Objekte und Abfälle liegen in derselben Schicht (Zilhao/d'Errico, 2004, S. 68). »Was lange Zeit als eigentlich trennendes Element zwischen den Neandertalern und frühmodernen Menschen galt, nämlich die Schaffung von symbolhafter Kultur, ist nicht mehr erkennbar« (ebd., S. 69).

Federico Bernáldez de Quirós und Victoria Cabrera, die bereits 1910 bis 1915 am bereits von Obermaier ausgegrabenen Fundort El Castillo arbeiteten, »sehen keinerlei Unterschiede zwischen der Wirtschaftsform oder der Lebensweise der Moustérien-Bewohner der Höhle (der Neandertaler) und den Bewohnern der Aurignacien-Schichten (der Cro-Magnon-Menschen), die unmittelbar darüber liegen und die auf ein Alter von 40 000 Jahren datiert sind. Außerdem sehen sie eine große Kontinuität bei den Steinwerkzeugen. Sollte es sich um dieselbe Menschenart handeln?« (Arsuaga, 2003, S. 310).

Demzufolge wäre auch keine Verdrängung, sondern Kontinuität dokumentiert, da sich die Aurignacien-Kultur zeitlich mit der Ausbreitung des anatomisch modernen Menschen (Homo sapiens) in weiten Teilen West-, Mittel- und Osteuropas deckt. Ist die angeblich älteste Aurignacien-Kultur kein Volk, sondern handelt es sich nur um eine zeitweise regional angewandte technisch-künstlerische Handwerkskunst? Der belgische Prähistoriker Marcel Otte favorisiert die Migration anatomisch moderner Menschen als Träger der Aurignacien-Kultur aus Zentralasien (Otte, 2007). Auch die Neuzuordnung des Schädels aus der Vogelherdhöhle in die Bronzezeit bestätigt, dass das Aurignacien als Urheber der zugehörigen Kunst ausfallen und diese auch modernen Menschen zugeordnet werden sollte.

Das Fazit dieser Untersuchungen erscheint folgerichtig: Die der Châtelperronien-(Neandertaler-)Kultur zugeordneten Artefakte ähneln den frühmodernen Aurignacien-Artefakten oberflächlich, weil sie ganz einfach nur mit einer anderen, älteren Technik hergestellt wurden. Deshalb ist es auch kein Rätsel, wenn Artefakte in denselben Schichten liegen. Der Fehler liegt in dem Umstand begründet, dass die Lehrmeinung bestimmte Arten von Artefakten oder Verzierungsmuster immer mit einer Kultur gleichsetzt. So entstehen dann fiktive Châtelperronien-, Aurignacien- oder auch Bandkeramiker-Völker, obwohl es sich nur um Kultur- und Technikstufen handelt. Da man meistens auch keine fossilen Menschen-Knochen, sondern nur durch eine spezielle Herstellungstechnik angefertigte Steinartefakte findet, schließt man auf die Anwesenheit verschiedener Menschenspezies.

Entsprechend könnte man in Deutschland auf die Existenz von drei verschiedenen Völkern im 20. Jahrhundert schließen. Denn vor dem Ersten Weltkrieg, zwischen den Kriegen und nach dem Zweiten Weltkrieg sind in Deutschland anscheinend total unterschiedliche Kulturen heimisch, die sich radikal durch unterschiedliche Kunst, Architektur, Technik und Herrschaftssysteme voneinander unterscheiden. Derart kann fälschlicherweise sogar eine Wanderbewegung oder sogar das Aussterben bestimmter Menschengruppen vorgegaukelt werden. Analog könnte man aus der weltweiten Verbreitung von Coca-Cola-Dosen auf eine weltweite Völkerwanderung eines amerikanischen Volkes nach dem Zweiten Weltkrieg schließen.

Wenn man in jüngeren Schichten keine Artefakte findet, die mit einer (angeblich) älteren, den Neandertalern zugeordneten Technik hergestellt wurden, dann schließt man auf ein Aussterben der Neandertaler. Hat man nicht ganz einfach eine ältere Technik verlassen und eine technische Innovation eingeführt? Sind die Menschen des 19. Jahrhunderts in Europa ausgestorben, weil man einhundert Jahre später zum Beispiel große Dampfmaschinen nur noch in Museen findet?

Außerdem lebten unsere Vorfahren bereits in Zelten und Häusern und nicht nur in Höhlen, wie viele Funde beweisen. Die älteste Hütte Europas stand nach offizieller Datierung bereits vor etwa 600 000 Jahren in Přezletice (Prag-Ost) in der Tschechoslowakei. Die frühesten Hütten in Deutschland konnten bei Grabungen in Bilzigleben (Thüringen) nachgewiesen werden und sollen 300 000 Jahre alt sein. Auch in der Altsteinzeit gab es Fernhandel und damit einen friedlichen Kulturaustausch sowie die Weitergabe von neuen Techniken. Benutzten Neandertaler und frühmoderne Menschen nicht ganz einfach dieselben Techniken? Der Neandertaler-Experte Professor Gerhard Bosinski, Leiter des *Neuwieder Museums für die Archäologie des Eiszeitalters,* unterstreicht: »Wie man heute weiß, unterschied sich die Lebensweise des Neandertalers nicht prinzipiell von der des modernen Menschen« (»BdW«, 1.10.1996).

Das Neandertaler-Skelett von St. Césaire aus dem Châtelperronien »unterscheidet sich wenig von frühen Neandertalern und zeigt keinerlei Anzeichen für eine Evolution hin zum modernen Menschen« (Gambier, 1989, S. 207). Gab es keine Entwicklung des Neandertalers in Europa und sind die Neandertaler aus dieser Sichtweise überhaupt ausgestorben?

Aus alt wird jung

Obwohl bei Nachgrabungen an der ursprünglichen Fundstelle im Neandertal in den Jahren 1997 und 2000 weitere 60 Knochenfragmente und Zähne entdeckt wurden (Berg, 1997; Czarnetzki, 1998; Schmauder/Schmitz, 2006), ist die Gesamtzahl aussagekräftiger Neandertalerfunde in Deutschland nach wie vor sehr bescheiden. Ein gesicherter stratigraphischer und archäologischer Zusammenhang ist für diese Funde zudem nur in Ausnahmefällen gegeben.

Die 1967 aus dem Fundmaterial der ehemaligen Lahntalhöhle Wildscheuer identifizierten zwei Neandertaler (Knußmann, 1967) haben seit ihrer Publikation einen festen Platz in der Literatur über Menschheitsgeschichte (u. a. Probst, 1999, S. 356 und 376). Die zwei Schädelfragmente (Wildscheuer A und B) wurden auf ein Alter von 75 000 und 60 000 Jahren datiert. Im Juni 1999 wurde eine erste vergleichende Begutachtung im Museum Wiesbaden vorgenommen (Turner et al., 2000). Die Untersuchungen ergaben eine völlige Übereinstimmung der beiden Neandertaler-Schädelfragmente aus der Wildscheuer-Höhle mit den Schädelknochen eines Höhlenbären (*Ursus spelaeus*) aus der belgischen Grotte Scladina: *Die 32 Jahre lang als Neandertaler gefeierten Funde entpuppten sich als Höhlenbären*!

Leider ist dies nicht der einzige Irrtum. In den Höhlen der Schwäbischen Alb fand man einige wenige steinzeitliche Menschenknochen. Dafür wimmelt es dort von Altsteinzeit-Artefakten, u. a. in der berühmten Vogelherd-Höhle im Lonetal mit ihren acht Fundschichten aus der mittleren und jüngeren Altsteinzeit. Es handelt sich um figürliche Darstellungen von eigentümlicher Perfektion, die vor 30 000 bis 40 000 Jahren aus Elfenbein geschnitzt worden sein sollen – weltweit gefeiert als Eiszeitkunst.

Diese fein gearbeiteten Kunstwerke der Aurignacien-Kultur traute man den Neandertalern nicht zu.

Weltbekannt ist der Schädel, den Gustav Riek 1931 in dieser Vogelherd-Höhle aus einer der fundreichsten, mit »Eiszeitkunst« gespickten Aurignacien-Schichten ausgrub. Er selbst hatte der geologischen Schicht, in der die Artefakte entdeckt wurden, »einen völlig ungestörten Verlauf« bescheinigt. Über 70 Jahre lang wurde diese Feststellung auch nicht bezweifelt und in alle wissenschaftlichen Veröffentlichungen übernommen.

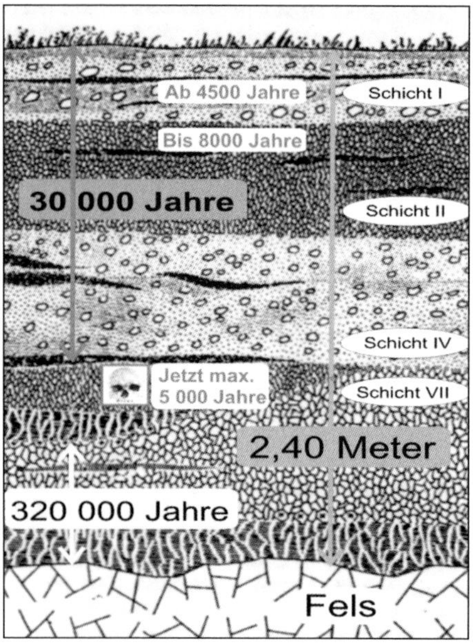

Abb. 108: **AUFRISS VOGELHERDHÖHLE.**

Am 8. Juli 2004 erschien im Fachblatt »Nature« (Bd. 430, S. 198–201) ein Bericht, in dem Nicholas Conard, ein Nachfolger Rieks auf dem *Lehrstuhl für Ur- und Frühgeschichte* in Tübingen, die Ergebnisse der Radiokarbon-Datierungen der Skelettreste vom Vogelherd vorstellt. Die wissenschaftliche Sensation: Die sechs untersuchten Knochenfragmente sind nicht ungefähr 32 000 Jahre alt, sondern gerade einmal 5000 bis 3900 Jahre (ebd. S. 198). Aus dem altsteinzeitlichen Aurignacien-Schädel wurde ein gerade noch jungsteinzeitlicher moderner Mensch.

Da Ausgräber Riek ausdrücklich einen ungestörten Schichtenverlauf mit dem darin befindlichen Schädel bestätigt hatte, muss man jetzt den entsprechenden geologischen Schichten auch ein analog junges Alter zuordnen: Sedimentschichten der mittleren und jüngeren Altsteinzeit werden demzufolge jungsteinzeitlich, verjüngt um über 27 000 Jahre. Damit wird die zusammen mit dem Schädel in ähnlichen Schichten eingebettete angebliche »Eiszeitkunst« aber auch entsprechend jünger, also jungsteinzeitlich.

Aber nein: Die weltberühmten rund zwanzig Skulpturen sollen nach wie vor ihr Alter behalten, denn sie sind die ältesten bekannten echten Kunstwerke von Menschenhand. Um diese Ansicht zu retten, wird dem Ausgräber Riek jetzt unterstellt, dass ihm entgegen seiner eindeutigen Aussage etwas durcheinander geraten sein müsse: Angeblich irrte Riek, und deshalb müssen die Knochenfragmente wohl bei einer jungsteinzeitlichen Bestattung in die wesentlich älteren Aurignacien-Schichten geraten, also vergraben worden sein – so die offizielle Darstellung. Da diese geologischen Schichten weggebuddelt wurden, gibt es natürlich keinen Beweis für die Behauptung, dass Ausgräber Riek irrte. Kraft des Glaubens sollen die angeblich eiszeitlichen Skulpturen ihr Alter behalten, ansonsten müsste die Menschheitsgeschichte, aber auch die geologisch datierten Schichten, grundlegend umgeschrieben werden. Es handelt sich hier um eine als wissenschaftlich deklarierte Methode, die einem Taschenspielertrick gleicht!

Die Ablagerungen in der Vogelherdhöhle (Abb. 108) sind ungefähr 2,40 m dick, wobei die unterste Schicht über 350 000 Jahre alt sein soll. In ungefähr 1,50 m Tiefe liegt die Grenze des älteren Aurignaciens (Schicht V) mit einem Alter von nur gut 30 000 Jahren (nach Zotz, 1951, S. 264). Wenn man jetzt diese Schicht V (= älteres Aurignacien) anhand des Schädelfundes von 32 000 auf ein Alter von 5000 bis 39 000 Jahren reduziert, werden auch die darüber liegenden geologischen Schichten entsprechend jünger (Abb. 108). Eigentlich sollte die oberste Schicht (Schicht I) bereits 4500 Jahre alt sein und zur Jungsteinzeit gehören. Die Schichten II bis IV müssen entsprechend auch als wesentlich jünger angegeben werden. Und ist es richtig, dass für die restlichen unteren 90 Zentimeter (unter der zu verjüngenden Schicht V) weit über 300 000 Jahre veranschlagt werden? Sind alle Schichten anstatt 350 000 nicht eher höchstens 5000 Jahre alt, und wurden schnell von Wasserfluten angeschwemmt? Erschien der moderne Mensch auch erst vor 4000 Jahren? Tatsächlich ist der Fund vom Vogelherd der letzte einer Reihe einstiger Schlüsselfunde, die durch moderne Datierungen in den letzten Jahren regelrecht vom Tisch gefegt worden sind.

Die Frage nach der Urheberschaft der frühesten Kunst ist wieder völlig offen. »Erst kürzlich sind weitere Kunden verloren gegangen«, stellt Thorsten Uthmeier von der *Universität Köln* fest. »So ist etwa das Skelett aus der Cro-Magnon-Höhle in der Dordogne neu datiert worden. Wie die Vogelherd-Knochen galt es als Beleg dafür, dass die Kunst des frühen Aurignaciens dem modernen Menschen zuzuschreiben ist. Mit einem Alter von nur rund 25 000 Jahren sind aber auch diese Gebeine zu jung. Frühestens in der (späteren) Phase des Gravettien hätte sich der Cro-Magnon-Mensch in der Kunstwelt einen Namen machen können« (»FAZ«, 11.7.2004, S. 51).

Ich schlage vor, mit der Verjüngung der Knochen auch die Kunstwerke des Aurignacien-Zeitalters auf Grund einfacher Logik von über 30 000 Jahren auf ein Alter von 4000, allerhöchstens 5000 Jahre zu verjüngen, da sie in vergleichbaren geologischen Schichten wie die Vogelherd-Knochen liegen. Damit werden aber entsprechend auch alle Zeitepochen der geologischen Schichten, die über den Fundschichten liegen, wie ein Auto in der Schrottpresse auf übersichtliche wenige Jahrtausende zusammengepresst.

Mit anderen Worten: Die Existenz des frühmodernen Menschen aus der Aurignacien-Kultur sollte auf ein Alter von 4000 Jahren reduziert werden, da die Mittelsteinzeit eine *Phantomzeit* darstellt, wie noch begründet werden wird. Die Altsteinzeit bildete damit eine kurze, traumatische Kulturphase nach dem Kataklysmen-Horizont vor vielleicht nur etwas weniger als 3000 Jahren.

Wenn Wissenschaftler streiten und jetzt die Kunstwerke des Aurignaciens den Neandertalern zuschreiben, kann eine solche Vorstellung auch in die Sackgasse führen: »Wenn es um Mensch, Neandertaler und die Anfänge der Kunst geht, so scheinen wir immer weniger zu wissen, je genauer wir hinschauen. Doch das liegt wohl am Thema, das wie kaum ein zweites dazu anregt, die immensen Lücken im Datenmaterial mit Einbildungskraft zu füllen« (»Frankfurter Allgemeine Zeitung«, 11.7.2004, S. 51).

Man sollte ganz einfach die acht Fundschichten mit Kunstwerken des Aurignaciens aus der Vogelherd-Höhle und benachbarten Höhlen genauso verjüngen wie die Knochenfragmente. Dann bleibt es eine Kunst des modernen Menschen. Aufgeben muss man das Märchen von der angeblichen Eiszeitkunst, insbesondere da es ein Großes Eiszeitalter ja nicht gegeben hat (ausführlich in: »Irrtümer der Erdgeschichte«). Logischer wird der ganze Datensalat, wenn man den Neandertaler in die gleiche Zeitschiene des jungsteinzeitlichen Menschen vor höchstens 5000 Jahren verschiebt. Das kann man nicht so einfach? Wenn nicht nur die Datierungen frühmoderner Aurignacien-Knochen, sondern auch solche von Neandertalern gefälscht wurden, geht das sogar relativ schnell und problemlos.

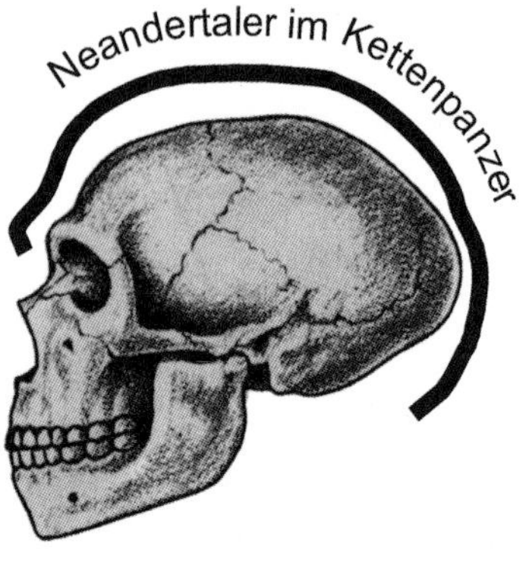

Abb. 109: **KOEXISTENZ.** Vergleich eines erkannten Neandertalerschädels mit der abgezeichneten Form des in einem Grab neben einem Kettenpanzer gefundenen Schädels

Im Fachmagazin »Nature« (Bd. 77, 23.4.1908, S. 587) wurde über einen ungewöhnlichen Fund berichtet, der im »Anzeiger der Akademie der Wissenschaften in Krakau« (Jahrgang 1908, S. 103–126) erschien. In einem Grab in Nowosiolka (Polen) wurde neben einem Kettenpanzer und mehreren eisernen Speerspitzen ein Skelett entdeckt, das mit solchen aus der prä-skythischen Kurgan-Kultur verglichen wurde, die im 5. bis 3. Jahrtausend v. u. Z. in der Ukraine und in Südrussland bis hin zum Ural lebte und Bauwerke aus frühzeitlichem Zyklopenmauerwerk errichtete. Interessant und kontrovers ist die eingehende Beschreibung und Vermessung des Schädels, denn dieser weist eine hohe Ähnlichkeit mit Neandertaler-Schädeln auf. Ein altsteinzeitlicher Schädel in einem Grab aus historischer

Zeit neben einem Kettenpanzer erscheint undenkbar, und man könnte diskutieren, ob es sich um einen modernen Menschen handelt, der einen Schädel mit steinzeitähnlichen Proportionen besitzt (Stolyhwo, 1908, S. 103–126).

Für die angeblich Jahrhunderttausende andauernde Altsteinzeit wurden viel zu wenig Steinwerkzeuge gefunden. Verteilt man die in Frankreich aufgefundenen Steinwerkzeuge auf 4000 Generationen, dann ergeben sich lediglich 15 Werkzeuge pro Generation für ganz Frankreich. Genaue Untersuchungen der Fundstätte *Combe Grenal* (Dordogne) in Frankreich ergaben, dass für unterschiedliche Einsatzzwecke bis zu sechs verschiedene Sätze mit je acht Einzelgeräten, also fast 50 verschiedene Einzelgeräte benutzt wurden (Binford, 1966 und »American Anthropologist«, Bd. 68, 1966, S. 238 ff.).

Tatort Universität Frankfurt

In »Darwins Irrtum« wird die Steinzeit mit dem Neandertaler als rein »nachsintflutliche«, falsch interpretierte Epoche dargestellt und für das Alter von Neandertaler-Schädeln wurde von mir ein Alter von höchstens 5000 Jahren zugestanden, weshalb mir Missachtung von radiometrischen Messungen vorgeworfen wurde, denn alles war angeblich bewiesen bzw. wissenschaftlich datiert. Zum Entsetzen der Paläo-Anthropologen wurde meine Meinung durch eine Meldung vom August 2004 gestützt:

»Zahlreiche Steinzeit-Schädel in Deutschland sollen weit jünger sein als bislang behauptet. Der Frankfurter Anthropologe Professor Reiner Protsch von Zieten habe bedeutende Fundstücke um Zehntausende von Jahren zu alt geschätzt«, berichtete das Nachrichtenmagazin ›Der Spiegel‹ mit Verweis auf neue radiologische Datierungen der britischen *Universität Oxford.* Statt mehr als 30 000 Jahre seien die Schädel zum Teil nur wenige hundert Jahre alt. Das habe eine Überprüfung mit der sogenannten Radiokarbon-Methode (C-14-Methode) ergeben (...) ›Die Anthropologie muss jetzt ein neues Bild des anatomisch modernen Menschen in dem Zeitraum zwischen vor 40 000 und 10 000 zeichnen‹, sagte der Greifswalder Archäologe Thomas Terberger (...) Der Neandertaler von Hahnöfersand sei statt 36 300 nur 7500 Jahre alt, bestätigte der ehemalige Leiter des *Hamburger Helms-Museums,* Ralf Busch. Die Frau von Binshof-Speyer ist (...) nicht 21 300 Jahre alt, sondern habe

1300 vor Christus gelebt. Der Schädel von Paderborn-Sande (›der älteste Westfale‹) sei nicht 27 400 Jahre alt, sondern der Mensch sei um 1750 nach Christus gestorben (...) Leider habe man nach dem ›Aussortieren der faulen Eier‹ kaum noch bedeutende Menschenfunde aus dem Zeitraum zwischen 40 000 und 30 000, sagte Terberger (...) ›Ältester Knochenfund in Deutschland ist (...) nun ein Skelett aus der mittleren Klausenhöhle in Bayern mit 18 590 Jahren« (»dpa«, 16.8.2004, 17:59 Uhr).

Verantwortlich für die falschen Datierungen soll Professor Reiner Protsch sein. Ein weiterer Schlüsselfund der Steinzeitkunde, die Kelsterbacher Dame, nach Protsch 32 000 Jahre alt, galt als ältester bekannter, anatomisch moderner Mensch nach den Neandertalern in Europa. Jetzt ist der Schlüsselfund verschwunden und kann daher nicht neu datiert werden ...

Wir hatten Protsch bereits in Zusammenhang mit der gefälschten Datierung der Reckschen Knochen aus der Olduvai-Schlucht kennengelernt (S. 202). Ehemalige Mitarbeiter berichten im Nachrichtenmagazin »Der Spiegel«, wie der Forscher sich Datierungen *einfach ausdachte*. »Intern war der C14-Professor für solche Mogeleien bald berüchtigt. Seine Assistenten sprachen von ›protschern‹ und ›mentaler Datierung‹. Wichtige Fossilien wurden so ins völlig falsche Jahrtausend sortiert« (»Der Spiegel«, 34/2004).

Das Gerät zur Radiokarbon-Datierung war vor 1981 »niemals in Betrieb gewesen« (»Spiegel«, 34/2004), und das Labor besaß auch keine Eichparameter: Der absolute Fachmann für Steinzeitschädel konnte gar keine fachgerechte Radiokarbon-Datierung durchführen, schrieb aber mit seinen Phantasie-Datierungen über Jahrzehnte hinweg Menschheitsgeschichte als eine Art Grimms Märchen, das von den großen Medien in phantasievollen Bildern als »bewiesene« Tatsachen dem staunenden Publikum vorgespielt wurde.

Als Konsequenz aus diesem Skandal wurden die zuvor beschriebenen Schädelfunde aus Deutschland mit Bezug auf Neandertaler nicht mehr erwähnt, außer einer 1856 im Neandertal entdeckten Schädeldecke, angeblich vom Typus *Neandertal 1*, die meines Wissens jedoch bisher nicht neu untersucht und datiert wurde. Im Jahr 2000 fand man ergänzend zu diesem Schädelfragment ein Stück des Schläfen- und Jochbeins (Schmauder/Schmitz, 2006).

Fragmente von Neandertaler-Schädeln stammen jetzt quasi nicht mehr aus Deutschland, sondern vor allem aus Frankreich, Italien und Spanien,

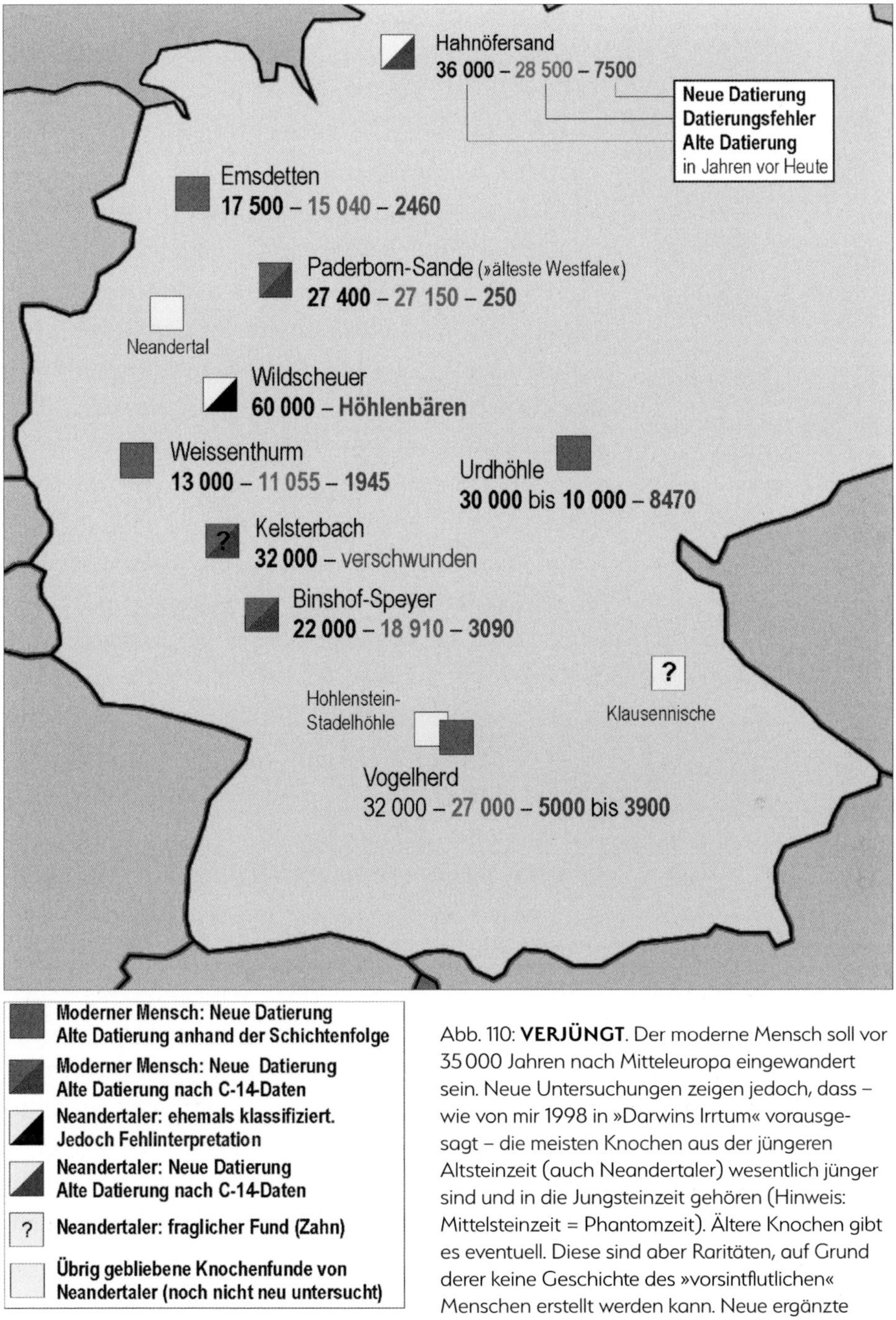

Abb. 110: **VERJÜNGT**. Der moderne Mensch soll vor 35 000 Jahren nach Mitteleuropa eingewandert sein. Neue Untersuchungen zeigen jedoch, dass – wie von mir 1998 in »Darwins Irrtum« vorausgesagt – die meisten Knochen aus der jüngeren Altsteinzeit (auch Neandertaler) wesentlich jünger sind und in die Jungsteinzeit gehören (Hinweis: Mittelsteinzeit = Phantomzeit). Ältere Knochen gibt es eventuell. Diese sind aber Raritäten, auf Grund derer keine Geschichte des »vorsintflutlichen« Menschen erstellt werden kann. Neue ergänzte Abbildung nach »Spiegel« (34/2004).

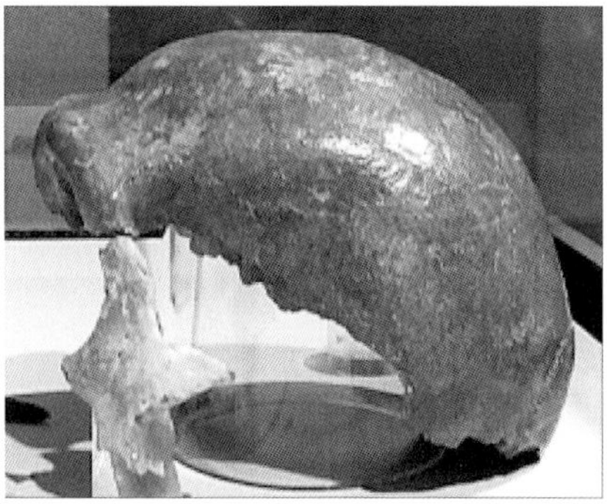

Abb. 111: **UNIKAT**. Die Schädeldecke des 1856 gefundenen Neandertalers im Landesmuseum Bonn und das im Jahr 2000 entdeckte Stück des Schläfen- und Jochbeins.

Belgien und Portugal; ihr neu definiertes Kerngebiet war demnach Süd- und Südwesteuropa (Serangeli/Bolus, 2008). Es wäre zu empfehlen, auch diese Funde von einem neutralen Institut neu datieren zu lassen.

Zahlreiche Altsteinzeit-Schädel wurden also in einen wesentlich jüngeren geschichtlichen Zeithorizont verschoben. Bereits Josef Bayer hatte »erwiesen, dass die bisher herrschende Lehrmeinung an einer Vermehrfachung der tatsächlichen Zeitabschnitte krankte, dass also auch die absolute Zeitlänge des Quartärs (Diluviums, HJZ) viel kürzer ist, als bisher angenommen wurde (...)« (Bayer, 1927, S. 452).

Aus dieser Sichtweise werden einzelne Fälle verständlich, in denen Funde wesentlich verjüngt werden. Herman Müller-Karpe hatte sich getraut, einen Knochenkratzer der indigenen Volksgruppe Inuit, der im nordkanadischen *Old-Crow-Gebiet* entdeckt worden war, um den Faktor 20 zu verjüngen. Mit der AMS-Methode (einer verbesserten Radiokarbonmethode) wurde gezeigt, dass der Knochen nicht 27 000 Jahre alt war, wie eine Datierung der 1960er Jahre ergeben hatte, sondern von einem Tier stammte, das vor nur 1350 Jahren gestorben war (Strauss, 1991, A12). Muss man auch andere in früherer Zeit datierte Funde neu untersuchen, und müssen diese dann auch um ein Vielfaches verjüngt werden? Aber auch die mit der AMS-Methode ermittelten Werte sind noch zu hoch, wie manche Datierung von Höhlenzeichnungen nahelegt.

Die Felsbilder in der Grotte Chauvet (Ardèchetal, Frankreich) wurden zunächst von Jean Clottes auf Grund stilistischer Merkmale dem *mittleren* Jungpaläolithikum (mittlere jüngere Altsteinzeit) zugeordnet. Als dann AMS-Daten (von Farbpartikeln und von organischem Material aus Felskrusten, HJZ) gewonnen wurden, welche die Malereien in das Aurignacien wiesen, galt die Grotte Chauvet als Beweis dafür, dass es schon im frühen Jungpaläolithikum in Frankreich herausragende Kunstwerke und Künstler gegeben hat – kurz, dass die Kunstgeschichte neu geschrieben werden muss, und dass die klassischen Methoden der Felsbildforschung versagt haben.

Abb. 112: **SCHNELL GESCHÜTTET**. In der Sandgrube Rösch bei Mauer an der Elsenz wurde 1907 der Unterkiefer des Heidelberg-Menschen gefunden. Anhand dieses ursprünglichen Fragments wurde eine ganze Homo-Art mit unzähligen Generationen rekonstruiert. Der weiße Kreis markiert den Punkt, an dem der Kiefer entdeckt wurde. Diese zum Cromer zählenden Schichten sind jedoch »in einer einzigen, einheitlichen Schüttungsphase ohne nennenswerte Unterbrechungen geschüttet worden« (Rutte, 1990, S. 235), »ohne Unterbrechung in einer geologisch sehr kurzen Zeit« (Körber, 1962, S. 30). Das kann auch vor wenigen tausend Jahren gewesen sein.

Abb. 113: **SCHÜTTPHASE?** In der Sandgrube Sigrist in Steinheim wurde 1933 der Steinheiner Frauenschädel gefunden (durch Kreis markiert). Der Schädel soll 250 000 Jahre alt sein. Er befand sich jedoch in einer von der Murr abgelagerten Kiesschicht, in der auch Elefanten gefunden wurden. Alle Schichten von der Erdoberfläche bis unter den Schädel sind durch den Fluss geschüttete Kiesschichten – über 250 000 Jahre hinweg oder ist es das Ergebnis eines Kataklysmus (vgl. Abb. 91–92, S. 161, 163)?

Abb. 114: **ZEITIMPAKT**. Dieses Schotter-Geröllfeld wurde 1980 innerhalb von 15 Minuten nach dem Ausbruch des Vulkans *Mount St. Helens* mit einer dokumentierten Geschwindigkeit von etwa 65 Meilen pro Stunde gebildet. Solche Geröllfelder mit gerundeten Geröllen gelten meist als Beweis für eine Kaltzeit. Nicht der kleine, im Vordergrund zu erkennende, erst seit dem Vulkanausbruch existierende Bach, sondern gewaltige Schlammfluten erzeugten das Geröllfeld blitzartig.

Mit anderen Worten: Die Datierungen mit der AMS-Methode ergeben doppelt so hohe Alter wie nach der bisherigen archäologischen Datierung. Sind die neuen Datierungen zu alt, da insbesondere die in die Aurignacien-Kulturstufe datierten Felsbilder mit gleichen Details nach einer Unterbrechungspause von 15 000 Jahren im Magdalénien wieder auftauchten (Züchner, 2001)? Wenn man die Frische der phantastischen Höhlenbilder berücksichtigt, sollten aber auch die archäologischen Datierungen zu hoch angesetzt sein, insbesondere wenn man bedenkt, dass angeblich während der angeblichen letzten Kaltzeit Wärme liebende Tiere und nackte Menschen gezeichnet wurden. Gehören diese Bilder in den sich neu herauskristallisierenden Zeitraum vor 5000 bis 4000 Jahren?

Alter	Kultur	Phase	Beispiel
12 000	spätes Magdalénien V-VI	Klasschisch Stil IV	
	mittleres Magdalénien III-IVI		
	frühes Magdalénien I-II	Archaisch Stil III	
17 000	Solutréen		
	Übergangsphase	Primitiv Stil II	
22 000	Gravettien		
27 000		Primitiv Stil I	
	Aurignacien		
32 000			

Abb. 115: **ZU LANG**. Ungefähr 20 000 Jahre lang soll die Entwicklung der künstlerischen Darstellung der Pferdeköpfe während der jüngeren Altsteinzeit nach herrschender Datierung gedauert haben (nach Leroi-Gourhan in: »Scientific American«, 1968, Bd. 218, Nr. 2, S. 63, neu erstellt und übersetzt). Gunnar Heinsohn (2003, S. 87) fragt, ob für diese Entwicklung nicht 20 000, sondern 1000 Jahre ausreichend bemessen sind. Ist auch dieser Zeitraum zu lang? Reichen nicht wenige Generationen, allerhöchstens 200 bis 500 Jahre aus?

Denn auch die stilistische Entwicklungsphase bestimmter Motive der Felsbilder erscheint wesentlich zu lang. Gunnar Heinsohn (2003, S. 87) fragt zu Recht (vergleiche Abb. 115): »Ob man den Jetztmenschen zu hoch einschätzt, wenn man ihm nicht 20 000, sondern nur etwa 1000 Jahre für seine zeichnerische Entwicklung bis zum Pferdekopf der ›klassischen‹ Periode des Spät-Magdalénien zumisst?« Für die Verfeinerung der Darstellung eines männlichen Bisons soll man 9000 Jahre benötigt haben. »Könnten nicht auch 900 oder 700 Jahre gereicht haben oder womöglich weniger?« (ebd. S. 87).

Im Fachblatt »Science« (Bd. 283, 26.3.1999, S. 2029–2032) wird gefragt, ob der Mangel an Funden nicht für falsche Interpretationen verantwortlich ist. Interpretiert man das

Vorkommen der steinzeitlichen Werkzeuge nicht nach dem Standardmodell, sondern berücksichtigt einen demographischen Faktor, so ergibt sich ein komprimiertes Zeitmodell. Mehr als 15 000 Jahre später als nach dem Standardmodell veranschlagt, wird die gefundene Menge an Werkzeugen produziert. Folglich wird durch die Werkzeugfunde nicht ein plötzliches Auftreten moderner Menschengruppen und damit eine Verdrängung von Neandertalern nachgewiesen, »sondern es wird vielmehr ein allmählicher Fortschritt in der Altsteinzeit dokumentiert, der von den Menschengruppen rund ums Mittelmeer getragen wurde, mit Schwerpunkt in Südfrankreich und an der Nordküste Spaniens« (ebd. S. 2029).

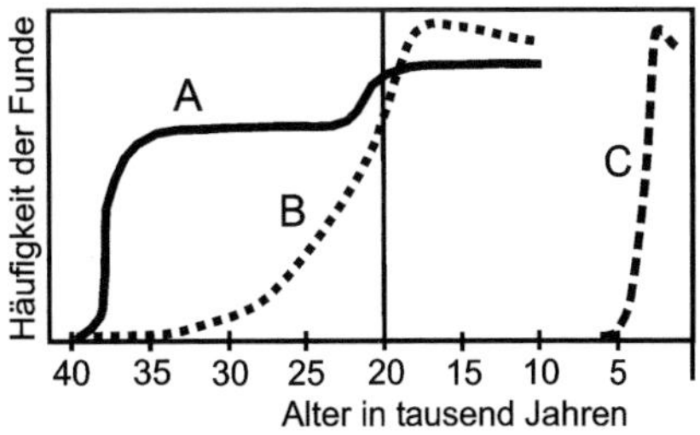

Abb. 116: **ANSICHTSSACHE**. Fortschrittliche Steinwerkzeuge sollen nach Lehrmeinung mit der Einwanderung frühmoderner Sippen in Europa schlagartig aufgetaucht sein (A). Berücksichtigt man ein demographisches Modell (B), ergibt sich aus denselben Funden eine langsame (graduelle) Entwicklung (»Science«, Bd. 283, 26.3.1999, S. 2029). Mit Modell B müsste auch das Alter der geologischen Schichten »gestreckt« werden (Zeitinflation). Ohne diese Zeitdehnung und analog der um bis zu 28 000 Jahre verjüngten Schädel frühmoderner Menschen entwickeln sich die Steinwerkzeuge explosionsartig (wie Modell A), jedoch erst vor ungefähr 5000 Jahren nach einer Naturkatastrophe (C).

Bei dieser Untersuchung handelt es sich um eine alternative Interpretation archäologischer Funde im konventionellen Zeitrahmen. Da man das Alter der Bearbeitung von Steinwerkzeugen nicht bestimmen kann, könnten die Steinwerkzeuge altersmäßig verschoben werden, in denselben Zeithorizont wie die neu datierten und dramatisch verjüngten Altsteinzeitschädel, womit sie dann auch höchstens 5000 Jahre alt wären. Sehen wir uns einmal die Stratigraphie (= Schichtenfolge) der Höhlen an.

Scharf geschnitten

Bereits der Begründer der altsteinzeitlichen Chronologie, Gabriel de Mortillet (1821–1898), war so wie ich der Meinung, dass *auf die Altsteinzeit unmittelbar die Jungsteinzeit folgte*! Und Edouard Cartailhac (1845–1921) vertrat die Auffassung, dass zwischen Altsteinzeit und Jungsteinzeit große Teile des europäischen Kontinents eine Zeitlang *unbewohnt* gewesen seien. Die dieser Zeit zugewiesenen Schichten sind höchst karg und fast fundleer, weswegen 3000 bis 4000 Jahre Mittelsteinzeit ihrer Artefakte entbehren. Die ausschließlich der *Spätphase* dieser Zeit zugewiesenen Siedlungsorte sind noch nicht einmal als ganzjährig genutzt nachweisbar (Champion et al., 1984, S. 103).

Zweifellos gibt es über dem Magdalénien solche Schichten, die etwas Neues bergen, aber doch noch keine voll entwickelte Jungsteinzeit darstellen. Diese Phase wäre, vom stratigraphischen Befund her gesehen, aber eine extrem kurze Phase der Menschheitsgeschichte: »Lange vertikale Stratigraphien sind überall rar« (ebd., S. 97) und in »England ist für die gut 4000 mittelsteinzeitlichen Jahre kein einziges Begräbnis bekannt« (ebd., S. 108).

Die Verlegenheit, eine Mittelsteinzeit von etlichen tausend Jahren archäologisch nicht belegen zu können, bringt Archäologen sogar in Fälschungs- und Vertuschungsversuchungen. »So wurde zu einer der besten deutschen Stratigraphien – der *Ilsenhöhle* im Burgberg der thüringischen Stadt Ranis – ursprünglich ein Ausgrabungsbericht *ohne* Mittelsteinzeit vorgelegt« (Hülle, 1939, S. 105 ff.). Im Jahr 1961 erschien eine Darstellung mit einer hauchdünnen mittelsteinzeitlichen Schicht, die aber direkt, also ohne sterile Zwischenschicht, unter der Bronzezeit liegt, so dass es noch Altsteinzeit oder schon Jungsteinzeit sein müsste und somit eine eigene Epoche nicht repräsentieren kann. Der ursprüngliche Ausgräber der Ilsenhöhle »hat sich die Manipulation seines Lebenswerkes nicht gefallen lassen« und einen stratigraphischen Aufriss ohne Mittelsteinzeit vorgelegt (Heinsohn, 2003, S. 106).

Auch in der schon beschriebenen Vogelherdhöhle fehlt eine Schicht, die der Mittelsteinzeit zugeordnet werden könnte. Blumenreich heißt es dann zum Beispiel im Internet-Lexikon von »www.akademie.de« (Stand 20.12.2004): »Der Nutzung in der Jungsteinzeit ging eine Begehung in der Mittelsteinzeit voraus.« Diese Vermutung ist frei erfunden, aber man hat wenigstens die Mittelsteinzeit für unkritische Leser erwähnt.

Wird durch die geologischen Schichten, die Stratigraphie, ein allmählicher Übergang von einer Kulturstufe zur anderen bezeugt oder sind die Schichten scharf getrennt, wie mit einem Messer geschnitten? Gunnar Heinsohn hat sich diesem Thema ausführlich gewidmet und weist darauf hin, dass »die Stratigraphien etlicher Höhlen (...) sogenannte Sinterschichten (Kalktuff) und Lößschichten (auch Lehm-Schichten genannt) zwischen den Kulturschichten (enthalten). Diese Zwischenschichten sind archäologisch weitgehend steril und haben bis heute zu unausgestandenen Kontroversen geführt«

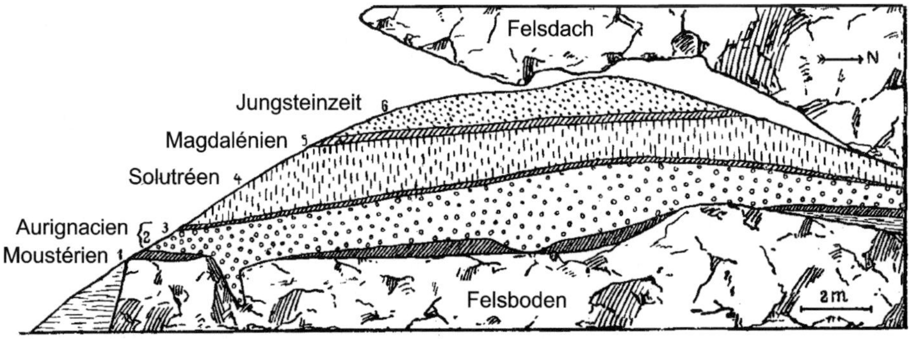

Abb. 117: **LÖSS-SCHICHTEN**. Die Stratigraphie der Grotte von Trilobite bei *Arcy-sur-Cure* zeigt direkte Übergänge vom Neandertaler-Moustérien zum frühmodernen Aurignacien. Mittelsteinzeitliche Schichten fehlen. Die »Kulturschichten« sind durch sterile Zwischenschichten getrennt. Die Lößschichten (1, 2, 4 und 6) wurden in die Höhle geschwemmt und jeweils durch Lehm- und Sinterschichten (Kalktuff) überlagert (3, 5), die durch das aus den Klüften des Felsdaches austretende Wasser mit dem darin gelösten Kalk gebildet werden. Anstatt von 30 000 Jahren auszugehen, sollten für die Bildung dieser Schichten 100, höchstens 1000 Jahre ausreichen. Schichtenfolge: aus Bayer, 1927, S. 58. Eine ähnliche Stratigraphie wie in derartigen Höhlen findet man auch am Fuße von Steilabhängen in Form geschichteter Terrassen.

(Heinsohn, 2003, S. 74). Die sterilen Zwischenschichten sind ein Zeugnis von kurzfristigen Wassereinbrüchen.

Ein sehr schönes Beispiel ist das Bodenprofil der jungpaläolithischen Fundstätte *Abri von Laussel* in der französischen Gemeinde Marquay im Département Dordogne (Bayer, 1927, S. 57). Durch getrennt liegende Schichten scheint ein direkter Übergang vom *Homo erectus* (Acheuléen) zum Neandertaler (Moustérien) dokumentiert zu sein, während alle weiteren Kulturschichten bis zum Solutréen durch sterile Zwischenschichten getrennte Horizonte ergeben. Das Magdalénien sowie die Mittel- und Jungsteinzeit fehlen komplett. Auch das Profil der *Grotte von Trilobite* zeigt scharf getrennte Kulturschichten vom Moustérien bis zur Jungsteinzeit, jedoch ohne Acheuléen (*Homo erectus*) und wieder ohne Mittelsteinzeit. Anscheinend wird in dieser Grotte der *abrupte* Übergang vom Neandertaler-Moustérien zum modernen Aurignacien-Menschen (Cro-Magnon) belegt.

Welche Konsequenzen ergeben sich aus den scharfen Trennungen der Kulturschichten für die Entwicklung des Menschen? Die These von der multiregionalen Entstehung des modernen Menschen betont den allmählichen Übergang des Neandertalers zum frühmodernen Menschen in Eurasien. Deshalb wird von den Multiregionalisten auf einen geringen anatomischen

Unterschied hingewiesen, obwohl der Neandertaler sich schon auf Grund der stämmigen Statur vom modernen Menschen stark unterscheidet. Da die beschriebene europäische Stratigraphie meist jedoch als scharf gegeneinander abgegrenzte Horizonte zu sehen sind, scheint eine sich – nach Charles Darwin – allmählich (graduell) vollziehende Evolution ausgeschlossen zu sein. Aber warum sollte sich überhaupt eine evolutiv-plötzliche anthropologische Transformation eingestellt haben, wenn vom frühen bis zum späten Neandertaler fast 100 000 Jahre lang »keinerlei Anzeichen für eine Evolution hin zum modernen Menschen« zu verzeichnen sind (Gambier, 1989, S. 207)? Auch der technische Standard der Werkzeugherstellung soll während dieser Zeit keine Weiterentwicklung erfahren haben, um dann *urplötzlich revolutioniert zu werden?*

Begründet wird diese sich plötzlich in großen Entwicklungsschritten vollziehende »Hypo-Makro-Evolution« von Gunnar Heinsohn durch eine elektromagnetische Mutationskatastrophe am Ende der Neandertaler-Ära. Tatsächlich hat es große Katastrophen in der Vergangenheit gegeben, begleitet von elektrischen Entladungen und verstärkter Radioaktivität – worauf schon Immanuel Velikovsky (1980, S. 258–260) hinwies.

Am Ende der letzten Kaltzeit (= Ende des Kataklysmus-Horizonts) sollen ungefähr 80 Prozent aller Tierarten, wie beispielweise Mammut und Riesenhirsch, durch Klimaveränderung und/oder Ausrottung durch den Menschen verschwunden sein. Allerdings wurde der Aussterbezeitpunkt der Riesenhirsche aufgrund von Fossilfunden in Sibirien von 10 500 auf 7700 Jahren reduziert (»Nature«, Bd. 431, 7.10.2004, S. 684–689).

Aber auch Mammuts überlebten. Die mehr als 500 km nördlich des Polarkreises und 150 km vor der nordost-sibirischen Küste liegende *Wrangel-Insel* (auch: Wrangelinsel), die zu Russland gehört, wird im Winter völlig von Treibeisschollen eingeschlossen, jedoch ist das Land nicht vergletschert. Hier wurde eine Zwergversion der Wollhaarmammute mit einer Schulterhöhe von nur 1,80 m entdeckt, die dort noch vor 3700 Jahren existiert haben sollen, etwa 6000 Jahre länger als im restlichen in Europa und Sibirien, also Eurasien (Lister, 1997, 34 f. und Fox et al., 2007).

Warum aber überlebten die Wrangel-Mammute auf einer mit einer arktischen Tundra beherrschten unwirtlichen Insel, wo durchgehend von Dezember bis März mittlere Tageshöchsttemperaturen von knapp –20 °C herrschten und es fast nichts zu fressen gab?

Das Aussterben der letzten Mammut-Population soll, im Gegensatz zu deren bereits angeblich vor 12 000 bis 11 000 Jahren ausgestorbenen Artgenossen, jedoch *kein* langsamer, durch die *Klimaerwärmung* bedingter Prozess gewesen sein. Vielmehr fanden die letzten 300 Wollhaarmammuts der Erde – an Hand neuerer Untersuchungen – ein ziemlich schnelles Ende auf der Wrangel-Insel. Grund soll möglicherweise Regen gewesen sein, der auf Schnee fiel und gefror, so dass die Tiere kein Futter mehr fanden (Arpe et al., 2019). Eine durchaus realistische Aussage.

Angeblich war ein Klimawandel mit sich »neu« eingestellten wärmeren Klimabedingungen für den Rückgang der Populationen verantwortlich (u. a. Wang, Y. et al., 2021). Verhält es sich nicht umgekehrt? Denn, vor relativ kurzer Zeit bestand die »arktische Steppe« noch aus einer fruchtbaren Graslandschaft (Zazula et al., 2003). Bereits vor 27 000 Jahren, die zeitlichen Angaben variieren, als noch die letzte Kaltzeit angeblich ihren Kälte-Tiefpunkt erreicht haben soll, gab es eine eisfreie grüne Landbrücke von Ostsibirien bis Alaska mit einer arten- und nährstoffreichen Flora und Fauna (Mammut, Bison, Pferd, Löwe, Wolf) im Bereich von Beringia. Denn dieses ehemals aus einer zusammenhängenden Savannenlandschaft bestehendes Gebiet, das sich etwa vom russischen Fluss *Lena* über die (heutzutage geflutete) Beringstraße bis zum kanadischen *MacKenzie River* hin erstreckte (Abb. 118, Bild A), war ein Paradies für Tiere und Menschen.

Die zu damaliger Zeit sich etwa bis zu 1100 m aus der Savanne (heutiges Meeresboden-Niveau) erhebende Berglandschaft wurde schließlich vom Wasser umschlossen und die heutzutage zu sehende Wrangel-Insel entstand. Manche Wollhaarmammute flüchteten auf diese Insel als Rückzugsgebiet. Mit dem Klimasturz vor 3700 Jahren – laut Datierung der Mammuts – hatten diese Tiere nichts mehr zu fressen und starben den Hungertod.

Mammute wurden schockgefroren, so dass noch unverdaute Gräser und wilde Bohnen, Lärchen- und Fichtennadeln sowie Butterblumen im Magen und sogar noch im Maul entdeckt wurden. Diese Tiere waren jedoch Bewohner eines gemäßigten Klimas, wie das lang herabhängende, für vereiste Landschaften ungeeignete und zottelige Fell beweist, bevor sie teils sogar zusammen mit Rhinozerossen und Steppenbisons (Abb. 118, Bild E) schockgefrostet wurden. Damit große Säugetiere schnappschussartig schockgefrostet werden können, benötigt es einen Temperatursturz von knapp 80 °C, um den Mageninhalt wie Butterblumen zu gefrieren und zu konservieren (Dillow, 1981).

Im Permafrost wurden aber auch die fleischigen Überreste von in Wärme lebenden Tieren wie Pferd (Ukraintseva, 1993), Eichhörnchen, Kaninchen, Wühlmaus (Vereshchagin/Baryshnikov, 1982), Luchs (Zimmermann/Tedford, 1976), Bison (Anthony, 1949, S. 300) und Moschusochse gefunden (»Science News Letter«, Bd. 55, 25.6.1949, S. 403, vgl. Abb. 118, Bild C).

Im nordostsibirischen Bereich der ehemaligen Mammutsteppe Beringia wurde am Fluss *Kirgiljach* im heutigen Permafrostboden ein fast vollständig erhaltenes, sechs bis acht Monate altes Wollhaarmammutkalb, genannt Dima, entdeckt, das scheinbar schockgefrostet wurde (Abb. 118, Bild B). 2007 wurde noch ein fast vollständig konserviertes, Ljuba genanntes Mammut-Baby von einem Rentierzüchter auf der russischen Jamal-Halbinsel entdeckt, das im permanenten Eis Sibiriens konserviert worden war (Abb. 118, Bild B). Ein ähnlich eisiger Fund stellt das Mammut-Baby im kanadischen Teil von Beringia im Jahr 2021 dar.

In Amerika wurde eine komplette Steppen-Megafauna von Pferd und Kamel über Riesenfaultier bis hin zum Mastodon durch Naturkatastrophen und abrupte Klimaänderungen ausgerottet. Stimmen die ganzen Datierungen überhaupt? Der Nachrichtendienst *CBC* verbreitete die Meldung, dass entgegen der Lehrmeinung die nordamerikanischen Indianer bzw. Indigene Pferde kannten, jagten und schlachteten (»BdW«, 11.5.2001).

Welche Ursache hatte dieses kataklysmische Ereignis eines dramatischen Klimasturzes? Wie die Hopi berichten: die Schiefstellung der Erdachse? Wurden dadurch die Klimazonen um ungefähr 3500 Kilometer verschoben, wie bereits Otto Muck (1976) fragte? Dass sich die Erdachse in der Vergangenheit grundsätzlich schief gestellt hat, um wie viel Grad auch immer, steht außer Zweifel. Ist das der Grund, weswegen der Permafrost in einigen Teilen

Abb. 118: **DIE VERLORENE WELT**. Bild A. Die grau dargestellten Flächen, einschließlich der früheren Erhebung und heutigen Wrangel-Insel, stellen die ehemals bewohnte Savannen-Landschaft Beringia im Bereich zwischen den Flüssen *Lena* in Sibirien und *MacKenzie River* in Kanada dar. Bild von Sergey Slobodin (2016) verändert. Bild B: Das im sibirischen Eis schockgefrostete Mammut-Baby Ljuba. Bild C: Relikte von Mammuten und Auerochsen auf der Wrangel-Insel. Bild: Ansgar Walk. Bild D: Ein auf der Wrangel-Insel aus dem Boden aufragender Mammut-Stoßzahn. Bild E: Die angeblich etwa 35 000 Jahre alte männliche Eis-Mumie, *Blue Babe* genannt, ist ein männliches Steppenbison (*Bos priscus*), auch Steppenwisent genannt, dessen gefrostet-konservierter Körper 1979 nahe Fairbanks in Alaska (USA) gefunden wurde (vgl. Abb. 21, S. 34). Der Name rührt von der Blaufärbung der Haut her, hervorgerufen durch eine chemische Reaktion mit der Luft im Rahmen der Bergung des Kadavers.

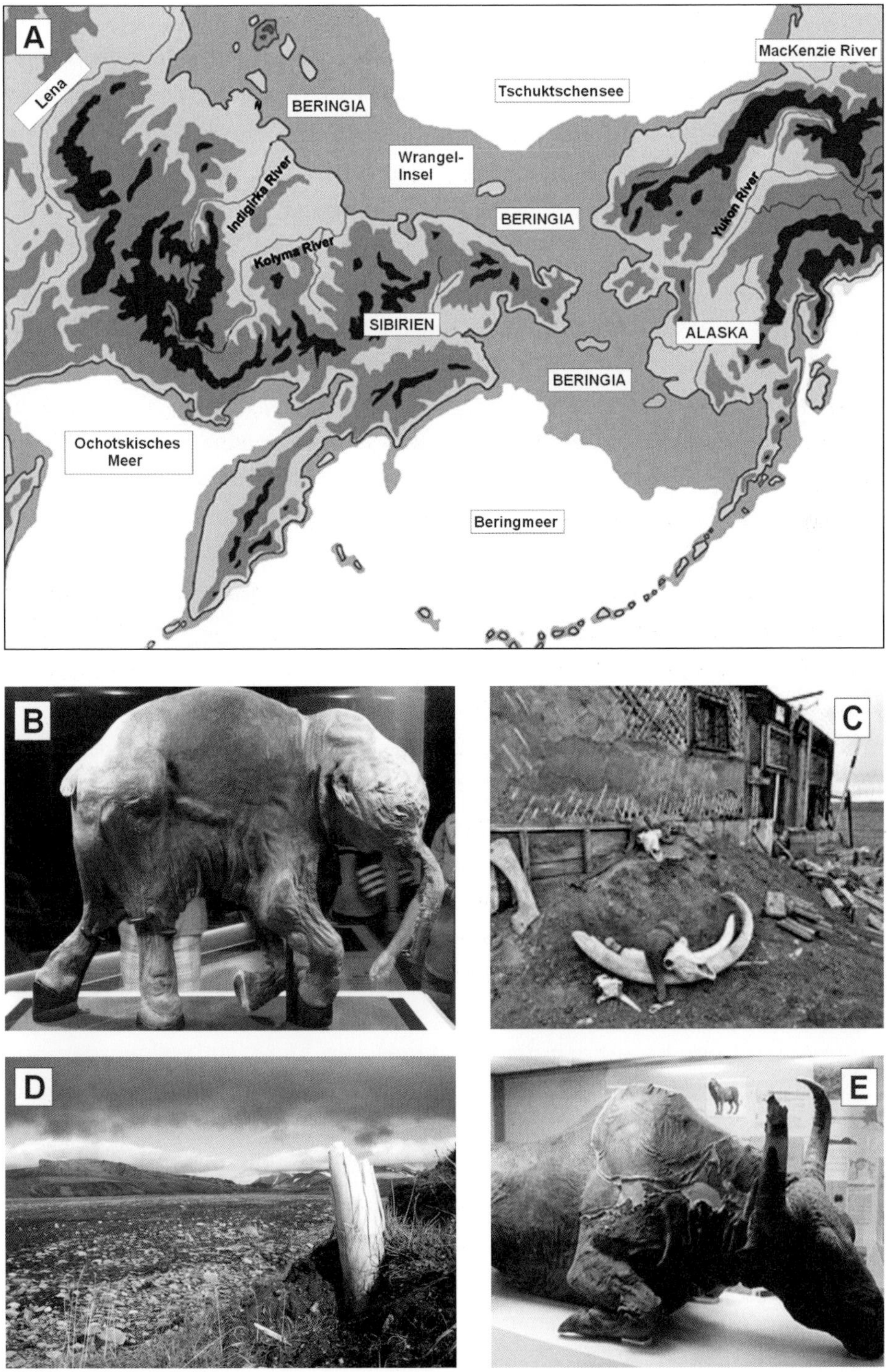
A
Lena
BERINGIA
Tschuktschensee
MacKenzie River
Wrangel-
Insel
Indigirka River
Kolyma River
BERINGIA
Yukon River
SIBIRIEN
ALASKA
BERINGIA
Ochotskisches
Meer
Beringmeer
B
C
D
E

Nordostsibiriens eine extrem zu nennende Mächtigkeit von bis zu 1500 m und eine Ausdehnung bis in mittlere Breiten erreicht hat (Nelson, 2003)?

So bewirkte etwa der Ausbruch des indonesischen Vulkans Tambora auf Sumbawa im Jahr 1815 einen Rückgang der Durchschnittstemperatur um 2,5 °C (Oppenheimer, 2003). In der Folge gab es in Europa Frost im Juli, weshalb das Jahr 1816 auch das Jahr ohne Sommer genannt wird. Bis 1819 führte die Kälte zu Missernten und dadurch zu Auswanderungswellen von Europa nach Amerika. Dieser Vulkan erreichte Stufe 7 auf dem bis Stufe 8 reichenden Vulkanexplosivindex. Während eines weltweiten Kataklysmen-Horizonts mit mehreren entsprechend ausbrechenden Supervulkanen würden die Temperaturen noch drastischer fallen.

Die schockgefrosteten Mammuts sollen nicht nur eine Nahrungsquelle für Schlitten-Hunde gewesen sein, sondern auch von Goldgräbern in Alaska während des Goldrauschs gegessen worden sein. Diese Aussage konnte ich vor Ort leider nicht wirklich stichhaltig belegen. Das Elfenbein der Stoßzähne ist heutzutage jedoch noch derart frisch, dass die Schnitzwerkstätten Asiens damit beliefert wurden.

Auf Grund der beschriebenen Funde waren Mammute definitiv Bewohner gemäßigter und nicht arktischer Zonen, die dann plötzlich in einen Gefrierschrank verwandelt wurden. Derart kann erklärt werden, dass während Vermessungsarbeiten der Neusibirischen Inseln durch den Arktisforscher Baron Eduard von Toll ein Obstbaum mit einer ursprünglichen Höhe von 27 m gefunden wurde. Dieser Baum war mitsamt seinen reifen Früchten, grünen Blättern, Wurzeln und Samen plötzlich im Eis konserviert worden (Brown, 1995). Heutzutage findet man in dieser Gegend nur kriechenden Bewuchs.

Jüngere Ausgrabungen durch das Forschungsteam der *Freien Universität Berlin* zeichnen ein neues Bild von Sibirien. Denn in diesem zum Permafrost gehörenden Gebiet zwischen dem Ural und dem Fluss Jenissei wurden bisher acht Siedlungen entdeckt, die auf ein Alter von 8000 Jahren datiert wurden. Damit sind sie die ältesten, angeblich von Jägern und Sammlern bewohnten Steinzeit-Siedlungen. Ein Komplex soll in einer befestigten »Zitadelle« und einen »Burghof« gegliedert gewesen sein. Es soll Wild, Fisch und andere Nahrungsquellen gegeben haben. Der mögliche Auslöser dieser Besiedlung soll eventuell ein Klimawechsel vor rund 8200 Jahren gewesen sein, in einem Gebiet, dass bisher als Permafrost-Gebiet (!) angesehen wurde, (»Antiquity«, Bd. 97, Ausg. 396, Dez. 2023, S. 1381–1401).

Wandernde Fleischesser

Die Auswertung von Neandertaler-Knochen durch ein internationales Forscherteam ergab, dass Neandertaler fast ausschließlich Fleisch aßen und deshalb wohl erfolgreiche Jäger waren. Hätten sie sich in erster Linie von Aas ernährt, hätten sie auch Pflanzenkost zu sich nehmen müssen, um überleben zu können (Richards et al. in: »PNAS«, 20.6.2000, Bd. 97, S. 7663–7666).

Eine weitere Untersuchung von Knochenresten frühmoderner Menschen, die in Tschechien, Großbritannien und Russland gefunden wurden, verglich solche mit denen von Neandertalern, die etwa zur gleichen Zeit lebten. Während Neandertaler offenbar ausschließlich auf Großwildjagd gingen, konnten frühmoderne Menschen nicht nur fischen, sondern auch Fisch durch Trocknen haltbar machen, vermuten die Forscher. Überdies hat der Frühmensch wohl auch schon Vögel mit Hilfe von Fallen gefangen.

»Die Neandertaler verbrachten ihre meiste Zeit mit der Jagd. Wenn ihre Beutetiere ihr Revier wechselten oder ein neuer Jagdkonkurrent auftauchte, wussten die Neandertaler nicht, wo sie als nächstes ihr Jagdglück versuchen konnten (»PNAS«, 22.5.2001, S. 6528–6532). Für den Archäologen Curtis Runnels war der Untergang der Neandertaler mit dem Verschwinden der großen Herden von Bisons und Riesenhirsch besiegelt, das mit klimatischen Änderungen einherging (»Science«, Bd. 303, 4.2.2004, S. 759), die bereits zuvor beschrieben wurden.

Wenn die Neandertaler anscheinend Fleischesser waren und dem Wild folgten, kann man auf ein Leben als *Nomaden* – ähnlich der Lappen – schließen. Dieses unterschied sich von den zur gleichen Zeit lebenden sesshaften Frühmenschen. Auch bis in unsere Zeit leben verschiedene Volksgruppen nebeneinander, die einerseits sesshaft und andererseits nomadenhaft leben. Vereinzelte Vermischungen haben stattgefunden, wie man heutzutage weiß. Das vermeintliche Aussterben von Neandertalern, das oftmals auch nur durch fehlende »typische« Neandertaler-Werkzeuge in bestimmten geologischen Schichten gestützt wird, könnte ganz einfach darauf hindeuten, dass diese Menschen infolge klimatischer Änderungen als Nomaden den Wanderungen der Tiere folgten und neue Lebensräume aufsuchten.

Im Zagros Gebirge im Südwesten des Iran jagten Neandertaler wilde Schafe und Ziegen. Bevor diese wilden Tiere ausstarben (oder klimatisch

Abb. 119: **HÜTTEN**. In der Ukraine fand man Aufsehen erregende Neandertaler-Hütten (aus: Dorling, 1994, S. 18). Ähnliche Hütten wie bei Pushkari baute der moderne Mensch in der russischen Tundra.

bedingt wegwanderten?), so das Fazit einer Studie (»Science«, Bd. 287, 24.3.2000, S. 2174–2175), wurden diese durch den modernen Menschen domestiziert. Könnte man es auch so sehen, dass die Neandertaler Schafe und Ziegen nicht ausschließlich jagten, sondern als Nomaden in Herden hielten und zwischendurch auf Jagd gingen? Wobei sich mit einhergehenden Klimaänderungen die sesshaften Bauern mit domestizierten Tieren durchsetzten?

Neandertaler wohnten nicht in Höhlen, obwohl zum Beispiel in der Kartsteinhöhle bei Euskirchen (Deutschland) wahrscheinlich eine Hütte in eine Nische der Höhlenwand eingebaut war. In oder vor dieser Hütte unterhielten ihre Bewohner eine Herdstelle, deren Aschereste gefunden wurden. Im freien Land bauten die Neandertaler Hütten oder Zelte aus Hölzern, großen Knochen und Fellen.

In Russland und in der Ukraine fand man Aufsehen erregende Spuren von Neandertaler-Hütten, die aus Tierhäuten auf einem Gerüst aus Ästen und Mammutknochen errichtet wurden. Die Außenseite war mit weiteren massigen Mammutknochen und -stoßzähnen verkleidet und beschwert. Die Fundgegend war eine fruchtbare Savannenlandschaft, die auch die Heimat der prä-skytischen, Grabhügel bauenden Kurgan-Kultur (Kurgan ist türkisch-russisch für *Grabhügel*) im 5. bis 3. Jahrtausend vor unserer Zeitrechnung war. In der russischen Tundra wurden aber auch Hütten entdeckt, wie in Pushkari, die den Behausungen der Neandertaler ähneln, aber dem modernen Menschen der jüngeren Altsteinzeit zugeordnet werden.

Wenn Vergleiche des Neandertalers mit Menschen der Steppenvölker im Bereich des Schwarzen und des Kaspischen Meeres anklingen, dann ist zu beachten, dass »Gesicht und Körper der Mongolen so gebaut sind, dass sie einen Schutz gegen extreme Kälte« bieten. Körper und vor allem Kopf sind so weit wie möglich abgerundet. Die Körperoberfläche ist im Verhältnis zum Volumen kleiner, um den Wärmeverlust zu verringern. Die Nase ist wegen

Erfrierungsgefahr klein, genauso wie die Nasenlöcher. »Die Augen werden durch Lider geschützt, die als richtige Fettbeutel ausgebildet sind (...) und sie lassen nur eine sehr kleine Öffnung frei, die noch gutes Sehen ermöglicht, aber gegen den eisigen Wind des sibirischen Winters schützt« (Cavalli-Sforza, 1999, S. 23). Mandelförmige Augen (mit Epikanthus-Oberlidfalte) scheinen eine Anpassung an klimatische Verhältnisse zu sein.

Wenn der Neandertaler im Gegensatz zum Cro-Magnon-Menschen an das kältere Klima besser angepasst gewesen sein soll, bedeutet dies, dass die Neandertaler entweder Höhlen nicht verlassen konnten oder »aber ständig Kleidung zum Schutz vor Kälte trugen. Zur Herstellung der Kleidung wurden Tierhäute ausgebreitet und mit Faustkeilen von Fett und Sehnen befreit. Nach dem Trocknen wurde aus den Fellen das entsprechende Kleidungsstück genäht« (Dorling, 1994, S. 18).

Die frühesten Nadeln mit einem Nadelöhr, die Öhrnadeln, waren Knochennadeln oder wurden aus dem Elfenbein von Mammuts hergestellt. Das mindestens 43 000 Jahre alte Exemplar aus den frühjungpaläolithischen Schichten des Strashnaya-Höhlenkomplexes im westlichen Altai gilt als die älteste Nähnadel der Welt (Shalagina, 2018).

Die Neandertaler ähneln von der Lebensweise her den indigenen Völkern in arktischen Regionen, u. a. Inuits (Eigenname: Yuit). Deren Lebensraum ist die Arktis, Sibirien, Grönland und Nordkanada. Obwohl die Entfernungen zwischen den Gebieten teilweise mehr als 5000 km Luftlinie betragen, weisen die Inuit überall eine ähnliche Sprache und Kultur auf. Eine Ausnahme bilden die Inuit Südalaskas und der Aleuten, die Elemente der indianischen Nordwestküsten-Kultur übernommen haben.

In arktischen Regionen gibt es häufiger Menschen mit einem kompakten Körperbau oder einem generell größeren Körpervolumen im Verhältnis zur Körperoberfläche. Diese Merkmale sind sehr hilfreich, um Körperwärme besser konservieren zu können. Hellere Haut ist vermutlich weniger anfällig für Frost als dunkle. Alle diese Merkmale sind am häufigsten bei nordischen Völkern wie den Inuits, den Samen (Lappen) und den Sibiriern anzutreffen. Trotzdem weisen alle menschlichen Gruppen dieselben körperlichen Reflexe auf, zum Beispiel das Zittern der Muskulatur zur Wärmeerzeugung. Die *entscheidenden Anpassungen* des Menschen an klimatische Bedingungen sind biologischer, aber auch speziell kultureller Natur, mittels Kleidung, Behausung und dem Gebrauch des Feuers.

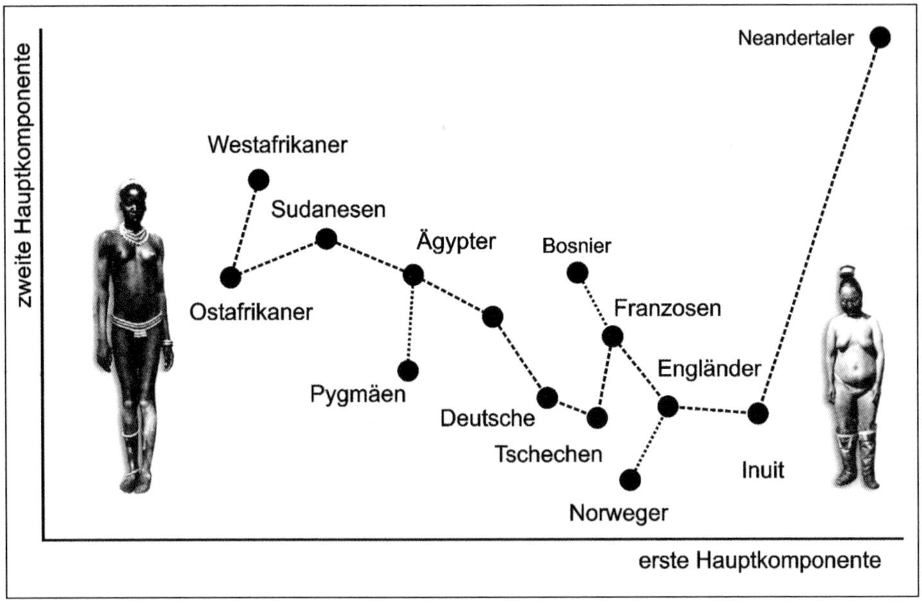

Abb. 120: **KÖRPER-PROPORTIONEN**. Der kompakt gebaute Neandertaler war noch besser als die Inuit an kaltes Klima angepasst (Hublin, 2004, S. 58).

Im Einklang mit vielen Veröffentlichungen des Fachmanns Erik Trinkaus (»PNAS«, Bd. 94, 1997, S. 13367–13373 und »Curr. Anthropology«, Bd. 41, 2000, S. 569–607) stellen Unterschiede zwischen Neandertalern und modernen Menschen »ein Ergebnis der Anpassung körperlicher Merkmale an ein kühleres Klima« dar (»PNAS«, Bd. 100, 10.6.2003, S. 6926): Analog hängen beim heutigen Menschen »die Körperproportionen eng mit der geographischen Breite des Lebensraumes zusammen.« Entscheidend ist das Verhältnis von Gewicht zur Größe und von Rumpflänge zur Länge der Extremitäten. Aus diesen Maßen werden aus Durchschnittswerten und Hauptkomponenten von Bevölkerungen errechnet. Wie aus der Abbildung 120 hervorgeht, haben Menschen nördlicher Länder einen umso kompakteren Körperbau, »je kälter das Klima wird. Der Neandertaler war offenbar gut an harsche Wetterverhältnisse angepasst« (Hublin, 2004, S. 58).

Timothy D. Weaver (2003) untersuchte die Form und Eigenschaften der Oberschenkelknochen verschiedener lebender als auch ausgestorbener Völker im Hinblick auf klimatische Bedingungen und Besonderheiten im jeweiligen Lebensraum. Auch hier erhalten wir die Bestätigung, dass Neandertaler ganz einfach die an die kälteren bis arktischen Verhältnisse besser angepassten (modernen) Menschen sind. Eine speziellere Untersuchung menschlicher Körperabmessungen kommt sogar zu dem Schluss, dass die Körper der Neandertaler von einer hyperpolaren Anpassung zeugen (»Journal of Human Evolution«, Bd. 32, 1997, S. 423–447).

Diese Eigenschaften der Körper von Bewohnern kalter Klimazonen bewirken einen besser angepassten Wärmehaushalt als bei Menschen der Tropen. Der Unterschied beruht nach einer im Fachblatt »Science« (Bd. 303, S. 323) veröffentlichten Studie auf Veränderungen in der Erbsubstanz der Mitochondrien. Der Neandertaler erscheint unter Berücksichtigung der drastischen Verjüngung der wenigen noch als »echt« geltenden Neandertalerschädel nicht als Vorläufer des modernen Menschen oder sogar als eigene Art, sondern nur als eine der Kälte besonders gut angepasste Form, also lediglich als Variante des modernen Menschen.

Diese Annahme wird gestützt durch die beschriebene Untersuchung: Form und Eigenschaften der Oberschenkelknochen sind beim Neandertaler nicht extrem, sondern ähneln solchen der noch heutzutage auf den Aleuten (Alaska) lebenden Ureinwohnern.

Woher stammen die Aleuten (auch: Aleut)? Man nimmt an, dass vor geschätzten 10 000 Jahren (meiner Meinung nach mehr als 5000 Jahre spä-

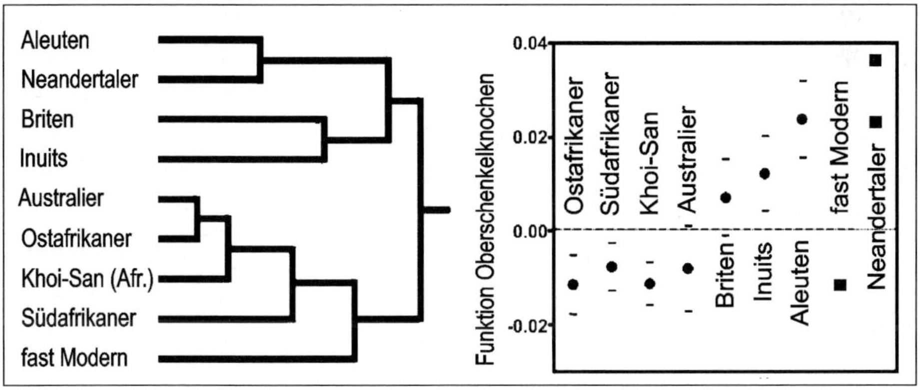

Abb. 121 **KLIMAANPASSUNG.** Ein Vergleich der unterschiedlichen Formen des Oberschenkelknochens ergab, dass Neandertaler – vergleichbar mit den Aleuten und den Inuit – zu den an kaltes Klima angepassten Völkern gehören, während der moderne Mensch an wärmeres Klima angepasst ist. Die gestrichelte horizontale Linie zeigt den Durchschnittswert heutiger Völker an (Weaver in: »PNAS«, Bd. 100, 10.6.2003, S. 6926).

ter), also nach der Kaltzeit, sibirische Nomaden, die Unagan, auf der Inselkette der Aleuten siedelten, die sich in Fortsetzung der Alaska Peninsula bogenförmig etwa 2000 km hin bis nach Sibirien erstreckt und das Beringmeer vom Pazifik trennt. Die harten plötzlich einsetzenden sehr kalten Witterungsverhältnisse an den Küsten zur Beringsee zwangen die Bewohner der Region zu einer hohen Anpassungsfähigkeit. Aleuten und Eskimos, die Aleuten haben rundere Gesichter, gehören einer Sprachfamilie an, die Eskimo-Aleutisch genannt wird. Im westlichen und nördlichen Kanada bis Grönland gibt es mit Na-Dené eine weitere sprachliche Großfamilie.

Da sich Na-Dené deutlich vom Eskimo-Aleutisch unterscheidet, muss es Amerika nach einer jüngeren Einwanderungswelle, wahrscheinlich aus Sibirien (dene-kaukasische Sprachenfamilie?), erreicht haben.

Nicht einig ist man sich, woher die ersten Siedler in Ostsibirien kamen. Nach einer Schädel-Vergleichsstudie verschiedener Völker soll eine von der Alten Welt ausgehende ostwärts gerichtete Expansion vor 200 000 Jahren über Sibirien hinweg erfolgt sein, wie angebliche Werkzeugfunde in Sibirien beweisen sollen, obwohl man keine entsprechenden Skelettfunde gemacht hat (Derev'anko, 1998). Andere Fachleute proklamieren eine von Süden kommende Wanderbewegung durch Asien, eventuell über Indien, Korea und China hinweg nach Ostsibirien und von dort aus quasi entgegengesetzt in *westlicher Richtung durch Sibirien* nach Europa sowie in östlicher Richtung durch Alaska nach Nord- und Südamerika (Cavalli-Sforza, 1996, S. 109).

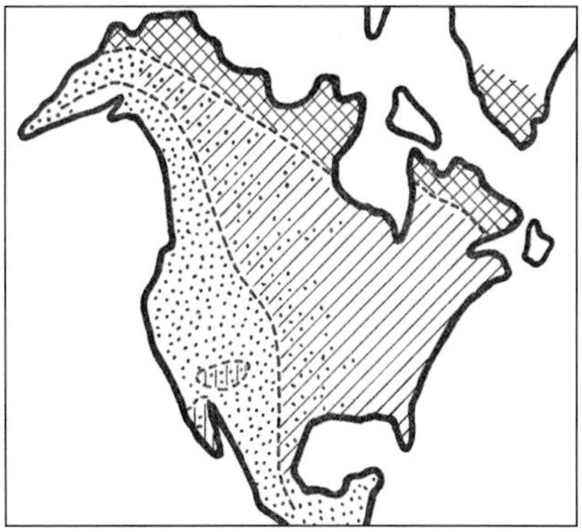

Abb. 122: **VERTEILUNG.** Vorgeschichtliche Einwanderungswellen in Nordamerika nach Cottevieille Giraudet. Kariert: Eskimos (Hyperboräer). Schraffiert: Cro-Magnon. Gepunktet: asiatische Völker.

Es stellt sich eine weitere Frage: Erfolgte die frühe Besiedlung Amerikas nicht vorrangig von Sibirien über die Beringstraße, sondern von Europa? Über schmalere Wasserrinnen hinweg von Skandinavien aus über Spitzbergen und das nicht abgesunkene Island nach Grönland und darüber hinaus, wie es auch antike Karten zeigen? Die von mir in »Kolumbus kam als Letzter« als Grönlandbrücke diskutierte Verbindung ist wesentlich kürzer als jene quer durch Sibirien (Abb. 123). Wenn wir von einer nacheiszeitlichen Besiedlung arktischer Räume vor wenigen tausend Jahren ausgehen, dann waren zu dieser Zeit auch die trocken liegenden Böden von Nordsee und Barentssee besiedelt. Die Überflutungen kamen erst später, nach der Bronzezeit, wie Megalithbauten am Grund der nur 50 m tiefen Nordsee bezeugen. Da man glaubt, dass die Grönlandbrücke eigentlich vereist war, wird diese kurze Verbindung nach Amerika als unpassierbar angesehen und die Migration muss nach Ansicht der Wissenschaftler folglich über die breiten Ströme Sibiriens hinweg erfolgt sein.

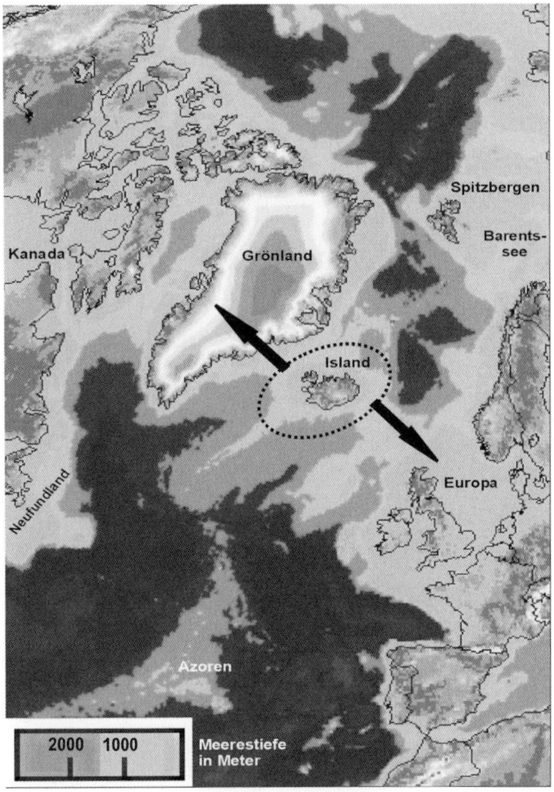

Abb. 123: **GRÜNE LANDBRÜCKE**. Die Grönlandbrücke war die kürzeste Verbindung zwischen Europa, Grönland, Alaska und Kanada, die bei tieferem Meeresspiegel bis zum Ende der Bronzezeit nur durch schmale Rinnsale unterbrochen war. Wie Untersuchungen durch Fridtjof Nansen zeigen, sank das Becken nördlich des Atlantiks mit Island als Mittelpunkt isostatisch durch eine Magmapegelsenkung ab. Island, der Brückenpfeiler der grünen Grönlandbrücke, war früher wesentlich größer, wie auch die Zeno-Karte aus dem 14. Jahrhundert zeigt. Steinzeitliche Funde auf Spitzbergen und an der Küste Sibiriens zeigen, dass die arktischen Gebiete früher besiedelt waren, wie auch große Teile der Barentssee.

Die nacheiszeitliche Phase mit der propagierten Besiedlung eisfrei werdender arktischer Gebiete wird als Mittelsteinzeit bezeichnet, die von 11 600 bis 7800 im südosteuropäischen und bis 6300 im nordwesteuropäischen Raum angedauert haben soll. Streichen wir dieses Zeitalter als Phantomzeit, schiebt sich die Expansionsphase unserer Vorfahren genau in die von mir propagierte Zeitphase nach dem Kataklysmus-Horizont vor ungefähr 3000 bis 2500 Jahren, in den neuerdings auch die Schädel von Neandertalern und Cro-Magnon-Menschen datiert wurden. Derart könnten auch die Neandertaler auf der neuen verkürzten Zeitleiter zu direkten Vorfahren der Aleuten werden, denen sie auch ähneln. Da die neu untersuchten Neandertaler- und Cro-Magnon-Schädel jüngst auf ein maximales Alter von 5000 Jahren datiert wurden, fällt deren Alter direkt in die Jungsteinzeit. Denn zu sehen sind »unsere Wurzeln (...) nicht in irgendeinem Prozess der Mittelsteinzeit« (Barbujani/Bertorello, 2001, S. 23).

Nach meinen Darlegungen ist die Eiszeit mit der Schneezeit gleichzusetzen, die allerdings erst vor ungefähr 3000 Jahren mit dem Impakt-Winter im Zuge des Kataklysmus-Horizonts mit ausgelösten weltweiten Sintfluten einsetzte. Während der danach folgenden Zeit (= Jungsteinzeit) fällt die Wiederbesiedlung des fast entvölkerten europäischen Kontinents mit der Sesshaftwerdung des Menschen sowie der Errichtung von Großsteinbauten (Megalithkulturen). Die Nomaden der Tundra (Neandertaler) wanderten mit der Verschiebung der Klimazonen in nördliche und östliche Gebiete ab. Kamen Sie auch von dort und waren sie nur durch das Einsetzen des Impakt-Winters und der Schneezeit aus diesen Gebieten nach Süden auf die kontinentale Halbinsel Europa und bis zur Levante verdrängt worden? Sind so die plötzlich auftauchenden, aber genauso plötzlich verschwindenden Kulturschichten zu erklären? Sind die sterilen Zwischenschichten ganz einfach durch Riesenfluten angeschwemmte Schichten, die ein Kurzzeitereignis darstellen und somit zeitliche Statthalter für ereignislose, weil Phantom-Jahrtausende sind?

Warum lebten überhaupt Kulturen in der Nähe des Nordpols, die später nach Süden zogen? Vor dem Dinosaurier-Impakt (K-P-Grenze) war es eisfrei am Nordpol, gemäß den Ausführungen in diesem Buch – nach Kürzung des Tertiärs und Pleistozäns – also bis vor etwa knapp 3000 Jahren und vereinzelt später noch. Wieso konnten Menschen diesem Inferno entgehen? »Wie Simulationen zeigen und Paläobotaniker bestätigen, entging der äußerste Norden Europas und Nordamerikas den schlimmsten Verwüstungen« (»SpW«, Februar 2005, S. 54). Naturkatastrophen hatten die Ökosysteme in Europa und Nordamerika fast ausgelöscht, die Arktis blieb aber relativ verschont.

Anhand von Zahn- und Knochenanalysen belegt eine neue Studie der britischen *Universität Cambridge*, dass die Lebensumstände der Neandertaler mit denen der Ureinwohner im Norden Alaskas vergleichbar sind. Die Wintertemperaturen sind vor offiziellen 30 000 Jahren bis auf zehn Grad unter den Gefrierpunkt abgestürzt. »Neandertaler und die Aurignacien-Menschen haben sich schließlich in einige wenige Fluchträume in Südwest-Frankreich und an die Küste des Schwarzen Meeres zurückgezogen« (»dpa« nach »New Scientist«, Ausgabe 2431, 24.1.2004, S. 10).

Die Neandertaler als Nomaden, Jäger und Sammler starben nicht aus, sondern zogen erst nach dem Klimasturz mit drastisch gesunkenen Temperaturen nach Süden. »Die Neandertaler sahen sich gezwungen, sich an den südlichen Rand des osteuropäischen Flachlandes zurückzuziehen, als die letzte Kaltzeit begann. Sie suchten Zuflucht auf der Halbinsel Krim und an den Nordhängen des Kaukasus« (Arsuaga, 2003, S. 323). Neandertaler entdeckte man jenseits des 50. Grades nördlicher Breite, wie die Fundorte von Rikhta, Zhitomir und Khotylevo zeigen: »Es besteht kein Zweifel, dass sie sich auf sehr extreme Bedingungen einstellen konnten« (ebd. S. 323).

Entsprechend erscheinen Neandertaler und auch Cro-Magnon-Menschen (Aurignacien) plötzlich und je nach Gegebenheit allein oder auch gemeinsam, manchmal sogar, wie beschrieben, in scheinbar »umgekehrt« angeordneten Fundhorizonten. Die Neandertaler leben insofern in ihren heutigen Nachkommen in der Arktis weiter.

Mit steigenden Temperaturen nach der Eiszeit (= Treibhauseffekt nach dem Kataklysmus-Horizont) zogen die Neandertaler wieder nordwärts, denn sie folgten den Rentieren in den Norden (Nordeuropa, Grönland, Kanada) und nach Westsibirien. Die Herkunft der jetzt Inuit (Eskimos) genannten Invasoren läge ansonsten ungeklärt im Dunkeln der Geschichte. Am Rande der arktischen Gebiete trafen die Inuits auf mit ihnen verwandte Völker in Nordamerika, die der Na-Dené-Sprachfamilie (u. a. Tlingit in Alaska) und in Ostkanada der Algonkin-Sprachgrupe (u. a. Abenaki, Micmac) zugeordnet werden. Die Sprachfamilien Eskimo-Aleutisch und Na-Dené stammen angeblich von altweltlichen, europäischen ab. Verhält es sich anders und die unerkannte Wurzel all dieser Sprachen liegt im Norden?

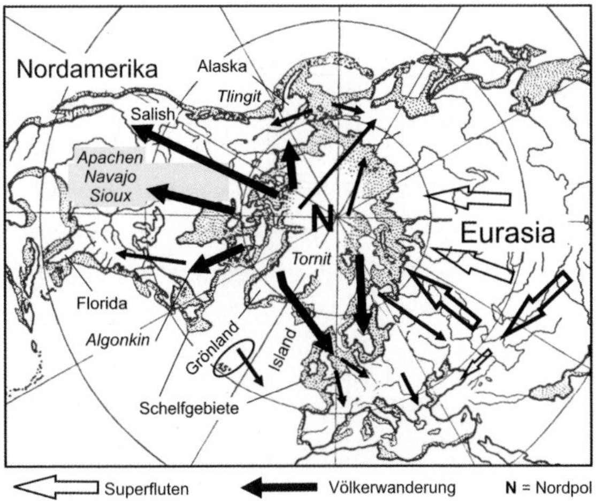

Abb. 124: **BEWOHNTE ARKTIS**. »Karte der nördlichen Hemisphäre mit (punktierter) Angabe der größten Landausdehnung im Diluvium, welche die großen Tier- und Menschenwanderungen ermöglichten« (Bayer, 1927, S. 427). Diese heutzutage unter Wasser liegenden Schelfgebiete waren bewohnt. In der Antike kannte man Thule, das Land des äußersten Nordens, das von den Hyperboräern bewohnt war. Zu dieser Zeit herrschte in heutzutage arktischen Gebieten ein Treibhausklima und das Wasser im Nordpolarmeer war 20 Grad warm. Mit Einsetzen des drastisch kälteren Klimas setzte eine Wanderbewegung nach Süden (Nordamerika und Eurasien) ein. Andere Hyperboräer blieben und passten sich der Kälte an. Schließlich wurden auch diese (Neandertaler, Cro-Magnon) nach Süden vertrieben. Mit Verbesserung des Klimas zogen diese Sippen mit den Rentieren wieder nach Norden, jetzt Inuit (Eskimos) genannt. Sie trafen dort wiederum die mit ihnen verwandten Na-Dené-Völker. Die hohlen Pfeile symbolisieren Superfluten in Asien. Hieraus erklärt sich, warum in Ost- und Westsibirien verwandte Sprachen zuhause sind, nicht aber in Mittelsibirien.

Abb. 125: **BEREIT ZUR SCHLACHT**. Ein Krieger der heutzutage an der Küste Alaskas lebenden Tlingits, die zur Na-Dené- und damit einer altweltlichen Sprachfamilie gehören. Aus »Harper's Weekly«, 1869.

Am Fluss Jana, bei 71 Grad nördlicher Breite, wurden mehrere hundert Steinspitzen und einige Vorderschäfte von aus Rhinozeros-Horn und Mammut-Stoßzähnen hergestellten Speeren entdeckt, die denen der nordamerikanischen Clovis-Indianer ähneln (vgl. Abb. 118, Bild A, S. 241). Bisher ging man davon aus, die Besiedlung der Regionen oberhalb des Polarkreises sei erst nach Ende der Eiszeit erfolgt. Die neu entdeckte altsteinzeitliche Fundstelle im östlichen Sibirien wird mit etwa 31 000 Jahren mehr als doppelt so alt angegeben wie die bisher älteste arktische (»Science«, Bd. 303, S. 52).

Die nacheiszeitliche (= nachsintflutliche) Besiedlung Europas hängt mit der sogenannten *Neolithischen Revolution* zusammen, die durch die Umstellung der Lebensweise vom Nomaden zum Bauern geprägt ist. Das plötzliche Auftreten von Keramik, geschliffenen Steingeräten sowie domestizierten Tieren und angebauten Pflanzen wird dabei in einen engen zeitlichen Zusammenhang gebracht, obwohl sich in der Forschung mittlerweile die Ansicht von einem allmählichen Prozess der Veränderungen durchsetzt und das Wort »Revolution« mehr und mehr vermieden wird. Die Besiedlung Europas durch jungsteinzeitliche (neolithische) Ackerbauern soll vom mittleren Osten beziehungsweise von Anatolien (Türkei) und den Gebieten nördlich des Schwarzen Meeres durch die prä-skythische Kurgan-Kultur erfolgt sein.

Die ältesten Belege für Ackerbau fand man in dem sichelförmigen Gebiet von Palästina bis zum Persischen Golf, das als *Fruchtbarer Halbmond* bezeichnet wird. Nicht zufällig gibt es hier alte steinzeitliche Stadtstrukturen wie Jericho und Çatal Hüyük, die über lange Zeiträume besiedelt waren und mehrfach überbaut wurden.

Im Bereich des *Fruchtbaren Halbmonds* gab es, da Winterregengebiet, ideale klimatische Bedingungen, und deshalb soll hier der evolutive Übergang zur Sesshaftigkeit und zur Landwirtschaft stattgefunden haben. Mit dem

Einsetzen der *Jüngeren Dryaszeit* (Kaltzeit) und des damit verbundenen kälteren und trockeneren Klimas versiegten die Nahrungsquellen. Die Menschen verließen Orte wie Jericho und andere Siedlungen. Gleichzeitig verwandelten sich die ukrainischen und südrussischen Ebenen wieder in karge Steppenlandschaften (Pitman/Ryan, 1999, S. 324). Die eintausend Jahre andauernde *Jüngere Dryaszeit* als scharfer Kälterückfall nach angeblich erstmaliger Erwärmung am Ende der Weichsel-Kaltzeit soll vor ungefähr 11 700 Jahren geendet haben, und sie ist bei meinem Kataklysmus-Modell mit der Phase des nach dem Kataklysmus-Horizont einsetzenden Impakt-Winters gleichzusetzen. Die Temperaturen sanken, und in Südwestasien, Europa und Afrika gab es kaum noch Niederschläge. In der Folge entstand der globale Wüstengürtel von Asien über die Arabische Halbinsel bis nach Afrika als zusammenhängende Zone (Gobi, Arabische Wüste, Sahara). »Nach den Felsmalereien zu urteilen, waren die Rinder früher in der Sahara weit verbreitet; klimatische Gründe machten es notwendig, sie spätestens vor dreitausend Jahren nach dem Süden zu verlagern«, bestätigt der Genetiker Luigi Luca Cavalli-Sforza (1999, S. 138).

In den Hochgebirgen Europas bildeten sich verstärkt Gletscher aus, während vom kontinentalen Schelfrand Irlands bis nach Südfrankreich und zum Niederrhein hin tropische Temperaturen herrschten, wie auch neue Tiefenbohrungen bei Bergisch-Gladbach ergeben haben. Zu dieser Zeit entstanden die phantastischen Höhlenbilder in Südfrankreich, die unbekleidete Jäger zusammen mit Pumas, Löwen, Antilopen und anderen Tropentieren zeigen.

So lebt die Saiga-Antilope, die *während der letzten* (angeblichen) *Kaltzeit* flächendeckend in der sich von Südfrankreich bis zur Beringstraße erstreckenden Savannenlandschaft in Eurasien zuhause war, heute nur noch in demselben Rückzugsgebiet ehemaliger »Steinzeitmenschen« im Bereich des Schwarzen und Kaspischen Meeres, während die auch in Eurasien lebenden Mammuts, Elefanten, Hyänen und Nashörner ausstarben. Außerdem gab es nicht nur Löwen während der angeblichen Kaltzeit in Europa, wie 32 000 Jahre alte Zeichnungen von frühmodernen Menschen in der Höhle von Cauvet, Frankreich, beweisen, sondern auch Jaguare. Allein in einem angeblich während einer Warmzeit – des sogenannten Cromer-Kompexes – entdeckten Fundhorizont wurden in den *Mosbacher Sanden* genannten Sediment-Schüttungen des Rheins bei Wiesbaden in Hessen Reste einer Tierwelt entdeckt, die an heutige Verhältnisse in Afrika erinnert. Darunter befanden sich auch drei Jaguare. Aber auch während der letzten *Kaltzeit* lebten Tropentiere Mitteleuropa: Ein ehemaliger Tagebau bei Halle bietet einen faszinierenden Einblick in die Saale-Eiszeit, denn man hat angeblich 200 000 Jahre alte Überreste von mehr als 70 *riesigen* Waldelefanten zutage gefördert.

Damals lagen die Nordsee und der Ärmelkanal trocken. Großbritannien und Irland waren mit Kontinentaleuropa verbunden und die heutige Nordsee war eine Savannenlandschaft. Der Golfstrom wurde an niedrigen untermeerischen Schwellen zwischen England, Island und Grönland abgeblockt und nach Süden entlang der Küste Frankreichs und der Iberischen Halbinsel geleitet. Das warme Wasser wurde in den Golf von Biscaya gedrückt und erzeugte hier ein tropisch-warmes Klima. Zu dieser Zeit waren sogar Flusspferde in Mitteleuropa heimisch, während gleichzeitig die hohen Berge der Alpen, Pyrenäen, Skandinaviens und Grönlands vereisten. Dieses Zeitalter verkörpert in Europa quasi die durch Jäger, Sammler und Nomaden charakterisierte Altsteinzeit, die aber nicht vor 10 000 Jahren endete, sondern nur eine relativ kurze zeitliche Phase vor vielleicht 3000 Jahren darstellte.

Da auch im Gebiet des Schwarzen Meeres kaum noch Regen fiel, wurde der Wassernachschub immer geringer, so dass durch die Oberflächenverdunstung mehr Wasser verloren ging, als Niederschläge und Flüsse eintrugen. In der Folge wurde das Schwarze Meer zu einem abflusslosen Binnensee. »Aber auch die Ackerbaukulturen in Anatolien und im Fruchtbaren Halbmond wurden ganz oder teilweise von ihren Bewohnern verlassen. Viele Gruppen zogen sich in die Gebiete zurück, in denen es noch Wasser gab, in die Uferregionen der wenigen noch nicht ausgetrockneten Flüsse und des Schwarzen Meeres« (Pitman/Ryan, 1999, S. 325).

Einige Jäger-, Sammler- und Hirtengruppen übernahmen von ihren Nachbarn den Ackerbau und gewöhnten sich an diese Lebensweise. Der Handel florierte und man lernte, in den Flussdeltas Wasser umzuleiten und erfand so die Technik der künstlichen Bewässerung.

Das Schwarze Meer war eines der letzten Süßwasserreservoire, und nur deshalb siedelten die Völker an dessen Ufern. Die Gebiete rund ums Mittelmeer waren aufgrund der in Afrika und auf der Arabischen Halbinsel sich vollziehenden Wüstenbildung von extremer Trockenheit geplagt und deshalb fast menschenleer. Danach entspannte sich die Lage, und die Regenfälle setzten wieder ein. Einige Bewohner der Seeufer rund ums Schwarze Meer, die durch den langsam steigenden Wasserspiegel verdrängt wurden, kehrten in die verlassenen Siedlungen im Süden (Anatolien, Levante) zurück. Die vorhandenen und teilweise durch Erdbeben zerstörten Baureste, die man noch heutzutage an der Westküste des Mittelmeeres häufig findet, wurden auf die Schnelle wieder notdürftig neu errichtet, und zwar mit dem vorhandenen Baumaterial. Manchmal wurden benachbarte Ruinen auch als Steinbruch genutzt. Deshalb findet man bei antiken Städten auf bautechnisch hochwertigen Grundmauern oft lieblos aufgestapelte oder schlecht, manchmal verkehrt herum vermauerte Bauwerkstrümmer. Meistens wird die Zerstörung der Siedlungen fälschlicherweise auf Kriegseinflüsse zurückgeführt.

Inzwischen war der Pegel der Ozeane so weit angestiegen, dass das Wasser schließlich bis an den Rand des Walls am Eingang des Bosporus-Tals reichte und sich dann in das 150 m tiefer gelegene Schwarze (Binnen-)Meer ergoss. Etwa 50 Milliarden Kubikmeter Salzwasser strömten Tag für Tag in den ehemaligen Süßwassersee und vernichteten den gesamten Fischbestand, bis schließlich neue Salzwasserfische aus dem Mittelmeer heimisch wurden (Pitman/Ryan, 1999).

Die uns bekannten jungsteinzeitlichen Ackerbausiedlungen befanden sich ausnahmslos auf Wasser speichernden Schwemmlandböden, wie sie die Russen bei ihren Sedimentbohrungen überall auf dem breiten, heute unter Wasser liegenden Kontinentalschelf vor Bulgarien, Rumänien, der Ukraine und Russland entdeckten. Die Ackerbauern, deren Siedlungen man noch heute tief unter dem Meeresspiegel des Schwarzen Meeres nachweisen kann, mussten vor den heranrückenden Wassermassen die Flucht ergreifen. Die um das Schwarze Meer herum wohnenden Völker wurden in alle Richtungen nach Westen (Mitteleuropa), Norden (Osteuropa), Osten (Asien, bis nach Japan) und Süden (Levante, Mesopotamien und Ägypten) zerstreut (ebd., S. 325 ff.), weshalb Neandertaler-Gene »in jeder Population moderner Menschen überlebt haben, die bisher untersucht wurde. Wahrscheinlich lebt das Erbe der Neandertaler in allen modernen Menschen weiter – und das untermauert unsere gemeinsame Geschichte« (Internetlink 17).

In Europa wurden die durch die abziehenden Jäger- und Sammlervölker freiwerdenden Räume durch die westwärts vom Schwarzen Meer her gerichtete militärische Invasion der Kurgan-Völker (Skythen) besetzt (vgl. Renfrew, 2004, S. 44). Sie brachten ihre Langhausarchitektur – die später bei den Kelten, Germanen und Wikingern weiter gepflegt wurde – sowie ihre

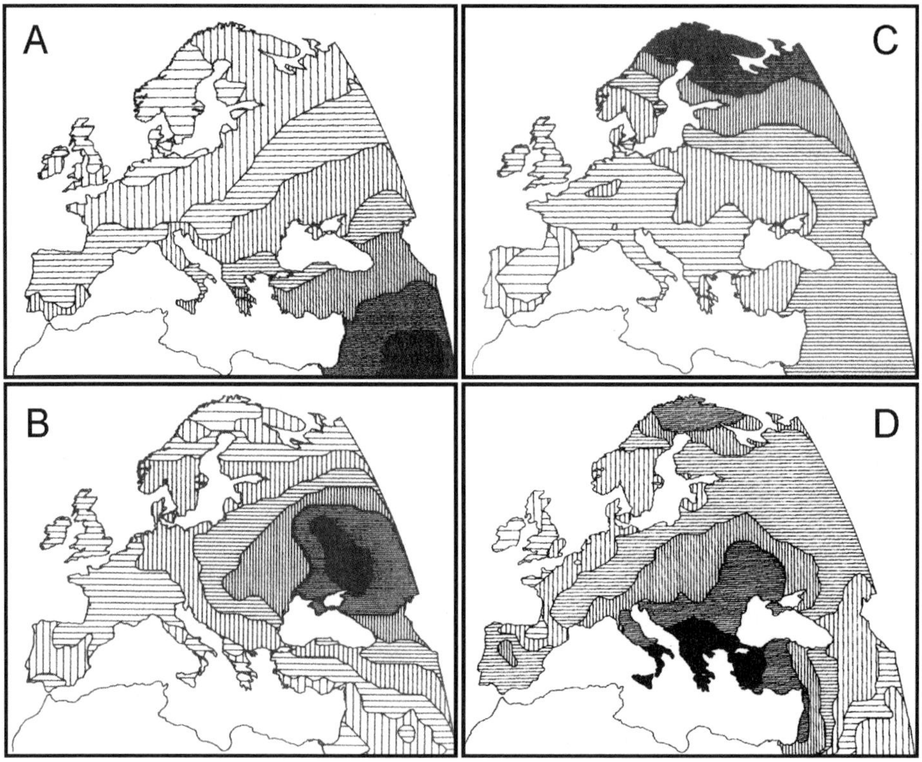

Abb. 126: **GENETISCHE KARTEN**. Die ersten vier Hauptkomponenten der genetischen Karte Europas ergeben Landschaften nach Cavalli-Sforza (et al., 1994). Karte A dokumentiert die westwärts gerichtete Expansion der neolithischen Ackerbauern, die zu einer dünnen Besiedlung führte. Karte B zeigt eine genetische Anpassung an die Kälte von Nord nach Süd »wahrscheinlich als Folge einer einzigen großen Wanderbewegung« – Neandertaler, Aurignacien. In diese Phase gehört auch die megalithische Zeit mit den Cro-Magnon-Menschen, u. a. Basken, deren vaskonische Ursprache über Mitteleuropa (Bayern) bis hin zum Schwarzen Meer nachgewiesen werden kann. Karte C zeigt eine mit der Klimaverbesserung westwärts (Europa) und südwärts (Indien) gerichtete Expansion, die von der Kurgan-Region (u. a. den Skythen) am Schwarzen Meer ausging. Karte D deutet auf die griechische Expansion in Europa hin.

Handwerkskunst (Keramik) und ihre Ackerbaumethoden mit in die neue (aber zugleich alte) Heimat. Eine zweite Expansion startete von Griechenland aus im 2. Jahrtausend vor unserer Zeitrechnung (vgl. Cavalli-Sforza, 1996, S. 248). *Diese Expansionen werden ausführlich in »Kolumbus kam als Letzter«* (Zillmer 2004/2012) *diskutiert.*

Die Skythen und ihre Vorgänger, die Kurgan-Kultur, lebten nördlich des Schwarzen Meeres bis zum Kaspischen Meer. Hier wurde das Pferd domestiziert, das den Kurgan und Skythen als Reittier diente. Diese oft als Mongolen angesehenen Reitervölker waren nicht innerasiatischen Ursprungs, sondern Indoeuropäer, die westwärts bis nach Griechenland, Europa, Großbritannien und Skandinavien expandierten (Renfrew, 2004, S. 44). Mit diesen Völkern kam auch die Ursprache mit nach Europa, aus der dann das Gotische, Keltische und Teutsche entstand, wie es Johann August Egenolff im Jahre 1735 in seinem Buch »Historie der Teutschen Sprache« beschrieb. Die Megalith-Bauten errichtenden Völker »waren demnach Indoeuropäer, aus deren Sprache sich die heutigen keltischen Sprachen entwickelt haben. So gesehen erscheint die gesamte europäische Vorgeschichte als eine Abfolge stetiger Wandlungen (...) auf einer gemeinsamen früh-indoeuropäischen Grundlage, mit wenigen nicht-indoeuropäischen Überbleibseln. Antrieb dieser Entwicklung war nicht eine Folge von Einwanderungen, sondern von komplexen Wechselwirkungen innerhalb Europas mit im Wesentlichen landwirtschaftlich geprägter Ökonomie und indoeuropäischer Sprache« (ebd., S. 47).

Veränderter Lebensraum

Dieser kurze Abriss der Geschichte nach dem Kataklysmus-Horizont (der die angebliche Eiszeit ersetzt) zeigt deutlich, dass die Gebiete Europas nur von wenigen Jägern und Sammlern bewohnt waren und erst relativ spät in

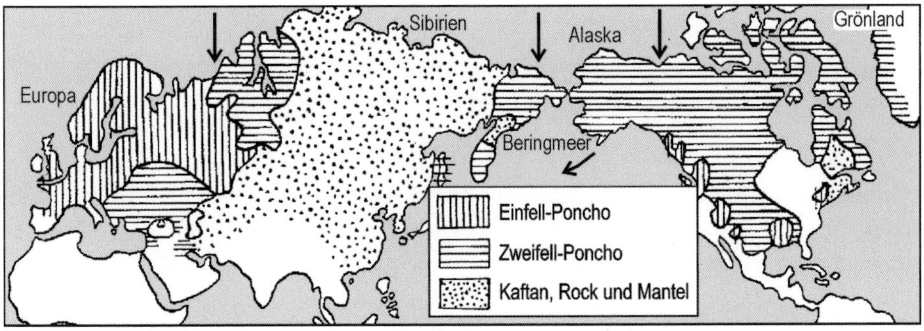

Abb. 127: **AUSBREITUNG**. Karte der Verteilung von Kaftan (orientalisches Obergewand) und Poncho (Umhang mit Kopfschlitz) in Nordeurasien und Nordamerika nach Müller (1982). Es zeigt sich, dass der Gebrauch von Poncho nicht von Europa über Sibirien nach Amerika getragen wurde. Kam er aus der vormals wärmeren Arktis in Nord-Süd-Richtung nach Europa und Amerika (Pfeile)?

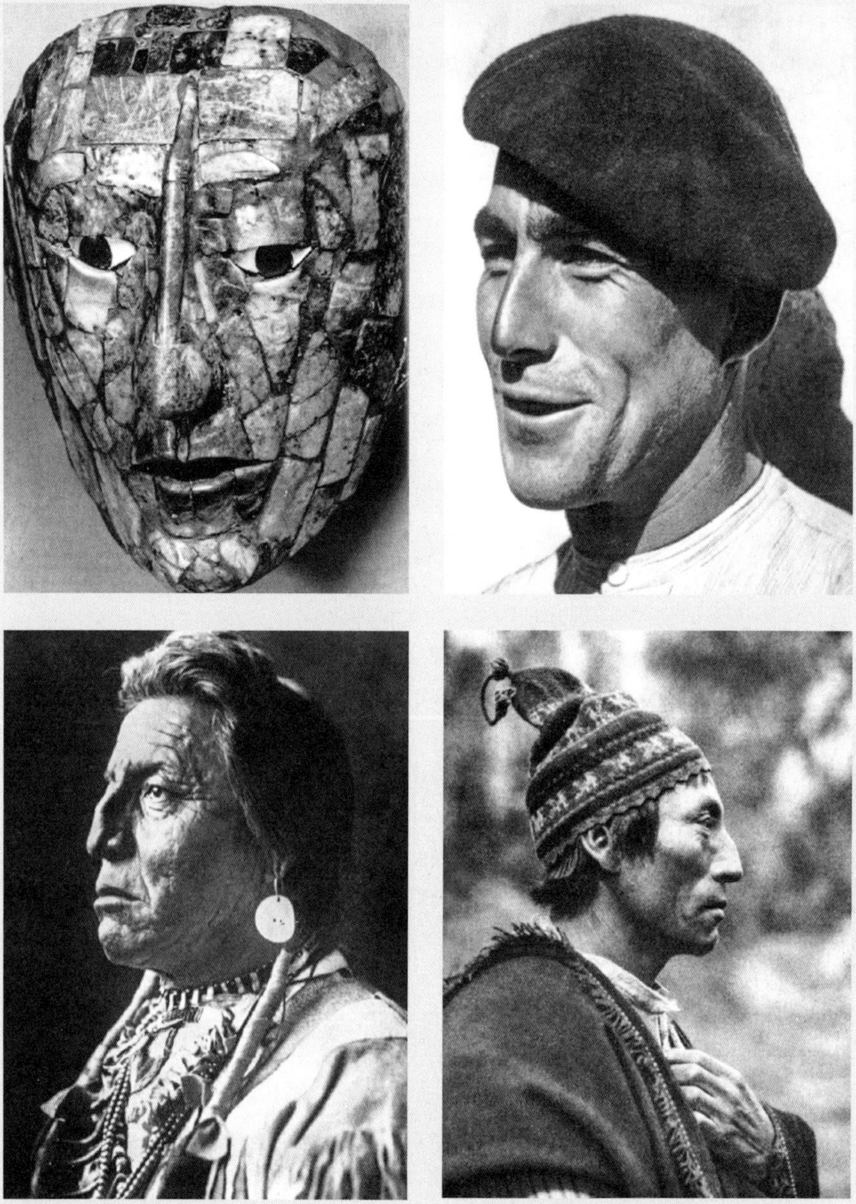

Abb. 128: **VERSTREUT**. Bild oben links: Die Jademaske aus dem Königsgrab des »Tempels der Inschriften« von Palenque (Mexiko). Bild oben rechts: Basken könnten Urenkel des »Mannes mit der Jademaske« sein: Der kühne Schwung der typisch aquilinen Nase, der Ausdruck der Augen und der Schnitt des Mundes. Aus Muck, 1978, S. 201. Bild unten links: »Two Guns White Calfs«, ein Häuptling der Blackfeet-Indianer/Indigenen mit typischer Nasenform. Bild unten rechts: Ein Vertreter der Aymara, der Urbevölkerung des bolivianischen Hochlandes, mit typischer Nasenform.

Abb. 129: **FREMDARTIG**. Die – wie Basken – eine Mütze (!) tragenden Steinidole von Pokotia gehören der ersten Kulturperiode von Tiahuanaco (Bolivien) an. Bild: aus Homet (1958).

Abb. 130: **WELTWEIT?** Riesenplastiken auf der Osterinsel mit schmalem Gesicht und Überaugenwülsten, langen Nasen und Ohren. Insert: Der Mädchenkopf (links) wurde aus einer Elfenbeinschnitzerei (Fundort: Unterwisternitz, Mähren) rekonstruiert. Markant sind die Überaugenwülste, lange Nase, kleiner Mund, starkes Kinn und die längliche Kopfform. Auf der Osterinsel (rechts) findet man seltsame Ahnenköpfe von ähnlichem Typus. Die Osterinselschrift gleicht den Bildschriftzeichen von Mohenjo-Daro, der Indus-Kultur entlang des Indus im Nordwesten des indischen Subkontinents. Handelt es sich hier um weltweite Reflektoren einer weltweiten Kultur?

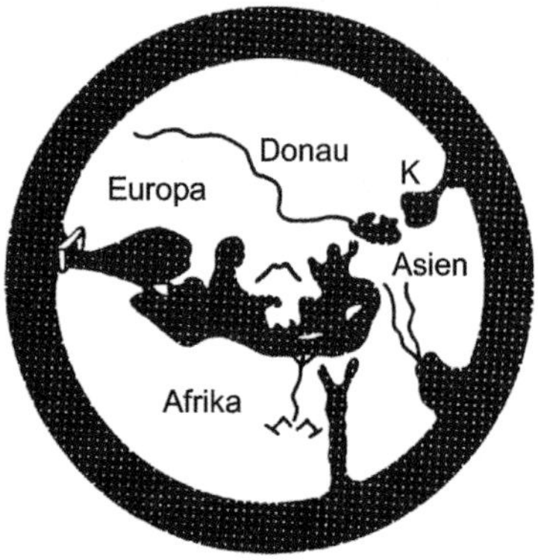

Abb. 131: **ERDSCHEIBE**. Das antike Weltbild zur Zeit Herodots (ca. 490 v. u. Z. bis ca. 430 v. u. Z.) zeigt einen die Erdscheibe umströmenden Okeanos, der mit dem Kaspischen Meer (K) verbunden war. Im Norden endete die Erdscheibe bei den Stammesgebieten der mit den Skythen verwandten Kimmerer (Kimmerier). Dieses schon bei Homer erwähnte Volk lebte nahe am Eingang des Hades. In ihrem Gebiet herrschte stets Dunkelheit (kimmerische Finsternis), Helios leuchtete hier nicht. Irgendwo im Norden oder Nordwesten wohnten die sagenhaften Hyperboräer (Hyperboreer), die »Menschen jenseits des Nordens«.

der Jungsteinzeit besiedelt wurden. Das heißt nicht, dass es in Europa und im Norden vorher gar keine Kulturen gab. Aber offiziell wird nicht in Erwägung gezogen, dass die heutzutage arktischen Gebiete während der Eiszeit von sesshaften Völkern besiedelt waren.

In der Antike waren diese ein sagenhaftes und unerreichbares Volk ganz im Norden am Erdrand, Hyperboräer genannt. Später diente diese Bezeichnung für jedes Volk hoch im Norden, da die Suche nach ihnen erfolglos war, denn große Überflutungen und Temperaturstürze hatten zu einer Flucht dieser Völker über Land und See in Richtung Mittelmeer und Schwarzes Meer geführt. Zurück blieben eine zu dieser Zeit vereisende Arktis (Kanada, Grönland, Spitzbergen) und ein fast entvölkertes Europa, das eine radikal andere Gestalt als das uns heutzutage vertraute aufwies.

Mehrere Dutzende einstmaliger großer Seen existieren heute nicht mehr, wie etwa der Obere-Dnjepr-See, der Obere-Wolga-See, der Tunguska-See, der Pur-See oder der Mansi-See (Grosswald, 1980, Abb. 7). Die Erdkarte des griechischen Kartografen Eratosthenes aus dem 3. Jahrhundert vor unserer Zeitrechnung zeigt eine Verbindung zwischen Kaspischem Meer und Arktischem Ozean. Heute liegen 2200 Kilometer Festland dazwischen. Hat Eratosthenes hier seine Phantasie walten lassen? Aber auch der Geograf Pomponius Mela veröffentlichte in seiner Kosmografie eine Karte, auf welcher das im Land der Skythen liegende Kaspische Meer über einen breiten Strom mit dem Arktischen Ozean im Norden verbunden ist, der allerdings als *Skythischer Ozean* bezeichnet wird. Diese schon in der Antike existierenden Karten sollen möglicherweise auf die vorgriechische Kultur der Karthager zurückgehen (Hapgood, 1966, S. 113).

Das Vorkommen des der Baikalrobbe ähnelnden Kaspischen Seehundes (*Phoca caspica*) im nördlichen Teil des Kaspischen Meeres deutet auf die in den Karten gezeichnete Verbindung mit dem Arktischen Meer hin. Diesen Tieren wurde mit dem fallenden Wasserspiegel des Kaspischen Meeres der

Zugang zum Arktischen Ozean abgeschnitten. Auch die geologischen Tatsachen scheinen dies zu bestätigen. Ein großes Tiefland, die Kaspische Senke, mit einer Fläche von 200 000 km^2 und einer geringen Neigung in Richtung Barentssee (Nordpolarmeer), weist auf die einstige Verbindung hin. Das Kaspische Meer füllt die tiefste Stelle einer Senkung der Erdoberfläche aus, die sich bis zu 28 m *unter* dem heutigen Ozeanwasserspiegel erstreckt. Diese Kaspische Senke bildete nach dem Kataklysmus-Horizont ein großes Meer mit wesentlich höherem Meeresspiegel und besaß eine Verbindung mit der Barentssee und damit dem Nordpolarmeer sowie anschließend Atlantik, Beringmeer und Pazifischem Ozean.

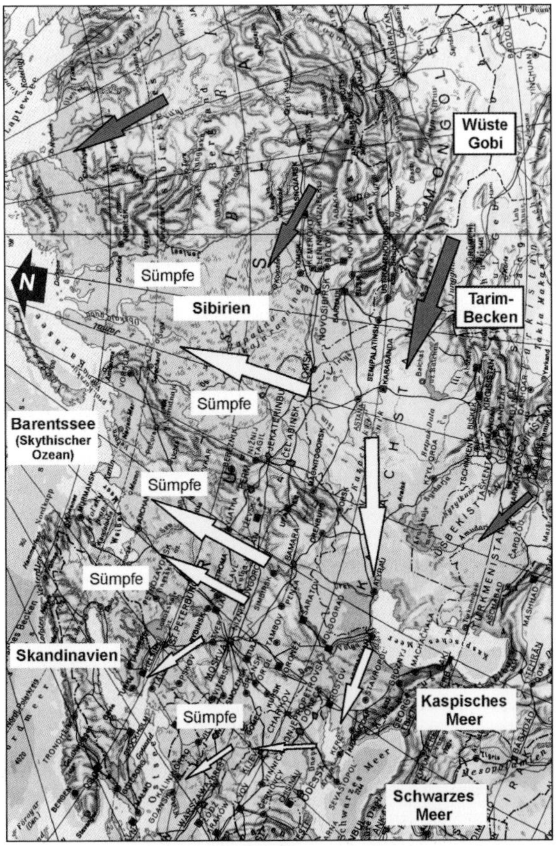

Abb. 132: **ÜBERFLUTUNGSGEBIETE**. Gebirgs-Superfluten (dunkle Pfeile) wurden im Altai-Gebirge im südzentralen Sibirien nachgewiesen (Carling et al., 2002). Die weißen Pfeile zeigen die Drainage des Wassers in Richtung Barentssee und Schwarzes Meer. Das Kaspische Meer hatte über die Kaspische Senke eine Verbindung zum »Skythischen Ozean« (Barentssee).

Nach einer Untersuchung von P. A. Carling (et al., 2002, S. 5–6 und 17–35) wurden bis vor angeblich 13 000 Jahren mehrere heute nicht mehr existierende Seen in Sibirien von *Megafluten* aus den Gebirgen Asiens gefüllt. Das Wasser floss schließlich in die Kaspische Senke und wurde darüber hinaus auch in das Schwarze Meer drainiert. Zugrunde gelegt wurde allerdings bei dieser Untersuchung, dass der Abfluss aus dem Kaspischen Meer in das Nordpolarmeer durch die propagierten Gletscher der »Eiszeit« versperrt war. Berücksichtigt man jedoch mein Schneezeit-Modell anstelle des Eiszeit-Modells, hat es zwar starken Schneefall und Eisbildung gegeben, aber keine Kilometer hohen Gletscher in den Ebenen, sondern nur auf hohen Gebirgen dicke Eispanzer (ausführlich: »Irrtümer der Erdgeschichte«, Zillmer, 2001/2023). Unter Berücksichtigung des Schneezeit-Modells war der

Abb. 133: **SUPERFLUT**. Eine aus dem Altai-Gebirge in Richtung kaspisches Meer schießende Schlammflut hinterließ in wenigen Stunden acht m dicke Kiesschüttungen im Kleinen Jalomon-Tal (Ost-Kasachstan).

Abfluss aus dem Kaspischen Meer nördlich in das Nordpolarmeer frei (Abb. 132). Und die neueste Untersuchung über Superfluten in Asien ergänzt die Darstellungen in den alten Karten und untermauert sie sogar.

Voraussetzung für dieses Szenario sind die von mir in meinen Büchern diskutierten, von der Lehrmeinung bis zur Erstauflage dieses Buches strikt abgelehnten Superfluten. Aber diese von mir seit 1998 diskutierte Sichtweise wurde dann im Fachblatt »Science« (29.3.2002, Bd. 295, S. 2379–2380) ausdrücklich bestätigt: Die großen Becken mit »eiszeitlichen« Seen in Sibirien (u. a. Kaspisches Meer und Aralsee) sind Zeugnisse dieser Fluten, die sogar im Weg liegende, hunderte Kilometer entfernte breite Hochländer überfluteten. Dabei wurden Rinnen in die Höhenzüge gefräst, die auf Satellitenbildern von Zentralasien deutlich zu sehen sind. In Westchina befindet sich die riesige Wüste *Takla Makan* (Tarim-Becken). Hier befand sich ein großer, mit dem Kaspischen Meer vergleichbarer See, an dessen nördlichem Ufer ein alter Handelsweg, die Seidenstraße, entlang führte.

Wie bereits beschrieben, hatte eine neue Studie aufgrund von Schädelanalysen die Wanderung von Neandertalern bis nach Nordamerika nahegelegt. War der Weg für die Neandertaler oder Prä-Eskimos nicht durch die auf alten Karten dargestellte Wasserstraße zwischen Kaspischem Meer und der Barentssee (Nordpolarmeer) und durch die vielen breiten Ströme und großen Binnenseen in Sibirien versperrt, die ein Ergebnis von Superfluten in Asien sind?

Ja! Denn die der arktischen Kälte angepassten Neandertaler kamen ursprünglich aus dem Norden, aber nicht aus dem Süden und auch nicht aus dem Osten (Sibirien). Sie (die Hyperboräer?) wurden durch die sich im Norden mit dem Kataklysmen-Horizont einsetzende Schneezeit und die dabei ständig verschlechternde Klimatik nach Süden auf die kontinentale Halbinsel Europa verdrängt. Die Wanderbewegung der Neandertaler und der Aurignacien-Menschen *nach Süden* stimmt genau mit dem Vordringen der Eisdecke im Norden Europas überein, betonen die Forscher um Tjeerd van Andel von der britischen *Universität Cambridge* (»New Scientist«, Ausgabe 2431, 24.1.2004, S. 10).

Diese »Altsteinzeitvölker« stießen in einige wenige Fluchträume in Südwest-Frankreich und an die Küste des Schwarzen Meeres vor. Der Hinweis auf die Flucht moderner Menschen aus Mittel- und Nordeuropa hin in Gebiete rund ums Schwarze Meer als Rückzugsgebiet mit Süßwasser, bevor von dort die als *Neolithische Revolution* bekannte Wiederbesiedlung Europas erfolgte, entspricht der in »Kolumbus kam als Letzter« (S. 279 ff.) beschriebenen Vertreibung der mitteleuropäischen und nordischen Völker aus Gebieten, die wie die damalige Steppe im Bereich der heutigen Nordsee überflutet wurden. Zu dieser Zeit waren England und Irland noch mit dem europäischen Festland verbunden. Mit dieser Überflutung und der Trennung von Großbritannien und Irland von Kontinentaleuropa ging ein drastischer Klimasturz einher, der von heftigen tektonischen Verwerfungen begleitet wurde (Zillmer, 2004/2012, S. 282 ff. vgl. Hsü, 2000, S. 174).

Auch in der Ostsee gab es eine Sintflut, nach offizieller Datierung vor nur etwas mehr als 6000 Jahren: Ein Anstieg des Meeresspiegels und eine Absenkung der Erdkruste. Unter Federführung der *DFG (Deutschen Forschungs-Gemeinschaft)* haben Archäologen im Rahmen des Forschungsprojektes *Sincos* (*sincing coasts*: Sinkende Küsten) am Grund der Ostsee in der Wismarer Bucht mehrere steinzeitliche Siedlungen und Reste versunkener Wälder entdeckt, in bis zu sieben Meter Tiefe. Weitere Fundorte werden in der Ostsee untersucht, u. a. vor der Ostseeinsel Rügen. Zwischen 5400 bis 4100 v. u. Z. lebten im Bereich der Ostsee steinzeitliche Jäger und Sammler, die Erteboelle-Leute, benannt nach dem dänischen Fundort Erteboelle am Limfjord. Sie lebten in kleinen Dörfern, betrieben Hochseeschifffahrt und ernährten sich von Fischfang und Jagd. Ihr Verbreitungsgebiet reichte von der Elbmündung bis nach Dänemark, Südschweden und Polen. Aus anatomischer Sicht wirkten sie altertümlich. In den 1930er-Jahren war bei den Bauarbeiten zum Rügendamm der Schädel eines dieser Jäger und Sammler gefunden worden. Das Schädeldach war gut einen Zentimeter dick und wies starke Augenwülste auf – ein Hinweis auf robuste Merkmale vom Neandertaler-

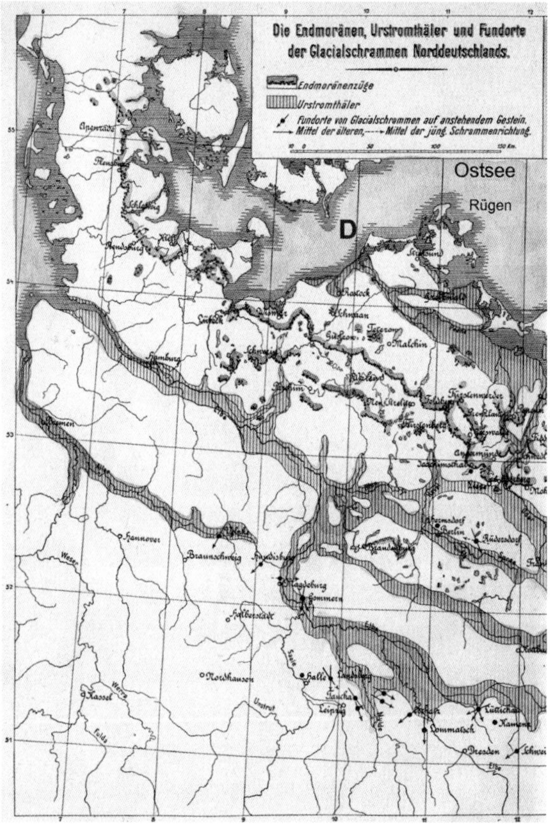

Abb. 134: **URSTROMTÄLER**. Der norddeutsche Raum wurde während der »Eiszeit« oberflächig völlig umgestaltet. Die Flüsse flossen entlang der Urstromtäler vorwiegend in Ost-West-Richtung und mündeten in Nord- und Ostsee. D = Darsser Schwelle. Waren diese Urstromtäler über die mit auf antiken Karten verzeichneten Flüsse Volga (Wolga), Tanais (Don) und Veper mit dem Schwarzen Meer und Kaspischen Meer verbunden? Diese Situation erinnert an die Handelswege der Waräger (Wikinger), die von der Ostsee über Wasserwege bis in Schwarze Meer segelten.

Typ? Zudem war der Mann, wie jüngste Untersuchungen herausfanden, nach indianisch-indigener Sitte skalpiert worden ...

Können die Dänen wegen dieser Überflutungskatastrophen ihre Kulturgeschichte bis heute noch nicht schlüssig erzählen? Es fehlt ihnen ein wichtiger Baustein zwischen der Bauernkultur in den Flachgebirgsregionen und der dänischen Jäger- und Sammlerkultur. Wurde die kulturelle Vergangenheit Nordeuropas unter den Fluten der früher besiedelten Ost- und Nordsee begraben? »Seit 7000 Jahren erst liegt Mecklenburg an der Ostsee« und »stieg der Spiegel der südlichen Ostsee, gleich wie der Wasserspiegel in einer Wanne, die einseitig gehoben wird (...). Ehe sich dieser Vorgang in Norddeutschland bemerkbar machte, reichte die Ostsee etwa bis zu einer Linie, die heute mindestens 25 m unter dem Wasserspiegel liegt«, stellt Professor Dr. Kurd von Bülow fest (1952, S. 49). Auf Abbildung 134 ist zu erkennen, dass wegen der *Darsser Schwelle* (Abb. 135) dic eigentliche Ostsee getrennt war von der Beltsee, die im Wesentlichen – bis auf das Urstromtal – auch trocken lag. Nord- und Ostsee waren damals nicht miteinander verbunden. Die Ostsee war früher ein Binnensee und ist heute noch der größte Brackwasser-See der Welt.

Ein wesentlicher Teil unserer Vorgeschichte liegt heutzutage unter den Wellen der Ost- und Nordsee begraben. Müsste die Ostsee durch die abschmelzenden, angeblich mehrere Kilometer hohen Gletscher der »Eiszeit« in Skandinavien und Norddeutschland nicht randvoll mit Schmelzwasser gewesen sein? Die Eiszeit-Theorie ist unvereinbar mit der »nacheiszeitlichen« Besiedlung des trocken liegenden Ostsee-Bodens. Tatsächlich wurde die Ostsee durch aus Asien stammendes Wasser der Superfluten sehr schnell gefüllt, die über das Kaspische Meer nicht nur in das Nordpolarmeer, sondern auch in die östliche Ostsee (Finnische Seenplatte) und über die Urstromtäler bis in die westliche Ostsee (Beltsee) abflossen (Abb. 134). Die Urstromtäler Norddeutschlands entstanden nach offizieller Ansicht (Wahnschaffe, 1901) »unmittelbar *nach* der Eiszeit, mit *größerem* Wasserreichtum« (Dacqué, 1930, S. 62).

Es gab kulturell eine Verbindung mit fernen, östlichen Regionen: »Ohne Zweifel ist Sibirien handwerklich eine Verlängerung des subarktischen Europas« (Müller-Beck, 1967, S. 391). »Es ist so gut wie sicher, dass die erste Stufe der sibirischen Altsteinzeit nichts anderes ist als eine Verlängerung der auslaufenden Jungsteinzeit Osteuropas, trotz der Entfernung und trotz der fehlenden Zwischenstationen« (Chard, 1958).

Allerdings sollten uns die fehlenden Zwischenstationen in Sibirien zu einer anderen Interpretation herausfordern. Einerseits wurden die altsteinzeitlichen Zeugnisse in Westsibirien von Osteuropa und/oder über Skandinavien hinweg importiert, andererseits fehlen in Mittelsibirien diese Funde. Entsprechende weit entfernt liegende Funde in Ostsibirien zeugen deshalb eher von einer entgegengesetzten Besiedlungsrichtung von Ost nach West, also von Amerika über die trockene Beringstraße nach Ostsibirien, aber *nicht bis nach Mittelsibirien* hinein.

Stammen die Leute der Altsteinzeit ursprünglich aus nördlichen Gebieten, dann ist der Weg von dort einerseits nach Europa über die Grönlandbrücke und andererseits über Kanada nach Ostsibirien ähnlich weit. Das würde bedeuten: Eine Altsteinzeit in der Arktis! Tatsächlich gibt es unverkennbar steinzeitliche Artefakte und entsprechend altertümliche Felsbilder im Jäger- und Fischerstil bei Siedlungen nördlich des 70. Breitengrades an den Küstenstreifen beiderseits des Nordkaps in Skandinavien. *Die Gerätesätze bewahren Formen aus allen drei Stufen der jüngeren Altsteinzeit*, wobei das typische Aurignacien überwiegt (Nummedal, 1929, S. 92, 95, 97 ff.). Altsteinzeitliche Werkzeuge moderner Menschen aus dem Aurignacien müssten eigentlich mindestens 30 000 Jahre alt sein. Zu dieser Zeit sollte nach Lehrmeinung die Landschaft nördlich des 70. Breitengrades mit mehreren

Abb. 135: **ÜBERFLUTUNG**. Die Darsser Schwelle trennt die westlich (links) davon liegende Beltsee von der eigentlichen Ostsee ab. Die Beltsee ist nicht tiefer als rund 25 m, die Schwelle 18 m; die Ostsee fällt ostwärts zu größeren Tiefen ab. Heutiger Boden der Ostsee (weiße Flächen und mehr) war früher besiedelt.

Kilometer hohen Gletschern bedeckt und damit absolut unzugänglich gewesen sein.

Aber nicht nur in Nordnorwegen fand man Felsbilder, sondern sogar 700 Kilometer weiter nördlich auf Spitzbergen, in der Nähe des 80. Breitengrades! Es handelt sich um naturalistische und über jeden Zweifel erhabene altsteinzeitliche Felskunst, von der allerdings nur russische Mitteilungen spärliche Kunde vermitteln (Simonsen, 1974, S. 132 f.).

Dieses Szenario passt nicht zu der gängigen Annahme, dass eine Besiedlung in Skandinavien erst vor 10 000 Jahren nach dem Ende der Eiszeit und dem Rückzug der Riesengletscher erfolgte. Die norwegische Zeitung »Aftenposten« berichtete 1997, dass die Besiedlung Skandinaviens wesentlich früher begann als bisher vermutet wurde (»BdW«, 22.10.1997). Die Interpretation der beschriebenen altsteinzeitlichen Funde in Nordnorwegen haben den Paläo-Anthropologen seit eh und je Schwierigkeiten gemacht, da diese *nicht* mit mehreren Kilometern hohen Gletschern der Eiszeit auf Skandinavien in Einklang gebracht werden können, insbesondere, da man alte Siedlungen im Bereich »eiszeitlicher« Gletscher gefunden hat.

Mit einer Reduzierung der Menschheitsgeschichte und einer Verschiebung der jüngeren Altsteinzeit in eine eisfreie Zeitphase nach dem Kataklysmus-Horizont löst sich das scheinbare Rätsel auf. Erst während und danach vollzog sich die angeblich sehr lang andauernde Kaltzeit als relativ kurz andauernde Schneezeit: Während noch die Menschen der Altsteinzeit in Mitteleuropa unbekleidet Jagd auf Tropentiere machten, wie die Höhlenmalereien in Südfrankreich zeigen, vereisten zuerst die hohen Berge, auch in Skandinavien, und schließlich gefror Nord- und Mitteleuropa und wurde mit einem (dünnen) Leichentuch zugedeckt. Die Tropentiere – u. a. Flusspferde, Wasserbüffel, Elefanten, Tiger, Affen (*Macaca sylvana suevica* in Heppenloch, Deutschland), Nashörner und Löwen – sowie Menschen (Neandertaler und frühmoderne Menschen) starben hier in Europa in großer Zahl. Sie wurden auch durch die zu dieser Zeit wütenden Stürme und Überflutungen vernichtet und zerschmettert in riesigen Ablagerungen zusammengeschwemmt (ausführlich: »Irrtümer der Erdgeschichte«, Zillmer, 2001/2023). Deshalb findet man Reste von modernen Menschen in geologisch scheinbar viel zu alten Schichten.

Nach diesen katastrophischen Ereignissen war Europa verwüstet und menschenleer. Die alten Kulturen waren vernichtet, viele Völker wichen der einbrechenden Kälte nach Süden aus, andere – Menschen wie Tiere – verkrochen sich in Höhlen und erfroren dort. Viele Funde von Tierskeletten in Höhlen interpretierte man aufgrund des Fundortes als Höhlentiere, wie zum Beispiel Löwen als Höhlen-Löwen – eine Fehlinterpretation. Ja es soll sogar Höhlen-Hyänen in Deutschland gegeben haben. Hyänen gab es in Mitteleuropa ohne Zweifel (genauso wie in Afrika), aber diese Tiere lebten damals wie gegenwärtig in Afrika: frei umherstreifend in der weiten Savanne, aber sehr selten in Höhlen.

Mit der Verschiebung der Klimazonen nach Süden wurden die an die Arktis angepassten stämmigen Nomaden (Neandertaler, Eskimos) aus nördlicheren Gebieten nach Amerika und auf die Halbinsel Europa verdrängt. Hier hatte sich die einst tierreiche Steppe in eine karge verwandelt. Die Nomaden folgten den Rentieren, die auch im Rheintal nachgewiesen wurden. Lag der

Ursprung der Kulturen im Norden und nicht im Süden? Zu dieser Zeit gab es viel mehr Land im Norden als heutzutage. Die Barentssee nördlich von Skandinavien sowie die Nordsee sind relativ flach, und bei niedrigerem Wasserstand gab es hier Steppenlandschaften (vgl. Abb. 23, S. 36). Vor der »Eiszeit« soll der Wasserspiegel der Ozeane 130 m tiefer gelegen haben (»Science« 1979, 204, S. 618–620).

Es bleibt äußerst unwahrscheinlich, dass Menschengruppen freiwillig von Süden her in unwirtliche Breitengrade bis an die Ränder der Gletscher vorgedrungen sind. Die der Kälte angepassten Menschen wichen wohl eher dem kälter werdenden Klima im Norden aus und folgten den Tieren *südwärts* und später wieder mit dem wärmeren Klima nordwärts. Im Hamburger Tunneltal – in dem Dreieck zwischen den Orten Hamburg-Meiendorf, Ahrensburg und Stapelfeld gelegen – hat man Rentier-Skelette gefunden. Dieses Tal zeugt vom Durchfluss großer Wassermassen, da das Tal an der engsten Stelle zwischen Harburger Bergen und den Blankeneser Höhen immer noch acht Kilometer breit ist! Das Wasser floss dann seinerzeit weiter in das Elbe-Urstromtal, in dem damals gewaltige Schmelzwässer des angeblich abtauenden nordischen Inlandeises gesammelt zur Nordsee flossen. Tatsächlich handelte es sich um während des Alluvium-Zeitalters (Holozäns) zurückfließende Wassermassen der Überflutungen, die auch viele Findlinge hinterließen, sowie den aus Asien stammenden Superfluten.

In der Gegend von Meiendorf im Hamburger Tunneltal wurden zahlreiche Knochen und Artefakte aus Feuerstein in Faulschlammschichten gefunden – Hinweise auf altsteinzeitliche Menschen. Diese werden als Rentierjäger der sogenannten *Hamburger Kultur* (angeblich vor knapp 15 700 bis 14 200 Jahren) angesehen. Deren »Winterlager liegen in der heutigen südlichen Nordsee, deren Küstenlinie ... damals bis zur Doggerbank reichte« (Internetlink 18), als der Meeresspiegel *wesentlich* tiefer lag als heutzutage (vgl. Abb. 23, S. 36). Gemäß offizieller Ansicht gab es hier nach dem Ende der Eiszeit eine baumfreie Tundra, die sich 2000 Jahre später zunehmend bewaldet haben soll. Aus diesem Grund zogen die altsteinzeitlichen Rentierjäger wieder weg, mit der Klimaverschiebung nach Norden und Osten in kältere Tundra-Gebiete. Vor etwa 10 200 Jahren, nach einer neuen Kaltzeit (Jüngere Dryaszeit oder Dryas III), kehrten die Rentierjäger angeblich mit verbesserten Jagdmethoden (Pfeil und Bogen) zurück. Es handelte sich um die Rentierjäger der genannten *Ahrensburger Kultur*, die u. a. auch am Südrand der Kölner Bucht (Floss, 1989), in den deutschen Mittelgebirgen und in den Belgischen Ardennen (Baales, 1999) nachgewiesen wurde. In Meinerzhagen-Valbert fand man im Jahr 2021 eine Stielspitze aus baltischem (!) Feuerstein (Baales, 2022, S. 7).

Die Jäger der Ahrensburger Kultur bevorzugten angeblich Treibjagden, während die der älteren Hamburger Kultur noch die Pirschjagd bevorzugten. Zahllose klein zerstampfte Knochenfragmente zeigen, dass die Rentierjäger selbst noch die Fettanteile der Knochen durch Auskochen dieser Splitter nutzten. Das so gewonnene Fett (*bone grease*) wurde mit Beeren und Trockenfleisch zu einer länger haltbaren Nahrungsreserve verarbeitet, ähnlich dem bei nordamerikanischen Indigenen bekannten *Pemmikan*.

Ein Rentierzüchter in nördlichen Breiten benötigt große Flächen zur Beweidung, um seiner bis zu 5000 Tiere umfassenden Herde genügend Nahrung zu verschaffen. Gibt es beispielsweise eine gravierende Unterscheidung zwischen den auf diese Weise noch heute lebenden Rentierzüchtern (= ursprüngliche Rentierjäger?) und der *Ahrensburger Kultur*? Besaß man damals schon Herden und lebten die Lappen vor kurzer Zeit noch genauso wie ihre Vorfahren? »Die Lappen sind zwar genetisch Europäer, haben aber Gene, die sich am meisten von denen der übrigen Europäer unterscheiden« (Cavalli-Sforza, 1999, S. 132).

Die Tundra-Landschaft in Europa erstreckte sich im norddeutschen Flachland bzw. im angrenzenden Tiefland Nord-Belgiens und der Niederlande bis nach Südfrankreich im Westen und den Baltischen Staaten im Osten. In all diesen Gebieten wurden Rentiere bis in die nördlichen Mittelgebirge Deutschlands hinein nachgewiesen. Die Abstammung der Rentiere (Karibus) ist ungeklärt. »Als sie in Europa auftauchen, sind sie bereits vollkommen an ihren arktischen Lebensraum angepasst« (Paturi, 1996, S. 429). *Sie erschienen also urplötzlich.*

Als Alfred Rust 1932 in Meiendorf Ausgrabungen vornahm (Rust, 1937), fand er in der sogenannten *Hamburger Kultur* nicht das aus Sibirien bekannte Rentier (*Rangifer tarandus*), sondern zur Überraschung der Ausgräber eine andere Rentier-Art: *Rangifer articus* (Gripp, 1937, S. 72). In Deutschland wurde *Rangifer articus* auch über der Hauptschicht der angeblich 850 000 bis 475 000 Jahre alten *Mosbacher Sande* im Stadtkreis von Wiesbaden ausgegraben (Probst, 1999, S. 303). Die schnell geschüttet wirkenden Ablagerungen gelten als eine der bedeutendsten Fossilfundstätten Europas mit *Resten*

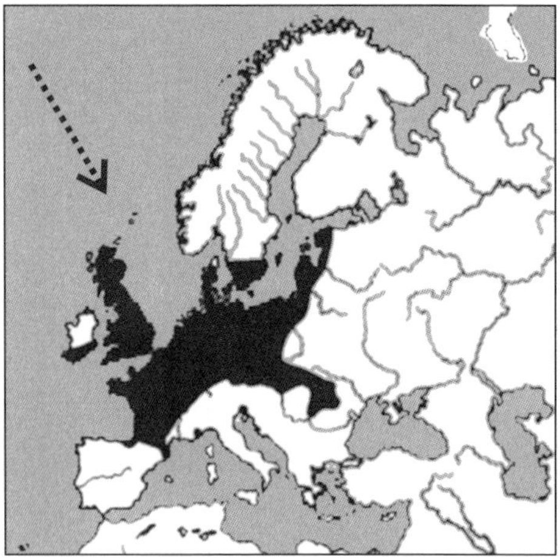

Abb. 136: **HERKUNFTSRÄTSEL.** Die Karte zeigt die Verbreitung von Rentieren (*Rangifer arcticus*) in Nordwest-Eurasien (nach Jacobi, 1931). Diese Rentiere, deren Herkunft offiziell unbekannt ist, kamen über die durch einen Pfeil gekennzeichnete Grönlandbrücke.

von angeblichen Eiszeittieren unterschiedlicher Lebensräume wie Elefant, Wisent, Riesenhirsch, Hyäne, Biber, Bär, Nashorn, Ren und sogar Flusspferd (Brüning, 1980).

Das bei Hamburg gefundene *Rangifer articus* stammt aber aus der jüngeren Altsteinzeit und soll höchstens 10 000 Jahre alt sein. Die Überraschung liegt in der damaligen Verbreitung dieser Karibu-Art, denn *Rangifer articus* bewohnte das polare Nordamerika von der Hudsonbai bis Alaska, über Beringia hinweg auch (Ost-)Sibirien (vgl. Abb. 118, S. 241). Folgten die Rentierjäger den Karibus und überschritten die damals trocken liegende Beringstraße west- und nicht ostwärts?

Folgte man diesen Karibus mit der Verschiebung der Klimazonen von arktischen Gebieten nach Süden genauso bis zur kontinentalen Halbinsel Europa? Immerhin *trennen* die Funde von *Rangifer articus* in Nordwesteurasien und Ostsibirien immense 80 Längengrade. Ist so auch zu erklären, dass zwischen den Sprachen Eskimo-Aleutisch in Ostsibirien und dem damit verwandten *Tschuktschisch-Kamtschatkisch* in Westsibirien ein mundartliches Vakuum zu verzeichnen ist, das heutzutage von aus Zentralasien stammenden Turksprachen (Altaisch) gefüllt ist?

Arnold Jacobi vertritt in seiner zoologischen Monografie eine Einwanderung des diluvialen *Rangifer articus* aus *Nordamerika unmittelbar nach Nordwesteurasien* und beruft sich dabei auf Alfred Wegeners Theorie von der Kontinentalverschiebung. Wegener hielt einen festen Landverband zwischen dem atlantischen Westen (Amerika) und Osten (Europa) noch im älteren Quartär, also zu Beginn des Großen Eiszeitalters, für möglich, wenigstens im äußersten Nordzipfel des Ozeans. Erst vor der Riss-Periode sollen sich die beiden Kontinentalschollen voneinander entfernt haben (Jacobi, 1931, S. 40 ff.). Deshalb findet man in Südgrönland und Island vom vorrückenden Eis eingeschlossene Kleinlebewesen, wie zwei Käferarten des *Bembidion grapei Gyll*, die nur in der Nachbarschaft heißer Quellen überdauerten (Lindroth, 1957, S. 277 f.). Carl H. Lindroth trug weitere Beispiele übereinstim-

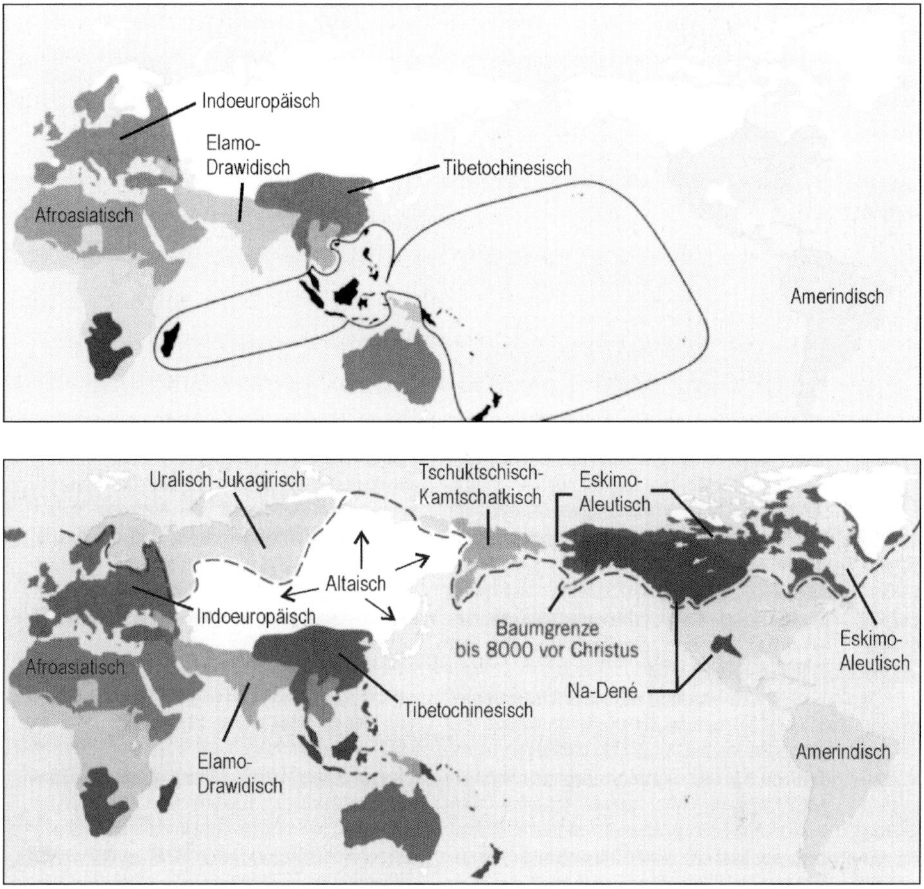

Abb. 137: **SPRACHENVERTEILUNG**. Es gab zwei unterschiedliche *klimabedingte* Phasen der Sprachausbreitung. Bild oben: Die ältere Phase der Ausbreitung erfolgte in Nord-Süd-Richtung (Na-Dené) aus der Arktis heraus. Ein Grund für die Entstehung von Sprachfamilien kann im Vordringen der Landwirtschaft gesehen werden. Die Weide- und Ackerwirtschaft resultierte in einem höheren Nahrungsmittelangebot und infolgedessen auch Bevölkerungswachstum. Durch die zunehmende Bedeutung der Bauern gewann auch ihre Sprache an Relevanz, breitete sich aus und schaffte Sprachfamilien, u. a. Indoeuropäisch, Elamo-Drawidisch, Tibetochinesisch und Afroasiatisch. Bild unten: Die jüngere Phase der Ausbreitung erfolgte einerseits durch die – mit dem Indoeuropäischen (links auf der Karte) verwandten – Sprachen *Uralisch-Jukagirisch* und *Tschuktschisch-Kamtschatkisch*, die unterbrochen war durch das mit altaisch sprechenden Völkern sehr dünn besiedelte Gebiet, das nach heftigen, nordwärts gerichteten Überflutungen hin zum Nordpolarmeer eine Sumpflandschaft im heutigen Westteil Sibiriens darstellte (s. Abb. 132, S. 261). Anderseits erfolgte durch das zum Euroasiatischen gehörende Eskimo-Aleutisch der Eskimos eine Expansion aus dem gleichen »arktischen« Lebensraum (s. Abb. 124, S. 251) im Norden heraus in Ost-West-Richtung über die damalig trocken liegende Beringstraße hinweg in das westliche Beringia-Gebiet (s. Abb. 118, S. 241), also in den östlichen Teil Sibiriens hinein.

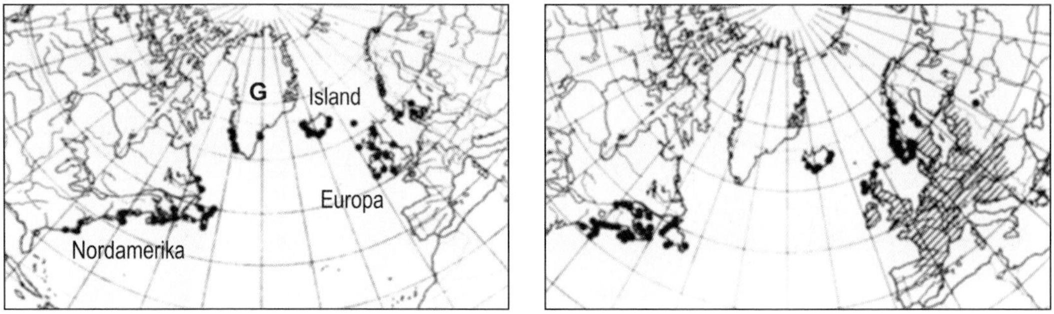

Abb. 138: **TRANSATLANTISCHE VERBREITUNG**. Beispiele für amphiatlantische Fauna. Links: Gartenschnecke. Rechts: ausgestorbener Großer Alk (*Penguinus impennis*). G = Grönland. Aus Lindroth, 1957.

mender (amphiatlantischer) Fauna als Beweis einer Landbrücke zwischen Nordamerika und Europa zusammen: zwölf Vogelarten, ferner Spezies von Schmetterlingen, Motten, Spinnen, Schnecken und Käfern. Auch die Gartenschnecke (*Cepaea hortensis*) wurde in einem prähistorischen Muschelhaufen in Amerika entdeckt (ebd., S. 234).

Damit wird die von mir Grönland-Brücke benannte Landverbindung zwischen Europa und Nordamerika bestätigt. Zumindest ein Teil der Kontinentalverschiebung fand nach Alfred Wegener zu einer Zeit statt, als *Homo erectus* und Neandertaler Europa bevölkerten! Diese Meinung teile ich und ergänze, dass Fridtjof Nansens Polarexpedition 1893 bis 1896 mit seinem Schiff *Fram* bewiesen hat, dass der größte Teil des heutigen Tiefseebodens im Nordpolargebiet, der heutzutage in einer Tiefe von 1000 bis 2500 Metern zwischen der Vulkaninsel Jan Mayen und Island liegt, erst »in jüngster Zeit um 2000 m gesenkt worden ist« (Walther, 1908, S. 516).

Island stellt die Gebirge einer versunkenen Großinsel dar, deren einst trockene Täler heutzutage tiefe Fjorde sind, ähnlich wie in Norwegen. Als diese Landmasse absank, vollzogen sich tiefgreifende Veränderungen in der Lithosphäre. »Dann liegt der Gedanke nahe, dass Hand in Hand damit eine wesentlich andere Verteilung der Massen eintreten musste, welche auf die Lage des Drehungspoles (der Erde, HJZ) nicht ohne Einfluss bleiben konnte« (ebd., S. 516). Als Ergebnis wurden die anliegenden Kontinentalsockel Amerikas, Grönlands und Europas etwas auseinander geschoben und zwischen ihnen entstanden neue Wasserstraßen. Nach der aus Wegeners Kontinentalverschiebungstheorie entwickelten modernen Plattentektonik-Hypothese sind diese Kontinente schon mindestens 66 Mio. Jahre getrennt – ein unüberwindliches Hindernis für Karibus. Es wurde jedoch bereits diskutiert, dass das Tertiär ein Phantomzeitalter darstellt: Damit rutscht die Grönlandbrücke *zeitlich* in das späte Quartär (Diluvium).

Aufgrund dessen war der Weg für *Rangifer articus* und die mit ihnen ziehenden Jäger (Eskimos, Neandertaler) in südlicher Richtung nach Europa frei. Der östliche Weg nach Sibirien war letztendlich auch durch die Superfluten und die erst nach dem Kataklysmus-Horizont (nacheiszeitlich) existierende Wasserstraße zwischen Kaspischem Meer und Nordpolarmeer sowie durch die breiten nach Norden fließenden, reißenden Ströme Sibiriens *versperrt*. Der Weg über die Grönlandbrücke war nicht nur vorhanden, sondern auch eisfrei und wesentlich kürzer.

Wenn die aus Nordwestrussland stammende Keramik mit der nordamerikanischen enger verwandt ist als mit derjenigen aus Ostsibirien oder mit der baikalischen Ware (Ridley, 1960, S. 46 ff.), so ist es auch nicht verwunderlich, wenn blonde, helle Eskimotypen mit nordischem Aussehen und Bärten an nördlichen Küsten Ostkanadas, östlich und nördlich der Hudsonbai, und auf Grönland dokumentiert wurden, die sich in ihrem Erscheinungsbild erheblich von ihren ostasiatischen Landsleuten unterscheiden (Greely in: »National Geographic Magazine«, Bd. XXIII, No. 12, Dezember 1912; vgl. Stefansson, 1913).

Abb. 139: **ESKIMOS AUS LABRADOR**. Nordisch-europäische Erscheinungsbilder bei den Eskimos. Aus: Rakel, 1894, S. 725.

Vielleicht bemühte sich deswegen der holländische Gelehrte C. C. Uhlenbeck, die Verwandtschaft des zur östlichen Gruppe der Eskimo-Sprachen gehörenden Grönländischen (und dem nahe verwandten, auf der Halbinsel Labrador gesprochenen Idiom) mit dem Indogermanischen nachzuweisen (Jensen, 1936, S. 151). Heutzutage wird die eskimo-aleutische Sprache zum Euroasiatischen gerechnet, wie auch das Indogermanische (Greenberg/Ruhlen, 2004, S. 63).

Entgegen den Aussagen der Plattentektonik gab es noch im späten Quartär eine transatlantische Festlandsbrücke. Dieser Sachverhalt hat den Erforscher der Rentierskelette von Meiendorf,

Abb. 140: **KÄLTESCHUTZ**. Das vollkommen intakte Skelett eines Mammutjägers, das in Wladimir (Sowjetunion) aufgefunden wurde. Der Mann soll vor etwa 35 000 Jahren gelebt haben. Er war hoch gewachsen und trug Hosen und Schuhe aus Pelz. Es entsteht ein anderes Bild, als viele Schulbücher vom primitiven Menschen zeichnen.

Karl Gripp, zu der als Frage verkleideten Folgerung veranlasst, ob nicht die altsteinzeitlichen Hamburger Jäger der Magdalénien-Kulturstufe mit den Eskimos verwandt sein könnten, zumal beiden ein hoher Sinn für die Kunst (u. a. das Wurfholz) gemein sei (Gripp, 1937, S. 72)? Dahinter verbirgt sich die Annahme, dass die diluvialen Rentierleute aus kanadischen Polregionen die gleichen Wege nach Südosten genommen haben wie die Rentiere selbst.

Diese Fakten fügen sich am besten zu der Annahme, dass von Zeit zu Zeit, je nach klimatischen Verhältnissen von einem *außer*europäischen Zentrum wandernde Fremde und deren Lebensarten nach Europa gelangten. So ist auch die aus dem Nichts auftauchende Existenz (Rust, 1962, S. 73) von »Jägertrupps der jüngeren Altsteinzeit mit eskimoischer Lebensweise« (ebd., S. 63) in Europa zu erklären. Berücksichtigt man die Ausrüstung dieser Leute, so war der Lebensstil der Eskimos mindestens bis an den Beginn der Jungsteinzeit existent, nach neueren Erkenntnissen sogar bis in diese hinein.

Diese Jäger sind Kinder der Arktis *seit* dem Aurignacien bis zur Magdalénien-Kulturstufe. Ihre Statur, die Pelzbekleidung mit Stiefeln, hausartige Lederzelte mit heizbaren Räumen und ihr besonderes Verhältnis zum Feuer verweist auf einen Werdegang in winterharten Gebieten. Man hat zum Beispiel bei Ostrau-Peterhofen in der mährischen Pforte, auf Spitzbergen und in Westgrönland nachweisen können, dass die Menschen der jüngeren Altsteinzeit ihre Brennstellen sogar mit Steinkohlen befeuerten, sofern anstehende Flöze greifbar waren.

Die Gelehrten des 19. Jahrhunderts, noch nicht durch die Droge Evolutionstheorie berauscht und benebelt, sahen die transatlantischen Verbindungen unbefangen. Auf Grund seiner anthropologischen Studien in Brasilien fasste Paul Ehrenreich zusammen: »Wir wissen, dass noch in jüngeren geologischen Perioden Asien sowohl als Europa mit Nordamerika zusammenhingen. Eine zircumpolare Landmasse bestand zu der Zeit, als der Mensch oder seine nächsten Vorfahren die nördliche Hemisphäre bewohnten. Man hat deshalb (...) nicht den mindesten Grund anzunehmen, dass Amerika zu einer Zeit menschenleer war, als Asien oder Europa schon eine Bevölkerung besaß« (Ehrenreich, 1897, S. 42). Die das Nordpolarmeer umschließenden Landmassen sind auch auf alten Karten eingezeichnet.

Da in Amerika die postulierte Evolutionskette der Menschwerdung vom Australopithecus über den Neandertaler bis zum modernen Menschen nicht nachgewiesen werden konnte, musste der Uramerikaner notgedrungen aus anderen Regionen kommen. Da der transatlantische Weg anscheinend durch breite Wasserstraßen versperrt war, blieb nur der Weg über die Beringstraße denkbar. Von hier aus soll der ganze amerikanische Kontinent bis zur Südspitze Südamerikas besiedelt worden sein. Diese Theorie gründet auf der Evolutionslehre, die ohne viel Federlesen auf die Archäologie übertragen wird.

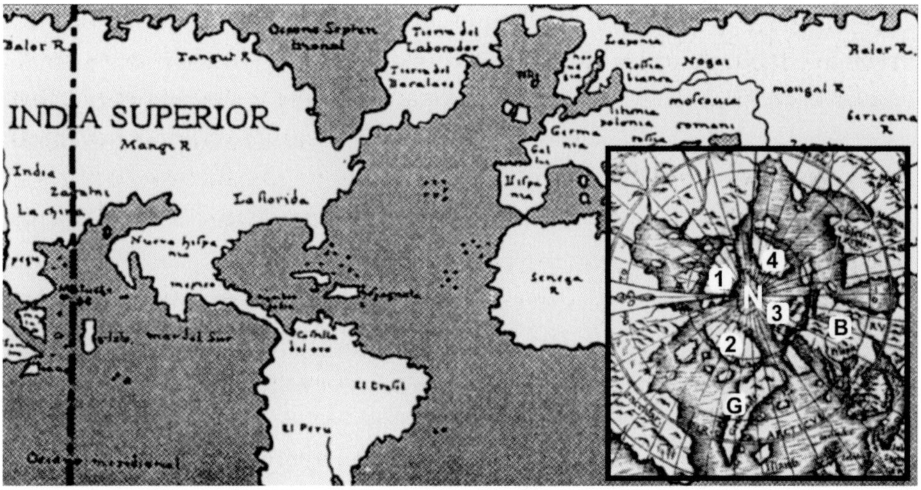

Abb. 141: **NORDISCHE HEIMAT**. Amerika wird nach dem Konzept des antiken Kartographen Claudius Ptolemäus (angeblich aus dem 2. Jahrhundert) bis ins 16. Jahrhundert als Verlängerung Asiens angesehen, bezeichnet als *India superior* (Groß-Indien). Die Strichpunktierte Linie zeigt nach Ptolemäus die Grenze zwischen der Alten und Neuen Welt. Albertin DeVirga stellt 1414 erstmals eine zusammenhängende Landmasse im arktischen Norden dar. Bis weit ins 16. Jahrhundert wird auf Karten, wie der hier abgebildeten von J. Gastaldi (von 1548) im atlantischen Raum eine zusammenhängende Landmasse dargestellt: Das Land der Hyperboräer. Insert: Andere Karten wie die von Oronteus Finaeus (von 1532) zeigen große Inseln (1 bis 4) rund um den Nordpol. Die Barentssee bildet mit Skandinavien eine Landmasse (B). G = Grönland.

Alternativ gesehen können die Ergebnisse der Archäologie in Ostsibirien genauso gut für einen *Export* aus Amerika sprechen. Empfängt Amerika nicht nur, sondern gibt auch ab? Genau dies will Alan Lyle Bryan (1978) in seiner Studie belegen. Die Verbreitung der zweiseitig bearbeiteten Projektile der nordpazifischen Küste Asiens ergibt mit großer Wahrscheinlichkeit, dass hier eine Diffusion aus Amerika und nicht umgekehrt aus Sibirien heraus vorliegt, was Tolstoy (1953) für die spätneolithischen und bronzezeitlichen Projektile der Baikalregion vorgeschlagen hat. Nach Bryan (1978) können die künstlerischen Formen der wundervoll bearbeiteten Pfeil- und Speerspitzen nordamerikanischer Ureinwohner vom Typ Folsom, Clovis, Sandia und Yuma nirgendwo in dieser Zeitebene fixiert werden.

Betrachten wir aber die technisch hochwertigen Steinspitzen der nordamerikanischen Clovis-Kultur, da man diese spezielle Art auch von Europa her kennt. Dort werden sie der Solutréen-Kultur zugerechnet, die von vor 22000 bis 18000 Jahren existiert haben soll. Würde man irgendwo in Europa, Afrika oder Asien nur diese Pfeilspitzen finden, würde der Fundort in jeder entsprechenden Karte als Solutréen-Stätte ausgewiesen werden. Liegen diese Fundorte in Amerika, und man hat inzwischen mehrere lokalisiert, werden diese bis vor wenigen Jahren unisono als Fälschungen deklariert – was nicht sein darf, das nicht sein kann.

Da die Steinspitzen der Clovis-Kultur mit solchen der steinzeitlichen Solutréen-Kultur in Europa vergleichbar sind, »könnte (in der Altsteinzeit) der Export einer Technologie dokumentiert sein« (»Science«, Bd. 286, 19.11.1999, S. 1467–1468). Der Archäologe Reid Ferring von der *University of North Texas* in Denton stellt weiterhin fest: »Wenn wir voraussetzen, dass es keinen Ozean (Atlantik) gibt, würden wir uns unmittelbar nach Westeuropa gezogen fühlen, als das Gebiet, aus der die Clovis-Leute herstammen.« Die Forderung nach einem nicht vorhandenen Ozean bzw. einer Landverbindung erfüllt aber eben die Grönlandbrücke!

Vielleicht ist es auch umgekehrt und die Heimat der europäischen Solutréen-Kultur liegt in Amerika? Eine ketzerisch erscheinende Frage, die aber die andere, grundsätzlich mögliche Alternative aufzeigt. Gelehrte Indigene wie der mir bekannte Professor Vine Deloria (1995) glauben daran und dokumentieren diese Sichtweise auch, wie mir persönlich in einem Gespräch bestätigt wurde. Vielleicht sind aber beide Ansätze falsch und die europäische Solutréen- sowie die amerikanische Folsom-Kultur stammen aus dem Norden, also eher polaren Gegenden.

Wenn man jetzt Steinwerkzeuge der amerikanischen Clovis- mit denen der europäischen Solutréen-Kultur vergleicht und sich dann dazu gezwungen sieht, einen offensichtlich transatlantischen Kulturaustausch zu propagieren, dann stellt uns die Zeitleiter der Menschwerdung in Europa eine Falle. Denn die Clovis-Kultur, die mit dem Ende der eiszeitlich geprägte Megafauna Nordamerikas in Zusammenhang gebracht wird, soll nach nur 200 Jahren der Besiedlung Nordamerikas (Waters/Stafford, 2007) vor etwa 11 000 Jahren geendet haben. Dieser Zeitpunkt erscheint jedoch, nach alteuropäischen Kulturstufen gerechnet, mindestens 7500 Jahre *zu spät*. Aus offizieller archäologischer, paläo-anthropologischer und evolutionistischer Sichtweise ist deshalb jeder noch so begründete Vergleich einer kulturellen Verbindung unzulässig.

Allerdings wäre nach dem bisher diskutierten Verjüngungs-Szenario die Solutréen-Kultur besser in der nacheiszeitlichen Clovis-Zeitebene platziert. Nach Aufdeckung der gefälschten Altersangaben entsprechender Schädel der Altsteinzeit in Mitteleuropa sollte man die neuen Datierungen ernst und als Anlass für einen Umdenkungsprozess nehmen. Verschieben wir jetzt in Europa die Solutréen-Kultur entsprechend in die bisherige Jungsteinzeit, sind die europäischen Spitzen plötzlich jünger als solche der Clovis-Kultur in Amerika. Kam diese spezielle Bearbeitungstechnik zuerst in Amerika an und erst etwas später in Europa?

Nach langem Streit ist die Clovis-Kultur in Amerika heutzutage relativ etabliert, und man streitet jetzt über *noch ältere* Funde. Es wird auf Grund vieler vergleichbarer Funde die Verbreitung der Clovis-Kultur nicht nur über ganz Nordamerika, sondern bis nach Mittelamerika innerhalb weniger Jahrhunderte als gesichert angesehen (»Science«, Bd. 274, 13.12.1996, S. 1820–1825). Scheinbar sogar bis nach Südamerika, denn bereits in den 1930er-Jahren wurde in der Fell's-Höhle (Chile) eine Chronologie von Steinwerkzeugen dokumentiert (Bird, 1938), die von einer frühen Besiedlung Chiles zeugen (»The Geographical Review«, Bd. 1, 6/1938, S. 250–275).

In den 1960er-Jahren wurde dort ein kanneliertes Steinwerkzeug entdeckt: »Es ist die Kannelierung, die die meisten Archäologen beunruhigt, weil diese Eigenschaft auch bei den Clovis-Steinspitzen in Nordamerika gefunden wird und deshalb auf eine Verbindung zwischen beiden Kontinenten geschlossen werden kann (...) Diese und andere Beweise deuten darauf hin, dass Menschen bereits vor Clovis auf dem amerikanischen Kontinent lebten.« (Dillehay, 2000, S. 98). Von Funden weiterer Steinspitzen mit Kannelierung wird aus Kolumbien, Venezuela, Ekuador, Argentinien, Chile, Uruguay und Südbrasilien berichtet (Politis, 1991).

Damit existieren entgegen der offiziellen Lehrmeinung vergleichbare Projektile nicht nur in Nordamerika, sondern auch in Südamerika und letztendlich in Europa. Der frühmoderne Mensch (Cro-Magnon) ist also weltweit vertreten: in Afrika, Europa, Asien und Amerika, wie die sich scheinbar explosionsartig vermehrenden Funde beweisen.

Inzwischen werden aber auch Beweise für die noch ältere Anwesenheit von Menschen in Amerika dokumentiert. So sind die Prä-Clovis-Stätten von *Meadowcroft* sowie *Cactus Hill* in Nordamerika mit einem Alter von bis zu etwa 20 000 Jahren und *Monte Verde* in Süd-Chile mit 30 000 Jahren vor heute akzeptiert (Dillehay, 2000). Weitere Fundstätten werden ausgegraben und warten auf offizielle Anerkennung. Mit der Anerkennung dieser amerikanischen Ausgrabungsstätten mit Funden aus der Altsteinzeit kommt aber ein Problem auf, denn die Altsteinzeitschädel werden in Europa zum großen Teil drastisch jünger, während die Vorgeschichte Amerikas sich weiter in die (nebulöse) Vergangenheit erstrecken soll. Oder sind die amerikanischen Funde einfach auch nur zu alt datiert?

Immerhin wurden in El Cedral im mexikanischen Bundesstaat Sinaloa Artefakte mit einem Alter von bis zu 33 000 Jahren zusammen mit Fußwurzelknochen von Elefanten »in unberührten stratifizierten Ablagerungen« gefunden. Die Elefanten sind inzwischen bekanntlich seit langem auf dem gesamten amerikanischen Kontinent ausgestorben (Lorenzo/Mirambell, 1986, S. 107; vgl. Cremo/Thompson 1997, Seite 192).

Neandertaler in der Neuen Welt

Bis in neuere Zeit war die Sitte, Schädel zu verformen, noch auf Kreta und in Lappland verbreitet. In einem geplünderten Gräberfeld in der Nähe der niederösterreichischen Dörfer Kronberg und Kollnbrunn aus dem 5. Jahrhundert fanden sich neun menschliche Skelette. In fünf der neun Gräber wiesen die Schädel künstliche, im Säuglingsalter durch Bindewicklung erzeugte

Deformationen auf. Es gibt ähnliche Beispiele deformierter Langschädel im Orient, in Ägypten, Nubien und vor allem in China.

In den staatlichen Museen in Ica und Lima (Peru) konnte ich mehrere Langschädel, auch Turmschädel genannt, begutachten. Viele dieser Schädel stammen aus der um 800 entstandenen Paracas-Kultur und der ihr um 200 v. u. Z. folgenden Nazca-Kultur. Rein zufällige Parallelen in Südamerika mit der Alten Welt und China?

Es sind aber auch Breitschädel in Südamerika gefunden worden. Der Neandertaler besaß einen größeren Schädel als der moderne Mensch. Deformiert man einen solchen Schädel, so kann man durchaus eine lange oder breite Form erzielen. Kurios ist aber der Schädel mit den zwei Aufwölbungen, den ich im Museum in Lima (Peru) fotografieren konnte, wie auch ein weiterer melonenartiger Schädel. Die eine Form ist sicher nicht so einfach mit der beschriebenen Bindewicklung zu erzielen, und der andere zeichnet sich dadurch aus, dass er wesentlich voluminöser als ein normaler Schädel ist. Mit anderen Worten, zu diesem Schädel müssten größere Menschen gehören, denn ansonsten passt der Kopf nicht durch einen normalen Geburtskanal.

Damit sind wir aber auch bei einem bisher kaum diskutierten Problem, denn die Anthropologen scheinen sich um diese Schädel überhaupt nicht zu kümmern. Weil es mehrere ungelöste Probleme gibt? Man kann durchaus einige Langschädel als Ergebnis einer künstlichen Deformation ansehen. Der ursprüngliche als auch der deformierte Schädel weisen in etwa ein ähnliches Volumen auf. Der größte in der medizinischen Literatur dokumentierte Schädel eines modernen Menschen besaß ein Volumen von 1980 cm^3, die Schädelform war jedoch völlig normal. Nun befinden sich unter den deformierten Schädeln in Südamerika aber solche, die mit einem Volumen von 2200 bis 2500 cm^3 wesentlich größer als Neandertaler- und Cro-Magnon-Schädel sind. Noch größer sind von der Form her außergewöhnliche Schädel, die ein Volumen von ungefähr 2600 bis 3200 cm^3 besitzen. Deshalb hat es schon Anlass zu Spekulationen gegeben, dass es sich hier um Schädel von Außerirdischen handeln könnte. Betrachtet man die um 15 bis 20 Prozent größeren Augenhöhlen, müsste man eigentlich von den Riesenschädeln auf sehr große Menschen schließen: Männliche Neandertaler wären linear interpoliert anstatt 1,65 m entsprechend 2,30 bis 2,60 m groß. Behalten Mythen und Überlieferungen Recht, die von Riesen berichten?

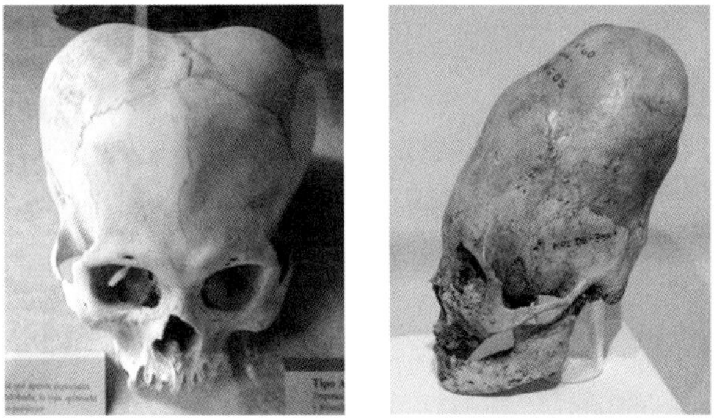

Abb. 142: **LANGSCHÄDEL**. In Südamerika gibt es seltsame Schädelformen mit einem fast doppelt so großen Volumen wie die des größten Schädels eines modernen Menschen. Der Autor fotografierte im Museum von Lima (Peru) u. a. die beiden abgebildeten Schädel. Die offizielle Erklärung: Durch eine Bindewicklung im Säuglingsalter kann man den noch weichen Schädel verformen. Aber ist es möglich, durch dieses Verfahren den normalerweise zu erwartenden Schädelinhalt zu verdoppeln? Oder waren die Schädel schon im Säuglingsalter größer als unsere, da auch die von der Bindenwicklung nicht beeinflussbaren Augenhöhlen wesentlicher größer sind als die von modernen Menschen?

Abb. 143: **RIESIG**. Beispiel eines Faustkeils sehr großen Ausmaßes des Acheuléen aus dem östlichen Marokko (Saurat, 1955, Tafel 10).

In einem Mound (Begräbnishügel) nahe Toledo im US-Bundesstaat Ohio wurden angeblich 20 Skelette in sitzender Stellung und östlicher Ausrichtung entdeckt, die Kiefer mit Zähnen aufwiesen, welche die doppelte Größe im Vergleich mit solchen von modernen Menschen aufwiesen (»Chicago Report«, 24.10.1985). In einem anderen Mound in *Brush Creek Township*, Ohio, entdeckte die örtliche Historische Gesellschaft acht Skelette, wovon das kleinste 2,40 m und das größte 3,05 m maß (»Scientific American«, 14.8.1880, S. 106). Es gibt weitere ähnliche Funde in Nordamerka (»Kolumbus kam als Letzter, Zillmer 2004/2012).

Bei Ausgrabungen im Medway Valley wurden zahlreiche 300 000 Jahre alte Artefakte entdeckt, darunter auch mysteriöse Riesen-Faustkeile, wovon der größte 29,5 Zentimeter lang ist. »Diese Handbeile sind so groß, dass man sich kaum vorstellen kann, wie sie in der Hand gehalten und praktisch eingesetzt werden konnten«, bestätigen Forscher des *Universität College London* (UCL) um Letty Ingrey und stehen vor einem ungelösten Rätsel. Lässt sich auf Grund solcher Funde auf große Menschen in der Vergangenheit schließen?

Auf der Mercator-Weltkarte von 1569 sind in Südpatagonien und Argentinien Riesen abgebildet. Der Chronist Antonio Pigafetta berichtete von der Fahrt des Fernando Magellan, die er begleitete, im Jahr 1520 auch von Riesen in Patagonien. Der längste mitgereiste europäische Seemann reichte zweien dieser Riesen, die sie an Bord geholt hatten, angeblich nur bis zur Taille.

Diese Riesen besaßen sicherlich Kiefer, die dem Heidelberger-Kiefer in der Größe nicht nachstanden. Die in Südamerika dokumentierten Riesenschädel stellen also durchaus ein Problem dar, denn sehr große Menschen (Riesen) hätten Schwierigkeiten, unter heutigen Bedingungen zu leben. Wahrscheinlich wäre es bei der heutzutage herrschenden Schwerkraft nicht möglich, dass Menschen eine Größe von über drei Metern und mehr erreichen.

Es gibt aber ein weiteres Problem, denn die beschriebenen Langschädel gehören nach anthropologischen Maßstäben zu modernen bzw. Cro-Magnon-Menschen. Aber einige in Südamerika gefundene Langschädel weisen eindeutig Merkmale der Neandertalerschädel auf, insbesondere eine fliehende Stirn.

Woher stammen die amerikanischen Ureinwohner? Genetische Untersuchungen haben ergeben, dass Wurzeln heutiger indigener Eingeborener auch in Europa liegen, und zwar in Italien, Finnland, Israel und Kleinasien (»Science«, Bd. 280, 24.4.1998, S. 520).

Lahmendes Paradebeispiel

Wie der menschliche Stammbaum, wird heutzutage der Ende des 19. Jahrhunderts erfundene, angeblich 55 Mio. Jahre alte Stammbaum des modernen Pferdes als Paradebeispiel der Evolution gezeigt. Zur Schau gestellt wird eine stetig wachsende Gesamtgröße, ausgehend von ursprünglichen 30 cm bis zum heutigen Pferd. Parallel dazu soll mit wachsender Größe der Pferde eine stufenweise Reduktion der Zehenzahl erfolgt sein.

Nach einem weiteren Jahrhundert Forschung weiß man heute, dass die Entwicklung nicht geradlinig stattgefunden hat, sondern dass viele Spezies entstanden sind, die teilweise sogar bestimmte »Evolutionsschritte« rückwärts machten, und dass verschiedene Spezies, die evolutionstechnisch hintereinander hätten existieren müssen, tatsächlich aber gleichzeitig lebten.

»Alle wichtigen Abstammungslinien der Unpaarhufer (das ist die größere Gruppe der Säugetiere, zu der auch die Pferde gehören) sind erbärmliche Überbleibsel früherer, üppiger Erfolge« (Gould 1998, S. 97). Und Gould betont (ebd., S. 92), dass »jeder unvoreingenommene Beobachter den Niedergang als das wichtigste Merkmal der Pferdevolution in den letzten zehn Millionen Jahre erkennen (muss), also genau jene Periode, in der es nach Behauptungen des herkömmlichen Leitermodells (mit zunehmender Komplexität) zur Vervollkommnung und zu einem eindeutigen Trend in Richtung eines Zehs mit einem einzigen Huf und der zu kleinen Fortsätzen reduzierten Zehen kam.«

Wo liegt denn eigentlich die Wiege der Pferde? In Nordamerika, das bei der Entdeckung durch Kolumbus kein Pferd mehr beherbergte, ist merkwürdigerweise dessen *Urgeschichte am vollständigsten erhalten.* Das Urpferd Eohippus (Hyracotherium) wurde bereits 1838 in Suffolk (England) und als vollständiges Skelett erst 1867 in Nordamerika (Utah, Wyoming) entdeckt. Das Urpferd gab es also diesseits und jenseits des Atlantiks.

Kurios ist nur, dass seit mindestens 66 Mio. Jahren im Tertiär angeblich keine Landverbindung zwischen Amerika und Europa bestanden haben soll. Wie kann es dann aber das *Hyracotherium* auf beiden Seiten des Atlantiks gegeben haben? In seinem Buch »Erdzeitalter« schreibt Edgar Dacqué, »dass der Equiden-(Pferde-)Typus ursprünglich sein Entstehungszentrum im damals *warmen arktischen* Gebiet hatte, und zwar näher an Amerika als bei Europa. Daher kamen die mehr und mehr spezialisierten Arten zuerst drüben (Amerika) an, bei uns (Europa) etwas später. Allmählich breitete sich aber der Stamm durch Asien und nach Indien aus (...)« (Dacqué, 1930, S. 515). Dacqué weist auf eine Urheimat der Pferde in heutzutage arktischen Gebieten zwischen bzw. nördlich von Amerika und Europa hin. Pferde scheinen dieselbe nordische Heimat zu haben wie unsere Vorfahren (Neandertaler, Cro-Magnon).

Die ersten pferdeähnlichen Tiere erschienen angeblich bereits im frühen Eozän vor etwa 55 Mio. Jahren sowohl in Amerika als auch in der Alten Welt. Das moderne Pferd (Equus) entwickelte nach Lehrmeinung *in Amerika* seine derzeitige Form und wanderte vor drei Millionen Jahren nach Europa ein (»Science«, Bd. 307, 18.3.2005, S. 1728–1730), über die Beringstraße durch Sibirien und in die Mongolei – umgekehrt zur angeblichen Besiedlungsrichtung durch Menschen. In Süd- und Nordamerika starben die Pferde angeblich vor 10 000 Jahren (oder später?) aus, konnten aber in Eurasien in den Gebieten rund ums Schwarze Meer überleben.

Auch wenn man heute eher zwei gewaltige Einwanderungszüge der Pferde aus Amerika kommend nach Asien annimmt, erschienen verschiedene Entwicklungsstufen des Pferdestammbaums gleichzeitig diesseits und jenseits des Atlantiks.

Eine Ausbreitung über die Beringstraße hinweg ist theoretisch zwar möglich, aber höchstens bis nach Ostsibirien hinein und hin zur Mongolei denkbar. Denn ansonsten hätten sich die frühen Pferdearten auch nach Indien und Afrika ausgebreitet. Nein: Diese Pferde lebten ganz einfach in Beringia (Gebiet der trocken liegenden Beringstraße), Nordamerika, Kanada, Grönland, bzw. in den damals warmen arktischen Gebieten bis nach Europa hin in einem zusammenhängenden Gebiet. Zu dieser Zeit lagen weite Gebiete vor den heutigen Küsten Nordamerikas, Grönlands, Europas (Schelfgebiete, Grönlandbrücke) und Sibiriens (u. a. Barentssee) trocken, die heutzutage bis zu 130 m und mehr unter dem heutigen Wasserspiegel der Ozeane liegen.

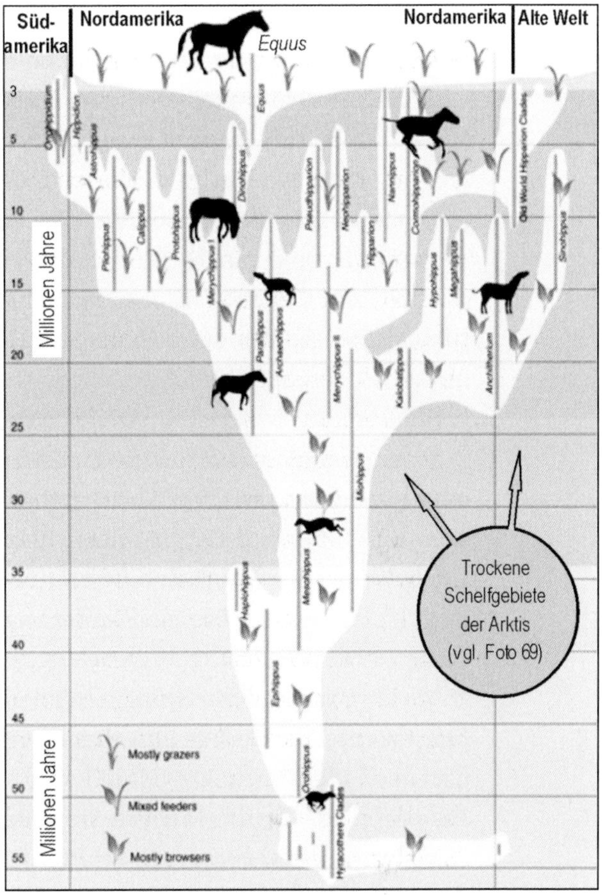

Abb. 144: **AUSBREITUNG**. Der aktuelle Stammbaum der Pferde zeigt die Entwicklung des Pferdes in Nordamerika. Mehrfach breiteten sich Pferdearten über die Beringia- und Grönlandbrücke von Europa nach Grönland und von Alaska bis Sibirienaus. Während die Pferde in Europa ausstarben, überlebte eine Pferdeart (Equus) in Amerika, spaltete sich dort vor drei Millionen Jahren in zwei Linien auf (u. a. Zebras, Wildpferd) und »diese breiteten sich bis in die Alte Welt aus« (»Science«, Bd. 307. 18.3.2005, S. 1728–1730). Nach Edgar Dacqué (1930, S. 515) stammen spezialisierte Pferdearten jedoch aus vormals warmen arktischen Gebieten.

Mit dem Untergang und damit der Vernichtung der Grönlandbrücke ging das Absinken Islands um ungefähr 2000 m in der jüngeren Erdvergangenheit einher. Und Nordamerika sowie das nördliche und westlichen Europa wurden von Überschwemmungen heimgesucht.

In Europa waren seit der Jungsteinzeit bis zur Bronzezeit kleinere, der Kälte besser angepasste Pferde gebräuchlich, wie frühzeitliche Darstellungen (u. a. Teppich von Bajeux um das Jahr 1200) beweisen. Dramatische Szenarien müssen sich im Bereich der Nordsee ereignet haben, denn diese damalige Steppe wurde durch heftige Sturmfluten mit permanent steigendem Wasserspiegel überflutet, auch die hoch aufragende Doggerbank. »Wildpferde, wie sie der Mensch an die Höhlenwände von Niaux und Lascaux malte, zogen über die Nordseesteppe nach Westnorwegen und mussten dort bleiben, als das Meer zurückkam« (Fester, 1973, S. 32). Eigentlich handelt es sich um kleinwüchsige, widerstandsfähige Pferde (Ponys) mit ausdauerndem Laufvermögen. Von Natur aus haben diese Pferde in den Hochgebirgstälern der Fjorde Skandinaviens nichts zu suchen. Sie wurden durch die Überflutung der Nordsee-Savanne Jahrhunderte lang isoliert und werden deshalb als eigenständige Pferderasse betrachtet. Die Wikinger brachten diese Tiere nach Island, in der Folge auch Island-Pferde genannt.

Die diversen in Koexistenz lebenden Pferdearten wurden durch Katastrophen vernichtet und in Flutschichten abgelagert, so wie viele andere Tiere und auch Menschen. Das Islandpony und das moderne Pferd entkamen der Katastrophe, weil der Mensch die Restpopulationen hegte und pflegte.

Nicht nur die Verbreitung der Pferdearten diesseits und jenseits des Atlantiks bezeugt die Existenz der Grönlandbrücke, sondern auch die angeblich sich erst nach den Dinosauriern entwickelnden Großsäuger.

Eine reiche, hoch differenzierte Säugetier-Fauna wurde 1878 in Cernay bei Reims entdeckt (Lemoine, in: »Soc. D'Hist. Nat. de Reims«, Mai 1878), und »bald darauf fand man eine ganz übereinstimmende Fauna in den Puercoschichten von New Mexiko (in Nordamerika, HJZ). Spätere Funde in Siebenbürgen, Schwaben, der Schweiz, England, Utah und Wyoming haben ihre weite Verbreitung dargetan. Zehn Gattungen sind Europa und Amerika gemeinsam (...)«. Und weiter schreibt Johannes Walther, Professor für Geologie und Paläontologie an der *Universität Halle*: »Man könnte glauben, dass die eozäne (vor 55 bis 36 Mio. Jahren) Säugerfauna der Cuvierischen Katastrophen durch die zeitliche Kluft von der Kreidezeit getrennt wäre« (Walther, 1908, Seite 481). Mit anderen Worten, *beidseits des Atlantiks gab es während der angeblichen Tertiär-Zeit eine einheitliche Entwicklung hoch entwickelter*

Säugetiere. Dies also zu einer Zeit, als die Kontinente angeblich schon seit etlichen Millionen von Jahren voneinander weit entfernte Lagen erreicht haben sollen. Ohne Landverbindung (Grönlandbrücke) wäre eine identische Säugetierfauna auf zwei durch einen breiten Ozean getrennten Kontinenten nicht denkbar – oder wanderten all diese Tiere durch Sibirien?

Urfamilie vor 5000 Jahren

Die Frage nach der Herkunft unserer Vorfahren bzw. der Steinzeitmenschen wird erschwert durch Fälschungen und erfundene Datierungen von Schädeln und Knochenresten. Teile von Schädeln führten zu Rekonstruktionen nicht nur des kompletten Individuums, sondern hieraus resultierend wurden Tausende von Generationen fiktiv aus dem Nichts gezaubert. Lässt man die Fälschungen der Anthropologen außer Acht, gibt es tatsächlich einige wenige ältere Schädel, die aus der Zeit vor dem Kataklysmus-Horizont stammen können. Jedoch sind die vorhandenen Daten zu gering für definitive Aussagen. Aber weder Neandertaler noch *Homo erectus* oder *Homo heidelbergensis* gehören in die vorsintflutliche Zeit und stellen deshalb auch keine Stufen einer menschlichen Entwicklung dar. Diese angeblichen Steinzeitmenschen gehören chronologisch nebeneinander gestellt, anstatt hintereinander aufgereiht. Neandertaler und frühmoderne Menschen lebten in der Jungsteinzeit, und ihre Anwesenheit in bestimmten Regionen ist eine Folge des dortigen Klimas. Mit der Verschiebung der Klimazonen oder der drastischen Änderung der Klimatik passten sich die Menschen dieser neuen Situation an oder wanderten in andere Regionen aus, auch um Naturkatastrophen zu entkommen. Das plötzliche Auftauchen von neuen Menschentypen unter meterdicken Ablagerungen ist daher nicht auf einen Evolutionsprozess der Makro-Evolution zurückzuführen, sondern ist Zeugnis von katastrophischen Umwälzungen, Superfluten und tektonischen Verschiebungen unserer Erdkruste. Durch diese Prozesse wurde das Antlitz der Erde teilweise in Stunden, regional unterschiedlich und zeitlich verschoben, total verändert, und es entstand eine Art geologischer Flickenteppich – so wie ihn geologische Karten ja auch tatsächlich widerspiegeln.

Für einen kurzen Zeitraum der Existenz moderner Menschen spricht auch, dass sich alle Menschen genetisch noch ähnlicher sind als bisher vermutet (»Science«, Bd. 294, 23.11.2001, S. 1719–1723). Wäre die Menschheit alt, müssten größere Unterschiede in den Genen nachweisbar sein.

Lebte der Urvater moderner Menschen vor nur wenigen tausend Jahren? Um alle heute lebenden Menschen gradlinig aus einer »Urfamilie« heraus entstehen zu lassen, bräuchte es nur 33 Generationen, bei einem durchschnittlichen Fortpflanzungsalter von 25 insgesamt nur 825 Jahre. Berücksichtigt man bei diesen statistischen Berechnungen auch Faktoren wie Geografie, Geschichte und Migration, lebte unser identischer Vorfahre vor höchstens 5000 Jahren oder 169 Generationen. Das bedeutet, *eine einzelne Person* vor 5000 Jahren war entweder Vorfahr aller heutigen Menschen oder seine Linie starb genetisch komplett aus. Vorfahr nur einiger weniger heute lebender Menschen zu sein, ist ausgeschlossen. Ein Forscherteam spielte am Computer mehrere Szenarien durch, wobei sie Faktoren wie unterschiedliches Bevölkerungswachstum, Isolation einzelner Gruppen, lokale Migration und Völkerwanderungen berücksichtigten. Das Ergebnis der Untersuchung zeigt, dass unser aller jüngster gemeinsamer Vorfahre wahrscheinlich vor etwa 3000 Jahren gelebt haben kann (»Nature«, Bd. 431, 30.9.2004, S. 562–566), zum Zeitpunkt des von mir skizzierten drastischen Klimasturzes.

Wenn man die rasante Entwicklung der menschlichen Population betrachtet und einen Kataklysmus-Horizont vor wenigen tausend Jahren berücksichtigt, dann passt das Ergebnis einer umfassenden Genstudie in diese Argumentation: Die Menschheit war mindestens einmal beinahe ausgestorben. Dies bedeutet, dass die Menschenvorfahren irgendwann einen großen Teil ihrer genetischen Vielfalt verloren haben müssen – wahrscheinlich dadurch, dass sich die Zahl der Menschen erheblich reduziert hat (»PNAS«, 1999, Bd. 96, S. 5077–5082).

Diese Feststellung widerspricht einer stetigen Entwicklung des Menschen. Wie konnte es überhaupt dazu kommen, dass die offensichtlich falsche Evolutionstheorie von der Entwicklung des Menschen sich überhaupt entfalten konnte? Ausschließlich durch äußerst dreiste Wissenschaftsfälschungen!

6 Gefälschte Evolutionsbeweise

Zirkel und Arbeitsgemeinschaften der wissenschaftlichen Evolutionsvertreter sind, wenn es um die Stützung ihrer Lieblingstheorie geht, so blind und fanatisch wie Vertreter religiöser Sekten. Es ist eine Tatsache, dass in sehr vielen Fällen Wissenschaftler, mit Tolerierung der Kollegen, der Öffentlichkeit die ungeheuerlichsten und unglaublichsten Fälschungen vorgesetzt haben. Zu den erstaunlichsten Phänomenen gehören zahlreiche Ausstellungsstücke in der ganzen Welt, die angeblich die Abstammung des Menschen vom Affen anschaulich darstellen und beweisen sollen. Diese Beweisstücke sind jedoch rein fiktiver Natur und entstammen der Phantasie ihrer Schöpfer. Mit Stiften und Pinseln in der Hand erschaffen die Evolutionisten Phantasiegeschöpfe. Doch die Tatsache, dass es zu diesen Bildern keine passenden Fossilien gibt, stellt sie vor ein beträchtliches Problem. Dennoch werden solche Phantasiegeschöpfe präsentiert, als beruhe alles auf Tatsachen. Fossilien, die nicht zu finden sind, werden ganz einfach entsprechend der zu etablierenden Theorie hergestellt. Der Ruf der Wissenschaft wird dazu benützt, um im Bereich der Erdgeschichts- und Menschheitsforschung Fälschungen und Täuschungen zu verewigen.

Schweinezahn wird Mensch

Im Jahre 1925 verhalf ein Gerichtsprozess in Dayton im US-Bundesstaat Tennessee der Evolutionstheorie zum Durchbruch. Der Volksschullehrer John Scopes stand vor Gericht, weil er seinen Schülern die evolutionistische Abstammungslehre beigebracht hatte. Viele wissenschaftliche Kapazitäten waren auf Seiten des angeklagten Evolutionspredigers, an ihrer Spitze Professor

Abb. 145: **SCHWINDEL**. Eine anhand eines einzelnen Schweinezahns vorgenommene vollständige Rekonstruktion von Vorläufern des Menschen in einer amerikanischen Naturszene mit Kamelen im Hintergrund. In unzähligen Kindergehirnen manifestierte sich diese phantasievoll dargestellte Illusion von affenähnlichen Nebraska-Menschen als bewiesene Wahrheit.

H. H. Newman von der *Universität Chicago*. Dieser Gelehrte legte als Beweis für die Evolutionstheorie ein Paradestück der Evolutionisten von damals vor: den Nebraska-Menschen. Diese Menschenrasse soll vor einer Million Jahren in Nebraska gelebt haben.

Worin bestand der wissenschaftliche Beweis für die Existenz des Nebraska-Menschen? Im Jahre 1922 hatte ein Mann namens Harold Cook fossile Überreste dieses Urmenschen gefunden, nicht mehr und nicht weniger als *einen einzelnen* Zahn. Dieser wurde von den berühmtesten Wissenschaftlern untersucht und auf ein Alter von mindestens einer Million Jahren geschätzt. In der Folgezeit entstand eine umfangreiche Literatur über diese uralte Rasse. Die »Illustrated London News« sandte einen Reporter nach Amerika, der alles über die neu entdeckte Menschenrasse in Erfahrung bringen sollte. Dann erschien in dieser Zeitschrift ein Artikel mit Bildern rekonstruierter Individuen dieser Nebraska-Menschen. Das Aussehen hatte man aufgrund eines *einzigen* Zahnes vollständig rekonstruiert.

Tiefgehende wissenschaftliche Debatten entbrannten, in welchen einige Forscher diesen Zahn als dem *Pithecanthropus erectus* (*Homo erectus*) zuschrieben, während andere behaupteten, er läge dem modern-menschlichen Typus näher. Im Jahr 1927 wurden jedoch noch andere Teile des Skeletts entdeckt, und es stellte sich heraus, dass der Zahn nicht von einem Nebraska-Menschen stammte, sondern in Wirklichkeit von *Prosthennops*, einer ausgestorbenen Spezies eines amerikanischen *Wildschweins*. Der Paläontologe Professor Dr. William K. Gregory gab diesen fundamentalen Irrtum zu (»Science«, Bd. 66, 16.12.1927, S. 579–581).

Daraufhin wurden alle Abbildungen des Nebraska-Menschen und seiner Familie eiligst aus der evolutionistischen Literatur und den Museen entfernt. Aber in einem Aufsehen erregenden Gerichtsprozess hatte der Schweine-Zahn der Evolutionstheorie vor den Augen der Weltöffentlichkeit *zum Sieg und Durchbruch in Amerika verholfen*!

Vom Winde verweht

Seit den zwanziger Jahren wurden die Fossilien von Zhoukoudian (Choukoutien) etwa 40 km südlich der chinesischen Hauptstadt Beijing (Peking) ausgegraben. Zwischen 1929 und 1937 entdeckte man dort 14 Schädelfragmente, 11 Unterkiefer, viele Zähne, einige Skelettknochen und große Mengen steinerner Werkzeuge. Das Alter der Relikte wurde damals auf 500 000 bis 300 000 Jahre geschätzt. Dieser Vormensch erhielt den Namen *Homo erectus pekinensis* (früher: *Sinanthropus pekinensis*), auch kurz Peking-Mensch genannt, und ist auch heutzutage noch ein festes Glied im Stammbaum der menschlichen Entwicklung.

Die originalen Fossilien verschwanden 1941, als man sie per Schiff in die Vereinigten Staaten bringen wollte. Es existieren nur noch Abgüsse sowie die zahlreichen Zeichnungen der Fossilien. »Es wird angenommen, dass ein Dr. Pei, der die Ausgrabungsarbeit während der japanischen Besetzung allein fortsetzte, gute Gründe hatte, diese Fossilien verschwinden zu lassen; denn die angeblich nach ihnen hergestellten Modelle zeigten wenig Übereinstimmung mit den nüchternen Beschreibungen der Schädel durch Marcellin Boul, Teilhard de Chardin und Abbé Breuil (1910), welche die Funde unabhängig voneinander in Augenschein genommen hatten« (Criswell, 1976, S. 92).

Angeblich erwies sich die Datierung der Funde als schwierig, da man die Knochen aus unterschiedlich alten Fundhorizonten geborgen hatte, da *jüngeres* Gestein aus der herabgebrochenen Höhlendecke die älteren Sedimente überschüttete. Es erscheint denkbar, dass beim Abbau des Kalksteins der ganze Berghang ins Rutschen kam.

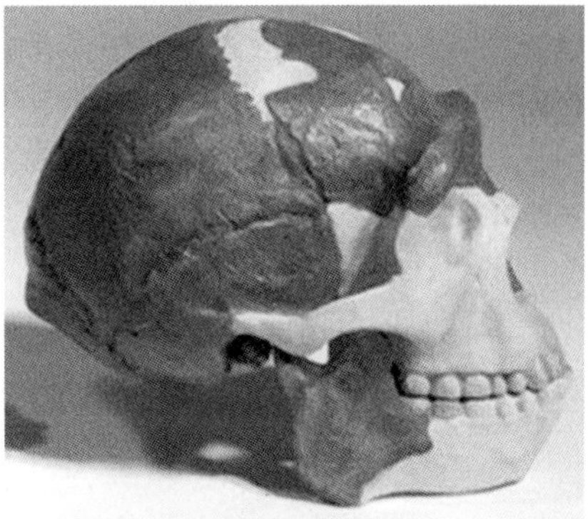

Abb. 146: **PEKING-MENSCH**. Menschliche Schädelknochen (dunkel) wurden mit einem Affenkiefer (helle Partien) ergänzt, um ein affenartiges Aussehen entstehen zu lassen.

»Die herabstürzenden Gesteinsmassen ließen Hohlräume unter sich frei. Es sind tatsächlich Knochen in solchen Höhlräumen gefunden worden. Daraus entstand die Version, der ›Peking-Mensch‹ habe in Höhlen gelebt. Es ist auch weitgehend unbekannt geblieben, dass in dem Kalksteinbruch von Choukoutien außer Tierknochen auch die Reste echter Menschen gefunden worden sind; vermutlich wurden sie bei dem Bergrutsch erschlagen

(...) Die eigentlichen Belegstücke des ›Peking-Menschen‹ (...) stimmen am besten mit den Überresten großer, heute ausgerotteter Makaken oder Paviane überein, welche man in der gleichen Gegend reichlich gefunden hat. Sie wurden von Menschen gejagt und ihre Hirnschädel zur Entnahme des nahrhaften Inhalts gewaltsam geöffnet. So entstand das Gräuelmärchen von unseren kannibalischen Vorfahren. Doch die ›Peking-Menschen‹ waren ganz normale Chinesen« (Criswell, 1976, S. 92f.).

Letztendlich wurde der angeblich zur *Homo-erectus-Population* gehörende Peking-Mensch als eine Mischung aus Affen- und Menschenknochen mit künstlerischer Freiheit rekonstruiert. Aus dieser Sichtweise ergibt dann auch ein neuer Fund einen Sinn. Im Jahre 1966 wurden zwei weitere Schädelfragmente entdeckt, die mit zwei anderen Fragmenten (gefunden 1934 und 1936) zusammenpassen. Eine Gehirnschale mit einem Volumen von 1140 Kubikzentimeter konnte zusammengesetzt werden. Die Teile wurden auf einer *höheren Ausgrabungsebene gefunden und erscheinen moderner als die anderen Schädeldecken* (Jia/Huang, 1990).

Der Java-Affe

Wie beim Peking-Mensch soll es sich beim Java-Mensch um einen angeblich deutlich älteren *Homo erectus* (früher: *Pithecanthropus erectus*) handeln. Die neue Bezeichnung weist den auf Java entdeckten »Menschen« als aufrecht gehend aus, während die alte Bezeichnung »aufrecht gehender Affenmensch« bedeutet.

Im Jahre 1891 entdeckte der auf Java stationierte holländische Militärarzt Eugene Dubois nahe Trinil eine flache, sehr dicke Schädeldecke und drei Backenzähne in einer Uferhöhle. Es wird derzeit diskutiert, ob die Zähne nicht zum Orang-Utan, also einem Menschenaffen, gehören. Das Alter des Java-Menschen ist unsicher, aber dieser Fund soll ungefähr 700 000 Jahre alt sein. Das Gehirnvolumen beträgt nur ungefähr 940 Kubikzentimeter.

Im Jahre 1926 erklärte Professor C. E. J. Heberlein vom staatlich-niederländischen Sanitätsdienst, dass er in Trinil auf Mitteljava eine neue Schädeldecke von Pithecanthropus gefunden habe. Dieser Fund, der wissenschaftlich als gesichert galt, entpuppte sich als die Kniescheibe einer ausgestorbenen Elefantenart (Koenigswald, 1961).

Die Wissenschaftler waren von Anfang an sehr unterschiedlicher Meinung über die gemachten Funde. Einige meinten, die Knochen stammen von einem Pavian oder Gibbon, andere hielten sie für Knochen von Menschenaffen, und eine weitere Gruppe meinte, es handele sich um Relikte von Menschen. Professor Virchow aus Berlin stellte fest: »Es gibt keinerlei Beweis dafür, dass die Knochen von dem gleichen Geschöpf stammen.« Eugene Dubois, der seinen Fund als fehlendes Zwischenglied zwischen Menschen und Affen propagiert hatte, bestätigte 1932, dass *Pithecanthropus* kein Mensch war, »sondern doch eher eine gigantische, ausgestorbene Spezies, die den Gibbons ähnlich ist« (Dubois, 1937, S. 4; vgl. Gould in: »Natural History«, April 1990, S. 12–24).

Eine dem Fund von 1891 sehr ähnliche und vollständigere Gehirnschale wurde 1937 von Gustav Heinrich Ralph Koenigswald bei Sangiran auf Java gefunden, deshalb auch als *Sangiran II* oder früher auch *Pithecanthropus II* bekannt. Das Exemplar weist jedoch nur ein Gehirnvolumen von 815 Kubikzentimetern auf und ist damit noch affenähnlicher. Trotzdem gilt dieser Fund als sehr bedeutsam. Insgesamt handelt es sich um einen exemplarischen Schwindel der Paläo-Anthropologie.

Es ist auch mehr als zweifelhaft, ja, es muss sogar entschieden bestritten werden, dass anhand einer Schädeldecke, der die Schädelbasisknochen fehlen, überhaupt eine Rekonstruktion der Größe des Gehirns, des kompletten Kopfes und sogar der gesamten Gestalt möglich ist. Mit dieser Rekonstruktion aber entsteht nicht nur ein fiktives Geschlecht irgendwelcher Spezies, sondern Millionen von Generationen erheben sich aus dem Dunkel der Vergangenheit!

Ein Unterkiefer, unzählige Generationen

Der sogenannte und bereits diskutierte Heidelberg-Mensch (*Homo heidelbergensis*) kann in den Museen als Rekonstruktion bewundert werden, und Bilder von ihm sind in den meisten einschlägigen Büchern zu finden. In Wirklichkeit wurden jedoch im Jahre 1907 in der Sandgrube von Mauer bei Heidelberg kein Skelett oder auch nur Teile davon gefunden, sondern nur ein extrem robuster Unterkiefer mit allen Zähnen und einem fliehenden Kinn (Abb. 112, S. 233). Die Fundumstände waren alles andere als perfekt.

Wäre unter diesen Umständen ein als zu alt angesehener moderner Schädel entdeckt worden, hätte der Fund mit gnadenloser Kritik rechnen müssen.

Auf der Basis seines Alters von angeblichen 400 000 bis 500 000 Jahren wurde der Fund erst als *Homo erectus* identifiziert, dann als *Homo Heidelbergensis* der Gattung Homo zugeordnet (Schoetensack, 1908). Nachdem der Neandertaler aufgrund genetischer Untersuchungen als Vorläufermodell des modernen Menschen ausfiel, wird der Heidelberg-Mensch nun zum gemeinsamen Vorfahren von Neandertalern *und* modernen Menschen aufgewertet. »Da es keine klare Trennungslinie zwischen *Homo erectus* und *Homo heidelbergensis* bzw. *Homo heidelbergensis* und Neandertaler gibt, ist die Zuordnung vieler Funde zur einen oder zur anderen Chronospezies bis heute unter Paläoanthropologen (...) umstritten. Manche Forscher deuten einen Teil der *Homo heidelbergensis* zugeordneten Funde als bloße Varianten von Homo erectus« (Internetlink 19).

Mit anderen Worten, anhand dieses einen Unterkiefers wurde auf eine eigenständige Menschenrasse geschlossen, die als Bindeglied in die Kette der menschlichen Evolution eingeflochten wurde. Dazu musste der Heidelberger-Mensch auch zeitlich richtig platziert werden. Zuerst vermutete man ein Alter von 700 000 Jahren. Weil der Neandertaler als Vorfahre ausfällt, musste der Heidelberg-Mensch die entstandene zeitliche Lücke füllen und wird jetzt mit einer Existenzdauer von vor 600 000 bis 200 000 Jahren angegeben. Da man ja nichts messen kann, ist es gängige Praxis, fossile Knochen nach Belieben um bis zu Jahrhunderttausende älter oder jünger zu machen.

Alles was man brauchte, um aus einem Unterkiefer eine Menschenrasse zu erschaffen, war viel Gips und eine Menge Phantasie, und schon tauchte aus dem Dunkel der Vorzeit eine affenähnliche plumpe Gestalt auf als Aushängeschild für 400 000 Jahre menschliche Entwicklungsgeschichte, als Beweis für die menschliche Evolution. Zweifel ausgeschlossen.

Aber was besagt der Fund eines besonders großen, robusten Unterkiefers, der große Backenzähne besitzt, die in derselben Größenordnung wie bei manchen heutigen Menschen liegen (Wendt, 1972, S. 162)? Können heutzutage nicht irgendwelche Menschen den gleichen massiven Unterkiefer besitzen? Dem Heidelberger-Kiefer wurden im Laufe der Zeit sehr wenige weitere Funde zugeordnet, die alle eine Mischung aus primitiven anatomischen Merkmalen (dicker Brauenwulst, dicke Schädeldecke) und modernen Eigenschaften (Form von Stirn und Nasenknochen) zeigen. Die Gruppe, die in der Fachliteratur als *Homo heidelbergensis* kategorisiert wird und Vorfahre des Neandertalers sein soll, ist In Wirklichkeit der gleiche Typus wie der archaische *Homo sapiens*:

»Ein berühmter Wissenschaftler wies nach, dass ein Eskimoschädel die gleichen Besonderheiten und das gleiche Aussehen hatte wie der gefundene Unterkiefer. Ein anderer erzählte, er habe im Südpazifik eine ganze Rasse von Südseeinsulanern angetroffen, die alle die gleichen massiven Kieferknochen besäßen wie der *Homo heidelbergensis*« (Criswell, 1976, S. 95).

Der Langzeit-Betrug

Im Jahre 1912 trat der Amateur-Paläontologe Charles Dawson mit der Behauptung auf, er hätte das Stück eines Hinterkopfknochens (Kranialfragment), einen Kieferknochen und zwei Backenzähne am Rande des Ortes Piltdown, bei Brighton in der südenglischen Grafschaft Sussex, in einer Kiesgrube (!) gefunden. Obwohl der Kieferknochen mehr dem eines Affen ähnlich war, waren die Zähne und der Schädel offenbar die eines Menschen. Dieses aus wenigen Teilen rekonstruierte Exemplar wurde als der *Piltdown-Mensch* bezeichnet. Die Anthropologen waren begeistert und gaben den Funden ein hohes Alter von 500 000 Jahren, denn es handelte sich ja anscheinend um das lang gesuchte fehlende Glied zwischen Affen und Menschen …

Mit großer Kunstfertigkeit wurde dieser Frühmensch nachgebildet, wurden Bilder von ihm gemalt und Interpretationen verfasst. Die Knochenstücke stellte man als absoluten Beweis der menschlichen Evolution in Museen weltweit zur Schau. Über einen Zeitraum von mehr als 40 Jahren wurden zahlreiche wissenschaftliche Abhandlungen verfasst (»Science«, Bd. 40, 31.7.1914, S. 158–160), und nicht weniger als 500 Doktorarbeiten wurden über dieses Thema geschrieben.

Fast ein halbes Jahrhundert wurde der Bevölkerung die menschliche Evolution in Museen, wissenschaftlichen Veröffentlichungen und in den Medien als bewiesene Tatsache dargestellt. Zwei komplette Menschengenerationen des 20. Jahrhunderts taumelten scheinbar aus dem Nebel der Unwissenheit, berauscht durch neue Beweise und Erkenntnisse, in das von Wissen erhellte Reich der neuen Wissenschaftlichkeit.

Es gab jedoch einzelne Wissenschaftler wie den Zoologen Gerrit S. Miller (»Smithsonian Misc. Collection«, Bd. 65, 1915, S. 19) von der *Smithsonian Institution* in Washington D.C., der im Jahre 1915 den Kieferknochen des angeblichen Piltdown-Menschen als einem Affen zugehörig beschrieb. David Watson war ähnlicher Meinung (»Nature«, Bd. 92, 1913, S. 319):

Aber erst 37 Jahre später wurde der Betrug aufgedeckt. 1949 ergab ein Versuch mit der neu entwickelten Fluortestmethode, dass der Kieferknochen überhaupt kein Fluor und der Schädel davon nur geringste Mengen enthielt: Dies weist darauf hin, dass er nur wenige Jahre im Boden gelegen war. Fazit: Der Schädel ist höchstens Jahrhunderte, aber nicht Millionen Jahre alt (»Science«, Bd. 119, 26.2.1954, S. 265–269).

Mittlerweile geht man davon aus, dass der Kieferknochen zu einem erst Anfang des 20. Jahrhunderts gestorbenen Affen gehörte. Die Zähne waren nachträglich in den Kiefer eingesetzt worden. Und man stellte fest, dass sie abgefeilt wurden, damit eine Ähnlichkeit mit menschlichen Zähnen geschaffen werden konnte. Dann wurde den Knochen mit Pottasche und Eisen ein fossiles Alter verpasst. Bei Behandlung mit Säure verschwand die typische Färbung. Das Team, das den Betrug aufdeckte, fragte zu Recht: »Die Spuren künstlicher Abschürfung fielen sofort ins Auge. In der Tat waren sie so offensichtlich, dass man fragen muss: Wie war es möglich, dass sie so lange der Entdeckung entgangen waren?« (»New Scientist«, 5.4.1979, S. 44).

Schon Haeckel fälschte

Was einst als die *Rekapitulationstheorie* bekannt war, ist seit langem aus der wissenschaftlichen Literatur gestrichen worden; nichtsdestoweniger wird diese Theorie immer noch als wissenschaftliche Realität in einigen evolutionistischen Veröffentlichungen dargestellt. Diese von Ernst Haeckel zum Ende des 19. Jahrhunderts erfundene Theorie besagt, dass lebende Embryos den Evolutionsprozess durchlaufen (rekapitulieren), den ihre Pseudo-Vorfahren vollzogen haben sollen. Haeckel stellte die Theorie auf, dass der menschliche Embryo während seiner Entwicklung im Uterus der Mutter nacheinander die Charaktermerkmale eines Fisches, Reptils, Säugetiers und schließlich die des Menschen zeigt.

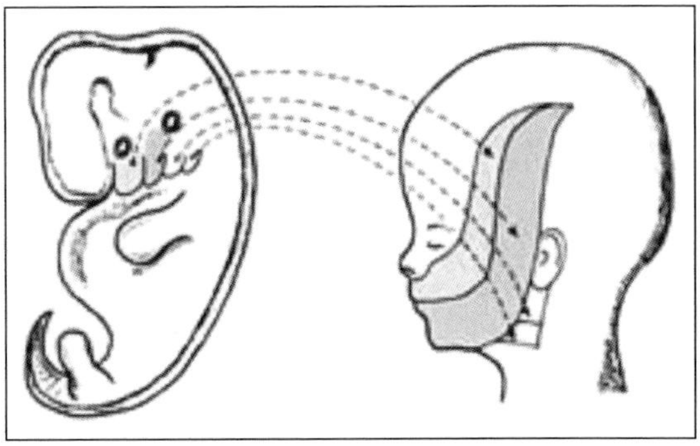

Abb. 147: **KIEMEN-IRRTUM**. Da in der propagierten Evolutionsreihe die Lurche zwar Kiemen, aber keine Kiemenbögen besitzen, ist nicht zu verstehen, dass die laut Abstammungslehre nachfolgenden Säugetiere erneut Kiemenbögen haben sollen. Nach Haeckel wurden die Falten am menschlichen Fötus fälschlicherweise als von vergangenen Vorfahren vererbte »Kiemenschlitze« interpretiert: Menschliche Embryos vollziehen die »menschliche Evolutionsgeschichte« definitiv nicht nach. Bild: Harun Yahya.

Aber es ist nun bekannt, dass die angeblichen »Kiemen« in frühen Stadien des menschlichen Embryos tatsächlich die ersten Entwicklungsphasen des Mittelohrkanals, der Nebenschilddrüse und des Thymus darstellen. Das embryonale Teil, das mit dem »Dottersack« in Verbindung gebracht worden war, stellte sich als ein Beutel heraus, der Blut für den Embryo erzeugt. Der Teil, der von Haeckel und seinen Anhängern als »Schwanz« identifiziert worden war, ist tatsächlich das Rückgrat, das nur während seiner Bildung einem Schwanz ähnelt, bevor die Beine Form annehmen. Dies sind universell anerkannte, wissenschaftliche Tatsachen.

George Gaylord Simpson, einer der Gründer des Neo-Darwinismus schreibt: »Haeckel gab eine Fehldarstellung des beteiligten evolutiven Prinzips. Es ist nunmehr mit Sicherheit erwiesen, dass *Ontogenie* (die Entwicklung des Individuums von der Eizelle zum geschlechtsreifen Zustand) keine Wiederholung der *Phylogenie* (Stammesgeschichte der Lebewesen) ist« (Simpson/Beck, 1965, S. 241).

In einem in der Zeitschrift »American Scientist« veröffentlichten Artikel war zu lesen: »Zweifellos, das biogenetische Gesetz Haeckels ist tot. In den 1950er-Jahren wurde es endgültig aus den Lehrbüchern der Biologie verbannt; als ein Thema ernsthafter theoretischer Untersuchung war es bereits in den 1920er-Jahren ausgestorben« (Keith S. Thompson in: »American Scientist«, Bd. 76, Mai/Juni 1988, S. 273).

Als dies bloßgestellt wurde, war Haeckels einzige Verteidigung vor dem akademischen Senat, dass andere Evolutionisten ähnliche Schandtaten vollbracht hätten:

»Nach diesem Kompromissgeständnis der Verfälschung wäre ich verpflichtet, mich verdammt und zerstört zu fühlen, hätte ich nicht den Trost, neben mir auf der Anklagebank Hunderte von Mitschuldigen sitzen zu sehen, unter ihnen viele der verlässlichsten Beobachter und Biologen von bestem Ruf. Die überwiegende Mehrzahl aller Tafeln in den besten Lehrbüchern der Biologie, den Abhandlungen und Berichten würden in gleicher Weise die Anschuldigung der Verfälschung verdienen, denn sie sind alle ungenau und mehr oder weniger verfälscht, schematisiert und konstruiert« (Hitching, 1982, S. 204).

Da man sich mit den *Missing Links* der Menschwerdung genug die Finger verbrannt hat, wurde ein anderer Mythos aus der Taufe gehoben: Die Vögel sollen sich aus den Dinosauriern entwickelt haben.

Aktuelle Fälschungen

Im Oktober 1999 wurde auf einer Pressekonferenz und dann in der November-Ausgabe des Magazins »National Geographic« mit bunten Bildern ein Sensationsfund aus China vorgestellt und gefeiert: das *Missing Link* zwischen Dinosaurier und Vogel. In »Science« hieß es: »Dank der ausgezeichneten Konservierung der Weichteile ist es möglich, die Flügel, Federn und Fell des Fossils zu studieren, das möglicherweise ein Alter von 120 bis 130 Mio. Jahren aufweist (...) Paläontologen können nun genau studieren, wie sich die Evolution der Federn und des Fluges entwickelte sowie auch die Verwandtschaft von Dinosauriern und primitiven Vögeln, beides Hauptfragen der Entwicklung des Lebens« (»Science«, Bd., 13.3.1998, S. 1626–1627).

Der Fund wurde auf den wissenschaftlichen Namen *Archaeoraptor liaoningensis* getauft. Es handelt sich um ein Tier von der Größe eines Truthahnes, bewehrt mit scharfen Krallen und Zähnen. Obgleich Archaeoraptor alle nötigen Merkmale für das Fliegen aufweise, wisse man nicht, wie weit es mit dessen Flugkünsten tatsächlich her war, ließ Philip Currie vom kanadischen Royal Tyrrel Museum verlautbaren, denn »der Schwanz (war) recht lang und steif, was die Flugfähigkeit sicherlich beeinträchtigte (»Science«, Bd. 279, 13.3.1998, S. 1626–1627).

Im Fernsehen wurden Computeranimationen gezeigt, wie ein *flugunfähiges Tier plötzlich zum König der Lüfte* wurde, ähnlich einem Huhn, das zum Adler wird. Hatte ich mich geirrt, als in »Darwins Irrtum« stichhaltige Argumente gegen die propagierte evolutive Entwicklung von Dinosauriern hin zu modernen Vögeln vorgetragen wurden? Ich hatte ausgeführt:

»Embryonale Untersuchungen weisen angeblich darauf hin, dass bei der Weiterentwicklung einer Hand zuerst die jeweils äußeren Finger reduziert werden. Dies entspricht dem Erscheinungsbild der Hand bei den Vögeln. Es steht jedoch fest, dass bei ihren angeblichen Urahnen, den Theropoden, die zwei nebeneinander liegenden vierten und fünften Finger (Ringfinger und kleiner Finger) fehlen. Anscheinend besitzt die Regel eine eindeutige Ausnahme. Die Biologen versuchen jetzt, deutlich zu beweisen, dass die Handwurzelknochen und Finger der Nichtvogel-Theropoden in der Form und den Verbindungen denen der späteren Vögel gleichen. Wohlgemerkt handelt es sich in beiden Fällen aber um ganz andere Finger! Jede Interpretation von gleichen Entwicklungen muss daher als willkürlich erscheinen. Aber die Biologen brauchen dringend ein Missing Link (...)« (Zillmer, 1998, S. 266).

Zwei Jahre später, im Dezember des Jahres 2000, wurde dann in »Science« (Bd. 290, 22.12.2000, S. 2224) ein kurzer Artikel veröffentlicht: »Anfang dieses Jahres fiel der fliegende Dinosaurier auf die Erde, als ein Durcheinander von zwei verschiedenen Fossilien – ein primitiver Vogel und ein Dinosaurier. Das trifft uns gewaltig, sagte James Kirkland vom Geologischen Dienst des US-Bundesstaats Utah, der besorgt ist, dass die Bevölkerung jetzt denkt, dass alle gefiederten Dinosaurier gefälscht sein könnten.«

Am 29. März 2001 erschien dann in »Nature« (Bd. 410, S. 539–540) eine genaue Analyse, wie (der *künstlerisch* hochwertige) Archaeoraptor (= alter Räuber) gefälscht wurde.

Und in der Folge wurde dann mein bereits 1998 vorgetragener Einwand gegen die propagierte Vogelevolution im Jahre 2002 auch wissenschaftlich bestätigt: »Die Doktorandin Julie Nowicki von der *Universität North Carolina* in Chapel Hill hat acht Tage alte Straußeneier geöffnet. Etwa zu der Zeit entwickeln sich bei den Vogelembryonen die Finger, fand Nowicki. Deutlich kann man erkennen, dass die drei Finger der Vogelhand sich aus den Entsprechungen zum menschlichen Zeige-, Mittel- und Ringfinger entwickeln. Die drei Finger der Dinosaurier entsprechen hingegen Daumen, Zeige- und Mittelfinger (...)« (»BdW«, 16.8.2002). Mit dem Ergebnis der Doktorarbeit wurde *meine Ausführungen in »Darwins Irrtum« drei Jahre später exakt bestätigt*.

Aber auch aus mehreren anderen Gründen können Dinosaurier nicht Stammväter der Vögel sein, denn die komplizierte Lunge der Vögel kann sich nicht aus der von Dinosauriern entwickelt haben (Zillmer, 1998, S. 266).

Dieser »Einwand lässt sich gegenwärtig weder bestätigen noch widerlegen, weil das Organ nicht fossil erhalten ist. Es gab aber auch kein anderes Tier, aus dessen Lunge sich das äußerst komplizierte Organ der Vögel hätte entwickeln können (das anders als bei jeder sonstigen lebenden Tiergruppe ist)« (»SpW«, 4/1998, S. 43). Es »deutet vieles darauf hin, *dass die heutigen Vögel nicht von den Dinosauriern abstammen*« (»Nature«, Bd. 399, 17. 6. 1999, S. 679–682).

Die zumeist fluffigen, Federn tragenden und mit ausgehöhlten Knochen ausgestatteten Theropoden wie *Tyrannosaurus rex* oder Allosaurus stellen angeblich keine Vögel dar, obwohl diese zu demselben Stammbaum gehören sollen (vgl. S. 65). Die Evolutionslinie der Dinosaurier soll kurz vorher abgezweigt sein, obwohl »sich keine klare Trennlinie zwischen Vögeln und ihren unmittelbaren Nichtvogel-Vorfahren erkennen« läßt. Aber die Vögel sollen genauso zu den Theropoden wie die monströsen theropoden Fleischfresser gehören, schreibt der Paläontologe Stephen Brusatte von der *Universität Edinburgh*, Schottland (»SpW«, Hintergrund 18.8.2017). Wer auch immer das verstehen soll!

Selektion und Mutation

Die Vererbungsgesetze nach Gregor Mendel (1822–1884) bilden heute eine Grundlage der experimentellen Genetik und eigentlich der Evolution, sprich der Mikro-Evolution, denn die angebliche Makro-Evolution – die Höherentwicklung über dem Speziesniveau (Mayr, 1991, S. 319), also die Erschaffung neuer Arten – wird immer nur anhand exemplarischer Beispiele der Mikro-Evolution (der umweltbedingten Artenanpassung) *stellvertretend* »bewiesen«.

Typisches Beispiel ist der berühmte Darwin-Fink. Darwin hatte die unterschiedlichen Finkenrassen auf den Galápagos-Inseln studiert und daraus den Schluss gezogen, dass sich die Tiere durch eine Folge von fortgesetzten kleinen Abweichungen in eine andere *Art* verändern können. Wie kam er zu diesem völlig falschen Schluss? Einfache Antwort: Er kannte die Mendelschen Vererbungsgesetze noch nicht. Nach diesen Gesetzen überspringen die sogenannten »verdeckten Merkmale« eine oder mehrere Generationen, um dann später wieder aufzutreten. Wenn sie dann wieder auftreten, sind sie unverändert und genauso wie vorher, und stellen nicht etwa ein neu hinzugekommenes Merkmal dar. Was Darwin bei den Finken als neues Merkmal erschien, war in Wirklichkeit lediglich eine neue Kombination von untergeordneten Merkmalen, die bereits in ihrer Ahnenreihe vorhanden waren. Der Haupteinwand gegen die Theorie von der natürlichen Auslese ist der, dass letztere keine *erstmals* auftretenden Wesensmerkmale hervorzubringen vermag. Die Auslese wählt *nur unter bereits vorhandenen Wesensmerkmalen das nach den Mendelschen Gesetzen am besten geeignete aus, wie Farbe oder Tarnung.*

Mit der natürlichen Auslese als einem Vorgehen der Natur waren schon Biologen vor Darwin vertraut. Diese wurde definiert als ein »Mechanismus, der die Spezies in unveränderter Reinheit erhält.« Diese Beobachtung ist richtig! Falsch ist Darwins Idee, dass diese Auslese eine evolutive Kraft beinhalte. Der englische Paläontologe Colin Patterson hebt hervor: »Niemand hat jemals eine Spezies durch Mechanismen der natürlichen Auslese hervorgebracht. Niemand kam dem auch nur nahe, und der Großteil der gegenwärtigen Debatte im Neo-Darwinismus bewegt sich um diese Frage« (in: »Cladistics«, BBC, 4.3.1982).

Nehmen wir ein Beispiel für natürliche Auslese: Ein Rudel von Gazellen wird von Löwen bedroht. Natürlich überleben diejenigen, die schneller laufen können. Dieser Prozess wird jedoch niemals die Gazellen in eine andere lebendige Spezies verwandeln. Gazellen werden immer Gazellen bleiben, unabhängig von der Dauer dieser Ausleseprozesse, auch wenn vielleicht Gazellen mit besonders »schnellen« Beinen übrigbleiben sollten.

Natürliche Auslese führt daher nicht zu komplexeren Systemen, sondern wirkt sich nur als Wandel innerhalb der Mikro-Evolution aus. Durch diesen Mechanismus wird die bestehende Spezies einzig und allein *vor Degeneration bewahrt*. Darüber hinaus hat die natürliche Auslese keinerlei Fähigkeit, eine Spezies im Sinne der Makro-Evolution in ein anderes Tier umzuwandeln. Dies ist der Grund, weswegen der Neo-Darwinismus die Mutation als Ursache für vorteilhafte Änderungen auf die gleiche Ebene erheben und neben die natürliche Auslese stellen *musste*.

Um positiv über die Art hinaus wirkende Mutationen zu beweisen, züchten darwinistische Genetiker seit Jahrzehnten Fruchtfliegen (*Drosophila melanogaster*), da sich diese Insekten sehr schnell vermehren und Mutationen sich daher schnell zeigen. Dabei hat man entdeckt, dass radioaktive

Strahlung die Zahl der Mutationen beträchtlich erhöht. Die Bestrahlung bewirkte, dass Fruchtfliegen mit roten Augen neben solchen mit schwarzen erschienen; andere hatten kleine, große oder mehr Flügel. Es entstanden viele unterschiedliche Exemplare. Außerdem setzte man Generationen von Fruchtfliegen extremen Umständen von Hitze, Licht, Dunkelheit und Chemikalien aus (Pitman, 1984, S. 70). All diese Fruchtfliegen wurden untereinander kreuz und quer gezüchtet und es erschienen vielerlei Spielarten. Aber: Trotz unzähliger Versuche, handelte es sich genetisch noch immer um die gleiche Fruchtfliege wie zu Beginn der Versuchsreihen.

Der Genetiker Gordon Taylor schrieb: »In all den Tausenden von Fliegenzüchtungsversuchen, die über 50 Jahre lang in vielen Teilen der Welt durchgeführt wurden, konnte das Aufkommen einer neuen Spezies niemals beobachtet werden (...) nicht einmal ein neues Enzym« (Taylor, 1983, S. 48). »Die Praxis zeigte, dass Mutanten entweder sterben, unfruchtbar sind oder zum natürlichen Typus zurückkehren« (Pitman, 1984, S. 70).

In dem Buch »Evolution« bestätigt Ruth Moore (1970, S. 91): »Die Arbeit in vielen Laboratorien zeigte, dass die meisten Mutationen schädlich sind und die drastischen sogar gewöhnlich tödlich verlaufen. Sie schlagen gewissermaßen die falsche Richtung ein, in dem Sinne, dass jede Veränderung in einem harmonischen, gut angepassten Organismus sich nachteilig auswirkt. Die meisten Träger tiefgreifender Mutationen bleiben nie lange genug am Leben, um die Veränderungen ihren Nachkommen zu vererben.«

Wenn man in einem Roboter oder spezialisierten Organismus eine planlose Veränderung durchführt, wird der Mechanismus sicher nicht verbessert, sondern aller Voraussicht nach beschädigt, oder bestenfalls zeigt sich gar keine Auswirkung. Entsprechend wird durch eine Mutation keine positive Auswirkung erzeugt.

Selbst Kreationisten, die an die Urschöpfung bei nachfolgender Evolution glauben, gehen davon aus, dass es positive Mutationen geben soll, »welche die Fitness eines Organismus unter bestimmten Umständen erhöhen (...). Beispiele sind vielfältige Resistenzbildungen gegen Antibiotika oder Pflanzenschutzmittel sowie Veränderungen bei Bakterien, die zum Abbau neuartiger Substanzen führen« (Junker/Scherer, 2001, S. 102).

Das Beispiel der anscheinend fortschreitenden Resistenz gegen Antibiotika ist für die meisten Menschen nachvollziehbar. Heutzutage glaubt man, dass der Einsatz von Antibiotika zu einer Resistenz von Bakterienarten führt. Es kommt immer wieder vor, dass Patienten von Bakterienstämmen infiziert sind, die gegen mehrere Antibiotika resistent sind (Multiresistenz). Das hat mit positiver Mutation oder Weiterentwicklung aber ganz und gar nichts zu tun. Denn ein Antibiotikum ist ein Stoffwechselprodukt von Mikroorganismen, das Bakterien abtötet (bakterizide Wirkung) oder ihr Wachstum hemmt (bakteriostatische Wirkung). Der Mechanismus funktioniert so, dass ein großer Anteil der Bakterien, die mit dem Antibiotikum in Kontakt kommen, abstirbt, während andere, auf die das Antibiotikum keinen Einfluss hat, sich rapide vermehren und bald die gesamte Population ausmachen, die nunmehr immun ist gegen Antibiotika.

Allerdings ist eine Übertragung vorhandener resistenter Gene durch einen sogenannten horizontalen Gentransfer möglich. Evolutionisten sehen hierin eine Evolution der Bakterien durch Anpassung. Diese oberflächliche Interpretation unterscheidet sich von der Wahrheit. Für den israelischen Biophysiker und Professor Lee Spetner (2001) gibt es zwei Mechanismen, die mit Evolution nichts zu tun haben:

- Transfer bereits in den Bakterien vorhandener resistenter Gene.
- Verlust genetischer Daten durch Mutation, die dadurch Resistenz herbeiführt.

»Einige Mikroorganismen sind mit Genen ausgestattet, die ihnen diese Resistenz gegenüber Antibiotika verleihen. Die Resistenz kann die Form der Aufspaltung des Antibiotikum-Moleküls haben oder die der Abstoßung von der Zelle (...) Organismen mit diesen Genen können diese zu anderen Bakterien transferieren und sie dadurch ebenso immunisieren. Obwohl die Resistenzmechanismen für ein bestimmtes Antibiotikum spezifisch sind, haben die meisten pathogenischen Bakterien (...) sich mehrere Gensets angeeignet, die sie gegen eine Vielfalt von Antibiotika resistent machen.« Dieser Mechanismus ist aber kein Beweis für die Evolution: »Die auf diese Weise angeeignete Resistenz gegen Antibiotika (...) ist nicht von der Art, dass sie Prototyp für die Mutationen sein könnte, die die Evolution benötigt (...) Die genetische Veränderung, die für die Theorie spräche, müsste nicht nur dem Genom des Bakteriums Informationen hinzufügen, sondern dem Biokosmos neue Informationen hinzufügen. Der horizontale Gentransfer verbreitet nur solche Gene weiter, die bereits in einigen Arten enthalten sind« (Spetner, 2001). Es handelt sich also wiederum nur um die sich allgegenwärtig vollziehende Mikro-Evolution.

Es können drei Gründe aufgeführt werden, warum Mutationen zur Stützung der Evolutionstheorie nicht herangezogen werden können (Yahya, 2002, S. 63):

- *Die direkte Auswirkung von Mutationen ist schädlich*: Da sie ungeplant auftreten, beschädigen sie fast immer den Organismus, der ihnen ausgesetzt ist. Die Vernunft lehrt uns, dass willkürliche Eingriffe in eine vollkommene und komplexe Struktur dieselbe nicht verbessern, sondern nur schädigen können. Tatsächlich konnte bisher noch niemals eine »vorteilhafte Mutation« beobachtet werden.
- *Mutation fügt der DNS eines Organismus keine neue Information hinzu.* Die Trägerteilchen der genetischen Information werden entweder aus ihren Plätzen herausgerissen, zerstört, oder an andere Stellen versetzt. Mutationen können ein Lebewesen nicht dazu bringen, ein neues Organ oder eine neue Charaktereigenschaft auszubilden. Sie können lediglich Abnormalitäten verursachen, wie etwa ein am Rücken wachsendes Bein, oder ein am Bauch wachsendes Ohr.
- *Um von einer Generation auf die nachfolgende übertragen werden zu können, muss eine Mutation in den Geschlechtszellen des Organismus stattgefunden haben.* Eine Zufallsveränderung, die in irgendeiner Zelle oder irgendeinem Organ des Körpers auftritt, kann nicht auf die nächste Generation übertragen werden.

Wenn jemand jedoch behauptet, dass sich gerade die geringfügigen Mutationen vorteilhaft auf die Entwicklung der Arten auswirken, dann muss festgestellt werden, dass jede Zelle über ein ganzes Arsenal an Kontroll- und Reparaturmechanismen verfügt, um die Mutationshäufigkeit so niedrig wie möglich zu halten. Dies stellt einen notwendigen Selbstschutz dar, denn ansonsten würden die Arten relativ schnell degenerieren, da bereits geringe, planlose Schäden an der DNS zu Defekten und durch Vererbung zur Degeneration und Unfruchtbarkeit führen. Unser Körper ist also darauf eingestellt, Mutationen zu verhindern, zumindest aber so gering wie möglich zu halten und ggf. den Defekt zu reparieren. Die Mutation ist daher nicht der Zauberstab der Evolution!

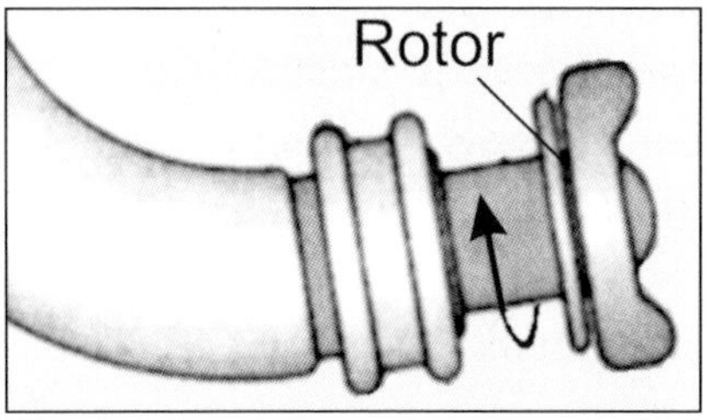

Abb. 148: **INGENIEURSTECHNIK.** Dieser Bakterien-Motor kann stufenlos bis zu 100 000 Umdrehungen pro Minute ausführen. Ein solcher aus 240 Elementen bestehender Motor kann nicht durch unendlich viele Zufallsmechanismen (Mutation) entstanden sein (»Scientific American«, September 1971).

Fossilien kontra Evolution

Laut Evolutionstheorie verwandelt sich eine vorhandene Spezies im Laufe der Zeit in eine neue Art. Jeder dieser Wandlungsvorgänge soll sich allmählich über Millionen von Jahren hinweg vollzogen haben. Wenn dem so wäre, hätten zahllose Übergangsarten in jedem dieser unzähligen Wandlungsprozesse vorhanden sein müssen.

Einerseits müsste es in der Vergangenheit Übergangsformen als Mischkreaturen gegeben haben, die zum Beispiel teils Fisch- und teils Reptiliencharakter aufweisen, und andererseits müssten auch Millionen von Entwicklungsstufen der Organe und Extremitäten nachgewiesen werden können. Aber alle aus den Versteinerungen bekannten sowie heutzutage (rezent) lebenden *Tiere erscheinen vollkommen entwickelt und ideal angepasst.*

Sollte die Evolutionstheorie richtig sein, »muss auch die Anzahl der Zwischenvarietäten, welche vordem auf der Erde vorhanden waren, eine wahrhaft ungeheure gewesen sein. Woher kommt es dann, dass nicht jede geologische Formation und jede Gesteinsschicht voll von solchen Zwischenstufen ist? Die Geologie enthüllt uns sicherlich keine solche fein abgestufte Organismenreihe; und dies ist vielleicht die handgreiflichste und gewichtigste Einrede, die man meiner (Darwins) Theorie entgegenhalten kann. Die Erklärung liegt aber (...) in der äußersten Unvollständigkeit der geologischen Urkunden« (Darwin, 2000, S. 357f.).

Darwin hoffte damals, dass in der Zukunft irgendwann irgendeine Übergangsform gefunden wird. Allerdings hat uns die seit dieser Zeit entbrannte Suche nach Übergangsformen in den Versteinerungen *nicht einen einzigen* derartigen Fund beschert, trotz Millionen von Versteinerungen, die seither entdeckt wurden. Darwins Zweifel haben sich daher quasi evolutiv zu einer Gewissheit entwickelt: Makro-Evolution kann in den Versteinerungen nicht nachgewiesen werden, im Gegensatz zur Mikro-Evolution.

Der britische Paläontologe Derek V. Ager gesteht diese Tatsache ein: »Wenn wir den Fossilnachweis im Einzelnen untersuchen, ob auf der Ordnungs- oder Spezies-Ebene, tritt ein Punkt hervor: Was wir immer und immer wieder finden, ist nicht eine allmähliche Evolution, sondern eine plötzliche Explosion einer Gruppe (...)« (»Proceedings of the British Geological Association«, Bd. 87, 1976, S. 133).

Übergangsformen wurden nicht gefunden, aber eben ein urplötzliches Auftreten neuer, vollkommener Tiere ohne jegliche Übergangsform. Ein solches Szenario lässt sich in Schichten aus dem Kambrium (vor 541 bis 485 Mio. Jahren) nachweisen. Dieses wunderbare Ereignis wird in der geologischen Literatur die »kambrische Explosion« genannt, denn in den Schichten des Präkambriums (Erdfrühzeit) lässt sich organisches Leben nicht nachweisen und *plötzlich* wimmelt es von Leben aller Art. Das Leben entstand ohne lang andauernde Evolution, ohne Artverwandlung – bewiesen durch die in geologischen Formationen enthaltenen »idealen« Fossilien ohne Übergangsformen.

Die meisten der in kambrischen Schichten gefundenen Lebensformen weisen urplötzlich erscheinende komplexe Organsysteme wie Augen, Kiemen und andere hoch entwickelte Strukturen auf, die sich in keiner Weise von denen ihrer neuzeitlichen Ebenbilder unterscheiden. Wichtig ist die Feststellung, dass die in frühen kambrischen Epochen vorhandenen Tiergattungen sich genauso deutlich voneinander unterschieden, wie sie es auch heute nach knapp 500 Mio. Jahren tun. Eigentlich hätte sich die Artenvielfalt wie die Verästelungen eines Baumes aus einem einzigen Stamm entwickeln müssen, aber die einzelnen Tierstämme erscheinen parallel, gleichsam wie in Reihen ausgerichtete Junganpflanzungen ohne gemeinsame Wurzel: »Es scheint, als ob sie dort einfach ohne eine evolutive Vorgeschichte eingepflanzt worden seien« (Dawkins, 1986, S. 229).

Im Wissenschaftsmagazin »Science« (Bd. 293, 20.7.2001, S. 438 f.) wird bestätigt: »Der Beginn der kambrischen Epoche (…) erlebte das plötzliche Auftreten von fast allen Hauptgruppierungen der Tiere (Phyle) im Fossilnachweis, die bis heute noch überwiegend die Biota ausmachen.«

Nach Aussage von Charles Darwin müsste die kambrische Explosion – mit plötzlich auftauchenden und wie ingenieurmäßig geplanten Organen – das Ende der Evolutions-Hypothese eingeläutet haben. Denn er schreibt: »Ließe sich irgendein zusammengesetztes Organ nachweisen, dessen Vollendung nicht möglicherweise durch zahlreiche kleine aufeinander folgende Modifikationen hätte erfolgen können, so müsse meine Theorie unbedingt zusammenbrechen« (Darwin, 1859, S. 206). Dieses Organ gibt es!

Die Trilobiten tauchten plötzlich auf und besaßen ein kompliziertes Auge, das aus Hunderten von wabenförmigen Einzelaugen mit einem Doppellinsensystem besteht – ein optimales Design. Diese Wabennetzstruktur des

Trilobitenauges hat sich über 500 Mio. Jahren hinweg unverändert bis in unsere Zeit erhalten, denn Insekten wie Bienen und Libellen haben die gleiche Augenstruktur wie die Trilobiten (Gregory, 1995, S. 31). Wenn man außerdem berücksichtigt, dass sich viele Tierarten, wie zum Beispiel die Salamander, seit den Dinosauriern nicht verändert haben, oder dass die Spinnenseide seit 125 Mio. Jahren unverändert sein soll, so muss man fragen: Wo ist denn da die evolutive Entwicklung geblieben?

Im *Petrified Forest National Park* in Arizona ragen versteinerte Baumstämme nach angeblich über 200 Mio. Jahren sogar noch aus den Hängen der heutigen Tafelberge, den ehemaligen Schlammschichten, heraus – Zeugnisse von Superfluten in heutzutage wüstenhaftem Gebiet. Zur Überraschung der Fachleute fand man in solchen versteinerten Bäumen vereinzelt fossile Nester von Bienen und Wespen (»The Arizona Republic«, 26.5.1995, S. B7). Bienen und die für diese Tiere notwendigen Pflanzen entwickelten sich jedoch angeblich erst 140 Mio. Jahre nach der Entwurzelung diese Bäume. Entweder stimmt die Datierung der geologischen Schichten oder die Zeitleiter der Evolution nicht! Deshalb wurden entsprechende Funde wissenschaftlich auch nicht veröffentlicht.

Die vorgestellten, auch durch Fachleute dokumentierten Funde und die empirische Beweisführung entlarvt die Evolutionstheorie als eine von den Forschern der Erd- und Menschheitsgeschichte bewusst gepflegte und gehegte Lüge.

Kooperation kontra Konfrontation

Es gibt unterschiedlichen Glauben, unterschiedliche Weltansichten und Philosophien in der Welt und zwei Möglichkeiten, in denen diese zueinander stehen können:

1) Kooperation: Die einen können die Existenz der anderen respektieren, die nicht zu ihnen gehören und versuchen, Kontakt mit ihnen aufzunehmen und eine mitmenschliche Haltung an den Tag zu legen.

2) Konfrontation: Sie können beschließen, die anderen zu bekämpfen, mit ihnen zu streiten und sie zu schädigen.

Im März 1986 schrieb Professor Dr. Gerhart Bruckmann, Mitglied der *Österreichischen Akademie der Wissenschaften* seit 1972: Wir alle sind aufgewachsen in einer Welt der Konfrontation. In einem marxistischen Lehrbuch steht der Satz: »Eine Untersuchung ist dann wissenschaftlich, wenn sie vom unauflösbaren Gegensatz zwischen Kapital und Arbeit ausgeht.« Arbeitgeber gegen Arbeitnehmer, Schwarz gegen Rot, Ost gegen West, Nord gegen Süd – überall Zähnefletschen, überall Fronten (...). Aber es wäre nicht denkunmöglich, mehr Elemente der Kooperation in unser System der Konfrontation einzubringen. Ja zur Leistungsgesellschaft, aber in Form der Sozialen Marktwirtschaft; ja zur Parteipolitik, bei der es Regierung und Opposition gibt, aber mit einem anderen Rollenverständnis. Keine Neuauflage der unseligen Proporzwirtschaft; aber ungleich mehr konstruktive, durchaus nicht unkritische Zusammenarbeit. Und mehr Anstand, mehr Höflichkeit, mehr Rücksichtnahme.

Weitergebracht haben uns Kommunikation und Kooperation, aber nicht der Darwinsche Egoismus in Form von Rivalität und gnadenloser Kampf als angeblich erfolgreiche Strategien der Evolution. Dies leuchtet ein, denn bei Konfrontation entstehen hohe Reibungsverluste und die Lebensabläufe sind nicht effektiv. Deshalb hat man zum Beispiel in den Fabriken die Fließbandarbeit revolutioniert. Der »Schwache« vollzieht heute nicht mehr eine monotone, sich andauernd wiederholende Fließbandtätigkeit, sondern begleitet einen Arbeitsprozess nach Möglichkeit von Anfang bis Ende, um so auch als schwächeres Glied in Form von Kooperation am Erfolg beteiligt zu sein. Im Gegensatz zur Konfrontation (Ausnutzung des Schwächeren) wird durch Kooperation ein besseres Ergebnis erzielt, und das einzelne Individuum ist ein zufriedenes Teilchen des Ganzen (vgl. Ripota, 2002)

Ein Beispiel aus der Tierwelt für Kooperation: Eine bestimmte Amöbenart (*Dictyostelium discoideum*) frisst sich bei Futtermangel nicht etwa gegenseitig auf, bis die Tüchtigsten übrig bleiben. Im Gegenteil: Sie schließen sich zu einer extrem kooperativen Tätigkeit zusammen. Zahlreiche Individuen klettern aufeinander, bis eine Art Stängel (Schleimpilz-Aggregation) entsteht. Etwa 20 Prozent der Individuen, die den Stamm dieses Stängels bilden, sterben ab, der Rest verwandelt sich in Sporen, die vom Wind vertrieben werden. Sie haben die Chance, eines Tages auf fruchtbare Erde treffen. Die Amöben, die den harten Kern bildeten und dabei starben, haben sich geopfert, ganz unegoistisch (Gilbert et al., 2009). Ein Darwinist würde sagen: Die Starken sind über die Leichen der Schwachen nach oben geklettert und haben überlebt. Dieses Beispiel soll den äußerst zynischen Blickwinkel der Darwinisten darstellen.

Mit jeder Phase der hier vorgelegten Argumentation stellt sich die Evolution als mentale Sackgasse unserer gesellschaftlichen und wirtschaftlichen Entwicklung dar, die nur wenigen wirklich nutzt. Verlassen wir dieses Denken und wenden uns der Kooperation zu, nicht nur in der westlichen Welt, sondern unter allen Völkern, auch und gerade unter Tolerierung der unterschiedlichen Religionen. Dann hat auch der Terrorismus, oder was dafür von unseren Regierungen (oft als Etikettenschwindel) so genannt wird, keine Chance. Als Folge werden wir eine wirkliche Entwicklung als Folge von Toleranz (Nächstenliebe) und Kooperation erleben.

»Der Darwinismus ist eine Lehre aus dem 19. Jahrhundert und war mitverantwortlich für grauenvolle Ereignisse im 20. Jahrhundert. Wir müssen den Mut haben, uns von gestrigen Überzeugungen zu trennen und umzudenken, damit das 21. Jahrhundert besser wird« (Ripota, 2002).

Chemische Evolution, die Alternative

Sehen wir uns die zuvor angeführte Symbiose bzw. Kooperation etwas genauer an, denn der größte Teil der Biomasse auf der Erde besteht aus symbiotischen Systemen. Ein Beispiel sind die Magen- und Darmbakterien der Tiere, die etwa bei Wiederkäuern den Aufschluss zellulosereicher Pflanzennahrung ermöglichen. Des Weiteren ist ein großer Teil der Bäume und Sträucher auf Bestäubung durch andere Spezies angewiesen.

Aus der räumlichen oder körperlichen Beziehung der beiden beteiligten Arten ergeben sich verschiedene Symbiose-Formen:

- Endosymbiose: einer der Partner (Endosymbiont) wird in den Körper des anderen (Wirt) aufgenommen, wie zum Beispiel bestimmte Entero-Bakterien im Darm von Menschen und Tieren.
- Endocytobiose: Ein Organismus (ein Einzeller oder ein Virus), der in den Zellen anderer Organismen lebt bzw. sich dort vermehrt (symbiotisch oder parasitär).
- Exosymbiose: Die Partner stehen nur über ihre Oberfläche miteinander in Kontakt. Beispiele dafür ist die Flechtensymbiose, eine symbiotische Lebensgemeinschaft zwischen einem Pilz und Grünalgen oder Cyano-Bakterien.
- Ektosymbiose: Die Partner einer Symbiose bleiben körperlich getrennt (etwa Blüten und ihre Bestäuber; Clownfische und ihre Seeanemonen).

Sehen wir uns die Endosymbiose als Beispiel für einen *spontan* vonstatten gehenden Evolutionssprung im Bereich der Mikro-Evolution etwas genauer an. Diese Theorie besagt im Kern, dass im Laufe der Entwicklung des Lebens einzellige Lebewesen durch ein anderes einzelliges Lebewesen aufgenommen und zu Bestandteilen der Zelle eines derart jungfräulich entstandenen höheren Lebewesens wurden. Im Laufe der Evolution entstanden so immer komplexere Lebewesen. So gehen auch die Bestandteile menschlicher Zellen ursprünglich auf einzellige Lebewesen zurück, die zu einem Bestandteil der Zellen wurden. Gleichzeitig haben aber auch viele in Endosymbiose lebende Organismen damit ihre Eigenständigkeit eingebüßt und sind heute ohne ihren Endosymbiose-Partner nicht mehr lebensfähig.

Es gilt der Kernsatz: Kooperation tritt in nahezu allen biologischen Systemen auf, in denen viele Individuen miteinander in Kontakt stehen (Axelrod, 2006). Hiermit ist ein Verhalten gemeint, bei dem jedes Individuum etwa zum Nutzen der Gesamtheit beisteuert. Kooperation in Organismen, ob Bakterien oder Primaten, ist seit Darwin eine Schwierigkeit für die Evolutionstheorie:

»Das Wechselspiel zwischen Kooperation, Konflikt und Interessenausgleich hat sich tatsächlich als eines der komplexesten (...) Probleme der Evolutionsbiologie herausgestellt. Es lässt sich intuitiv nur begrenzt erfassen; man braucht eine theoretische Herangehensweise und leistungsfähige mathematische Modelle hierfür« schreibt Diethard Tautz, Direktor am Max-Planck-Institut für Evolutionsbiologie, in dem Artikel »Evolutionstheorie auf dem Prüfstand« (»SpW«, Hintergrund 28.4.2021).

William D. Hamilton schrieb 1968 seine Doktorarbeit über die Grundsätze, die später als *Hamiltons Regel* der Gesamtfitness bekannt wurden. Diese Regel besagt, dass genetische Verwandtschaft einen Mechanismus für stabile Kooperation darstellt. Je näher die Kooperationspartner miteinander verwandt sind, desto besser funktioniert dieses Zusammenwirken bzw. die Gemeinschaftsarbeit. Die Relevanz der Hamilton Regel wurde an der bereits zuvor (S. 306) beschriebenen sozialen Amöbe *Dictyostelium discoideum* plakativ nachgewiesen (Gilbert et al., 2009).

Um Kooperation zu erlauben, muss die Beziehung zwischen Individuen nicht notwendigerweise genetischer Natur sein. Wie anhand von Modellen zellulärer Automaten gezeigt wurde, kann auch räumliche Nähe zur Kooperation führen (Nowak/May, 1992). Dabei tauschen Bakterien Substanzen über einen Biofilm aus, wodurch Muster, auch räumliche, entstehen können, die sich durch partielle Differenzialgleichungen beschreiben lassen.

Größere Neuerungen in Bezug auf den Stoffwechsel wurden fast vollständig im Lebensbereich von Mikroben erzielt, wie überzeugende empirische Belege und theoretische Argumente von Lynn Margulis (1999) zeigen. Sie entwickelte die bereits von dem deutschen Botaniker Andreas Schimper (1883) postulierte und von Konstantin Mereschkowski (1905) erneut vorgeschlagene *Endosymbionten-Theorie*, die annimmt, dass die heutigen komplexen Zellen sich aus weniger komplexen Bestandteilen zusammensetzten und letztlich die *chemische Evolution* (!) den Ausgangspunkt der Entstehung von Lebewesen bildet.

»Um die Kluft zwischen Mischungen von einfachen natürlichen Chemikalien zum ersten effektiven Multiplikator zu überbrücken, ist ein evolutives Prinzip von Nöten. Dieses wurde bislang noch nicht im Einzelnen beschrieben oder demonstriert, doch es wird vorausgesetzt und mit Ausdrücken wie ›chemische Evolution‹ oder ›Selbstorganisierung der Materie‹ benannt« (Shapiro, 1986, S. 207).

Vereinfacht gesprochen besagt die Theorie, dass im Laufe der Entwicklung des Lebens einzellige Lebewesen durch ein anderes einzelliges Lebewesen aufgenommen und zu Bestandteilen der Zelle eines so entstandenen höheren Lebewesens wurden. Im Laufe der Evolution entstanden so immer komplexere Lebewesen. Auch Bestandteile menschlicher Zellen gehen ursprünglich auf einzellige Lebewesen zurück, die zu einem Bestandteil der Zellen wurden.

Man kann heutzutage bei unterschiedlichen Lebewesen verschiedene Stadien zwischen Symbiose und Endosymbiose beobachten, beispielsweise leben die Wurzeln einiger Pflanzen in Symbiose mit Stickstoff fixierenden Bakterien oder aber Blattläuse in Symbiose mit Algen oder Bakterien. Könnten sich solche Kolonien auch ihr genetisches Material mitgeteilt haben? Für diesen Fall entsteht allein dadurch schon ein neuer komplexer, vielzelliger Organismus, *ohne* makro-evolutive Zwischenschritte. Bereits Vilmos Csányi (1989) hat als bestmögliche Erklärung für die grundlegenden Unterschiede der Zelltypen im Tierkörper die symbiotische *Verschmelzung* verschiedener *mikro*biologischer Stämme vorgeschlagen.

Positive Mutationen können erfolgreich nur bei Mikroben aufgrund der unvorstellbar riesigen Anzahl und schnellen Fortpflanzungsrate erfolgen.

Für höher entwickelte Tiere gilt dies nicht, wie in dem Buch »Evolution« von Ruth Moore (1970, S. 91) bestätigt wird: »Die Arbeit in vielen Laboratorien zeigte, dass die meisten Mutationen schädlich sind und die drastischen sogar gewöhnlich tödlich verlaufen. Sie schlagen gewissermaßen die falsche Richtung ein (...). Die meisten Träger tiefgreifender Mutationen bleiben nie lange genug am Leben, um die Veränderungen ihren Nachkommen zu vererben« (Moore, 1970, S. 91).

Entwicklungssprünge erfolgen daher nicht über den Aufbau unterschiedlicher Körperzellen von größeren Tieren, sondern in der Anordnung dieser Zellen und in der Geschwindigkeit und Anzahl der Generationswechsel der verschiedenen Zellen, die unterhalten werden. Mikroben ragen hier durch die Vielfalt ihrer Stoffwechselmöglichkeiten heraus. Endosymbiose und Gentransfer sind vielfältige Wege, um *plötzliche* Entwicklungssprünge zu ermöglichen.

Dagegen können zufällige Mutationen bei höher entwickelten Lebewesen *kein* angemessener Mechanismus für makro-evolutive Veränderungen gewesen sein, denn es gibt körpereigene Reparaturmechanismen, die willkürliche *Fehler beseitigen*. Die nach Darwin erforderlichen Fehler in der Erbsubstanz, für diesen Fall dann günstige Mutationen genannt, würden daher eine exorbitant hohe Anzahl von Versuchen erfordern. Hierfür ist jedoch die Zahl der lebenden Exemplare einer bestimmten Tierart pro Dauer des jeweiligen Generationswechsels zu gering. Kann es nicht andere Gründe für genetische Abweichungen geben, als zufällige Fehler, die sich als günstige Mutationen auswirken sollen? Kann es einen Prozess der Selbstorganisation für die Entstehung von Leben geben?

Lebewesen, die in unendlicher Zahl vorkommen, bestehen aus nur einer Zelle. Im menschlichen und tierischen Darm befinden sich zum Beispiel Escherichia coli, kurz E. coli genannte Bakterien, die für die chemische Verdauung unserer Nahrung lebensnotwendig sind. Im Verdauungstrakt eines jeden Menschen gibt es ungefähr 10 Billionen Bakterien, die sich etwa alle 20 Minuten vermehren, und rund 400 verschiedenen Bakterienarten zugeordnet werden können. Bei dieser unvorstellbar großen Anzahl von Vermehrungsmöglichkeiten ist es leicht vorstellbar, dass ein Mikroben-Stamm zufällig ein Enzym oder ein sehr komplexes Molekül »entwickelt« (synthetisiert), das in einem Stoffwechselprozess eine nützliche Funktion ausüben kann (u. a. Berg, 2003).

Vergleichen wir jetzt diese fast unendlich erscheinenden Entwicklungsmöglichkeiten mit denen von Säugetieren. Falls sich üppig vermehrende Mikrobenstämme einen Entwicklungsschritt möglicherweise in 100 Jahren schaffen, dann dauert dieser, übertragen auf makro-biologische Lebensformen, analog zum Beispiel bei Elefanten mit einem Generationswechsel fast unendlich lang ...

Wenn diese beschriebenen Vorgänge und Szenarien so stattfinden, »dann sollten wir die große Vielfalt der Lebensformen über die Zeiten nicht als einen Stammbaum der Evolution beschreiben, bei dem sich jeder einzelne Zweig aus sich selbst in einzelne, neue Gattungen weiterentwickelt hat. Wir denken dann eher an eine insgesamt zusammenhängende Evolution irdischen Lebens. Dabei würde aber das Leben weiterhin eng miteinander und mit dem Bestand höchst produktiver Gene, dem der Mikroorganismen, in Beziehung stehen«, gibt Gold zu bedenken (1999, S. 183).

Man könnte deshalb behaupten, *ohne Mikroorganismen gibt es kein komplexes Leben*, wie wir es auf der Erde kennen. Das Leben kann kaum an der Erdoberfläche entstanden sein, sondern entwickelte sich in der Tiefe. Unser Ausgangspunkt war die unter der Erdoberfläche stattfindende *chemische* Selbstorganisation. Nicht zufällig existieren anorganische Strukturen, die den organischen zum Verwechseln ähnlich sind. Es handelt sich um zwei verschiedene Entwicklungsrichtungen, die jedoch durch dasselbe Prinzip geprägt wurden: Selbstorganisation. Wir können deshalb *nicht* erwarten, dass aus anorganischen Strukturen plötzlich lebende werden, da alle uns bekannten Lebensformen auf Kohlenstoffbasis aufgebaut sind.

Es wird wahrscheinlich auch kein einzelner Schritt auszumachen sein, der ein Stadium der belebten Materie von der strukturell gleichen, aber unbelebten Materie trennt und dementsprechend ein Bindeglied darstellt, da diese Entwicklung ausschließlich im Bereich der Mikroorganismen vorgekommen sein kann. Die belebte Zelle ist also nicht plötzlich und zufällig entstanden, wie man mithilfe der »statistischen Chemie« zeigen kann. Die belebte Substanz besteht aus Verbindungen mit Kohlenstoff. Der Urahn des Lebens sollte deshalb ein Mineral des Kohlenstoffs sein. Hierzu passt Grafit als stabile Form des Kohlenstoffs, da dieser viele Stoffe absorbieren kann und chemisch aktiv ist (Oesterle, 1990).

Die intensiven Forschungen von W. J. Sawenkow (1991) haben gezeigt, dass die belebte Zelle durch Selbstorganisation von fadenförmigen Grafitkristallen mit schraubenartigen Dislokationen (Versetzungen) entstanden sein kann, die um diese herum Hüllen aus organischen Stoffen gebildet haben. Der Abstand zwischen den Windungen im Grafitkristall und denen im DNS-Faden ist ungefähr gleich. Der bekannte österreichische Wissenschaftler Erwin Schrödinger (1951) glaubte, dass die genetischen Informationen in so etwas wie einem »aperiodischen Kristall« verschlüsselt sein könnten, der sich immer wieder aufzubauen vermag.

Die Natur hat nur 20 Aminosäuren als Bausteine der Proteine ausgewählt, die genügend Kombinationsmöglichkeiten bieten, um alle für das Leben notwendigen Eiweiße entstehen lassen zu können. Bei diesen chemischen und physikalischen Vorgängen wird Energie benötigt, die zugeführt werden muss. Stanley L. Miller versuchte dies nachzuahmen, indem er ein Gemisch aus einfachen chemischen Substanzen in einer hypothetischen Uratmosphäre *elektrischen Entladungen* aussetzte, die Blitze simulieren sollten. Danach konnten Aminosäuren und andere Substanzen, also Grundbausteine von Biomolekülen, nachgewiesen werden.

Obwohl so an der Erdoberfläche kein Leben entstehen kann, da die urzeitlichen Bedingungen der frühen Erde nicht denen der im Experiment entsprachen (Sossi et al., 2020), sind die elektrischen Entladungen interessant und simulieren die Verhältnisse in der Tiefe analog unserer Theorie der kalt-elektrischen Erde, da es in der Tiefe Entladungen gibt bzw. elektrische Ströme fließen (ausführlich: Zillmer, »Der Energie-Irrtum«, 2009/2023). Da auch die von Miller vermischten Substanzen in der Tiefe vorhanden waren, könnten somit dort Aminosäuren entstanden sein.

Auch auf Kometen sollten diese Prozesse ablaufen, da zwischen der kalt-elektrischen Urerde und den Kometen kein wesentlicher Unterschied besteht, außer dass die Druck- und Temperaturverhältnisse etwas anders sind (ebd., S. 85 ff.). Deshalb verwundert es nicht, dass in Kometen, in denen die von Miller verwendeten chemischen Substanzen vorkommen, auch ohne einer Atmosphäre Aminosäuren entstehen können.

Der bereits im Jahr 1864 in Frankreich niedergegangene Orgueil-Meteorit wurde 2001 erneut untersucht und man entdeckte eine relativ einfache Mischung von Aminosäuren, die *nicht* durch irdische Verschmutzung in den Felsbrocken gelangt waren. Diese Ergebnisse wurden dann mit den vorliegenden Untersuchungen von drei anderen Meteoriten verglichen: Murchison, Murray und Ivuna. Die ersten beiden enthielten eine sehr komplexe

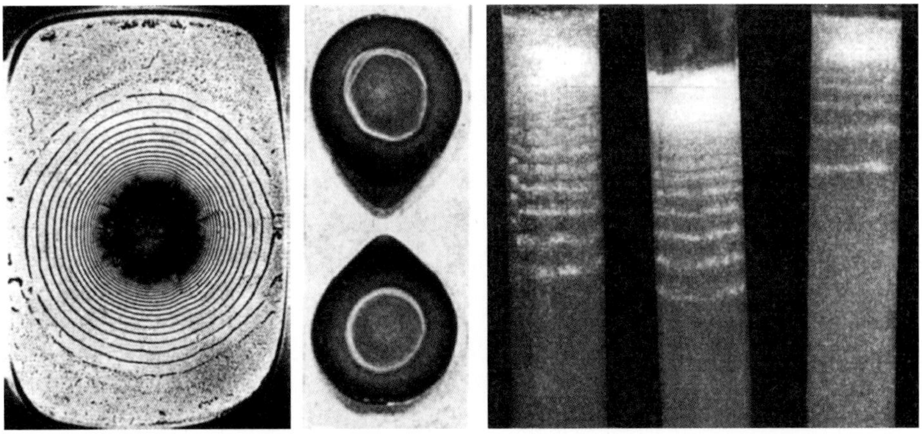

Abb. 149: **SELBSTORGANISATION**. Linkes Bild: In der Geologie nehmen Diffusionsvorgänge und rhythmische Fällungen eine ganz besondere Bedeutung ein, da derart komplizierte Strukturen zustande kommen, die nicht durch mechanistische Wirkungsweisen erklärt werden können. Bestimmte Chemikalien sind in den Ringen konzentriert, während die Zwischenräume dagegen praktisch frei davon sind (Liesegang, 1913, S. 81). Mittleres Bild: Die scheinbar chemische Fernwirkung zweier Diffusionskreise kann sich auf Entfernungen von mehreren Zentimetern hin äußern. Aber diese haben nichts mit unmittelbaren Molekularkräften zu tun, da eine derartige Reichweite von Physikern zu kaum 0,0001 mm berechnet ist (ebd., S. 156 f.). Rechtes Bild: »Wie bei der Schieferung Druckwirkungen einem schon vorhandenen Medium nachträglich neue Parallelstruktur aufprägen können, so geschieht es hier im Gefolge von chemischen Vorgängen ... Die Elektrizitätslehre bezeichnet eine verwandte Erscheinung, welche zuweilen in Geißlerröhren auftritt, als Schichtung der Lichtsäule. Und dasselbe Wort benutzt der Histologe, wenn er von Strukturen in den Knochen, der Zoologe, wenn er von den Mollusken-Schalen spricht. Die Geologie will aber die Bezeichnung Schichtung ausschließlich auf solche Vorkommnisse angewandt wissen, welche durch irgendeine Art der Sedimentation zustande kommt« (ebd., S. 85). Das Fließen von elektrischem Strom verstärkt den Prozess der Bildung rhythmischer Mineralgefüge durch Selbstorganisation.

Mischung von Aminosäuren, während in Ivuna und Orgueil im Wesentlichen zwei verschiedene Aminosäuren nachgewiesen wurden.

Auch im Weltall hat man Derartiges entdeckt: Glycin (Amino-Essigsäure), die kleinste und einfachste Protein aufbauende Aminosäure (Belloche et al., 2008). Glycin ist ein wichtiger Knotenpunkt im Stoffwechsel und wichtiger Bestandteil nahezu aller Proteine.

Die Rolle der elektrischen Energie wird gerne vernachlässigt, ob bei Millers Experimenten, der Bildung von Lebensbausteinen allgemein oder auch der Funktionsfähigkeit von komplexen Biokörpern – aber auch in der Geologie. So lassen sich durch naturverwandte Elektrolyse-Experimente rhythmische Mineralgefüge erzeugen, wie zum Beispiel geologische Bänderungen, die bislang durch Schwerkraft oder sequenzielle Stoffzufuhr nicht hinreichend erklärt werden konnten (Jacob et al., 1992). Mit anderen Worten, im Labor können mit der Durchleitung von elektrischem Strom *in wenigen Tagen* Bänderungen und andere seltsame Gefüge in homogenen Mineralgemischen erzeugt werden, die nach den Grundprinzipien der Geologie Millionen von Jahren für ihr gebändertes Erscheinungsbild benötigen!

Das Streben der offenen chemischen Systeme zur maximalen Standfestigkeit, auch konservative Selbstorganisation genannt, ist die Triebkraft der Entwicklung. Derart werden nicht nur Lagerstätten, sondern auch Bändergefüge in der Lithosphäre gebildet (Zillmer, »Irrtümer der Erdgeschichte«, 2020/2023, S. 350 ff.). Dies geschieht analog zu rhythmischen Strukturen in der physikalischen Chemie durch interne Selbstorganisation.

Man kann also behaupten, das Leben auf der Erde ist genauso gesetzmäßig entstanden wie zum Beispiel Mineralien. Niemand behauptet, dass Mineralien aus dem Weltall auf die Erde importiert sein müssen. Ebenso wenig stammt das Leben auf der Erde ursprünglich aus dem Weltall. Da die Entstehung des Lebens einerseits durch Selbstorganisation und die Gesetzmäßigkeiten der Mikro-Evolution beschrieben werden kann, und es andererseits eine sich langsam vollziehende Makro-Evolution komplexer Lebenssysteme gemäß Darwin'scher Evolutionstheorie nicht gibt, möchte ich einen neuen Begriff für die zuvor skizzierte Entstehung des Lebens durch Selbstorganisation einführen und dieses Prinzip »Autogene Bioorganisation« nennen:

Die Entstehung des Lebens durch Selbstorganisation und Wirkung elektrischer Kräfte in der Tiefe der Erde wurde in Form einer Chemischen Evolution in einer im chemischen Ungleichgewicht stehenden Ursuppe gestartet. In dieser existieren gewisse Konzentrationsgradienten, also ein Gefälle der Konzentration zwischen zwei Orten. So erfolgt die Diffusion von Stoffen aufgrund eines Konzentrationsgefälles. Für unsere Betrachtung sind auch elektrochemische Gradienten zu berücksichtigen, die ein Konzentrationsgefälle von gelösten Ionen darstellen.

Betrachten wir ein einfaches Beispiel: Bakterien sind nicht in der Lage, eine Bewegungsrichtung auszuwählen, um sich stets geradeaus fortzubewegen. Ein Bakterium wandert in abwechselnden Taumel- und Schwimmbewegungen. Innerhalb eines Stoffkonzentrationsgefälles passen sich Bakterien dieser Umgebung an und folgen einer Richtung, entweder zum Lockstoff hin oder vom Schadstoff weg. Für diesen Fall schwimmt es länger in einer geraden Richtung, bevor das Taumeln eintritt. Falls es die falsche Richtung einschlägt, taumelt es eher und schlägt wahllos eine andere Richtung ein. So erreichen Bakterien den Bereich höherer Konzentration des Lockstoffes sehr effektiv. Die Wahl zwischen Schwimmen und Taumeln entspricht auch dem Computerprinzip, denn ein Bit als Maßeinheit für den Informationsgehalt nimmt den Wert 0 oder 1 ein, also in unserem Fall entweder Taumeln oder Schwimmen. Bei höheren Lebewesen, die ein Gehirn haben, erscheinen die chemisch-taktischen Reaktionen der Bakterien in Form von Vergessen, Ingangsetzen von Bewegungen und Beschlussfähigkeit (Berg, 2003).

All das zuvor Diskutierte hat mit Leben allerdings nichts zu tun, sondern es handelt sich um einen »chemische Evolution« genannten Prozess. Dieser kann sich jedoch nur dort entwickeln, wo gemäßigte Temperaturen existieren, sei es im Weltraum oder auf der Erde. Als optimale Voraussetzung für eine maximale Umwandlungs-Wahrscheinlichkeit und Standfestigkeit der offenen chemischen Systeme und damit der chemischen Evolution, gilt eine konstante Temperatur von rund 310 Kelvin bzw. knapp 37 Grad Celsius, die nicht rein zufällig auch unsere Körpertemperatur darstellt. Diese ist deshalb kein Zufall, und die statistische Chemie bietet die Möglichkeit, die geochemischen Systeme einfach zu beschreiben, wie Dr. Otto Oesterle (1997, S. 90 f.) ausführlich beschreibt. Mit zunehmender Tiefe der Erde und dem Anstieg des Druckes wächst auch die optimale Temperatur der Stoffumwandlung und die chemische Selbstorganisation entsprechend einer nichtlinearen Abhängigkeit (ausführlich: Zillmer, »Der Energie-Irrtum«, 2009/2023).

Optimale Temperaturen herrschen anscheinend nicht nur auf Kometen, sondern auch auf der Erde, solange wir nicht von einer glühenden Urerde ausgehen, sondern von einem Niedertemperatur-Kondensat wie bei Kometen. Optimale Temperaturen für Leben scheinen – in geologischen Zeiträumen betrachtet – auch direkt nach Entstehung der Erde geherrscht zu haben.

Nicht rein zufällig beträgt die Körpertemperatur des Menschen rund 37 Grad Celsius. Bei niedrigeren Temperaturen ist der Stoffwechsel zu langsam, bei höheren entstehen viele Kopierfehler, und die Lebewesen altern schneller. 37 Grad Celsius bedeuten maximale Stabilität und Widerstandsfähigkeit. »Alle sehr komplizierten chemischen Systeme unseres Universums können nur bei dieser Temperatur existieren«, unter der Voraussetzung, dass ein Druck von einem Bar herrscht (Oesterle, 1997, S. 122 ff.)

Der Toleranzbereich der Temperatur von Lebewesen hängt von der Komplexität ab. Je komplexer das System, desto intensiver ist der Stoffwechsel, der offenbar die besten Bedingungen bei 37 Grad Celsius (= 310 Kelvin) vorfindet. Die Einhaltung dieser Temperatur findet am besten bei Warmblütern statt. Je komplexer ein Organismus ist, desto empfindlicher verhält er sich gegenüber Temperaturschwankungen. Deshalb beträgt die mögliche Temperaturschwankung bei einem gesunden menschlichen Körper nur gut ein Grad um die optimale Temperatur herum. Bei Bakterien erhöht sich dieser Bereich auf ±20 Grad Celsius.

Entsprechend kann man aus den Grenztemperaturen eines Systems dessen Komplexität errechnen. Diese beträgt bei Mineralien 1, bei Bakterien 20 bis 30 und bei Menschen etwa 300 (Oesterle, 1997, S. 123). Wenn man berücksichtigt, dass Minerale spontan entstehen können, muss man fragen, warum nicht auch komplexere chemische, vielleicht sogar biologische Systeme auf höheren Daseinsstufen spontan entstehen sollten im Sinne einer Selbstorganisation mit einhegender Emergenz (*auch*: emergente Selbstorganisation), also »das Auftreten qualitativ neuer Eigenschaften, so genannter Systemeigenschaften (emergenter Eigenschaften) bei der Bildung eines Systems. Jede biologische Organisationsebene zeigt emergente Eigenschaften, die auf einfacheren Organisationsebenen noch nicht vorhanden waren« (»SpW«, Kompaktlexikon der Biologie).

Nach Aussage von Charles Darwin selbst, müsste die kambrische Explosion vor angeblich über 505 Mio. Jahren – mit plötzlich auftauchenden und wie ingenieurmäßig geplanten Organen – das Ende der Evolutions-Hypothese eingeläutet haben. Er selber schreibt: »Ließe sich irgend ein zusammengesetztes Organ nachweisen, dessen Vollendung nicht möglicherweise durch zahlreiche kleine aufeinander folgende Modifikationen hätte erfolgen können, so müsse meine Theorie unbedingt zusammenbrechen« (Darwin, 1859, S. 206). Und sie ist zusammengebrochen, denn man hat unzählige Fossilien gefunden, die auf lange Zeiträume hindeuten, in denen es nicht oder kaum zu Veränderungen gekommen ist, um dann plötzlich einen unmittelbaren Übergang ohne Zwischenstufen zu anderen Formen und Größen feststellen zu können – wie in meiner Filmdokumentation »Kontra Evolution« (2009) ausführlich dargestellt.

Übergangsformen wurden nicht gefunden, dagegen aber ein urplötzliches Auftreten (Emergenz) neuer und vollkommener Tiere ohne jegliche

Abb. 150: **AFFEN-SCHWEIN**. Im Jahr 2008 wurde anscheinend in Fengzhang, China, ein rosaroter Affe geboren. Seine vier Geschwister waren aber gesunde Ferkel. Tatsächlich hatte dieses affenähnliche Wesen wie seine Geschwister Schweinepfötchen. Wenige Tage nach der Geburt starb das Affen-Schwein an einer Erkältung. Plötzliche »Artenverwandlung« ohne Zwischenstufen scheint keine Hexerei zu sein.

Übergangsform. Die kambrische Explosion war eine Art Urknall der Evolution höher entwickelter Tiere, denn in älteren Schichten des Präkambriums (Erdfrühzeit) lässt sich organisches Leben nur in Form von Ein- und Mehrzellern nachweisen, die kein Skelett und kaum Hartteile aufweisen. Aber plötzlich wimmelt es von komplexen Lebensformen aller Art. Diese entstanden ohne lang andauernde Evolution und ohne Zwischenstufen, bewiesen durch die in geologischen Formationen enthaltenen »idealen« Fossilien ohne Übergangsformen oder Fehlentwicklungen – emergente Selbstorganisation!

Wenn wir aber berücksichtigen, dass alle Tiere genetisch eng verwandt sind und nicht neuartige Körperzellen für das Erscheinen neuer großer Tiere entwickelt werden, sondern sich nur die Anordnung der Zellen und die Geschwindigkeit sowie Anzahl der Generationswechsel der verschiedenen Zellen ändert, dann können scheinbar neuartige intakte Tiere urplötzlich auftreten. Beispiele gibt es genügend (Abb. 150).

Alles basiert anscheinend auf einer *einzigen* von der Natur entwickelten Zelle! Zwar gibt es verschiedene, bestimmte Funktionen erfüllende Zellarten, aber diese entstehen aus sogenannten Stammzellen, einer Art Ursprungszellen. Diese haben je nach Beeinflussung das Potenzial, sich in jegliches Gewebe (embryonale Stammzellen) oder in bestimmte Gewebetypen (adulte Stammzellen) zu entwickeln. Stammzellen können auch Tochterzellen generieren, die selbst wiederum die Eigenschaften der Stammzelle besitzen. Über das jeweilige Schicksal der Zellen entscheidet dabei vor allem das biologische Milieu in Form einer Selbstorganisation. Die hierbei zum Tragen kommenden Mechanismen sind noch nicht vollständig geklärt. Diese Stammzellen, die man als pluripotent bezeichnet, können sich zu jedem

Zelltyp eines Organismus differenzieren, da sie auf keinen speziellen Gewebetyp festgelegt sind. Jedoch sind diese selbst nicht in der Lage, einen gesamten Organismus zu bilden. Leben ist scheinbar universell und beruht gleichzeitig auf bestimmten, anscheinend festgelegten Prinzipien, die wahrscheinlich nicht zufällig an Selbstorganisation erinnern. Genau genommen, muss sich nur einmal zu einem bestimmten Zeitpunkt eine einzelne Stammzelle entwickelt haben, die sich massenhaft reproduzierte. Es setzte dann eine funktionelle und strukturelle Spezialisierung in Form einer individuellen Entwicklung einzelner Zellen ein, einhergehend mit einer Abnahme der Zellteilungsrate und des Verlusts der Alleskönnerschaft.

Die erste Verwendung von DNA zur Erzeugung von Strukturen wurde 1991 beschrieben (Chen/Seemann, 1991). Erbgutmoleküle, Polymerstränge und kolloide Kristalle verknüpfen sich völlig selbstständig zu komplexeren Strukturen. Dieses Phänomen der Selbstorganisation wird bereits in der Nanotechnologie genutzt, etwa beim so genannten DNA-Origami, wobei DNA, also eine bei allen Lebewesen und den DNA-Viren die Erbinformation tragende Nukleinsäure, gefaltet wird, um beliebige zwei- und dreidimensionale Formen auf der Nanoskala (Faktor: 10^{-9}) zu erzeugen. DNA-Origami wird unter anderem seit dem Jahr 2000 zur Herstellung von DNA-Maschinen verwendet. Eine solche ist in der Biochemie und Biophysik eine DNA-Sequenz, die zur Erfüllung einer mechanischen Funktion entworfen wurde (Yurke et al., 2000) und kann die Funktion eines Motors einnehmen, der eine bestimmte DNA-Sequenz abfährt (Astakhova et al., 2013).

Wie schnell entwickelte sich das Leben analog Evolutionsbiologie? Die Wahrscheinlichkeitsrechnung führt uns in den Bereich unvorstellbar großer Zahlen, in dem sich das erste magische Molekül inmitten einer großen Zahl nutzloser Begleiter gebildet haben soll. Dieses allein kann eigentlich gar nichts bewirken, außer es ist in der Lage, sich schnell zu reproduzieren, um in kurzer Zeit den gesamten Bestand der »Ursuppe« zu besiedeln, wofür ein Katalysator benötigt wird.

Erst 2023 wurde ein organisches Katalysatormolekül für die organische Synthese durch einen evolutionären Algorithmus entdeckt: So besaßen die vom Computer vorgeschlagenen Endmoleküle ein neues Strukturmotiv, das in der Ausgangspopulation nicht zu finden war. Dieses Katalysatormolekül schnitt deutlich besser ab als der zuvor verwendete klassische Katalysator (Internetlink 20).

Soll die reproduzierte Kopie dem Original gleich sein, wird ein Eigenkatalysator benötigt, der wiederum Kopien entstehen lässt. Da auch diese Kopien wieder Kopien erzeugen, wächst die Anzahl dieser Moleküle exponentiell rasend schnell. Nach einem Tag gibt es vielleicht zwei, nach zwei schon vier, nach nur 30 Tagen schon rund eine Milliarde und bereits nach 60 Tagen theoretisch mehr als 10^{18} Molekül.

Neben vielen empirischen Beweisen und Funden spricht auch die Wahrscheinlichkeitsrechnung gegen eine Entwicklung einer günstigen Mutation bei makro-biologischen Lebensformen, denn für einen auch nur kleinen Entwicklungsschritt liegen eine Milliarde mal eine Milliarde Jahre außerhalb jeglicher Wahrscheinlichkeit. Um zu Veränderungen der inneren chemischen Prozesse zu gelangen, wären aber zahlreiche, *jeder* dieser schon für sich allein als unmöglich zu wertenden Zwischenschritte erforderlich. Deshalb führen zufällige Mutationen bei makro-biologischen Lebensformen häufig auch zu Schädigungen und nicht zu einer Weiterentwicklung.

Mit anderen Worten, eine makro-biologische Entwicklung »würde niemals stattfinden. Wir müssen uns nun fragen, ob solche genetischen Vorgänge in der Natur vorkommen. Dabei müssen sie zunächst als höchst unwahrscheinlich erscheinen. Sie müssen nur in einem für die Evolution zuträglichen Zeitraum zulassen, dass ein Molekül aus einer Mikrobe in das Material eines größeren gerät« (Gold, 1999, S. 179).

Man könnte sich jetzt vorstellen, dass immer komplizierter aufgebaute Lebewesen durch schnelle Entwicklungssprünge quasi ohne Zwischenschritte entstanden, nachdem ein bestimmtes Prinzip erst einmal erfolgreich war. Und falls es Zwischenschritte gab, waren diese schon zu dem Zeitpunkt funktionsfähig, als sie Teil des höher entwickelten Organismus wurden. Dagegen kann Darwins Gedanke von einer sich *unendlich langsam* vollziehenden Entwicklung nicht richtig sein, denn nur zum Teil entwickelte, noch nicht funktionsfähige Organe oder Extremitäten, zum Beispiel eine Zwischenstufe von Flosse und Hand, machen ein Tier zu einem Krüppel, das nach Darwins Gesetz ausgemerzt wird.

Hinzu kommt vielleicht noch ein anderer Mechanismus, der schnelle Entwicklungssprünge ohne Zwischenschritte ermöglichte, nämlich die Genübertragung von einem Organismus auf einen anderen (vgl. Miller, 1998). Diese gibt es bei Viren und wird horizontaler Gentransfer genannt, wie bereits diskutiert. Es ist bekannt, dass Bakteriophagen (kurz: Phagen), eine bestimmte Gruppe von Viren, ihre Erbsubstanz in Wirtszellen injizieren, wodurch Bakterien oder Archaeen massiv verändert werden. Beispielsweise zeigen Stickstoff fixierende *Azotobacter vinelandii*-Bakterien nach Aufnahme des *Bakteriophagen A21* eine völlige Verwandlung in Gestalt, Begeißelung und Zellhülle. Solche Zellen, die vom Stammorganismus derart stark abweichen, wurden ursprünglich für andere Organismen gehalten. Jedoch fand man inzwischen heraus, dass eine fremde Art nur so lange vorzuliegen schien, wie sich das fremde Erbgut (Phagen-Genom) in der Wirtszelle befand. Der Vorgang der Veränderung konnte hernach rückgängig gemacht werden, war also reversibel. Durch Übertragung von Genen entsteht aber keine neue genetische Information, sondern vorhandene Gene werden zwischen verschiedenen Individuen neu verteilt. Es handelt sich um Mikro-, aber eben nicht um Makro-Evolution, da nichts universell Neues hinzugefügt wird.

Kann genetisches Material in der Natur von einer Gattung auf die andere übertragen werden, dann bekommt das Zusammenleben bestimmter unterschiedlicher Kreaturen zum wechselseitigen Vorteil eine tragende Bedeutung, im Kontrast zu Darwin'schen Theorie und zum Neodarwinismus: *Kooperation statt Konfrontation* bildet die Grundlage für die Entwicklung und den Fortbestand des Lebens. Derart wird auch das Rätsel der darwinschen Evolutionstheorie gelöst, warum biologische Körper in der Natur plötzlich als Ganzes ohne Vorläufermodell wie aus dem Nichts erscheinen und sofort lebensfähig sind.

Anhang

Zitierte Literatur

Aiello, L. C.: »Five years of Homo floresiensis«, in: »American Journal of Physical Anthropology«, Bd. 142, Ausg. 2, Juni 2010, S. 167–179

Allchin, B. und Allchin, R.: »The Rise of Civilization in India Pakistan«, Cambridge 1982

Alvarez, L. W. et al.: »Extraterrestrial Cause for the Cretaceous-Tertiary Extinction«, in: »Science«, Bd. 208, Nr. 4448, 9.6.1980, S. 1095–1108

Ameghino, C.: »El femur de Miramar«, in »Anales del Muso nacional de historia natural de Buenos Aires«, 26, S. 433–450, 1915

Armitage, M. H. und Anderson, K. L.: »Soft sheets of fibrillar bone from a fossil of the supraorbital horn of the dinosaur Triceratops horridus«, in: »Acta Histochemica«, Bd. 115, Ausg. 6, 6.7.2013, S. 603–608

Anderson, D. L. und Bass, J. D.: »Mineralogy and composition of the upper mantle«, in: »Geophysical Research Letters«, Juli 1984, https://doi.org/10.1029/GL011i007p00637

Anthony, H. E.: »Nature's Deep Freeze«, in: »Natural History«, Bd. 58, Nr. 7, Sept. 1949, S. 296–301

Arneborg, J. et al.: »Human Diet and Subsistence Patterns in Norse Greenland AD C.980—AD c. 1450: Archaeological interpretations«, in: »Journal of the North Atlantic«, Bd. 3, Oktober 2012, S. 119–133

Arpe, L. et al.: »Thriving or surviving? The isotopic record of the Wrangel Island woolly mammoth population«, in: »Quaternary Science Reviews«, bd. 222, 15.10.2019, S. 323–332

Arsuaga, J. L.: »El collar del neandertal«, 1999, deutsch: »Der Schmuck der Neandertaler«, Hamburg 2003

Astakhova, I. K., et al.; »A locked nucleic acid-based nanocrawler: designed and reversible movement detected by multicolor fluorescence«: »Journal of the American Chemical Society«, Bd. 135, Ausg. 7, 4.2.2013, S. 2423–2426

Austin, S. A.: »Excess Argon within Mineral Concentrates from the New Dacite Lava Dome at Mount St. Helens Volcano«, in: »Creation Ex Nihilo Technical Journal Bd. 10 (Teil 3)«, 1996, S. 335–343

Austin, S. A.: »Grand Canyon: Monument to Catastrophe, Institute for Creation Research«, Santee 1994, S. 111–131

Axelrod, R.: »The Evolution of Cooperation«, Cambridge 2006

Baales, M: »Economy and seasonality in the Ahrensburgian«, 1999, in: Kozlowski; S. K. et al. (Hrsg.): »Targed points cultures in Europe. Kolloquium Lublin«, »Lubelskie materialy archeologiczne«, 13, Lublin, S. 64–75

Baales, M.: »Der spätpaläolithische Fundplatz Kettig. Untersuchungen zur Siedlungsarchäologie der Federmesser-Gruppen am Mittelrhein«, Mainz 2002

Baigent, M.: »Das Rätsel der Sphinx«, München 1998

Baker, V. R.: »The Study of Superfloods«, in: »Science«, Bd. 295, Ausg. 5564, 29.3.2002, S. 2379–2380

Bambach, R. K.: »Phanerozoic biodiversity mass extinctions«, in: »Review of Earth and Planetary Sciences«, Bd. 34, Mai 2006, S. 127–155

Barbujani, G. und Bertorello, G.: »Genetics and the population history of Europe«, in: »PNAS«, Bd. 98, 2.1.2001, S. 22–25

Barnosky A. D. et al.: »Has the Earth's sixth mass extinction already arrived?«, in: »Nature«, Bd. 471, Nr. 7336, 20.3.2011, S. 51–52.

Barras, C.: »Baboon bone found in famous Lucy skeleton«, in: »New Scientist«, Bd. 226, Nr. 3017, S. 18, 10.4.2015

Bastian, H.: »Du und die Vorzeit«, Frankfurt 1959

Bayer, J.: »Der Mensch im Eiszeitalter«, Leipzig/Wien 1927

Bayer, U.: »Die Erde unter Berlin«, in: »Der belebte Planet«, Sonderheft der FU Berlin, 2002, S. 21–27

Becker, G. F.: »Antiquities from under Tuolomne Table Mountain in California«, in: »Bulletin of the Geological Society of America«, 2, 1981, S. 189–200

Behre, K.-H.: »Meeresspiegelbewegungen und Siedlungsgeschichte in den Nordseemarschen: Vortrag vor der 20. Landschaftsversammlung der Oldenburgischen Landschaft am 13. März 1987 in Wilhelmshaven«, Verlag Heinz Holzberg 1987

Behrensmeyer, A. K. et al.: »The Pleistocene locality of Kanjera, Western Kenya: stratigraphy, chronology and paleoenvironments«, in: »Journal of Human Evolution«, Bd. 29, Ausg. 3. 3.9.1995, S. 247–274

Beinhauer, K. W. et al.: »Studien zur Megalithik. Forschungsstand und ethnoarchäologische Perspektiven«, in: »Beiträge zur Ur- und Frühgeschichte Mitteleuropas«, Band 21, Weißbach 1999

Belloche, A. et al.: »Detection of amino acetonitrile in Sgr B2(N)«, in: »Astronomy Astrophysics«, Bd. 482/1, 2008, S. 179–196

Bent, W. T.: »The Tucson Artefacts«, USA 1964

Berg, A. von: »Ein Hominidenrest aus dem Wannenvulkan bei Ochtendung, Kreis Mayen-Koblenz«, in: »Arch. Korrespondenzblatt«, 27, 1997, 531–538.

Berg, H. C.: »E. coli in motion«, New York 2003

Berner, U. und Steif, H.: »Klimafakten. Der Rückblick – Ein Schlüssel für die Zukunft«, Hannover 2004, 4. Aufl.

Bernier, P., et. al: »Holocene shoreline variations in the Persian Gulf: example of the Umm al-Qowayn lagoon (UAE)«, in: »Quaternary International«, Bd. 29/30, 1995, S. 95–103

Binford, S. R. und L. R.: »A preliminary analysis of functional variability in the Mousterian of Levallois faces«, in: »American Anthropologist«, Bd. 68, 1966, S. 238 ff.

Bird, J.: »Antiquity and Migrations of the Early Inhabitants of South America«, in: »The Geographical Review«. Bd. 1, 6/1938, S. 250–275

Blackwelder, B. W.: »Late Wisconsinian Sea Levels on the Southeast U. S. Atlantic Shelf Based on In-Place Shoreline Indicators«, in: »Science«, Bd. 204, 11.5.1979, S. 618–620

Blair, T. C.: »Alluvial-fan sedimentation from a glacial-outburst flood, Lone Pine, California, and contrasts with meteorological flood deposits«, in: »Special Publication of International Association of Sedimentologists«, Bd. 32, 2002, S. 113–170

Böhm, A.: »Bekannte und neue Arten natürlicher Gesteinsglättungen«, in: »Mitt. K. K. Geogr. Ges.«, Wien, Bd. 60, 1917, S. 335–3752

Boll, E. und Brückner, G. A.: »Geogenie der deutschen Ostseeländer«, Neubrandenburg 1846

Boman, E.: »Los vestigios de industria humana encontrados en Miramar (Republica Argentina) y atribuidos a la época terciaria« in »Revista Chilena de Historia y Geografia«, Bd. 49 (34), 1921, S. 330–352

Bord, J. und C.: »Unheimliche Phänomene des 20. Jahrhunderts«, Rastatt 1995

Borzenkova, I. et al.: »Climate change during Holocene (Past12,000 Years), in: »Second Assessment of Climate change for the Baltic Sea Basin«, 1.1.2015, S. 25–49

Boule, M. und Vallois, H. V.: »Fossil Men«, London 1957

Böhme, M. et al.: »A new Miocene ape and locomotion in the ancestor of great apes and humans«, in: »Nature«, Bd. 575, 6.11.2019, S. 49–496

Brace, C. L. et al.: »Atlas of Human Evolution«, New York 1979

Brandt, M.: »Ein Affe auf zwei Beinen: Oreopithecus«, in: »Studium integrale Journal«, März 1999, Jg. 6, Heft 1, 33–37

Breuil, H.: »Sur la présence d'éolithes à la base de l'Éocene, Parisicii«, in: »L'Anthropologie«, Bd. 21, 1910, S. 385–408

Brewster, D.: »Queries and Statements Concerning a Nail Found Imbedded in a Block of Sandstone Obtained from Kongoodie (Mylnfield) Quarry, North Britain«, in: »Report of the Fourteenth Meeting of the British Association for the Advancement of Science«, London 1845

Brock, B.: »Die Natur macht keine Sprünge? Das Denken schon!«, in: Zillmer, H.-J.: »Irrtümer der Erdgeschichte«, 2001, S. 9–16

Brown, W.: »In The Beginning«, Phoenix 1980, 6. Aufl. 1995

Brüning, H. »Die eiszeitliche Tierwelt von Mosbach, ihre Umwelt, ihre Zeit«, »Museumsführer«, 6, Mainz 1980

Bryan, A. L.: »Early Mio. Jahren in America from a Circum Pacific Perspective«, Edmonton, Univ. of Alberta, Dept. of Anthropology, 1978

Bryant, E. A. und Nott, J. A.: »Geological Indicators of large tsunami in Australia«, in: »Natural Hazards«, Bd. 24, No. 3, 2001, S.231–249

Bryant, E. A. et al.: »The impact of tsunami on the coastline of Jervis Bay«, in: »Southeastern Australia. Physical Geography«, Bd. 8, No. 5, 1997, S. 441–460

Büchner, M.: »Gesteinskundliches Gutachten: Grünsandstein. Fundort: Bison-Schlucht, Stonecreek, Kanada«, in: Hoening, 1981, S. 262–264

Bülow, K. von: »Abriss der Geologie von Mecklenburg«, Berlin 1952

Burroughs, W. G.: »Human-like Footprints, 250 million years old«, in: »The Berea Alumnus«, Berea College (Kentucky), November 1938, S. 46 f.

Capellini, G.: »Les traces de l'homme pliocène en Toscana. Congrès International d'Anthropologie et d'Archéologie Préhistoriques«, Budapest 1876, Bd. 1, 1877, S. 46–62

Cameron, K. L.: »Bishop Tuff Revisited: New Rare Earth Element Data Consistent with Crystal Fractionation«, in: »Science«, Bd. 224, 22.6.1984, S. 133–1340

Carbonell, E. et al.: »The first hominin of Europe«, in: »Nature«, Bd. 452, 27.3.2008, S. 465–469

Carling, P. A. et al: »Late Quaternary catastrophic flooding in the Altai Mountains of south-central Siberia: a synoptic overview and an introduction to flood deposit sedimentology«, in: Martini, I. P. et al.: »Flood and Megaflood Process and Deposits: Recent and Ancient Examples«, Oxford 2002, S. 17–35

Carpenter, T. H.: »Art and Myth in Ancient Greece: A Handbook«, New York 1991

Cavalli-Sforza, L und F. »Verschieden und doch gleich«, München 1994, TB 1996

Cavalli-Sforza, L. L.: »Genes, peoples et languages«, Paris 1996, deutsch: »Gene, Völker und Sprachen«, München Wien 1999

Champion, T. et al.: »Prehistoric Europe«, London 1984

Chard, C. S.: »An outline of the prehistory of Siberia«, in: »Southwestern Journal of Anthropology«, 14/1958, S. 1–33

Chen, J. H. und Seeman, N. C.: »Synthesis from DNA of a molecule with the connectivity of a cube«, in: »Nature«, Bd. 350, Ausg. 6319, April 1991, S. 631–633

Chorlton, W.: »Eiszeiten« in der Reihe »Time-Life«, 1983 Gütersloh

Christiansen B. und Ljungqvist F. C.: »The extra-tropical Northern Hemisphere temperature in the last two millennia: reconstructions of low-frequency variability«, in: »European Geosciences Union«, Bd. 8, Ausg. 2, S. 765–786, 18.4.2012

Ciochon, R. L. und Bettis III, E. A.: »Asian Homo erectus converges in time«, in: »Nature«, Bd. 458, 11.3.2009, S. 153–154

Condemi, S. und Savatier, F: »Der Neandertaler unser Bruder. 300.000 Jahre Geschichte des Menschen«, München 2020

Courtillot, V. und Fluteau, F.: »Cretaceous extinctions: The volcanic

Cox, A. A. und Keller, A. C. B.: »A Bayesian inversion for emissions and export productivity across the end-Cretaceous boundary«, in: »Science«, Bd. 381, Ausg. 6665, 28.9.2023, S. 1446–1451

Credner, H.: »Elemente der Geologie«, Leipzig 1912

Cremo, M. A. und Thompson, R. L.: »Forbidden Archaeology«, Badger 1993; deutsch: »Verbotene Archäologie«, Augsburg 1997

Criswell, W. A.: »Stammt der Mensch vom Affen ab?«, Wetzlar 1974, 2. Aufl. 1976

Crompton, R. et al.: »The mechanical effectiveness of erect and 'bent-knee, bent-hip' bipedal walking in Australopithecus afarensis«, in: »Journal of Human Evolution«, Bd. 35, 1998, S. 55–74.

Csányi, V.: »Evolutionary Systems and Society: A General Theory of Life, Mind, and Culture«, Durham 1989

Cuvier, G.: »Discours sur les révolutions de la surface du globe«, Amsterdam 1828

Cuvier, G: »Essay on the Theory of the Earth«, London 1817

Czarnetzki, A.: »Neandertaler: Ein Lebensbild aus anthropologischer Sicht«, in: »Neanderthaler und Co. Ausstellungskatalog,« Münster 1998

D'Anastasio, R. et al.: »Micro-Biomechanics of the Kebara 2 Hyoid and Its Implications for Speech in Neanderthals«, in: »PLoS ONE«, Bd. 8(12), 18.12.2013

Dacqué, E.: »Die Erdzeitalter«, München/Berlin 1930

Dalrymple, G.B.: »40Ar/36Ar analysis of historic lava flows. Earth and Planetary«, in: »Science Letters«, Bd. 6, 1969, S. 47–55

Dansgaard, W. et al.: »One Thousand Centuries of Climatic Record from Camp Century on the Greenland Ice Sheet«, in: »Science«, Bd. 166, 17.10.1969, S. 377–380

Darwin C.: »The Origin of Species«, London 1859; deutsch: »Die Abstammung der Arten«, Lizenzausgabe Köln 2000

Darwin, C.: »The Descent of Man, and Selection in Relation to Sex«, London 1871; deutsch: »Die Abstammung des Menschen«, Wiesbaden 1966

Dash, M.: »X-Phänomene«, München/Essen 1997

Daubrée, G. A.: »Synthetische Studien zur Experimental-Geologie«, Braunschweig 1880

Dawkins, R.: »The Blind Watchmaker«, London 1986

Deecke, W.: »Kritische Studien zu Glazialfragen Deutschlands«, in: »Zeitschrift Für Gletscherkunde«, Bd. XI, 1918–1920, S. 34–84 und 95–142

Deloison, Y.: »Préhistoire du piéton – Essai sur les nouvelles origines de l'homme«, Paris 2004

Deloria, V.: »Red Earth, White Lies«, New York 1995

Derev'anko, A. P., Shimkin, E. B. und Powers, W. R.: »The Paleolithic of Siberia: New Discoveries and Interpretations«, Urbana 1998, S. 336–351

Dillehay, T. D.: »The Settlement of the Americas«, New York 2000

Dillow, J. C.: »The Water Above: Earth's Pre Flood Vapor Canopy«, Chicago 1981

Dingus, L. und Rowe, T.: »The Mistaken Extinction – Dinosaur Evolution and the Origin of Birds«, New York, 1997

Dorling Kindersley Ltd., Hrsg.: »Eyewitness Guide: Early People«, London 1989, deutsch: »Die ersten Menschen«, Hildesheim 1994

Dougherty, C. N.: »Valley of the Giants«, Cleburne 1971, Neudruck 1984

Dubois, E.: »On the Fossil Human Skulls Recently Discovered in Java and Pithecanthropus Erectus«, in: »Mio. Jahren«, Bd. 37, Januar 1937

Düwel, K.: »Runenkunde«, Sammlung Metzler, Frankfurt 2001

Egenolff, J. A.: »Historie der Teutschen Sprache«, Leipzig 1735

Ehrenreich, P.: »Anthropologische Studien über die Bewohner Brasiliens«, Braunschweig 1897

Ellis, B. S. et al.: »Temporal dissection of the Huckleberry Ridge Tuff using the 40Ar/39Ar dating technique«, in: »Quaternary Geochronology«, Bd. 9, 2012, S. 34–41

Engesser, B.: »Aufrecht auf zwei Beinen«, in: »Basler Magazin – Politisch-kulturelle Wochenend-Beilage der Basler Zeitung«, Basel 8. August 1998, Nr. 30, S. 1–5

Evernden, J. F. und Kistler, R. W.: »Chronology of emplacement of Mesozoic batholithic complexes in California and western Nevada«, in: »U.S. geol. Surv. Prof. Paper, 1970«, Bd. 623, S. 42 ff.

Ewe, T.: »Es rauscht im Stammbusch«, in: »Bild der Wissenschaft«, 54 Jahrgang, Dezember 2017, S. 11–15

Fenton, S. R., Webb, R. H. et al.: »Cosmogenic 3He Ages and Geochemical Discrimination of Lava-Dam Outburst-Flood Deposits in Western Grand Canyon, Arizona«, in: House, P. K. et al., 2002
Fester, R.: »Die Eiszeit war ganz anders«, München 1973
Feustel, R.: »Abstammungsgeschichte des Menschen«, Jena 1990
Fields, H.: »Dinosaur Shocker«, in: »Smithsonian Magazin«, Mai 2006, Internet: https://www.smithsonianmag.com/science-nature/dinosaur-shocker-115306469
Flint, R. F.: »Glacial Geology and the Pleistocene Epoch«, New York/London 1947
Floss, H.: »Der Ziegenberg bei Altenrath. Ein Fundplatz der Ahrensburger Stielspitzengruppen am Südrand der Kölner Bucht«, in: »Jahrbuch des Römisch-Germanischen Zentralmuseums Mainz«, 34, 1989, S. 165–192
Fortey, R.: »The Cambrian Explosion Exploded?«, in: »Science«, Bd. 293, 20.7.2001, S. 438–439
Fox, D. L. et al.: »Paleoclimatic implications of oxygen isotopic
variation in late Pleistocene and Holocene tusks of Mammuthus
primigenius from northern Eurasia«, in: »Quaternary International«, 2007, Ausg. 169–170, S. 154–165
Fraas, E.: »Berichte über die Tendaguru-Expedition in Sitzungsbericht der Gesellschaft naturforschender Freunde zu Berlin, 1909, Nr. 6, 358 ff., Nr. 8, 500 ff., Nr. 10, 631; 1910 Nr. 8, 372 ff., 1912 Nr. 2b
Freund. h.: »Selbstorganisation und Evolution mit offenem Ausgang«, Wuppertal 1992

Gagan, M. K. et al.: »Temperature and Surface-Ocean Water Balance of the Mid-Holocene Tropical Western Pacific«, in: »Science«, Bd. 279, Ausg. 5353, 13.2.1998, S. 1014–1018
Gambier, D.: »Fossil hominids from the early Upper Palaeolithic (Aurignacien) of France«, in: Mellar, P. und Stringer, C. B.: »The Human Revolution«, Edinburgh 1989, S. 194 ff.
Gams, H. und Nordhagen, R.: »Postglaziale Klimaänderungen und Erdkrustenbewegungen in Mitteleuropa«, München 1923
Garcia-Ruiz, J. M. et al.: »Self-Assembled Silica-Carbonate Structures and Detection of Ancient Microfossils«, in: »Science«, Bd. 302, 2003, S. 1194
Gee, H.: »In Search of Time: Beyond the Fossil Record to a New History of Life«, in: »The Free Press«, New York, 1999, S. 126 f.
Geikie, J.: »The Great Ice-Age«, London 1874
Gilbert, O. M. et al.: »Relative dating of the fossil hominids of Europe«, in: »Bulletin of the British Museum« (Natural History), Geology Series, 34(J), 1980, S. 1–63
Glover, I.: »Leang Burung 2. An Upper Palaeolithic Rockshelter in South Sulawesi, Indonesia«, in: »Modern Quaternary Research in Southeast Asia«, Jg. 6, 1981, S.1–38
Gilbert, O. M. et al.: »Discovery of a large clonal patch of a social amoeba: Implications for social evolution«, in: »Molecular Ecology«, 4.3.2009, https://doi.org/10.1111/j.1365-294X.2009.04108.x
Gilbert, O. M.: »Discovery of a large clonal patch of a social amoeba: implications for social evolution«, in: »Molecular Ecology«, Bd. 8, Ausg. 6, März 2009, S. 1273–1281
Gold, T.: »Das Jahrtausend des Methans«, Düsseldorf/Wien/New York 1988
Gold, T.: »The Deep Hot Biosphere«, New York 1999
Gossauer, A.: »Struktur und Reaktivität der Biomoleküle«, Zürich, 2006, S. 29,
Gould, S. J.: »Illusion Fortschritt«, Frankfurt 1998
Gould, S. J.: »Men of the Thirty-Third Division«, in: »Natural History«, April, 1990, S. 12–24
Greely, A.W.: »Stefansson's Blond Eskimos«, in: National Geographic Magazine, Bd. XXIII, Bd. 12 Dezember 1912
Greenberg, J. H. und Ruhlen, M.: »Der Sprachenstamm der Ureinwohner Amerikas«, in: »Die Evolution der Sprachen«, »Spektrum der Wissenschaft Dossier«, 2004, S. 58–64
Gregory, J. M. et al.: »Threatened loss of the Greenland ice-sheet«, in: »Nature«, Bd. 428, 8.4.2004, S. 616
Gregory, J. W.: »Contributions to the Geography of British East Africa«, in: »Geographical Journal«, IV, 1894
Gregory, J. W.: »The African Rift Valleys«, in: »Geographical Journal«, LVI, 1920

Gregory, R. L.: »Eye and Brain: The Physiology of Seeing«, Oxford 1995
Gripp, K.: »Die Rengeweihstangen von Meiendorf«, in: Rust, A.: »Das altsteinzeitliche Rentierjägerlager Meiendorf«, Neumünster 1937, S. 62–72
Grosswald, M. G.: »Late Weichselian Ice Sheet of Northern Eurasia«, in: »Quaternary Research«, 13/1980, S. 16

Haarmann, H.: »Universalgeschichte der Schrift«, Frankfurt/New York 1991, Sonderausgabe 1998
Haber, H.: »Unser blauer Planet«, Stuttgart 1965
Haken, H: »Information and self-organization: a macroscopic approach to complex systems. A Macroscopic Approach to Complex Systems«, Heidelberg 2010
Halley, J. D. und Winkler, D. A.: »Classification of emergence and its relation to self-organization«, in: »Complexity«, Bd. 13, Ausg. 5, Mai/Juni 2008, S. 15–18
Hamblin, W. K.: »Late Cenozoic Lava Dams in the Western Grand Canyon«, in: »Geological Society of America«, Bd. 183, https://doi.org/10.1130/MEM183-p1
Han, G. et al.: »An extraordinary fossil captures the struggle for existence during the Mesozoic«, in: »Nature. Scientific Reports«, Bd. 13, Artikel Nr. 11221, 18.7.2023
Hancock, G.: »Die Spur der Götter«, Bergisch Gladbach 1995
Hapgood, C. H.: »Maps of the ancient Sea Kings«, Kempton 1966
Hayes, D.: »Im Eis verschollen«, Berlin 1994
Heinsohn, G.: »Wie alt ist das Menschengeschlecht?«, München 1991, 4. Aufl. 2003
Henke, R.: »Aufrecht aus den Bäumen«, in: »Focus«, 39/1996, S. 178
Henke, H. und Rothe, H.: »Stammesgeschiochte des Menschen«, Heidelberg 1999
Heteren, A. H. van: »The hominins of Flores: Insular adaptations of the lower body«, in: »Comptes Rendus Palevol«, Bd. 11, Ausg. 2–3, März/April 2012, S. 169–179
Hilgenberg, O. C.: »Vom wachsenden Erdball«, Berlin 1933
Hilgenberg, O. C.: »Die Bruchstruktur der sialischen Erdkruste«, Berlin 1949
Hitching, F.: »The Neck of the Giraffe: Where Darwin Went Wrong«, New York 1982, S. 204
Hoening, A. E. F.: »Fundort Stone Creek«, Düsseldorf/Wien 1981
Holmes, S. H.: »Phosphate Rocks of South Carolina and the Great Carolina Marl Bed«, Charleston 1870
Holmes, W. H.: »Review of the evidence relating to auriferous gravel man in California«, in: »Annual Report of the Board of Regents of the Smithsonian Institution for the Year Ending June 30, 1899«, Teil 1, Washington 1901, S. 419–472
Homet, M. F.: »Die Söhne der Sonne«, Freiburg 1958
Hough, J. I.: »Pleistocene lithology of Antarctic bottom sediments«, in: »Jounal of Geology«, Bd. 58, 1950, S. 254–260
House, P. K. et al.: »Ancient Floods Modern Hazards«, Washington, DC 2002
Hovey, E. O: »Striations and U-shaped valleay produced by other than glacial actions«, in: »Bull. Geol. Soc. Am.«, Bd. 20, 1920, S. 409–416
Howell, C. F.: »Der Mensch der Vorzeit«, Liefe – Wunder der Natur, 1969
Hrdlicka, A.: »Early Man in South America«, Washington 1912
Hsü, K. J.: »Die letzten Jahre der Dinosaurier«, Basel 1990
Hsü, K. J.: »Klima macht Geschichte«, Zürich 2000
Hu, W. et al.: »Genomic inference of a severe human bottleneck during the Early to Middle Pleistocene transition«, in: »Science«, bd. 381, Ausg. 6661, 31.8.2023, S, 979–984
Hublin, J.-J. et al.: »A late Neanderthal associated with Upper Palaeolithic artefacts«; in: »Nature«, 16.5. 1996, S. 224–226
Hublin, J.-J.: »Die Sonderevolution der Neandertaler«, in: »Die Evolution des Menschen«, »Spektrum der Wissenschaft Dossier«, 2004, S. 56–63
Hülle, W.: »Über einen Kinderunterkiefer aus der Ilsenhöhle unter Burg Ranis (Kr. Ziegenrück) in Thüringen«, in: »Anthropologischer Anzeiger«, Jg. 16, Heft 1–4, S. 77–80

Ivanov, A. A. et al.: »Aus den Proceedings des 5. Internationalen Kreationisten-Kongresses in England«, zitiert in: »Lebten Dinosaurier und Menschen zur selben Zeit?«, in: »Factum«, Ausgabe 2/1993

Jacob, K.-H. et al.: »Lagerstättenbildung durch Energiepotentiale in der Lithosphäre«, in: »Erzmetall«, Bd. 45, 1992, S. 505–513

Jacobi, A.: »Das Rentier, eine zoologische Monographie der Gattung Rengifer«, in: »Zoologischer Anzeiger Ergänzungsband 96«, 1931

Jensen, H.: »Indogermanisch und Grönländisch«, in: Hirt, H.: »Germanen und Indogermanen«, Heidelberg 1936, S. 151 ff.

Jia, L. und Huang, W.: »The story of Peking man«, Beijing 1990

Johanson D. C. und Edey, M. A.: »Lucy: the beginnings of humankind«, New York 1981

Johanson, D. C. und Edgar, B.: »Lucy und ihre Kinder«, Heidelberg 2000

Johnson, D.: »The Relationship Between the Lines of Nazca and Water Resources«. Paper presented to the 16th Annual Meeting of the Northeast Conference on Andean Archaeology and Ethnohistory«, University of Maine, Orono, 5.10.1997

Jordan, P.: »Die Expansion der Erde«, Braunschweig 1966

Julig, P. J.: »The Sheguiandah Site: Archaeological, geological and paleobotanical studies at a Paleoindian site on Manitoulin Island, Ontario«, in: »Mercury Series, Archaeological Survey of Canada«, Paper 161. Hull 2002, Canadian Museum of Civilization

Jungers, W. L.: »Lucy's length: Stature reconstruction in Australopithecus afarensis (A.L.288–1) with implications for other small-bodied hominids«, in: »American Journal of Physical Anthropology«. Bd. 76, Ausg. 2, Juni 1988, S. 227–231

Junker, R. und Scherer, S.: »Evolution: Ein kritisches Lehrbuch«, Gießen 1998, 5. Aufl. 2001

Junker, R.: »Stammt der Mensch vom Affen ab?«, Stuttgart 1995, 7. Aufl. 2002

Keindle, J.: »Theorie der Weltraummassen«, Wien 1934

Keith, A.: »The Antiquity of Man«, Bd. 1, Philadelphia 1928

Kelso, A. J.: »Physical Anthropology«, New York 1970

Kelso, S.: »Dynamic patterns: the self-organization of brain and behaviour«, Cambridge, 22.1.1997

Knußmann, R.: »Die mittelpaläolithischen menschlichen Knochenfragmente von der Wildscheur bei Steeden (Oberlahnkreis)«, in: »Nassauische Annalen«, 68, 1967, S. 1–25

Koenigswald, G. H. R. von: »Preliminary Report on a Newly-Discovered Stone Age Culture from Northern Luzon, Philippine Islands«, in: »Asian Perspectives«, II (2), 1956, S. 69–71

Koenigswald, G. H. R. von: »Begegnungen mit dem Vormenschen«, 1961.

Kolosimo, P.: »Unbekanntes Universum«, Wiesbaden/München 1991

Kubo, D. et al.: »Brain size of Homo floresiensis and its evolutionary implications«, in: »Proceedings of the Royal Society B.«, Bd. 280, Ausg. 1760, 2013

Kuhn, H.: »Self-Organization of Molecular Systems and Evolution of the Genetic Apparatus«, in: »Angewandte Chemie«, Bd. 11, Ausg. 9, September 1972

Kumar, S. und Hedges, S. B.: »A molecular timescale for vertebrate evolution«, in: »Nature«, Bd. 392, S. 917–920, 30.4.1998

Kutschera, U.: »Streitpunkt Evolution«, Kassel 2004

Lambeck, K.: »Shoreline reconstructions for the Persian Gulf since the last glacial maximum«, in: »Earth and Planetary Science Letters«, Bd. 142, Ausg. 1–2, Juli 1996, S. 43–57

Lazcano, A.: »Complexity, self-organization and the origin of life: The happy liaison?«, in: »Origins of Life: Self-Organization and/or Biological Evolution?«, Oxford University Press Inc, 2009, S. 13–22

Leakey, M. D. L.: »Olduvai Gorge. Excavation in Beds I and II 1960–1963«, Bd. 3, Cambridge 1971

Leakey, M. D. L.: »Olduvai Gorge: My Search for Early Man«, London 1979

LeBlond, P. H. und Bousfield, E. I.: »Cadborosaurus: Survivor from the Deep«, Victoria 1995
Lecavalier, B. et al.: »High Arctic Holocene temperature record from the Agassiz ice cap and Greenland ice sheet evolution«, in: »Proceedings of the National Academy of Sciences«, Bd. 114, Ausg. 23, 16.5.2017, S. 5952–5957
Lechler, J.: »Die Entdecker Amerikas vor Kolumbus«, Leipzig 1939
Lee, T. E.: »The antiquity of the Sheguiandah site«, in: »Anthropological Journal of Canada«, 21, 1983
Lee, T. E.: »Untitled editorial note on the Sheguiandah site«, in: »Anthropological Journal of Canada«, 2(1), 1966, S. 29 ff. und 4(2), 1966, S. 50
Lee, Y.-C.: »Evidence of preserved collagen in an Early Jurassic sauropodomorph dinosaur revealed by synchrotron FTIR microspectroscopy«, in: »Nature Communications«, Artikelnummer: 14220, 31.7. 2017, Internet: https://www.nature.com/articles/ncomms14220
Lembersky, M.: »Mount St. Helens«, Portland 2000
Lewis, A. R. et al.: »Major middle Miocene global climate change: Evidence from East Antarctica and the Transantarctic Mountains, in: »Geological Society of America Bulletin«, Bd. 119, Nr. 11/12, Dezember 2007, S. 1449–1461
Liedke, H. und Marcinek, J. (Hrsg.): »Physische Geographie Deutschlands«, Gotha 1995
Liesegang, R. E.: »Geologische Diffusion«, Dresden/Leipzig 1913
Lindroth, C. H.: »The faunal connection between Europe and North America«, New York/Stockholm 1957
Lippolt, H.J. et al.: »Excess argon and dating of Quaternary Eifel volcanism,IV: Common argon with high and lower-than atmosph. Ar40/Ar36 ratios«, in: »Phonolitic rocks Earth.Planet.Sci.Letters«, 101, 1, Amsterdam 1990, S. 19–35,
Lister, A.: »Mammoths«, London 1994; deutsch: »Mammuts«, Sigmaringen 1997
Lordkipanidze, D. et al.: »A Complete Skull from Dmanisi, Georgia, and the Evolutionary Biology of Early Homo«. In: »Science«, Bd. 342, Ausg. 6156, 18.10.2013, S. 326–331
Lorenzo, J. L. und Mirambell, L.: »The Inhabitants of Mexico during the Upper Pleistocene. In Ice Age Peoples of North America: Environments, Origins, and Adaptations of the First Americans«, Oregon 1999, S. 482–496
Lucht, W. et al.: »Climatic control of the high-latitude vegetation greening trend and Pinatubo effect«, in: »Science«, Bd. 296, Ausg. 5573, 31.5.2002, S. 1687–1689
Lyell, C.: »Das Alter des Menschengeschlechts«, Leipzig 1864
Lyell, C.: »The Principles of Geology: Being an Attempt to explain the Former Changes of the Earth's Surface, by reference to Causes Now in Operation«, London 1830, Neuauflage 1833

Macalister, R. A. S.: »Textbook of European Archaeology«, Bd. 1, Cambridge 1921
MacCurdy, G. G.: »Human Origins. A Manuel of Prehistory«, Jg. 3, »The Old Stone Age and the Dawn of Man and His Arts«, New York, 1924
Mania, D.: »Auf den Spuren des Urmenschen«, Berlin 1990
Margulis, L.: »Der symbiotische Planet«, Frankfurt, Taschenbuchausgabe 2021; Originaltitel: »Symbolic Planet«, New York, 1998
Margulis, L.: »Die andere Evolution«, Heidelberg und Berlin 1999
Mason, J. A.: »The Ancient Civilizations of Peru«, Harmondsworth 1957
Mayr, E.: »Taxonomic categories in fossil hominids«, in: »Cold Spring Harbor Symposia on Quantitative Biology«, Bd. 15, 1950, S. 109–118
Mayr, E.: »Eine neue Philosophie der Biologie«, München 1991
Mayr, E.: »Das ist Biologie. Die Wissenschaft des Lebens«, Heidelberg 2000
Meinesz, F. A. V.: »Spanningen in de aardkorst door poolverschuivingen«, in: »Afd. Natuurk.«, Bd. 52, 1943, S. 186–196
Mereschkowski, K.S.: »Über Natur und Ursprung der Chromatophore im Pflanzenreiche«, in: »Biologisches Centralblatt«, Bd. 25, 1905, S. 593–604 und 689–691

Miller, R. V.: »Bacterial gen swapping in nature«, in: »Scientific American«, Jan. 1998, S. 67 ff.
Moore, R.: »Die Evolution«, in der Reihe: »Life-Wunder der Natur«, 1970
Morgan, E.: »The Scars of Evolution, London«, 1990
Mortillet, G. de: »Le Préhistorique«, Paris 1883
Moseley, J. B. et al.: »A Controlled Trial of Arthroscopic Surgery for Osteoarthritis of the Knee«, in: »The New England Journal of Medicine«, Bd. 347(2), 11.7.2002, S. 81–88
Muck, O. H.: »Alles über Atlantis«, Düsseldorf/Wien 1976
Müller, R.: »Long-Term Sea-Level Fluctuations Driven by Ocean Basin Dynamics«, in: »Science«, bd. 319, Ausg. 1357, 7.3.2008, S. 1357–1632
Müller, W.: »Amerika, die neue oder die alte Welt«, Berlin,1982
Müller-Beck, H.: »On migrations of hunters across the Bering Land Bridge in the Upper Pleistocene«, in: Hopkins, D. M.: »The Bering Land Bridge«, Stanford 1967, S. 373–408

Nansen, F.: »In Nacht und Eis: Die norwegische Polarexpedition. 1893–1896. Edition Erdmann«, Wiesbaden 2011
Niemitz, C.: »Das Geheimnis des aufrechten Gangs«, München 2004
Nelson, F. E.: »(Un)Frozen in Time«, in: »Science«, Bd. 299, Nr. 5614, 14.3.2003, S. 1673–1675
Noorbergen, R.: »Secrets of the Lost Races«, New York, 1977
Nowak, M. A, und May, R. M.: »Evolutionary games and spatial chaos«, in: »Nature«, Bd. 359, Ausg. 6398, 29.10.1992, S. 826–829
Nummedal, A.: »Stone Age Finds in Finnmark«, Oslo 1929

Oakley, K.P.: »Relative dating of the fossil honimde of Europe«, in: »Bulletin of the British Museum (National History)«. Geology Series, Jahrgang 34, 1980, S. 1–63
Obermaier, H.: »Fossil Man in Spain«, New Haven 1916, Neuauflage 1924/1969
Oesterle, O.: »Evolution der unbelebten und lebenden Substanz der Erde vom Standpunkt der statistischen Chemie«, in: »Idee der Entwicklung in der Geologie«, 1990, S. 121–131
Oppenheimer, C.: »Climatic, environmental and human consequences of the largest known historic eruption: Tambora volcano (Indonesia) 1815«, in: »Progress in Physical Geography«. Bd. 27, Nr. 2, 2003, S. 230–259,
Osterkamp, J.: »Jungsteinzeit: Eine gemeinsame Wurzel der Megalithkultur?«, in: »Spektrum der Wissenschaft«, 11.2.2019, Internetlink 21
Otte, M.: »Argument for population movement of anatomically modern humans from Central Asia to Europe«, S. 359–366, in: Mellars, P. et al.: »Rethinking the Human Revolution: New Behavioural and Biological Perspectives on the Origin and Dispersal of Modern Humans«, Cambridge 2007
Oxnard, Ch. E.: »Uniqueness and Diversity in Human Evolution«, 1975

Pachur, H.-J.: »Abschied von Eden«, in: »Der belebte Planet«, Sonderheft der FU Berlin, 2002, S. 78–87
Pagani, M. et al.: »The Role of Carbon Dioxide During the Onset of Antarctic Glaciation«, in: »Science«, Bd. 334, Ausg. 6060, 2.2.2011, S. 1261–1264
Parker, A. G. und Rose J. I.: »Climate change and human origins in southern Arabia«, in: »Proceedings of the Seminar for Arabian Studies«, Bd. 38, 2008, S. 25–42
Jordan, P.: »Die Expansion der Erde: Folgerungen aus der Diracschen Gravitationshypothese«, Vieweg 1966
Paturi, F. R.: »Die Chronik der Erde«, Augsburg 1996
Pawlik, A. F.: »Is there an Earl Palaeolithic in the Philippines? New Approaches for Lithic«, in: »Proceedings of the 7th Australasian Archaeometry Conference«, 2001, S. 255–270
Pears, E. et al.: »Substantial light woodland and open vegetation characterized the temperate forest biome before Homo sapiens«, in: »ScienceAdvances«, Bd. 9, Ausg. 45, 10.11.2023

Peiser, B. J.: »Was the Cambridge Conference a Flop? Evidence for Multiple Catastrophes in Historical Times«, in: »Chronology and Catastrophism Review«, Bd. 15, 1995, S. 23–28

Percious, J. K. et al.: »Radiometric dating of Idaho batholith poprphyries: U.S. Atomic Energy Comission Annual Report No. C00-689-76, Appendix A-X«, 1976

Perkins, S.: »Hundreds of sea-floor gas plumes spotted by sonar«, in: »Nature«, 24.8.2014, https://doi.org/10.1038/nature.2014.15761

Pettijohn, F. J. et al.: »Sand and Sandstone«, Berlin/Heidelberg/New York 1972

Pitman, M.: »Adam and Evolution«, London 1984

Pitman, W. und Ryan, W.: »Noah's Flood«, New York 1998; deutsch: »Sintflut«, Bergisch-Gladbach 1999

Podbregar, N.: »Massenaussterben – Katastrophale ›Unfälle‹ der Evolution?«, in: Wissensmagazin www.scinexx.de, 21. Februar 2002

Politis, G.: »Fishtail Projectile Points in the Southern Cone of South America«, in: »Clovis: Origins and Adaptations«, University of Maine, 1991

Posnansky, A.: »Tiahuanaco, the Cradle of the American Man«, 1945

Previette, K.: »Who went there?«, in: »Courier-Journal Magazine«, Louisville, Kentucky, 24.5.1953

Probst, E.: »Deutschland in der Urzeit«, München 1986, Sonderausgabe 1999

Probst, W.: »Frühe Evolution und Symbiose, Europa-Universität Flensburg«, Institut für Biologie und Sachunterricht und ihre Didaktik: Pflanzentiere und Kleptoplasten. Abgerufen am 19. April 2019

Pross, J. et al.: »Persistent near-tropical warmth on the Antarctic continent during the early Eocene epoch«, in: »Nature«, Bd. 488, Ausg. 7409, 1.8.2012, S. 73–77

Protsch, R.: »The Age and Stratigraphic Position of Olduvai Hominid I«, in: »Journal of Human Evolution«, Bd. 3, 1974, S. 379–385

Ragazzoni, G.: »La collina di Castenedolo, solto il rapporto antropologico, geologico ed agronomico«, in: »Commentari dell'Ateneo di Brescia«, 4. April 1880, S. 120–128

Rees, D. C. und Howard, J. B.: »The Interface Between the Biological and Inorganic Worlds: Iron-Sulfur Metalloclusters«, »Science«, Bd. 300, Ausg. 5621, 9.5.2003, S. 929–931

Reich, D. et al.: »Genetic history of an archaic hominin group from Denisova Cave in Siberia«, in: »Nature«, Bd. 468, 22.12.2010, S. 1053–1060

Renfrew, C.: »Die Indoeuropäer – aus archäologischer Sicht«, in: »Die Evolution der Sprachen«, »Spektrum der Wissenschaft Dossier«, 2004, S. 40–48

Renne, P. R.: »40Ar/39Ar Dating into the Historical Realm: Calibration Against Pliny the Younger«, in: »Science«, Bd. 277, Ausg. 5330, 29.8.1977, A. 1279–1280

Reynolds, S. J. et al.: »Compilation of Radiometric Age Determinations in Arizona«, in: »Arizona Bureau of Geology and Mineral Technology Bulletin«, 197, 1986

Richter, D. et al.: »The age of the hominin fossils from Jebel Irhoud, Morocco, and the origins of the Middle Stone Age«, in: »Nature«, Bd. 546, 8.6.2017, S. 293–296

Ridley, F.: »Transatlantic Contacts of Primitive Mio. Jahren. Eastern Canada and Northwestern Russia«, in: »Pennsylvania Archaeologist«, 1960

Ries, G.: »Schlechte Kronzeugen«, Internet: Newsgroup: de.sci.geschichte, 18.5.2003, 20:51:54 GMT

Ripota, P.: »Was Charles Darwin uns alles verheimlichte«, in: »P.M. Magazin«, Ausgabe 04/2002

Rode, D. L. T. et al.: »Modelling the recent common ancestry of all living humans«, in: »Nature«, Bd. 431, Ausg. 431, 30.9.2004, S. 562–566

Romero, A. A.: »El Homo pampaeus«, in »Anales de la Sociedad Cientifica Argentina«, 85, S. 5–48, 1918

Ronquillo, W. P.: »The Technological and Functional Analysis of Lithic Flake Tools from Rabel Cave, Northern Luzon, Philippines«, in: »Anthropological Papers«, No. 13, National Museum Manila 1981

Rosnau, P. O. et al.: »Are human and mammal tracks found together with the tracks of Dinosaurs in the Kayenta of Arizona?«, in: »Creation Research Society Quarterly«, Bd. 26, 1990

Roth, S. et al.: »Acta de los hechos más importantas del descubrimento de objetos, instrumentos y armas de piedra, realizado en las barrancas de la Costa de Miramar, partido de General Alvarado, provincia de Buenos Aires«, in »Anales del Museo de historia natural de Buenos Aires«, 26, S. 417–431, 1915

Rougier, G. W. et al.: »Implications of Deltatheridium specimens for early marsupial history«, in: »Nature«, Bd. 396, 3.12.1998, S. 459–463

Rowe, T.: »At the roots of the mammalian family tree«, in: »Nature«, Bd. 398, S. 283–284, 25.3.1999

Rust, A.: »Das altsteinzeitliche Rentierjägerlager Meiendorf«, Neumünster 1937

Rust, A.: »Vor 20 000 Jahren. Rentierjäger der Eiszeit«, Neumünster 1962

Sakamoto, M. et al.: »Dinosaurs in decline tens of millions of years before their final extinction«, in: »PNAS«, Bd. 113, Nr. 18, 18. Okt. 2016, S. 5036–5040

Sager W. W. und Koppers, A. A. P.: »Late Cretaceous Polar Wander of the Pacific Plate: Evidence of a Rapid True Polar Wander Event«, in: »Science«, Bd. 287, Bd. 5452, 21.1.2000, S. 455–459

Sanford, J. T.: »Sheguiandah reviewed«, in: »Anthropological Journal of Canada«, 9(1), 1971, S. 2–15

Saurat, D.: »L'Atlantide et le regne des Geants«, Paris 1955/1969

Sawenkow, W. J.: »Neue Vorstellungen über das Entstehen des Lebens auf der Erde«, in: »Wyschtscha schkola«, 1–231, Kiew 1991, in russisch (zitiert in Oesterle, 1997)

Sawyer, G. J. et al.: »Der lange Weg zum Menschen. Lebensbilder aus 7 Mio. Jahren Evolution«, Heidelberg 2008

Schimper, A. F. W.: »Über die Entwicklung der Chlorophyllkörner und Farbkörper«, in: »Botanische Zeitung«, Bd. 41, 1883, Sp. 105–120, 126–131 und 137–160

Schmauder, M. und Schmitz, R. W.: »Ein einzigartiges ›Verwandtschaftstreffen‹«, in: »Antike Welt«, Jg. 37, Nr. 4, 2006, S. 13–20

Schmidt, E.: »Vorgeschichte Nordamerikas im Gebiet der Vereinigten Staaten«, Braunschweig 1894

Schönwiese, C.-D.: »Klimaänderungen. Daten, Analysen, Prognosen«, Berlin-Heidelberg, 1995

Schoetensack, O.: »Der Unterkiefer des Homo Heidelbergensis aus den Sanden von Mauer bei Heidelberg«, Leipzig 1908

Schrenk, F. et al.: »Earliest Putative Homo Fossils«, Kapitel 9, in: Henke W. und Tattersall, I.: »Handbook of Paleoanthropology«, Berlin und Heidelberg 2007, S. 1611–1631

Schrödinger, E.: »Was ist Leben? Die lebende Zelle mit den Augen des Physikers betrachtet«, München 1951, 2. Auflage

Schwartz, J. H. und Tattersall, I.: »Fossil evidence for the origin of Homo sapiens«, in: »American Journal of Physical Anthropology«, Bd. 143, Ausg. S51 (= Yearbook of Physical Anthropology), 2010, S. 1–121

Schwartz, J. H. und Tattersall, I: »Defining the genus Homo«, in: »Science«, Bd. 349, Ausg. 6251, 28.8.2015, S. 931–932

Schwarzbach, M.: »Das Klima der Vorzeit«, Stuttgart 1993

Schweitzer, F.: »Self-organization of complex structures: from individual to collective dynamics – some introductory remarks«, in: »Self-organization of complex structures: From individual to collective dynamics«, Cambridge, 16.7.1997

Schweitzer, M. H. et al.: »Soft-Tissue Vessels and Cellular Preservation in Tyrannosaurus rex«, in: »Science«, Bd. 307, Ausg. 5717, 25.3.2005, S. 1952–1955

Schweitzer, M. H.: »Analyses of Soft Tissue from Tyrannosaurus rex Suggest the Presence of Protein«, in: »Science«, Bd. 316, Ausg. 5822, 13.4.2007, S. 277–280

Scotese, C. R.: »The Earth's Temperature & Climate: Past, Present & Future«, Dallas 2019

Senel, C. B. et al.: »Chicxulub impact winter sustained by fine silicate dust«, in: »Nature Geosience«, Bd. 156, Ausg. 2027, 30.10.2023

Sepharim, E. Th.: »Das Pleistozänprofil der Kiesgrube Kater in Hiddesen bei Detmold. Ein prä-moränales Schotterkonglomerat mit Gletscherschliff«, in »21. Ber. naturwiss. Verein Bielefeld«, Bielefeld 1973, S. 249–263

Serangeli, J. und Bolus, M.: »Out of Europe – The dispersal of a successful European hominin form«, in: »Quartär«, Bd. 55, Jan. 2008, S. 83–98

Sereno, P. C.: »The Evolution of Dinosaurs«, in: »Science«, Bd. 284, Bd. 5423, 25.6.1999, S. 2137–2147
Sergi, G.: »L'uomo terziario in Lombardia, in: Archivio per L'Antropologia e la Etnologia«, 14, 1884, S. 304–318
Service, R. F.: »Signs of ancient proteins seen inside dinosaur bones«, in: »Science«, Bd. 348, Ausg. 6240, 12.6.2015, S. 1184 ff., DOI: 10.1126/science.348.6240.1184
Slagina, A. et al.: »Bone needles from Upper Palaeolithic complexes of the Strashnaya Cave (North-Western Altai«, in: »Theory and Practice of Archaeological Research«, Bd. 21, 2018, S. 89–98
Shapiro, R.: »Origins: A Sceptics Guide to the Creation of Life on Earth«, New York 1986
Sheth, H. C.: »Large Igneous Provinces (LIPs): Definition, recommended terminology, and a hierarchical classification«, überarbeitete Version des gleichnamigen Artikels in: »Earth-Science Reviews«, Bd. 85, S. 117–124, 2007
Simonsen, P.: »The Rock Art of Artic Norway«, in: »Bolletino del Centro Camuno di Studi Preistorici«, 11/1974, S. 129–150
Simpson, G. G. und Beck, W.: »An Introduction to Biology«, New York, 1965
Sinclair, W. J.: »Recent investigations bearing on the question of the occurrence of Neocene man in the auriferous gravels of the Sierra Nevada«, in: »University of California Publications in American Archaeology and Ethnology«, 7(2), 1908, S. 107–131
Slon, V. et al.: »The genome of the offspring of a Neandertal mother and a Denisovan father«, in: »Nature«, Bd. 561, 22.8.2018, S. 113–116
Sossi, P. A. et al.: »Redox state of Earth's magma ocean and its Venus-like early atmosphere«, in: »Science Advances«. Bd. 6, Ausg. 48, 1.11.2020, Nov. 2020
Spears, I. R. und Crompton, R. H.: »The Mechanical Significance of the Occlusal Geometry of Great Ape Molars in Food Breakdown«, in: »Journal of Human Evolution«, Bd. 31: 1996, S. 517–535
Spetner, L.: »Continuing an exchange with Dr. Edward E. Max«, http://www.trueorigin.org/spetner2.asp, 2001
Spriesterbach, J.: »Lenneschiefer (Stratigraphie, Fazies und Fauna)«, Berlin 1942
Stainfort, R.M.: »Occurrence of Pollen and Spores in the Roraima Formation of Venezuela and British Guiana«, in: »Nature«, Bd. 210, 1.4.1966, S. 292–294
Stan H., Hess, J. C.: »Physical foundations of dating by the K-Ar- and Ar40/Ar39 methods«, in: »Course book of Isotope Geology«, Breslau 1990, S. 184–98
Stefansson, V.: »My life with the Eskimo«, London 1913
Stolyhwo K.: »Le crâne de Nowosiolka considéré com preuve de l'existence à l'époque historique de formes apparentées à H. Primigenius«, in: »Bulletin International de l'Académie des Sciences de Cracovie«, 1908, S.103–26.
Strauss, S.: »Systems give boost to dating technology, in: »The Globe and Mail«, Toronto, 2.4.1991, A12
Street, M. et al.: »A critical review of the German Paleolithic hominin record«, in: »Journal of Human Evolution«, Bd. 51(6), Dezember 2006, S. 551–579
Stringer, C. B. und Gamble, C.: »In search of the Neanderthals: Solving the Puzzle of Human Origins«, New York 1993
Suess, E.: »Das Antlitz der Erde« (4 Bände), Leipzig 1885/1909
Surya, R.: »No end in sight: Sidoarjo mudflow continues to drown hopes, 15 years on«, in: »The Jakarta Post«, 3.6.2021
Suwa, M. et al.: »High-resolution record of Northern Hemisphere climate extending into the last interglacial period«, in: »Nature«, Bd. 431, 9.9.2004, S. 147–151, doi:10.1038/nature02805
Suwa, M. et al.: »Chronology reconstruction for the disturbed bottom section of the GISP2 and the GRIP ice cores: Implications for Termination II in Greenland«, in: »Climate and Dynamics«, Bd. 111, Ausg. D2, 17.1.2006, doi:10.1029/2005JD006032
Svensson A. et al., 2013: »Direct linking of Greenland and Antarctic ice cores at the Toba eruption (74 Ka BP)«, in: »Climate of the Past«, Bd. 9, 1.5.2013, S. 749–766

Tattersall, I.: »The fossil Trail«, New York/Oxford 1995

Tattersall, I.: »The Last Neanderthal«, New York 1995, 2. Aufl. 1999

Tattersall, I.: »The Strange Case of the Rickety Cossack – and Other Cautionary Tales from Human Evolution«, New York 2015

Taylor, G.R.: »The Great Evolution Mystery«, New York 1983

Taylor, J.: »Fossil, Facts and Fantasies«, Crosbyton 1999

Thenius, E.: »Die Evolution der Säugetiere«, Stuttgart 1979

Thiede, J. et al.: »Millions of Years of Greenland Ice Sheet History Recorded in Ocean Sediments«, in: »Polarforschung« (GEOMAR Helmholtz-Zentrum für Ozeanforschung Kiel), Bd. 80, Ausg. 3, 2011, S. 141–159

Thomas, A.: »Les secrets de l'Atlantide«, Paris 1969

Thompson, K. S.: »Ontogeny and Phylogeny Recapitulated«, in: »American Scientist«, Bd. 76, Mai/Juni 1988, S. 273

Thorne, A. G. und Macumber, P. G: »Discoveries of Late Pleistocene man at Kow Swamp«, ion: »Nature«, Bd. 238, 1972, S.316–319

Thorson, R. M. et al.: »Geologic evidence for a large prehistoric earthquake in eastern Connecticut«, in: »Geology«, 14, Boulder 1986

Tolstoy, P.: »Some Amerasian Traits in North Asian Prehistory. American Antiquity«, in: »American Antiquity«, Bd. 19, Ausg. 1, 1953, S. 25–39

Trinkaus, E: »The Mousterian Legacy: Human Biocultural Change in the Upper Pleistocene«, in: »British Archaeological Reports International«, Bd. 164, 1983, S. 165–200

Trinkaus, E.: »Hard Times Among the Neandertals«, in »Natural History«, Bd. 87, Dezember 1978

Torjano, L. P.et al.: »A remarkable assemblage of petroglyphs and dinosaur footprints in Northeast Brazil«, in: »scientific reports«, Bd. 14, Artikel Nummer 6528, 19.3.2024

Trueman, J. W. H.: »A new cladistic analysis of Homo floresiensis«, in: »Journal of Human Evolution«, Bd. 59, Ausg. 2, August 2010, S. 223–226

Turner, E. et al.: »Neanderthaler oder Höhlenbär? Eine Neubewertung der ›menschlichen‹ Schädelreste aus der Widscheur«, in: »Hessen. Archäologisches Korrespondenzblatt«, 30, 2000, S. 1–14

Tuttle, R. H.: »Natural History«, März 1990

Twitchett, R. J. »The palaeoclimatology, palaeoecology and palaeoenvironmental analysis of mass extinction event«, in: »Palaeoclimatology, Palaeoecology«, Bd. 232, Nr. 2–4, März 2006, S. 190–213

Ukraintseva, V. V.: »Vegetation Cover and Environment in the Mammoth Epoch in Siberia«, Hot Springs 1993

Vageler, P.: »Die Mkattaebene. Beiträge zur Kenntnis der ostafrikanischen Alluvialböden und ihrer Vegetation«, Berlin 1910

Velikovsky, I.: »Earth in Upheaval«, Garden City 1955 (deutsch: »Erde im Aufruhr«, Frankfurt/M. 1980)

Vereshchagin, N. K., und Baryshnikov, G. F.: »Paleoecology of the Mammoth Fauna in the Eurasian Arctic«, New York 1982

Vogel, K.: »The Expansion of the Earth – An Alternative Model to the Plate Tectonics Theory«, in: »Critical Aspects of the Plate Tectonics Theory«; Bd. II, »Alternative Theories«, Athens 1990, S. 14–34

Wächtershäuser, G.: »Evolution of the First Metabolic Cycles«, in: »Proceedings of the National Academy of Sciences«, Bd. 87, January 1990, S. 200–204

Wächtershäuser, G.: »From volcanic origins of chemoautotrophic life to Bacteria, Archaea and Eukarya«, in: »Philosophical transactions of the Royal Society of London, Series B, Biological sciences«, Bd. 361, Ausg. 1474, 29.10.2006, S. 1787–1808

Wächtershäuser, G.: »Origin of Life: Life as We Don't Know It«, in: »Science«, Bd. 289, Ausg, 5483, 25.8.2000, S. 1307–1308

Wahnschaffe, F.: »Die Ursachen der Oberflächengestaltung des norddeutschen Flachlandes«, Stuttgart 1901

Walther, J. W.: »Geschichte der Erde und des Lebens«, Leipzig 1908

Wang, W. et al.: »Dynamic and programmable self-assembly of micro-rafts at the air-water interface«, in: »SciendeAdvances«, Bd. 3(5), 24.5.2017, DOI: 10.1126/sciadv.1602522

Waters, M. R. und Stafford, T. W.: »Redefining the age of Clovis: implications for the peopling of the Americas«, in: »Science«, Bd. 315, Ausg. 5815, 23.2.2007, S. 1122–1126

Weaver, T. D.: »The shape of the Neandertal femur is primarily the consequence of a hyperpolar body form«, in: »PNAS«, Bd. 100, 10.6.2003, S. 6926–6929

Wegener, A.: »Die Entstehung der Kontinente und Ozeane«, Braunschweig 1915

Weil, A.: »Living large in the Cretaceous«, in: »Nature«, Bd. 433, 12.01.2005, S. 116–117

Wendt, H.: »From Ape to Adam«, Indianapolis 1972

Whitney, J. D.: »The auriferious gravels of the Sierra Nevada of California«, in: »Museum of Comparative Zoology Memoir«, 6(1), Harvard University 1880

Williams, A. H. und Walkden, G. M.: »Late Quaternary highstand deposits of the southern Arabian Gulf: a record of sea-level and climate change«, in: Clift, P. D. et. al.: »The Tectonic and Climatic Evolution of the Arabian Sea Region« (Special Publications, 195), London 2002, S. 371–386

Williams, S.': »Fantastic Archaeology«, Philadelphia 1991, Neuauflage 2001

Willis, E.: »Fossils and Phosphate Specimens«, 1881

Woldstedt, P.: »Saaleeiszeit, Warthestadium und Weichseleiszeit in Norddeutschland«, in: »E&G Quaternary Science Journal«, Ausg. 4/5, 1954, S. 34–48

Wong, K.: »Der Streit um die Neandertaler«, in: »Die Evolution des Menschen«, »Spektrum der Wissenschaft Dossier«, 2004, S. 64–71

Wood, B. und Lonergan, N.: »The hominin fossil record: taxa, grades and clades«, in: »The Journal of Anatomy«, Bd. 2112, Ausg. 4, April 2008, S. 354–376

Wood, B.: »Wiley-Blackwell Encyclopedia of Human Evolution«, Wiley-Blackwell 2011

Wood, B. und Collard M.: »The Human Genus«, in: »Science«, Bd. 284, Ausg. 5411, 2.4.1999, S. 65–71

Woodward, S. R., Weyand, N. J., und Bunnel, M.: DNA Sequenz from Cretaceous Period Bone Fragments, in: »Science«, Bd. 266, Ausg. 5188, 18.11.1994, S. 1229–1232

Wright, F.: »Mio. Jahren and the Glacial Period«, New York 1897

Yahya, H.: »Der Evolutionsschwindel«, Istanbul 2002

Yokobayashi, Y. et al.: »Directed evolution of a genetic circuit«, in: Proceedings of the National Academy of Sciences«, Bd. 99, Ausg. 26, 25.11.2002, S. 16587–16591 99, 16587.

Young, R. W., Bryant, E. A. und Price, D. M.: »Catastrophic wave (tsunami?) transport of boulders in southern New South Wales«, in: »Australia. Zeitschrift fur Geomorphologie«, Bd. 40, No. 2, 1996, S. 191–207

Yurke, B, et al.: »A DNA-fuelled molecular machine made of DNA«, in: »Nature«, Bd. 406, 10.8.2000, S. 605–608

Zarate, M. A. und Fasana, J. I.: »The Plio-Pleistocene record of the central eastern Pampas, Buenos Aires, Province, Argentina: the Chapadmalal Case Study« in »Paleogeography, Paleoclimatology, Paleoecology, 7/2 S. 27–52, 1989

Zazula, D. D.: »Ice-age steppe vegetation in east Beringia«, in: »Nature«, Bd. 423, 5.6.2003, S. 603

Zhang, D. et al.: »Denisovan DNA in Late Pleistocene sediments from Baishiya Karst Cave on the Tibetan Plateau«, in: »Science«, Bd. 370, Ausg. 6516, 30.10.2020, S. 584–587

Zhou, Z. et al.: »An exceptionally preserved Lower Cretaceous ecosystem«, in: »Nature«, Bd. 421, 20.2.2003, S. 807–814

Zilhao, J. und d'Errico, F.: »Die unterschätzten Neandertaler«, in: »Die Evolution des Menschen«, »Spektrum der Wissenschaft Dossier«, 2004, S. 68–69

Zimmermann, M. R., und Tedford, R. H.: »Histologic Structures Pressed for 21 300 Years«, in: »Science«, Bd. 194, Nr. 4261, 8.10.1976, S. 183–184

Zillmer, H.-J.: »Darwins Irrtum«, München 1998, 11. Aufl. 2019

Zillmer, H.-J.: »Irrtümer der Erdgeschichte«, München 2001, 7. erweiterte Aufl. 2023

Zillmer, H.-J.: »Dinosaurier Handbuch«, München 2002

Zillmer, H.-J.: »Kolumbus kam als Letzter«, München 2004, 4. Aufl. 2012

Zillmer, H.-J.: »Der Energie-Irrtum«, München 2009, 7. Aufl. 2023

Zillmer, H.-J.: »Die Erde im Umbruch«, München 2011

Zotz, L. F.: »Altsteinzeitkunde Mitteleuropas«, Stuttgart 1951

Züchner, C.: »Archäologische Datierung. Eine antiquierte Methode zur Altersbestimmung von Felsbildern?«, in: »Quartär«, 51/52, 2001, S. 107–114 und Vortrag auf der 42. Tagung der Hugo-Obermaier-Gesellschaft für Erforschung des Eiszeitalters und der Steinzeit e.V., Tübingen, 25.–29. April 2000

Zuckerman, S.: »Beyond The Ivory Tower«, New York 1970

Internetlinks

1: https://www.derstandard.at/story/2000113380239/asteroid-loeschte-dinos-aus-vulkanismus-praegte-das-leben-danach

2: https://de.wikipedia.org/wiki/Antarktischer_Eisschild

3: https://www.dw.com/de/doggerland-wie-versank-das-atlantis-der-nordsee/a-55660613

4: https://digitalcommons.unl.edu/cgi/viewcontent.cgi?article=1711&context=geosciencefacpub

5: https://www.scinexx.de/news/geowissen/fischsaurier-starben-durch-methaneruption/

6: https://www.nationalgeographic.de/wissenschaft/2020/09/in-sibirien-explodiert-der-permafrost

7. https://www.geomar.de/news/article/neue-studie-bestaetigt-umfangreiche-gasleckagen-in-der-nordsee

8: https://www.youtube.com/watch?v=bG8RGh1TNlA

9: https://www.bas.ac.uk/wp-content/uploads/2017/12/3d_visualisation-of-Greenland-Bed-credit-British-Antarctic-Survey-736x391.jpg

10: https://www.spiegel.de/wissenschaft/mensch/rechenmodell-urvater-der-menschheit-lebte-vor-2300-jahren-a-320720.html

11: https://www.thoughtco.com/denisova-cave-only-evidence-denisovan-people-170604

12: https://science.orf.at/stories/3210040/

13: https://www.riffreporter.de/de/wissen/stammbaum

14: https://www.spektrum.de/news/dna-von-neu-entdeckter-menschenart-entziffert/1058162

15: https://commons.wikimedia.org/wiki/File:Gorilla_tool_use.png

16: https://www.prosieben.de/serien/newstime/news/der-landstrich-soll-fast-doppelt-so-gross-sein-wie-das-vereinigte-koenigreich-348992

17: https://www.wissenschaft.de/geschichte-archaeologie/afrikaner-mehr-neandertaler-als-gedacht/

18: https://de.wikipedia.org/wiki/Hamburger_Kultur

19: https://de.wikipedia.org/wiki/Homo_heidelbergensis

20: https://idw-online.de/de/news811560

21: https://www.spektrum.de/news/gibt-es-eine-gemeinsame-wurzel-der-megalithkultur/1623910

Abkürzungen

Mio. Jahren	Millionen Jahre nach offizieller Zeitrechnung
v. u. Z.	vor unserer Zeitrechnung
»BdW«	Magazin »Bild der Wissenschaft«
BdW	»Bild der Wissenschaft« Online: www.wissenschaft.de
HJZ	Anmerkung des Verfassers
»PNAS«	Fachzeitschrift »Proceedings of the National Academy of Sciences«
»SpW«	Magazin »Spektrum der Wissenschaft«
SpW	»Spektrum der Wissenschaft« Online: www.wissenschaft-online.de
ZiW	Internetseite des Autors: http://www.zillmer.com

Der Autor

Hans-Joachim Zillmer, Jahrgang 1950, studierte Bauingenieurwesen mit Abschluss an der Bergischen Universität Wuppertal und Technischen Universität Berlin. 2002 wurde er als »Internationaler Wissenschaftler des Jahres« (IBC) nominiert. 2006 sprach er als Referent über Widersprüche der Evolutionstheorie anhand geologischer Funde im Europäischen Parlament in Brüssel. Der Autor wurde bekannt durch zahlreiche Rundfunk- und Fernsehinterviews, u. a. in »Welt der Wunder« (PRO7, 2002). Bislang erschienen sind von ihm mehrere u. a. international in bis zu zwölf Sprachen übersetzte Bestseller wie »Darwins Irrtum« (derzeit 11. Auflage), »Kolumbus kam als Letzter« (4. Auflage), »Die Erde im Umbruch«, »Irrtümer der Erdgeschichte« (5 Auflagen und erweiterte Neuauflage 2023), »Der Energie-Irrtum« (3 Auflagen sowie 3 erweiterte Neuauflagen 2020–2023) und »Dinosaurier Handbuch« (2 Auflagen).